Ullstein

ÜBER DAS BUCH:

Geistersehen, Erscheinungen Verstorbener, Tischrücken, Telepathie, Spukphänomene, Hellsehen kurz vor dem Tod: Das Interesse an diesen Phänomenen ist stark gewachsen und nicht nur auf kleine esoterische Zirkel beschränkt. Geheimnisvolle Phänomene, schon in ältesten Zeiten beobachtet, führten meist zu Aberglauben und häufig zum Entstehen von Mythen, Sagen und Märchen. Aber erst seit 100 Jahren befaßt man sich wissenschaftlich mit den Wahrnehmungen übersinnlicher Art in den unterschiedlichsten Formen. W. H. C. Tenhaeff, einer der Pioniere auf diesem Gebiet und Koryphäe seiner Disziplin, stellt in diesem Buch eine Fülle parapsychologischer Erscheinungen aus Geschichte und Gegenwart vor. Er zeigt uns jene noch unerforschten Dimensionen der Psyche, deren Existenz von der parapsychologischen Forschung nachgewiesen wurde, und läßt deutlich die Tragweite erkennen, die diese aus der Erfahrung gewonnenen Erkenntnisse für die Erweiterung unseres Weltbildes haben könnten. Dieses von der Fachwelt als einmaliges Standardwerk eingestufte Buch ist die grundlegende Einführung in eine faszinierende Wissenschaft.

DER AUTOR:

W. H. C. Tenhaeff wurde 1894 in Rotterdam geboren. 1925 begann er in Utrecht Psychologie und Philosophie zu studieren. Schon seit Jahren vom Paranormalen beeindruckt, promovierte er 1933 zum Dr. phil. mit einer Arbeit über »Hellsehen und Emphatie« und wurde im selben Jahr Privatdozent für Parapsychologie an der Universität Utrecht. 1953 erhielt er eine außerordentliche Professur für Parapsychologie, die mit der Leitung dieses Instituts verbunden war. Zahlreiche Zeitungsartikel und Buchpublikationen zur Thematik des Paranormalen und der Parapsychologie. W. H. C. Tenhaeff, der 1981 verstarb, gilt neben Gardner Murphy, J. B. Rhine und J. G. Pratt in den USA und Hans Bender in Deutschland als ein herausragender Vertreter dieser Disziplin.

W. H. C. Tenhaeff

Kontakte mit dem Jenseits

Der Spiritismus-Report

Mit einer Einführung
von Hans Bender

Ullstein

Ullstein Buchverlage GmbH & Co. KG,
Berlin
Taschenbuchnummer: 35493
Titel der niederländischen Originalausgabe:
Het Spiritisme
Aus dem Niederländischen
von Heinz P. Kövari

Neuauflage
Mai 1999

Umschlagentwurf:
Vera Bauer
Unter Verwendung einer Abbildung von
Tony Stone Images

Printed in Germany 1999
Gesamtherstellung:
Ebner Ulm
ISBN 3 548 35493 9

Gedruckt auf alterungsbeständigem
Papier mit chlorfrei gebleichtem
Zellstoff

Die Deutsche Bibliothek –
CIP-Einheitsaufnahme

Tenhaeff, Wilhelm H. C.:
Kontakte mit dem Jenseits : der
Spiritismus-Report / W. H. C. Tenhaeff.
Mit einer Einf. von Hans Bender. [Aus
dem Niederländ. von Heinz P. Kövari]. –
Ungekürzte Ausg. – Frankfurt/M ; Berlin :
Ullstein, 1999
(Ullstein-Buch ; Nr. 35493 :
Ullstein-Sachbuch : Esoterik)
Einheitssacht.: Het spiritisme <dt.>
ISBN 3-548-35493-9
NE: GT

Inhalt

IV Geistersehen (A)

V Geistersehen (B)

VI Motorische Automatismen

VII Pathopsychologische Betrachtung über Besessenheit

VIII Telepathie und Besessenheit

IX Identitätsbeweise

X Verteilte Botschaften (Kreuzkorrespondenz)

XI »Kontrollen« und »Kommunikatoren« (Mitteiler)

XII Xenoglossie

XIII Der Meta-Organismus

Zur Einführung

Es gibt Bücher, die Jahre nach ihrem ersten Erscheinen an Aktualität gewinnen. Dazu gehört dieses Werk meines niederländischen Kollegen, W. H. C. Tenhaeff, mit dem mich Dezennien gemeinsamer Arbeit verbinden. Ein Blick über die Bücherangebote und in die Magazine zeigt, daß das Jenseits plötzlich »in« ist: Das Interesse an »Kontakten mit Verstorbenen« – die Hypothese des Spiritismus –, das früher auf esoterische Zirkel beschränkt war, ist zu einem weitverbreiteten Publikumsanliegen geworden. Es mag sein, daß ein Wegbereiter hierfür die vielen Berichte über »Stimmen Verstorbener« auf Tonband wurden, es ist auch möglich, daß der sich deutlich abzeichnende Wunsch vieler Menschen aus den verschiedensten sozialen Schichten nach einer »Bewußtseinserweiterung« nun auch zu diesem Thema greift. Die Frage des Überlebens des Todes ist zwar ein nicht zeitgebundenes Menschheitsproblem, doch war der spiritistische Versuch eines experimentellen Nachweises in unserem Kulturraum zumindest auf kleinere Gruppen beschränkt. Anders steht es in Brasilien, wo der Großteil der Bevölkerung spiritistisch gläubig ist.

Der »Spiritismus-Report« kann in einer Haltung kritischer Besonnenheit nur dann beurteilt werden, wenn man über gründliche Informationen über den Stand der parapsychologischen Forschung verfügt. Die Tatsache, daß es eine außersinnliche Wahrnehmung in den drei Formen: Telepathie, Hellsehen und Präkognition (Prophetie) gibt und gewichtige Beweise für die Psychokinese – die physikalisch vorläufig unerklärbare psychophysische Wirkung auf die Materie – vorliegen, zwingt zu einer immer differenzierteren Untersuchung des alten Problems: Animismus kontra Spiritismus. Animistisch ist die Auffassung, daß außergewöhnliche Vorgänge, die sich als Bekundungen Verstorbener darstellen, auf paranormale Fähigkeiten

Lebender zurückgeführt werden können, spiritistisch ist die Auffassung, daß persönlich überlebende »Jenseitige« sich selbst äußern.

Das Buch von W. H. C. Tenhaeff ist ein hervorragender Führer durch diese schwierig zu fassende Problematik. Der Autor gehört zu den Pionieren der parapsychologischen Forschung. Seit 1933 Privatdozent für Parapsychologie an der Universität Utrecht, erhielt er 1953 als erster Dozent die neuerrichtete Professur für Parapsychologie an seiner Universität und die Direktion des parapsychologischen Instituts. Zahlreiche Bücher und viele Vorträge in den Niederlanden und im Ausland machten ihn international bekannt. Jahrzehntelang lebte er in Gesellschaft paranormal begabter Menschen, sogenannter Sensitiver, und sammelte Erfahrungen, die seinen Werken und insbesondere auch dem vorliegenden den Stempel der Lebensnähe gaben. Er ist ohne Vorurteil und läßt die überaus anschaulich dargestellten Fälle sprechen, interpretiert sie behutsam in ständiger Anwendung des »Prinzips der Einfachheit« (Prinzipien sollen nicht über das Notwendige hinaus vermehrt werden), aber in freimütigem Bekenntnis, wenn er auf Unwahrscheinlichkeiten der »animistischen« Deutung stößt. Unversehens wird der Leser aus dem anekdotischen Material in den philosophischen Kontext geführt. So vermittelt dieses didaktisch sehr gelungene Buch sachliche Information über den meist affektiv diskutierten Bereich des »Hineinragens der Geisterwelt in die unsere«, wie Justinus Kerner seine spiritistische Überzeugung formulierte. Zugleich zeigt es die neuen Dimensionen der Psyche, die von der parapsychologischen Forschung nachgewiesen wurden, und läßt eindringlich die Tragweite erkennen, die diese empirischen Ergebnisse für die Erweiterung unseres Weltbildes haben.

Hans Bender
Professor für Psychologie und Grenzgebiete der Psychologie an der Universität Freiburg i. B.

Vorwort

Dieses Buch verdankt sein Entstehen meinen Vorlesungen und meinen Kursen in verschiedenen Volkshochschulen und ähnlichen kulturellen Einrichtungen. Gespräche mit Studenten und Kursteilnehmern haben gleichfalls zu seinem Entstehen beigetragen.

Das Thema »Spiritismus« ist nicht nur eines der schwierigsten, sondern zugleich auch der heikelsten, die der Parapsychologe zu behandeln hat. Ich bin mir der Tatsache völlig bewußt, daß dieser Beitrag zur Frage, inwieweit die Ergebnisse der parapsychologischen Forschung den Glauben an ein persönliches Weiterbestehen nach dem Tod rechtfertigen, den Stempel meiner Lebens- und Weltanschauung trägt, obwohl ich bestrebt war, meine eigene Subjektivität soweit wie möglich auszuschalten.

Als ich dieses Buch schrieb, habe ich mir vor allem zum Ziel gesetzt, den Leser über ein Thema parapsychologisch denken zu lehren, das unser Gefühlsleben so sehr berührt, daß darüber viele Menschen nach meiner Erfahrung nicht vollkommen logisch zu denken vermögen. Für diesen »Fehler« sind nicht allein die sogenannten Gefühls- oder Offenbarungsspiritisten verantwortlich, sondern auch viele Gegner der Geisterhypothese. Die Verbindung, die – wie die sogenannte Charakterkunde aufgezeigt hat – zwischen Persönlichkeit und Weltanschauung besteht, macht sich hier in besonderem Maße geltend. Jenen, die aus »charakterologischen« Gründen dem »spiritistischen Glauben« nur allzuleicht anhängen, stehen andere gegenüber, die diesen »Glauben« nur allzuleicht ablehnen. Zwischen diesen beiden Extremen liegt die Hauptgruppe der »Neutralen«, bei denen wir wieder einen linken und einen rechten Flügel unterscheiden können.

Ich persönlich glaube nicht, daß es Menschen gibt, die das

Thema, das uns auf den folgenden Seiten beschäftigen wird, völlig neutral betrachten können. Darum müssen wir bei unserem Studium dieses Problems immer danach streben, unsere Subjektivität nach Möglichkeit auszuklammern.

Im Jahre 1971 ist eine vierte, verbesserte Auflage des niederländischen Originals dieses Werkes erschienen. Sie liegt der deutschen Übersetzung zugrunde, doch wurden auch in dieser einige Ergänzungen angebracht. Möge die vorliegende Ausgabe bei der deutschen Leserschaft dieselbe gute Aufnahme finden, wie die niederländischen Fassungen sie gefunden haben; möge sie allen Erwartungen entsprechen, die man in sie gesetzt haben mag!

Es ist mir ein Bedürfnis, Herrn Heinz P. Kövari meine Hochachtung dafür auszusprechen, wie er die schwierige Materie in seiner Übersetzung gemeistert hat, sowie ihm für die angenehme Zusammenarbeit in ständig gutem Einvernehmen zu danken.

Fräulein Dr. Gerda Walther sage ich meinen verbindlichen Dank für das Durchlesen des Übersetzungsmanuskripts und die Anregungen, die sie dabei gegeben hat, desgleichen meinem Kollegen Prof. DDr. Hans Bender für seine freundlichen einführenden Worte.

Dr. W. H. C. Tenhaeff
Professor für Parapsychologie
an der Reichsuniversität Utrecht

I Kurzer historischer Abriß

1. Altertum

Unter »Spiritismus« verstehen wir die Lehre (den Glauben), daß die menschliche Persönlichkeit nach dem Tode weiterbesteht und die Verstorbenen unter gewissen Umständen mit den Menschen, die ihnen nahegestanden haben, in Verbindung treten können.

Obwohl das Wort Spiritismus zum erstenmal von Allan Kardec (siehe Kapitel II) angewendet wurde, trifft man spiritistische Vorstellungen schon in ältesten Zeiten an. Der niederländische Gelehrte Dr. K. H. E. de Jong hat in seinen Veröffentlichungen wiederholt darauf hingewiesen, daß der Glaube an überirdische Wesen (zu denen die »Geister« der Abgeschiedenen gehören) und die Möglichkeit, mit ihnen in Verbindung zu treten, unter den alten Ägyptern, Griechen und Römern allgemein verbreitet war. Daß dieser Glaube auch in der Bibel erwähnt wird, kann wohl als bekannt angenommen werden. Mit Recht hat man darauf hingewiesen, daß die Frau, von der wir im 1. Buch Samuel, Kapitel 28, lesen, als spiritistisches Medium angesehen werden kann. Im 17. Kapitel des Matthäus-Evangeliums wird von der Erscheinung der Geister Moses' und Elias' berichtet, die sich Jesus, Petrus, Jakobus und Johannes zeigten. Verschiedene Autoren, so M. C. van Mourik Broekman, M. C. Perry und G. Zorab, haben auf die Möglichkeit hingewiesen, daß auch einige andere neutestamentarische Geschichten sich auf spiritistische Erscheinungen beziehen.

Manche Forscher sind der Meinung, daß der Inhalt der Verse 23 und 24 des 69. Psalmes zu der Vermutung Anlaß gibt, die alten Juden hätten bereits das sogenannte Tischrükken (siehe Kapitel VII) gekannt. Inwiefern diese Annahme richtig ist, vermag ich nicht zu beurteilen. Tatsache ist aber, daß die (auf dem ideomotorischen Prinzip beruhende) Abhaltung sogenannter spiritistischer Séancen unter Verwendung eines Tisches schon vor vielen Jahrhunderten gebräuchlich war. An Stelle eines Tisches bediente bzw. bedient man sich gelegentlich auch anderer Gegenstände.

So berichtet Kluin, daß die Olo Dusun auf Borneo »ein eisernes Beil im Gleichgewicht auf eine Fingerspitze legen. Dann werden Fragen gestellt. Beginnt sich das Beil zu drehen, bedeutet das eine Zustimmung. Anderswo muß jeder ein Stück Rotan in die Hand nehmen, wenn nach einem Dieb gefahndet wird. Als Schuldiger wird jener bezeichnet, in dessen Hand das Stück zu zittern beginnt. Wir stehen hier also deutlich auf dem Gebiet des sogenannten Spiritismus. Das Tischrücken kann als Beispiel angeführt werden.«

Um das Jahr 371 – erzählt de Jong – versuchten einige Leute, mittels magischer Handlungen mit einem Tischchen zu erfahren, wer der Nachfolger des christlichen Kaisers Valens sein würde. Dieser hatte strenge Maßnahmen gegen die Magie angeordnet. Als er von dem Versuch dieser Leute Kenntnis bekam, befahl er sogleich, sie und alle, die sich nur einigermaßen verdächtig gemacht hatten, gefangenzunehmen . . . Die ausführlichste Beschreibung dieses Monsterprozesses gibt ein Zeitgenosse, der höchst achtenswerte Ammianus Marcellinus, dessen Bericht auch noch von anderen Seiten bekräftigt wurde.

Ammianus Marcellinus berichtet, daß zwei der Hauptbeschuldigten, Patricius und Hilarius, den Befehl erhielten, die Tatsachen vom Anfang bis zum Ende genau zu schildern. Es ist die Beschreibung einer antiken »Kreuz und Brett«-Séance[1]. Man erhielt – ebenso wie das auch heute noch bei spiritistischen Sitzungen der Fall ist – einige Verszeilen[2] und zuletzt eine Vorhersage.

». . . Auf unsere Frage, wer der heutigen Regierung folgen wird, zeigte der Ring die Buchstaben THEOD an. In diesem Augenblick rief einer der Anwesenden, Theodorus sei durch die Verfügungen des unabwendbaren Schicksals angegeben worden . . .«

»Sonderbar ist jedoch«, sagt de Jong weiter, »daß nach Valens schon im Jahre 379 in der Tat jemand, dessen Name mit THEOD begann, den Thron bestieg; zwar kein Theodorus, wie die Magier vermutet hatten, als sie zu früh in ihrer Befragung des Orakels aufhörten, sondern Theodosius I., später der Große genannt.«

2. Mittelalter

Zahlreich sind die Berichte über Geistersehen und Besessenheit, die uns aus dem Mittelalter überliefert sind. So können wir zum Beispiel im Buch VIII, Kapitel 86, des DIALOGUS MIRACULORUM des Caesarius von Heisterbach (1170–1240), lesen, daß der Nonne Euphemia, als sie noch Schülerin im Kloster der elftausend heiligen Jungfrauen war (später wurde sie Äbtissin dieses Kölner Klosters), im Traum einmal zwei heilige Jungfrauen erschienen sind, die sich darüber beklagten, daß man sie auf ungeziemende Weise unter dem Schlafsaal nächst einem Keller begraben hätte. Zuerst schwieg Euphemia über diesen Traum. Als sie jedoch erwachsen war, hatte sie den Traum ein zweites Mal. Einer der Geister teilte ihr dann auch mit, sie hieße Anastasia. Danach setzte sie ihre Mitschwestern von ihrem Traumerlebnis in Kenntnis. Ausgrabungen ergaben, daß unter dem Schlafsaal tatsächlich zwei Frauenleichen begraben lagen. Caesarius vermerkt auch den Namen eines Laienbruders, der bei diesen Grabungen mitgeholfen und die Richtigkeit der Angaben bestätigt hatte.

Thomas von Aquin zufolge stehen derartige Erzählungen nicht im Gegensatz zum christlichen Glauben. Er erachtete es wohl für möglich, daß sowohl gute als auch böse Geister ihren Aufenthaltsort im »Jenseits« verlassen können, um den Lebenden zu erscheinen. Allerdings brauchen sie dazu die Zustimmung Gottes. An sich sind diesem Scholastiker zufolge die Seelen der Abgeschiedenen vom Umgang mit den »Lebenden« völlig abgeschlossen.

Übrigens sei hier darauf verwiesen, daß schon Augustinus

bei Fällen wie dem erwähnten mit der Möglichkeit rechnete, sie könnten auf Kryptomnesie (siehe Kapitel V) beruhen.

3. Renaissance

Unter den bekannten Gestalten aus der Renaissancezeit, die Zeugnis von ihrem spiritistischen Glauben ablegten, nimmt zweifellos Melanchthon einen hervorragenden Platz ein. Dieser Theologe glaubte nicht nur an die unablässige Einwirkung der Geisterwelt auf jene der Menschen, er schrieb sogar in seinem Buch über die Seele (DE ANIMA), ihm selbst seien Geister erschienen und er habe verschiedene vertrauenswürdige Personen gekannt, die mit Bestimmtheit versicherten, sie hätten nicht nur Geister gesehen, sondern auch einen ausführlichen Gedankenaustausch mit ihnen gehabt. In seinem EXAMEN THEOLOGICUM berichtet er von einer Geistererscheinung, die eine seiner Tanten gehabt haben soll.

Eine Persönlichkeit, die in diesem Zusammenhang auch unsere Aufmerksamkeit verdient, ist der englische Theologe Joseph Glanvil, der zu seiner Zeit ein Gelehrter von großer Berühmtheit war. In seiner 1681 erschienenen Schrift SADDUCISMUS TRIUMPHATUS versucht er, den »Vollkommenen und klaren Beweis« zu liefern, daß es »Gespenstererscheinungen, sogenannte Geister und Zauberei« gibt. In seinem Buch »Vorläufer des Spiritismus« hat Aksakow diesem Vorläufer der späteren Parapsychologen einen ganzen Absatz gewidmet.

4. E. v. Swedenborg

Swedenborg wurde 1688 in Stockholm geboren. Er studierte Literatur, Philosophie, Mathematik und Physik und hatte bald einen guten Ruf als Mann von großer Gelehrsamkeit. Kein Wunder, daß er in der damaligen europäischen Gelehrtenwelt große Aufregung verursachte, als er um das Jahr 1750 als Geisterseher von sich reden machte. Dies um so mehr, als sich in jenen Tagen in wissenschaftlichen Kreisen mehr und mehr materialistische Tendenzen zu zeigen begannen.

Im Jahre 1745 hatte Swedenborg die erste einer Reihe (spontaner) Erlebnisse, die für sein späteres Leben so entscheidend geworden sind und ihm eine gänzlich unerwartete Wendung geben sollten. Es handelte sich darum, daß ihm eine leuchtende Gestalt erschien und ihm zurief, »Gott, der Herr« habe ihn auserwählt, »den verborgenen Sinn der Heiligen Schrift zu erklären«. »In jener Nacht«, sagt Swedenborg, »wurden die Augen meines inneren Menschen geöffnet, so daß ich in die Himmel, die Geisterwelt und die Hölle blicken konnte. Ich fand dort viele, die ich gekannt habe, manche schon längst gestorben, andere erst vor kurzem.« Zu jenen von Swedenborgs Zeitgenossen, die behaupten, sie hätten von ihm einen deutlichen Beweis seiner Fähigkeit (die ihm seiner Aussage nach zuteil geworden sein soll), mit der Geisterwelt in Verbindung zu treten, gehört Königin Ulrike von Schweden. Thiébault, ein französischer Gelehrter aus der Schule Voltaires, schreibt von ihr, sie wäre einmal einer Ohnmacht nahe gewesen, als Swedenborg über ein Gespräch berichtete, das sie mit ihrem Bruder kurz vor dessen Tod in Charlottenburg geführt hatte. Swedenborg soll durch den »Geist des Toten« vom Inhalt dieses Gesprächs unterrichtet worden sein, und nach Ansicht der Königin mußte es auch so gewesen sein.

Nach der Literatur, die wir über Swedenborg besitzen, steht dieser Fall keineswegs vereinzelt da. Auch zahlreiche andere Menschen sollen durch sein Eingreifen bemerkenswerte »Identitätsbeweise« von Verstorbenen, die ihnen nahegestanden hatten, empfangen haben.

Außer als spiritistisches Medium machte Swedenborg auch als »Hellseher« von sich reden. Große Berühmtheit erlangte sein »Gesicht«, den Brand Stockholms betreffend, zu einem Zeitpunkt, als er sich bei einem Mahl in Göteborg befand. Auch dieser Fall ist nicht der einzige seiner Art.

5. Das »Klopfding« von Dibbesdorf

Am 2. Dezember 1767, um sechs Uhr abends, hörte man im Hause des Anton Kesselhut in Dibbesdorf plötzlich Klopfgeräusche, die anscheinend »aus der Tiefe« kamen. Kesselhut dachte, es sei sein Hausknecht, der klopfte, um die Mädchen in der Spinnstube zu necken, und er ging hinaus mit der Absicht, ihm einen Kübel Wasser über den Kopf zu schütten. Der Mann war aber nirgends zu sehen. Nun suchte Kesselhut nach Ratten, aber auch solche fand er nicht. Indessen wurde das Klopfen immer lauter, so daß auch andere darauf aufmerksam wurden.

Monatelang klopfte das »Klopfding« so weiter. Man durchsuchte das Haus vom Keller bis zum Dach und vom Dach bis zum Keller, doch vergebens. Das Klopfen hielt an. Abermals wurde das Haus durchsucht, wiederum ohne Ergebnis.

Es klopfte weiter, das »Klopfding« aber blieb unsichtbar. Bald verbreitete sich die Nachricht davon weit und breit, und von nah und fern kamen die Leute herbei, um Zeugen dieser rätselhaften Phänomene zu sein. Man stellte Fragen an das »Klopfding«, man versuchte, es auf allerlei Art in die Irre zu führen, doch alles war vergeblich. Das Phänomen schien allwissend zu sein. Es wußte, wie unsere Gewährsleute versichern, wieviel Geld ein Bauer in der Tasche hatte; daß Herr A. aus Stettin und Herr B. aus Berlin stammte. Auf alle derartigen Fragen gab das »Ding« mit Klopfgeräuschen Antwort. Wollte man zum Beispiel wissen, wie einer der Anwesenden hieß oder von welchem Ort er kam, brauchte man nur ein paar Personen- oder Ortsnamen zu nennen. Sobald der richtige Name gesagt wurde, hörte das Klopfen auf.

Die Polizei befaßte sich mit der Sache und ordnete eine Untersuchung an Ort und Stelle an. Einige Leute, die man verdächtigte, die Klopfgeräusche verursacht zu haben, wurden verhaftet und unter Bewachung gestellt, doch das Ding klopfte weiter, während die Verdächtigten im Gefängnis saßen.

Auch Lessing interessierte sich für den Fall. Im Gegensatz zu anderen Intellektuellen seiner Zeit bestritt er keineswegs von vornherein die Möglichkeit, es könne sich bei der geheimnisvollen Erscheinung um einen »Geist« handeln. »Wir glauben«, so schrieb er in seiner HAMBURGISCHEN DRAMATURGIE (1767–1769) und gab damit seiner vorsichtigen, gemäßigt kritischen Einstellung hinsichtlich dieser Phänomene Ausdruck, »an keine Gespenster mehr? Wer sagt das? Oder vielmehr, was heißt das? . . . Wir glauben jetzt an keine Gespenster mehr kann also nur heißen: In dieser Sache, über die sich fast ebensoviel dafür als dawider sagen läßt, die nicht entschieden ist und nicht entschieden werden kann, hat die gegenwärtig herrschende Art zu denken den Gründen dawider das Übergewicht gegeben . . .«

6. F. A. Mesmer

Von großer Bedeutung für die Entwicklung der spiritistischen Bewegung in der zweiten Hälfte des vorigen Jahrhunderts war das Auftreten Mesmers und seiner Nachfolger.

Beeinflußt von Paracelsus, J. B. van Helmont, Robert Fludd, William Maxwell und anderen Philosophen des sechzehnten und siebzehnten Jahrhunderts, kam Mesmer (1734–1815), der 1766 in Wien zum Doktor der Heilkunde promovierte, zu der Erkenntnis, daß der Mensch durch Handauflegen und »Streichen« Kranke zu heilen vermag. Er nahm dabei die Existenz einer universalen Kraft, des Prana, an, die der Mensch aus dem Kosmos an sich ziehen, akkumulieren und durch Handauflegen und Streichbewegungen an Kranke abgeben kann. In seinen Schriften gibt er verschiedene Vorschriften, die zusammengenommen seine Methode ausmachen.[3]

Wie anfechtbar Mesmers Thesen und seine sich darauf gründende Methode in manchen Punkten nun auch sein mögen (und das nicht nur in unseren Augen, sondern auch in denen vieler seiner Zeitgenossen, die seine Lehre energisch bestritten und dabei zum Teil auch weit übers Ziel hinausgeschossen sind), so kann dennoch nicht geleugnet werden, daß die Anwendung seiner Methode von großer Bedeutung für die

Entwicklung der experimentellen Parapsychologie geworden ist. Mesmer fiel es nämlich auf, daß die Menschen, die er »mesmerisierte«, unter gewissen Umständen in einen Zustand verfielen, der dem Schlaf verwandt schien (Mesmersche Hypnose). In diesem »somnambulen« Zustand offenbarten sich bei diesen Menschen (Mesmersche Subjekte) zuweilen allerlei paragnostische Fähigkeiten. Mesmer selbst hat sich für diese Seite des »Mesmerismus« nur nebenbei interessiert, aber einige seiner Schüler verlegten sich darauf, bei ihren Patienten (Subjekten) Zustände von künstlichem Somnambulismus auszulösen. Dabei beabsichtigten sie hauptsächlich, sogenannte interne Autoskopie hervorzurufen. Manchmal gaben dabei die mesmerisierten Subjekte spontan und unbeabsichtigt Beweise ihrer paragnostischen Begabung.

In seinem Bilderbuch aus meiner Kindheit berichtet Justinus Kerner von sich selbst, daß er als Kind von einem Magenleiden befallen war. Seine Eltern zogen verschiedene Ärzte zu Rate, aber keiner war imstande, wirklich zu helfen. Schließlich wandte man sich wegen des völlig entkräfteten Kindes an Dr. Gmelin aus Heilbronn, einem Anhänger und Nachfolger von Mesmer.

Leise sagte er zu Kerner: »Ja, mein liebes Kind, du bist jetzt lange genug von den Ärzten gefoppt worden. Komm nun mit mir, ich werde dir keine Medikamente geben.« Er brachte den Jungen in ein kleines Zimmer, ließ ihn auf einem Stuhl Platz nehmen, blickte ihn mit seinen schwarzen Augen starr an und begann, ihn mit ausgestreckten Händen vom Kopf bis in die Magengegend zu streichen; einige Male hauchte er auch auf Kerners Sonnengeflecht (Plexus solaris). Bald wurde der Kleine sehr schläfrig, und schließlich wußte er nichts mehr von sich. Nachdem er eine Weile geschlafen hatte, erwachte der Junge und sah einen gewissen Mathias vor sich, der Doktor aber war nicht mehr da. Auch Mathias konnte nicht sagen, was Dr. Gmelin mit Justinus eigentlich getan hatte. Beim Weggehen hatte er nur gesagt, er hoffe, daß die Krankheit bald verschwinden würde und daß man dem Kind keine Medikamente geben dürfe.

Von diesem Tag an entwickelte sich dessen prophetische (proskopische) Fähigkeit – er hatte vorausschauende Träume und Ahnungen, die ihm viel Kummer verursachten. Aufgrund dieser Erfahrungen begann er, wie er sagte, einzusehen, was für ein Unglück es für den Menschen wäre, wenn es Gottes Weisheit nicht so eingerichtet hätte, daß uns die Zukunft verborgen bleibt. Diese magnetischen Handlungen waren für Kerners in jenen Tagen überreiztes Seelenleben ausreichend gewesen, daß sich in ihm »ein magnetisches Leben« entwikkelte, das später die Ursache des großen Interesses wurde, das er den Erscheinungen des Nachtlebens der Natur entgegenbrachte, dem Magnetismus und der Pneumatologie. Von dieser Zeit an schien sich denn auch wirklich sein körperliches Leiden seinem Ende zu nähern: schließlich genas er völlig[4].

7. Vorläufer der Spiritisten im 19. Jahrhundert

Zwischen 1789 und 1815 machte die Sache des Mesmerismus nur geringe Fortschritte; die Zeiten waren dafür zu ungünstig. Dennoch aber versuchte man hier und dort, Kranke durch »Mesmerisieren« zu heilen.

Im Jahre 1815 lebte das Interesse für den Mesmerismus in Paris wieder auf. 1819 ließ Faria sein Werk De la Cause du sommeil lucide ou étude sur la nature de l'Homme erscheinen, worin er den Glauben an das Mesmersche »Fluidum« bekämpfte und sich als ein Vorläufer Bernheims erwies. In mehreren Ländern wurden Kommissionen zum Studium des Mesmerismus eingesetzt.

Zahlreich sind die Veröffentlichungen aus jenen Tagen, die verschiedene Mesmerianer in Deutschland und Frankreich herausgegeben haben. Man darf nicht glauben, daß darin nur von Heilungen die Rede war, die angeblich von »Magnetiseuren« bewirkt worden sind. Es wird dabei auch auf die Phänomene Rücksicht genommen, die wir heutzutage als Telepathie, Gedankenlesen, Hellsehen in Raum und Zeit kennen. Auch sogenannten spiritistischen Phänomenen wandten die

Mesmerianer damals ihre Aufmerksamkeit zu. Mehr als einmal finden wir in ihren Schriften aus der ersten Hälfte des 19. Jahrhunderts die Erwähnung »geister«sehender Somnambuler, ebenso von Personen, die angeblich von »Geistern« beeinflußt worden seien. Man kann nicht sagen, daß solche »spiritistischen« Phänomene den Mesmerianern immer willkommen waren. Sie merkten sehr wohl, daß sie, wenn sie solche Phänomene in ihren Schriften erwähnten, ihre Widersacher zu noch größerer Aktivität aufstachelten. Dennoch taten es einige von ihnen. Ich denke hier zum Beispiel an Deleuze, Billot, Cahagnet, du Potet und die deutschen Pneumatologen, von denen Justinus Kerner aufgrund seines Buches DIE SEHERIN VON PREVORST der bekannteste geworden ist. Darin vermittelt er uns nicht allein »Eröffnungen« über das »innere Leben des Menschen«, sondern zugleich auch über das »Hereinragen einer Geisterwelt in die unsere«. Friederike Wanner, die Seherin von Prevorst, wurde 1801 im württembergischen Dorf Prevorst geboren. Sie war die Tochter eines Försters und heiratete im Alter von 19 Jahren einen Herrn Hauffe. Am 25. November 1826 begab sie sich, ernstlich erkrankt, in die Behandlung Dr. Kerners. Fast drei Jahre lang (die Patientin starb am 6. August 1829) konnte der Arzt diese Frau, eine der bemerkenswertesten Somnambulen, über die Monographien erschienen sind, beobachten. Sie hat nämlich vom 6. April 1827 bis zum 5. Mai 1829 in seinem Hause gewohnt. Diese Gelegenheit hat er denn auch gründlich genutzt. Bei der Untersuchung ihrer Vorgeschichte ergab sich, daß die Frau schon als Kind vorausschauende Träume und ähnliche Phänomene gehabt hatte. Auch galt sie schon damals als Geisterseherin.

Obgleich das Geistersehen nur einen Teil der parapsychologischen Phänomene bildet, das Kerner bei seiner Patientin beobachtet und beschrieben hat, widmete er ihm dennoch viel Aufmerksamkeit. Kerner hegte nicht den geringsten Zweifel daran, daß die von seiner Patientin »gesehenen« und beschriebenen »Wesen« tatsächlich jene waren, für die sie sich ausgaben und für die sie auch die Seherin hielt, nämlich Geister Verstorbener. Dabei macht es nichts aus, daß Kerner erkannte, daß man dieses Geistersehen auch animistisch (siehe Kapitel II) erklären kann. Er erachtete diese animistischen Erklärungen aber für viel »phantastischer« als die spiritistischen, die er »natürlich« nennt. »Diejenigen solcher Menschen, die nicht geradezu diesen ganzen Abschnitt für Lug, Trug und Täuschung erklärten, bildeten zur Erklärung seiner Tatsachen Theorien, die gewiß gewagter und phantastischer sind als die ganz einfache naturgemäße Annahme der Möglichkeit eines Hereinragens einer Geisterwelt in die unsere«, schreibt er im Kapitel über das Geistersehen der Seherin, das wir in seiner Monographie finden.

Ich stimme aber mit Dietz überein, daß wir mit der Kenntnisnahme der Geisterwelt der Seherin zugleich auch zu der mehr oder weniger befremdlichen Schlußfolgerung kommen müssen, daß der Mensch nach seinem Tod allmählich zu einer Art Schwachsinnigem degeneriert. Auch Schopenhauer hat auf die »empörend absurde, ja niederträchtig dumme Weltordnung« hingewiesen, »die aus den Angaben und Benehmen dieser Geister hervorgeht«.

Das schließt aber nicht aus, daß das, was man in Kerners Buch von der Seherin über ihr Geistersehen lesen kann, zweifellos die Aufmerksamkeit des Parapsychologen verdient, weil sie dabei auch wiederholt Beweise ihrer bemerkenswerten paragnostischen Begabung geliefert hat. Angenommen, daß alles sich so zugetragen hat, wie Kemer es berichtet, kann es keinem Zweifel unterliegen, daß wir zumindest in einem Teil dieser »Geister« mehr zu sehen haben als reine Halluzinationen im Sinne der Pathopsychologie. Diese Meinung vertritt auch Dietz in seiner erwähnten Abhandlung.

In diesem Zusammenhang ist auch der amerikanische Seher A. J. Davis (1826–1910) zu erwähnen. In seiner Autobiographie Der Zauberstab kann man lesen, wie er es vom Laufjungen in einem Schuhgeschäft zum Mesmerschen Subjekt eines der Kunden seines Chefs brachte, der ihn nach der Mesmerschen Methode in somnambulen Zustand versetzte. Dabei soll er imstande gewesen sein, mit geschlossenen Augen eine Zeitung zu lesen, auf die Uhr zu schauen und »dem einen oder anderen zu sagen, an welcher Krankheit er litt«. Aber das ist noch nicht alles. Bald machte er auch als »Geister«seher von sich reden. Als solcher hat er wesentlich dazu beigetragen, daß sich die spiritistische Bewegung in der zweiten Hälfte des neunzehnten Jahrhunderts so rasch entwickelte.

8. Die Schwestern Fox

Im Jahre 1848 bemerkte man in einem einfachen Häuschen in Hydesville, N. Y., rätselhafte Klopfgeräusche, die, wie viele meinten, von Geistern hervorgerufen wurden. Die Leute strömten zusammen, um Zeugen dieser Phänomene zu sein und, wenn möglich, Betrüger zu entlarven. Vor dem Haus der Familie Fox, in dem sich diese Phänomene zeigten, fanden heftige Diskussionen zwischen »Gläubigen« und »Ungläubigen« statt. Man äußerte die unterschiedlichsten Vermutungen über die Ursachen der Klopftöne. Manche glaubten sogar, es wäre der Teufel selbst, der sie hervorbrächte. Andere sprachen von den Geistern Verstorbener. Auch gab es welche, die die Fox-Mädchen, in deren Gegenwart sich die Phänomene zeigten, des Schwindels beschuldigten. Schließlich war da eine kleine Gruppe, die die Phänomene einer genauen Untersuchung unterziehen wollte.

Ich habe nicht die Absicht, hier eine genaue Beschreibung der Schicksale der Schwestern Fox zu geben. Wer sich dafür interessiert, sei auf die Ausführungen verwiesen, die eine von ihnen darüber geschrieben hat, sowie auf die Betrachtungen, die im Lauf der Jahre von verschiedenen Autoren über die Schwestern Fox und ihre Phänomene angestellt worden sind. Wahrscheinlich haben wir es hier mit einem der vielen sogenannten Poltergeist-Phänomene zu tun. Sie wurden schon im Altertum erwähnt und berühren sich mit dem, was sich 1767 in Dibbesdorf zugetragen hat. Wie immer dem auch sei, Tatsache ist, daß Hydesville zur Geburtsstätte der sogenannten modernen amerikanischen Spiritistenbewegung geworden ist. Dabei haben verschiedene Faktoren zusammengewirkt. Ich denke hier vor allem daran, daß das Auftreten der Schwestern Fox in eine Zeit fiel, da die Mesmerianer eine so wichtige vorbereitende Tätigkeit ausgeübt hatten, und zwar in einem Land, dessen Bewohner wenig wissenschaftlichen und religiösen Konservatismus aufwiesen und sehr zur Sektenbildung neigten.

Nach 1848 standen manche Mesmerianer den »spiritistischen« Phänomenen, die sich bei ihren Subjekten zeigten, weniger zweifelnd gegenüber, während andererseits die Spiritisten sich mehr und mehr für den Mesmerismus zu interessieren begannen, in der Hoffnung, sie könnten durch »Mesmerisieren« die Empfänglichkeit ihrer Medien für »jenseitige Einflüsse« erhöhen.

Wer die Schriften der Spiritisten aus den Jahren nach 1848 nachliest, wird darin immer wieder Beweise für die These finden, daß die sogenannte moderne amerikanische Spiritistenbewegung ihr Entstehen zum Großteil dem Mesmerismus zu verdanken hat, während umgekehrt das Interesse für den Mesmerismus durch die Spiritisten wachgehalten wurde.

9. Entwicklung der heutigen spiritistischen Bewegung

Wenn wir die Schriften der Spiritisten aus den Jahren 1850 bis 1860 lesen, finden wir, daß sich damals schon allenthalben Kreise zur Abhaltung spiritistischer Sitzungen bildeten, die mit den heute bestehenden in mancherlei Hinsicht weitgehend übereinstimmten. Sogenannte Tischséancen (Tischrücken) wurden zu jener Zeit schon in Hunderten von Familien abgehalten; nicht nur in den Vereinigten Staaten, sondern auch in Europa. Im Mai 1854 meldete die französische Tageszeitung LE PAYS, JOURNAL DE L'EMPIRE, »daß von der Nordsee bis zur blauen Donau ganz Deutschland von der Epidemie des Tischrückens angesteckt wäre«. Der berühmte Karikaturist A. de Noé (Cham) hinterließ uns eine Anzahl witziger Zeichnungen über das Tischrücken. Eine davon zeigt das Bild eines Herrn, dessen

Rücken, auf dem ein Leuchter und andere Gegenstände stehen, als Tischchen dient. Nicht weit von ihm sitzt seine Frau, die ein Tischchen »rücken« läßt. Die Beschriftung des Bildchens lautet: »Eine Frau, die ihren Mann zum Tisch und den Tisch zu ihrem Lebensgefährten gemacht hat, weil der Tisch ihr wichtigere Dinge zu sagen hat als der Gatte.«

Was nun den Umfang der spiritistischen Bewegung anlangt: Die Schriften ihrer Pioniere lehren uns, daß sie schon in den ersten Jahren nach 1848 sehr bedeutend war. 1854 legte man dem Kongreß der Vereinigten Staaten eine Petition vor, die von 40 000 Personen unterschrieben war. Diese Leute anerkannten die Echtheit der mediumistischen Phänomene und verlangten eine offizielle Untersuchung.

Im zweiten Jahrgang der niederländischen Monatsschrift Op de Grenzen van twee Werelden (An den Grenzen zweier Welten) aus dem Jahre 1878 steht, daß sich damals schon 52 Wochen- und Monatsblätter mit dem Studium der sogenannten spiritistischen Phänomene befaßten oder befaßt hatten, denn die eine oder andere dieser Zeitschriften wurde zuweilen durch ein Nachfolgeblatt ersetzt. Die Redakteurin E. van Calcar fügt dieser Mitteilung hinzu: »Solche Tatsachen tötet man nicht mit unverbindlichen netten Worten, man bläst sie nicht mit bloßen Schimpfkanonaden vom Tisch, denn sie liefern doch den Beweis, daß diese Sache schon viel tiefer in alle Teile der zivilisierten Gesellschaft eingedrungen ist, als manch ein Gelehrter sich hinter seinen Büchern träumen läßt und manch ein Nichtgelehrter bei all seiner leidenschaftlichen Ablehnung in Erfahrung bringt.«

Eine gute Vorstellung von Wesen und Umfang der spiritistischen Bewegung zwischen 1850 und 1875 gewinnt man durch Emma Hardinge-Brittens Werke Modern American Spiritualism und Nineteenth Century Miracles. Sie zeigen ebenso wie die Schriften von Edmonds, Home, R. D. Owen und anderen Vorkämpfern jener Tage, daß fast alle Arten von Medialität, die unsere heutigen Autoren über diese Themen anführen, damals schon bekannt waren.

Nach dem im Jahre 1889 in Paris abgehaltenen Compte

RENDU CONGRÈS SPIRITE waren auf jenem internationalen Kongreß 88 Zeitschriften vertreten, während die Delegierten etwa 15 Millionen Spiritisten vertraten. Aus den mir zugekommenen Informationen ergibt sich, daß es im Jahre 1963 in Großbritannien 40000 organisierte Spiritisten gab. Für die Niederlande stellte sich diese Zahl damals auf 3000. Man kann jedoch als sicher annehmen, daß diese Zahlen überstiegen wurden, weil es viele Leute gibt, die an den Spiritismus glauben, ohne Mitglied einer entsprechenden Vereinigung zu sein.

In den Vereinigten Staaten gab es 1963 10 Millionen eingeschriebene Spiritisten, in Brasilien eine Million. Sie werden durch weitere 10 Millionen ergänzt, die den Bau und den Betrieb von Krankenhäusern, Schulen, Altersheimen und dergleichen auf spiritistischer Grundlage ermöglichten.

(Für die Bundesrepublik Deutschland ist nur eine grobe Schätzung möglich. Während der Nazizeit war die Beschäftigung mit dem Spiritismus verboten, und viele Medien und einschlägige Schriftsteller kamen in den Konzentrationslagern um. Das wirkt bis heute nach. Es gibt in Deutschland zwar eine Reihe privater Zirkel, in denen spiritistische Séancen abgehalten werden, aber größere geschlossene Organisationen wie in England und in den USA existieren bei uns nicht. Der Herausgeber der Zeitschrift »Esotera« schätzt die Zahl der ernsthaft interessierten Spiritisten im deutschen Sprachgebiet – Bundesrepublik Deutschland, Schweiz und Österreich – auf etwa 50000. Der Verlag.)

Das weitgehende Interesse, das in Brasilien für den Spiritismus besteht, hängt zweifellos zum großen Teil mit der Tatsache zusammen, daß die Verkünder der spiritistischen Thesen bei der einheimischen Bevölkerung viel Widerhall finden, in deren Volksglauben die spiritistischen Phänomene gut hineinpassen. Auch der Katholizismus dieser Menschen zeigt deutlich einen spiritistischen Einschlag. Dazu kommt noch, daß nach Ansicht zahlreicher Brasilianer die psychische Struktur vieler ihrer Landsleute für die Entfaltung »schlummernder mediumistischer Anlagen« sehr günstig ist. Inwieweit das stimmt, wäre noch zu untersuchen. Es bedarf wohl keiner besonderen

Betonung, daß wissenschaftliche (parapsychologische) Besinnung auf die sich in ihren Kreisen bemerkbar machenden »spiritistischen« Phänomene sehr vielen Brasilianern noch völlig fremd ist. Ihre Haltung gegenüber den mediumistischen Phänomenen muß noch vorwiegend primitiv naiv-realistisch genannt werden. Die Zukunft wird ergeben, wieweit hier Möglichkeiten für eine fruchtbare parapsychologische Forschung liegen.

II Einige Persönlichkeiten der spiritistischen Bewegung in der zweiten Hälfte des 19. Jahrhunderts

Wer die Geschichte der spiritistischen Bewegung in der zweiten Hälfte des vorigen Jahrhunderts kennt, weiß, daß dieses Kapitel unschwer zu einem dickleibigen Buch ausgebaut werden könnte. Wir werden uns daher darauf beschränken müssen, einige biographische und historische Besonderheiten über ein paar willkürlich ausgewählte Personen, die in jener Zeit ihren Beitrag zur Förderung der spiritistischen Bewegung geleistet haben, hervorzuheben.

1. Allan Kardec

Um das Jahr 1850 hat sich in Frankreich eine Reihe von Leuten, die sich dem Mesmerismus verschrieben hatten, in seinem Sinne praktisch betätigt. Sie mesmerisierten nicht bloß mit der Absicht, Kranke zu heilen, sondern sie studierten auch die Phänomene, die sich bei ihren Somnambulen bemerkbar machten, u. a. jenes der Besessenheit.

Bei einer der Somnambulen des »Magnetiseurs« Roustan, Mademoiselle Célina Bequet, die aus familiären Gründen unter dem Decknamen Célina Japhet tätig war, offenbarten sich die »Geister« verstorbener Ärzte (u. a. Mesmers) und gaben medizinische Anordnungen. Dieses Medium schrieb auch automatisch – angeblich unter dem Einfluß von Geistern. Die »Geister«, die, wie es hieß, sich ihrer Hand bedienten, stellten allerlei Betrachtungen philosophischer Art an und sprachen von Seelenwanderung, von Reinkarnation.

Im Jahre 1856 führte Victorien Sardou Herrn Léon Denizard Rivail in diesen Kreis ein. Rivail interessierte sich sehr für die Schriften dieser Gruppe, die er genau zu studieren begann. Einen Großteil von deren Inhalt dürfte er in seinem LIVRE DES

ESPRITS (»Das Buch der Geister«) veröffentlicht haben. Sodann begann er, sich mit anderen »Medien« zu beschäftigen, mit Madame Bodin und Mademoiselle Rose. Die »Geister«, die sich durch diese Medien offenbarten, berichteten ihm allerlei Einzelheiten über das Leben im Jenseits. Auch erfuhr er von ihnen manches über seine früheren Inkarnationen, zumindest glaubte er das. In einem seiner früheren Leben soll er Allan, in einem anderen Kardec geheißen haben. So kam er dazu, unter dem Pseudonym Allan Kardec zu schreiben.

1857 erschien das erwähnte LIVRE DES ESPRITS, dem bald andere Veröffentlichungen seiner Schriften folgten. Alle diese Bücher verursachten gewaltiges Aufsehen. Sie wurden immer wieder neu aufgelegt und in mehrere Sprachen übersetzt. Im ersten Kapitel (»Introduction«) seines ersten Buches weist der Autor darauf hin, daß man für neue Dinge neue Ausdrücke einführen muß. Er sagt, in der Philosophie kenne man das Wort Spiritualismus, worunter man das Gegenteil von Materialismus zu verstehen hat. »Ein jeder, der glaubt, daß er nicht ganz und gar aus Materie gebildet sei, ist ein Spiritualist; aber das bedeutet nicht, daß er auch an die Existenz von Geistern glaubt oder daran, daß sie mit der sichtbaren Welt in Verbindung treten könnten.« Menschen, die an das Existieren von Geistern glauben sowie an die Möglichkeit eines Kontakts zwischen ihnen und den Erdenbewohnern, nennt Kardec Spiritisten. Unter Spiritismus versteht er »la doctrine spirits«.

Auf Seite 352 seines LIVRE DES MÉDIUMS teilt Kardec seinen Lesern mit, daß sich die Geister oft spontan offenbaren, daß man sie aber auch herbeirufen kann. In Kardecs Buch LE CIEL ET L'ENFER (Himmel und Hölle) gibt es mehrere Angaben, wonach herbeigerufene Geister über die Erfahrungen, die sie nach dem Tod ihrer Leiber gemacht haben sollen, berichtet hätten.

Es kann wohl als ein sehr deutlicher Beweis für die große Leichtgläubigkeit und den völligen Mangel an (para)psychologischer Einsicht Allan Kardecs angesehen werden, daß ihm nie bewußt wurde, welch klägliche Figur er als Versuchsleiter machte, indem er den sich offenbarenden Geistern (die er noch dazu zum Teil selbst »gerufen« hat) allerlei Suggestivfragen stellte. Die Geister, die sich durch seine Medien zu offenbaren behaupteten, waren wohl fast alle Ergebnisse der dramatisierenden Persönlichkeitsspaltung seiner Medien und verdankten ihr Entstehen den Anregungen, die er seinen Somnambulen gab. Seine Gedanken wurden von ihnen reflektiert. Im besten Fall können wir annehmen, daß seine Versuchspersonen mit ihm in telepathischem Kontakt standen oder die Fähigkeit des Gedankenlesens besaßen. Die Fehler, die Kardec als Versuchsleiter gemacht hat, sind derart augenscheinlich, daß heutzutage sogar viele (Offenbarungs-)Spiritisten, die im allgemeinen wenig kritischen Sinn und psychologische Schulung besitzen, diese Art des »Experimentierens« ablehnen. Die Art, in der Kardec vorging, ist ein typisches Beispiel dafür, wie man nicht untersuchen darf.

Trotz alldem aber übten Kardecs Schriften mit Mitteilungen von allerlei erhabenen Geistern, wie etwa dem heiligen Augustinus und dem heiligen Ludwig, nicht allein einen großen Einfluß auf seine Zeitgenossen aus, sondern auch auf sehr viele Spiritisten aus den ersten Jahrzehnten unseres Jahrhunderts. Vor allem in den lateinischen Ländern wurde viele Jahre nach seinem Tod Allan Kardec noch als großer Lehrmeister verehrt. In den Schriften von Männern wie Léon Denis und Gabriel Delanne wird über seine Person und sein Werk mit größter Ehrerbietung gesprochen. Denis behauptet von ihm, »er sei sehr klar in seinem Urteil und streng logisch« gewesen. »Alle seine Folgerungen beruhen auf Tatsachen, die von Tausenden von Zeugen bestätigt wurden. Durch sein Zutun ist der Spiritismus von den abstrakten Höhen, auf denen er gethront hatte, herabgestiegen, ist einfach, volkstümlich und jedermann verständlich geworden.« – »Das Werk von Allan Kardec ist also die Zusammenfassung der Lehren, die Geister den Menschen gebracht haben . . .«

Delanne verehrt ihn vor allem als den Mann, der auf die große Bedeutung des automatischen Schreibens für den Verkehr mit der Geisterwelt hingewiesen hat und durch dessen Schriften wir soviel über das Leben nach dem Tod erfahren haben.

1858 gründete Kardec die Zeitschrift LA REVUE SPIRITE, die von französischen Spiritisten noch immer als ihr Leibblatt angesehen wird. In der Nummer vom Mai 1930 (Seite 234) findet sich ein Bericht über ein Treffen, das aus Anlaß von Allan Kardecs Todestag (30. März 1869) am 30. März 1930 stattgefunden hat. Bei dieser Gelegenheit bezeichnete der Vorsitzende Paul Bodier Kardec u. a. als »un grand messager du divin savoir (einen großen Boten des göttlichen Wissens)«. Dabei gedachten sie auch L. Denis' und G. Delannes, »die die leuchtende Spur des Meisters erweitert haben, indem sie sich zu Verteidigern der ewigen Wahrheit machten«. Und auch heutzutage haben die Lehren Kardecs in Brasilien und einigen anderen südamerikanischen Ländern noch viele Anhänger. Man hat dort sogar Briefmarken mit seinem Bildnis drucken lassen.

2. A. T. Piérart

Im selben Jahr, als Kardec seine Zeitschrift gründete, entstand auch A. T. Piérarts Zeitschrift LA REVUE SPIRITUALISTE, die sich zum Teil die Bekämpfung der Kardecschen Vorstellungen zum Ziel gesetzt hatte. Piérart war in hohem Maße dem Einfluß der Ideen der amerikanischen und englischen Spiritisten seiner Tage unterworfen. Darum nannte er sich auch einen »Spiritualisten«[1]. Kardec und Piérart vertraten jeder eine andere besondere Strömung innerhalb des Spiritismus; Kardec jene Richtung, die sich aus dem Mesmerismus entwickelt hatte und die nur durch die Ereignisse von Hydesville und deren Folgen im Schwunge geblieben war – Piérart neigte der Richtung des »modernen amerikanischen Spiritismus« zu, die im Mesmerismus nur ihren Wegbereiter sah. Kardec hat sich für diese amerikanische Bewegung nur wenig interessiert, was nach Ansicht vieler Fachleute auf die Tatsache zurückzuführen ist, daß die Geister, die sich durch die amerikanischen und englischen Medien angeblich offenbarten, keine Anhänger der Lehre von einer Seelenwanderung waren. Die ebenfalls von Kardec ins Leben gerufene SOCIÉTÉ D'ÉTUDES PSYCHOLOGIQUES widmete »Medien« wie D. D. Home (siehe Abschnitt 3 dieses Kapitels) und anderen wenig oder keine Aufmerksamkeit.

Piérart hat in seinem Kampf gegen Kardec und seine Ansichten den kürzeren gezogen. 1870 wurde seine Zeitschrift in CONCILE DE LA LIBRE PENSÉE umbenannt und im Jahre 1873 von der Behörde überhaupt verboten. Er starb 1878.

3. D. D. Home

D. D. Home wurde 1833 in Edinburgh als Sohn einer angesehenen Familie geboren, in der die »Gabe« des »Zweiten Gesichts« wiederholt aufgetreten zu sein scheint. Seine paranormale Begabung dürfte sich schon früh gezeigt haben.

Nachdem er in New York einige Zeit Medizin studiert hatte, gab er dieses Studium aufgrund seiner schwachen Gesundheit auf. Er zog dann als spiritistisches Medium durch die Welt in der Überzeugung, er habe als solches eine Berufung zu erfüllen.

Anfang 1857 trat er in Paris auf, wo er Napoleon III. seinen ersten Besuch abstattete. (Der vierte und letzte fand im Jahre 1863 statt.) Diese Sitzungen erregten großes Aufsehen. Sowohl auf den Kaiser als auch auf die Kaiserin machte das, was sich dabei abspielte, großen Eindruck.

Im Jahre 1858 lud der Niederländer Tiedman Marthese Home ein, ihn in seine Heimat zu begleiten. Er hoffte, mit Hilfe Homes das Interesse seiner Landsleute für den Spiritismus zu wecken. Über seinen Besuch bei der niederländischen Königin Sophie schrieb Home (siehe E. Hardinge Britten: NINETEENTH CENTURY MIRACLES, SEITE 327):

»Am Tag nach unserer Ankunft in Den Haag wurde mir das Ersuchen Ihrer Majestät überbracht, mich noch am selben Abend im königlichen Palast einzufinden. Ich beeilte mich, um, wie gewünscht, um acht Uhr dort zu sein, und in dem Augenblick, da ich dies niederschreibe, steht mir noch immer das Bild dieses kahlen, düsteren Gebäudes wie ein häßlicher Traum vor Augen. Man führte mich in den Empfangssaal. Als ich eintrat, empfing mich eine Dame, die mich im reinsten Englisch, das man sich denken kann, willkommen hieß. In der Meinung, es handle sich um eine diensthabende Hofdame, sagte ich: ›Ich denke, die Königin erwartet mich.‹ Darauf antwortete sie fröhlich lächelnd: ›Ich bin die Königin.‹ Auf ihren Vorschlag wurde eine Sitzung gehalten, doch nach zweistündigem geduldigem Warten hatten wir noch immer nicht das geringste Ergebnis. Sieben oder acht folgende Abende erbrachten nicht mehr, und ich begann schon ein völliges Mißglücken aufgrund einer mir unbekannten Ursache zu befürchten. Eines Abends sprach mich Ihre Majestät an: ›Herr Home, ich habe nur eine unvollkommene Vorstellung von den Voraussetzungen für das, was man eine Séance nennt, aber ich bin überzeugt, daß Ihre Umgebung an den letzten Abenden nicht die geeignetste gewesen ist. Ich denke, wenn Sie mir folgen, werden wir gewiß das Richtige finden.‹

Sie nahm eine Lampe, durchschritt zwei Räume und war eben im Begriff, einen dritten aufzuschließen, als ich unwillkürlich ausrief: ›Hier muß die nächste Sitzung abgehalten werden!‹ Die Königin öffnete die Tür, übergab mir das Licht und sagte: ›Ich wußte, daß es dieses Zimmer sein müsse. Kommen Sie herein, und schauen Sie meine Schätze an.‹

Obwohl der Raum nur schlecht beleuchtet war, merkte ich auf den ersten Blick, daß ein Kind oder mehrere hier gewesen sein mußten, denn in einer Ecke stand ein zerbrochenes Kinderwägelchen, und daneben lag eine kleine Trommel. Allerlei Spielzeug lag verstreut herum, so, als hätten die Kleinen, vom Spielen ermüdet, das Zimmer für kurze Zeit verlassen und als sollte die Stille durch ihre Anwesenheit bald wieder unterbrochen werden. Endlich blieben meine Blicke auf einem verwelkten Blumenstrauß haften, der auf einen Zeitraum von Monaten, vielleicht sogar von Jahren ungestörter Ruhe hinwies. Die Königin klärte mich auf. Es war das Spielzimmer ihres verstorbenen Kindes gewesen, und jeder Gegenstand darin war so liegengeblieben, wie er hier zurückgelassen worden war. Nur die Blumen waren später hergebracht worden; sie hatten neben dem kleinen Körper gelegen nach der Veränderung, die man den Tod nennt.

Am nächsten Tag wurde hier eine Sitzung abgehalten, und der trauernden Mutter wurde der vollkommenste und überzeugendste Beweis geliefert, daß ihr Liebling noch bei ihr war. Es ist mir nicht möglich, Einzelheiten von dem wiederzugeben, was dann stattgefunden hat, denn sie waren von so zärtlich-intimer Art, daß eine Veröffentlichung beinahe einer Gotteslästerung gleichkäme. Dabei waren Verwandte der Königin und eine Hofdame anwesend, und sie können die Freudentränen nicht vergessen haben, die diese edle und hochbegabte Frau vergossen hat, als sie den Kopf neigte und Gott für den Trost dankte, den er ihr geschenkt hatte.

Sie nahm einen Ring mit Saphiren und Diamanten vom Finger, steckte ihn mir an, und auf einem Blatt Papier, das sie mir schenkte und das noch in meinem Besitz ist . . . steht geschrieben: ›Mit Dankbarkeit werde ich stets an die Séance mit Herrn Home denken – Sophie.‹«

4. William Crookes

Um das Jahr 1865 begann sich der englische Chemiker William Crookes für die Erforschung mediumistischer Phänomene zu interessieren. 1869 konnte er sich der Mitwirkung Homes versichern. Er strebte danach, die sogenannten Séance-Zimmer-Phänomene unter experimentellen Umständen im Laboratorium zu studieren. Dabei bediente er sich eines besonders für diese Untersuchungen entworfenen Instrumentariums, womit er die Grundlage für jenen Nebenzweig der empirischen (experimentellen) Psychologie legte, den wir heute unter der Bezeichnung Parapsychologie kennen.

Crookes kam aufgrund seiner Untersuchungen zu der Erkenntnis, daß weder Home noch einige andere Medien, deren Leistungen er einer Prüfung unterzogen hatte, als Schwindler oder Gaukler (wie viele Leute damals von vornherein glaubten behaupten zu dürfen) bezeichnet werden können. Damit ist aber durchaus nicht gesagt, daß er ohne weiteres bereit war, wie die damaligen Spiritisten zu glauben, so ziemlich alle (paranormalen) Phänomene, die sich in Gegenwart dieser Medien zeigten, seien durch Geister hervorgerufen worden. Im Gegenteil. Crookes hat sehr richtig eingesehen, daß zumindest ein Teil dieser Phänomene animistisch erklärt werden muß, das heißt, daß hier seiner Meinung nach bis dahin in der Physiologie und der Psychologie unbekannte Kräfte im Spiel waren, die ihren Ursprung im Medium selbst hatten. Aufgabe der Wissenschaft wäre es, das Wesen dieser »psychischen« Kräfte zu ergründen. Crookes hat aber die spiritistische Hypothese dennoch nicht gänzlich abgelehnt. Im Lauf der Jahre ist er immer mehr zu der Erkenntnis gekommen, es müsse als sehr wahrscheinlich angenommen werden, daß ein Teil der von ihm und anderen wahrgenommenen paranormalen Phänomene außerirdischen Einflüssen, die sich als die Geister Verstorbener ausgaben, zugeschrieben werden muß.

Es bedarf wohl keines Beweises, daß das günstige Urteil, das dieser Forscher um das Jahr 1874 über Home und ein paar andere sogenannte Spiritistische Medien, die in jenen Tagen von sich reden machten, abgab, in der wissenschaftlichen Welt großes Aufsehen erregte; unterlag man damals doch in so hohem Maße dem Einfluß des (philosophischen) Materialismus. Viele konnten in diesem günstigen Bericht nur einen Beweis mehr sehen, daß Home ein raffinierter Schwindler war, dem es sogar gelungen war, einen namhaften Gelehrten – der Crookes damals bereits war – in die Irre zu führen.

Im Lauf der Jahre wurde wiederholt das Gerücht verbreitet, Crookes habe seinen Irrtum eingesehen und sei zur Einsicht gekommen, Home und andere hätten ihn schändlich betrogen. Crookes aber hatte nie aufgehört, darauf zu antworten, solche Nachrichten seien völlig aus der Luft gegriffen. Noch im Jahre 1917, zwei Jahre vor seinem Ableben, erklärte er, er hätte nie einen Anlaß gefunden, seine ursprüngliche Meinung zu revidieren; seine Forschungen hätten ihn nicht nur zu der Erkenntnis geführt, daß der Mensch über noch unbekannte Fähigkeiten verfüge, sondern ihm auch die Überzeugung vermittelt, ein Kontakt zwischen unserer Welt und jener, die uns nach dem Tode erwarte, sei möglich.

5. Carl du Prel

Dr. Freiherr Carl du Prel wurde 1839 geboren. Einem luxemburgischen Adelsgeschlecht entstammend, begann er seine Laufbahn als Offizier in der bayerischen Armee. Als solcher nahm er an den Feldzügen von 1866 und 1870 teil. Gesundheitliche Gründe sowie ein immer mehr zunehmendes Interesse für metaphysische Probleme brachten ihn zu dem Entschluß, den militärischen Dienst zu quittieren und an der Universität Tübingen Philosophie zu studieren. Nach Abschluß seiner Studien und nach seiner Promotion erschienen von ihm einige Schriften, die von einem sich stets steigernden Interesse für parapsychologische Probleme Zeugnis ablegen. Seine STUDIEN AUF DEM GEBIETE DER GEHEIMWISSENSCHAFTEN waren es vor allem, die in Fachkreisen große Beachtung fanden. 1885 erschien du Prels Hauptwerk, die PHILOSOPHIE DER MYSTIK. Ihm folgten bald noch andere Bücher. Sie alle zeugen von seinem Streben, die Phänomene des sogenannten Okkultismus in einem philosophischen (metaphysischen) System unterzubringen, das, wie er hoffte, seinen philosophisch geschulten Zeitgenossen annehmbar erscheinen könnte.

Du Prel zufolge, der vor allem von Kant, Carus, I. H. Fichte, Schopenhauer und Fechner beeinflußt war, liegt sowohl unserem irdischen als auch unserem außerirdischen (astralen) Körper ein »transzendentes« Schema zugrunde. Unsere Seele ist sowohl ein organisierendes (aufbauendes und bewahrendes) als auch ein denkendes Prinzip. Die sogenannten okkulten Kräfte haben ihren Ursprung in dem »transzendenten Subjekt«. Während des Schlafs, in somnambulen Zuständen, auch dort, wo – wie bei Geisteskranken – der Intellekt als Folge seelischer Störungen beeinträchtigt ist, beginnen sich Fähigkeiten des transzendenten Subjekts zu zeigen.

Nach du Prel besteht eine augenfällige Übereinstimmung zwischen einem Somnambulen und einem Sterbenden. Beim Somnambulen wird das transzendente Subjekt teilweise »befreit«; beim Sterbenden findet eine allgemeine Befreiung des transzendenten Subjekts statt.

Die Studien dieses Forschers auf dem Gebiet der Mystik lehrten ihn die paranormalen Phänomene kennen[2] und trugen das Ihre zu seinem »Glauben« an das transzendente Subjekt bei. Diese Studien aber förderten auch sein Interesse für den Spiritismus, der in den letzten Jahrzehnten des vorigen Jahrhunderts auch immer mehr Anhänger gewinnen konnte. Mehr und mehr kam er zur Überzeugung, daß seine Ansichten über die Mystik auf Spiritismus hinausliefen, und zuletzt begann er, sich für diese Bewegung einzusetzen und sich als Anhänger der spiritistischen Glaubensüberzeugung, der er einen philosophischen Hintergrund verlieh, zu erklären. Er habe, sagte er ein Jahr vor seinem Tode (5. August 1899), manchem Freund eine große Überraschung, ja sogar Enttäuschung verursacht, als er (um 1884) begann, sich für den Spiritismus einzusetzen. Das sei jetzt ungefähr 15 Jahre her, zu einer Zeit also, als sich die öffentliche Meinung allgemein noch gegen den Spiritismus gewandt hatte. Damals bestritt man, daß der Spiritismus etwas mit Wissenschaft zu tun habe, hielt ihn vielmehr für Humbug und war, was ihn betraf, sehr schnell mit dem Urteil zur Hand, er hätte sich von geschickten Gauklern foppen lassen. Manche erklärten sogar rundheraus, er sei verrückt geworden . . . Solches Geschwätz habe ihn aber keineswegs aus dem Gleichgewicht gebracht . . . Auf dem Gebiet der Geschichte der Wissenschaft bewandert, wußte er, daß der Ausdruck »verrückt« in der Regel ohne weiteres auf jeden angewandt wird, der Ansichten verkündet, die im Gegensatz zu den allgemein anerkannten Vorstellungen zu stehen scheinen. Außerdem wüßte er sicher, daß die Wahrheit, die er gefunden hätte, früher oder später allgemeine Anerkennung finden würde. Seine kleine Broschüre DER SPIRITISMUS enthält ein Kapitel, worin er berichtet, wie er Spiritist geworden sei. Man könne daraus ersehen, daß er, schon ehe er einige Erfahrung auf diesem Gebiet hatte, mit der Möglichkeit spiritistischer Phänomene gerechnet habe. Seine naturphilosophischen Studien hätten ihn schon dafür reif gemacht, das Vorkommen spiritistischer Phänomene von vornherein anzunehmen . . .

Du Prel ist jahrelang die Seele der »spiritistischen« Bewegung in Deutschland gewesen. Seine Wohnung in München war lange Zeit der geistige Mittelpunkt der damals noch in den Kinderschuhen steckenden parapsychologischen Forschung in Deutschland. Mit seinen Schriften, die für gebildete Laien leicht lesbar sind, wußte er bei Hunderten Interesse für den »Okkultismus« zu erwecken und die Hoffnung in den Herzen vieler wiederaufleben zu lassen, die durch die materialistisch-mechanistische Weltanschauung der in jenen Tagen tonangebenden energetisch-monistischen Denker wie Büchner, Haeckel oder Marx zur Verzweiflung gebracht worden waren.

Auch auf einige junge Gelehrte, zu denen er enge Verbindungen unterhielt, übte er großen Einfluß aus. Unter jenen, die ihn als ihren Lehrer verehrt haben, nimmt Dr. A. von Schrenck-Notzing (1862–1929) wohl den ersten Platz ein. Dieser bekannte deutsche Psychiater, der sowohl durch seine Schriften auf dem Gebiet der Psychotherapie und Kriminologie als auch durch seine Ausführungen über Parapsychologie in den letzten Jahrzehnten des vorigen und den ersten unseres Jahrhunderts viel von sich reden gemacht hat, gedachte in seiner Abhandlung über DIE ENTWICKLUNG DES OKKULTISMUS ZUR PARAPSYCHOLOGIE IN DEUTSCHLAND Carl du Prels als eines Mannes, von dem zeit seines Lebens ein großer Einfluß ausging. In ihm vereinigten sich schöpferische Intuition mit logischer Schärfe der Gedanken, dichterische Phantasie mit glänzender Dialektik, Tiefe des Gemüts mit kindlicher Reinheit des Herzens sowie strenge Gewissenhaftigkeit mit ungeheurem Fleiß. Das alles hindert jedoch nicht, daß du Prel, wie v. Schrenck-Notzing an anderer Stelle erwähnt, als Teilnehmer an Sitzungen mit Medien sich nicht immer als genauer Beobachter hervortat. Auch seine Kritik bei der Zusammenstellung des in seinen Schriften benutzten Tatsachenmaterials ließ v. Schrenck-Notzing zufolge hin und wieder zu wünschen übrig. Er nahm nur allzugern Tatsachen hin, die in sein philosophisches System paßten, ohne sich dabei genügend Rechenschaft abzulegen, ob sie den Anforderungen einer ehrlichen wissenschaftlichen Kritik standzuhalten vermochten.

6. A. Aksakow

Nicht lange nachdem die Schwestern Fox von sich reden gemacht hatten, weil durch ihre Mitwirkung Geistern Gelegenheit gegeben wurde, sich zu offenbaren, erschienen Veröffentlichungen von Forschern, die darauf hinwiesen, daß jene, die die Meinung vertraten, es gäbe hier nur die Wahl zwischen zwei Möglichkeiten (Kundgebung von Geistern oder Medienbetrug), die Frage nicht richtig erfaßten.

1852 erschien in Boston die Schrift To Daimonion. Der Autor G. W. Samson spricht darin von einem »Nervenprinzip«, wodurch der Geist auf die Materie einwirken soll. Dieses Prinzip stimmt seiner Meinung nach mit dem »magnetischen oder elektrischen Prinzip« überein. Mit seiner Hilfe könnten gewisse Menschen Klopfgeräusche verursachen, die manche zu Unrecht den Geistern Verstorbener zuschreiben. Im selben Jahr erklärte der englische Physiologe Carpenter, die Phänomene des Tischrückens beruhten auf dem ideomotorischen Prinzip (siehe Kapitel VI). Bei diesen mehr oder eigentlich weniger gelungenen Versuchen, gewisse in Spiritistenkreisen wahrgenommene Phänomene »animistisch« zu erklären, ist es nicht geblieben.

Im Jahre 1885 erschien in Leipzig aus der Feder des Philosophen Eduard von Hartmann (Philosophie des Unbewußten) das Werk Der Spiritismus. Der Autor anerkennt darin, daß verschiedene Phänomene, die bei sogenannten spiritistischen Sitzungen wahrgenommen werden, echt, also nicht Ergebnisse von Schwindel oder Gaukelei sind. Er bestreitet jedoch die Meinung, sie seien von Geistern hervorgerufen. Wie er behauptet, muß ihre Erklärung in Illusionen und Halluzinationen gesucht werden, in »Hellsehen« und »psychischen Kräften«, die sich außerhalb des Körpers des Mediums zeigen könnten. Die Geisterhypothese lehnte Hartmann von vornherein ab; nicht zuletzt aufgrund der Tatsache, daß sie in den Zusammenhang seines Systems nicht hineinpaßte. So wie viele Philosophen war denn auch er sichtlich mehr in sein System als in die Wahrheit verliebt.

1890 erschien eine Antwort auf dieses Buch. Sie trug den Titel ANIMISMUS UND SPIRITISMUS; Verfasser war der russische Forscher Aksakow. Der Autor hat in diesem Buch ein ausgebreitetes parapsychologisches Tatsachenmaterial zusammengefaßt. Das Verdienst dieser Schrift liegt in erster Linie in der Tatsache, daß der Verfasser die von ihm gesammelten Fälle (die allerdings leider nicht immer einer ernsthaften wissenschaftlichen Kritik standhalten) nach einer kritischen Methode zu erklären sucht, die sich auf die von Hartmann aufgestellten Regeln stützt. Aksakow versuchte, in das ihm zur Verfügung stehende Material, das er in drei Gruppen einteilte, Ordnung zu bringen.

A. Personismus. Unter personistischen Phänomenen versteht Aksakow alle jene »mediumistischen« Phänomene, die sich, wie z. B. das automatische Schreiben und Sprechen oder die Persönlichkeitsspaltung, innerhalb der körperlichen Grenzen des Mediums zeigen. Diese »inner-mediumistischen Phänomene« haben wir seiner Meinung nach von jenen zu unterscheiden, die er unter der Bezeichnung

B. Animismus anführt und wozu er u. a. die Telepathie, das räumliche Hellsehen und die Telekinese zählt. Diese Phänomene sind, wie er sagt, »außer-mediumistische«, weil das Medium mit Hilfe von Kräften, die ihnen zugrunde liegen, auf Entfernung (»außer-mediumistisch«) imstande ist, auf paranormale Weise wahrzunehmen (Telepathie und verwandte Phänomene) oder sich zu »manifestieren« (Telekinese und verwandte Phänomene).

C. Spiritismus. Unter spiritistischen Phänomenen versteht Aksakow alle jene, die auf den oberflächlichen Beobachter einen personistischen oder animistischen Eindruck machen, die aber bei näherer Betrachtung einer »außer-mediumistischen, über-weltlichen Ursache« zugeschrieben werden müssen.

Der Autor weist darauf hin, daß wir nur durch eine genaue Beurteilung des Inhalts von Berichten erfahren können, ob wir es im einzelnen Fall mit einem spiritistischen bzw. einem personistischen oder animistischen Phänomen zu tun haben[3].

Es habe sich wiederholt gezeigt, schreibt dieser Forscher, daß sowohl die personistische als auch die animistische oder die spiritistische Hypothese zur Erklärung ein und derselben Tatsache herangezogen werden könne . . . Das Problem, vor das wir uns (dann) gestellt sehen, bestehe (in einem solchen Fall) also darin, daß wir zu beurteilen haben, welche Hypothese wir wählen müssen, und nicht glauben dürfen, eine einzige Hypothese eigne sich für alle Tatsachen. Mit Nachdruck weist der Autor darauf hin, daß wir uns nicht der Geisterhypothese bedienen dürfen, solange wir mit personistischen oder animistischen Betrachtungen auskommen können (siehe Kapitel III).

Es sei der größte Fehler der Anhänger des Spiritismus, schreibt er, daß sie alle Phänomene, die man im allgemeinen als spiritistische bezeichnet, der Einwirkung von Geistern zuschreiben. Schon der Name »spiritistische Phänomene« führt uns auf einen Irrweg. Wir sollten diese Bezeichnung durch eine andere ersetzen; durch ein Wort, das eine allgemeine Bedeutung hat und keine Hypothese, keine Lehre in sich schließt. Das Wort »Mediumismus« könnte uns dabei sicherlich gute Dienste leisten.

Obgleich Aksakows Werk zweifellos vieles enthält, wogegen allerlei Einwände gemacht werden können, so darf doch nicht geleugnet werden, daß seine Anschauungen (womit er den Spiritismus vor allem als ein parapsychologisches Problem aufzeigt) wesentlich dazu beigetragen haben, daß sich die Parapsychologie aus dem Spiritismus entwickeln konnte. »Wäre das Wort Parapsychologie zu seiner Zeit bekannt gewesen«, schrieb Herr H. N. de Fremery im Jahre 1932 anläßlich von Aksakows hundertstem Geburtstag, »so hätte er es sicherlich übernommen. Er hat diesen Begriff mit dem Ausdruck

›Mediumismus‹ angedeutet, ein Wort, das wir auch heutzutage noch hin und wieder finden, z. B. bei Verweyen. Aksakow war tatsächlich ein Parapsychologe von großer Bedeutung. Indem er die Tatsachen gesichtet und geordnet, indem er nüchterne Kritik ausgeübt hat, indem er sich nicht von dem Fanatismus anstecken ließ, dem viele seiner weniger wissenschaftlich und mehr religiös veranlagten Geistesverwandten frönten ... ist er zu einem Bahnbrecher der Parapsychologie geworden.«

7. Thomson Jay Hudson

Im Jahre 1903 erschien Hudsons Schrift THE LAW OF PSYCHIC PHENOMENA, die wohl eine der merkwürdigsten Theorien enthält, die jemals entwickelt worden sind.

Hudson verweist anfangs darauf, daß ein wirklicher Fortschritt in einem wissenschaftlichen Zweig unmöglich ist, solange keine Arbeitshypothese besteht, die allgemein auf die Phänomene angewendet wird, auf die sich diese Wissenschaft gründet. Von einer solchen Hypothese verlangt er – sichtlich unter dem Einfluß von William James' Pragmatismus – nicht, daß sie »im Abstrakten« wahr ist. Seine Ansicht ist: Das Beste, was von einer wissenschaftlichen Hypothese, welcher auch immer, gesagt werden kann, ist, daß alles so geschieht, als wäre sie wahr. Trifft diese Voraussetzung im allgemeinen zu, bleibt keine bekannte Tatsache übrig, die durch sie nicht erklärt wird, dann ist man berechtigt, sie als wahr anzunehmen und selbst die bedeutendsten Schlußfolgerungen daraus abzuleiten. Gibt es hingegen nur eine einzige Tatsache, die außerhalb des Bereiches dieser Hypothese liegt oder mit ihr nicht erklärt werden kann, so ist damit der unumstößliche Beweis erbracht, daß sie nicht zuverlässig, daß sie unrichtig und daher wertlos ist und man aus ihr keine die Praxis befriedigenden logischen Folgerungen ableiten kann.

Ausgangspunkt für Hudson ist »die Entdeckung, daß Menschen in hypnotischem Zustand fortwährend für die Macht der

Suggestion greifbar sind; daß Suggestion der allmächtige Faktor bei der Hervorrufung aller hypnotischen Phänomene ist«.

Diese Entdeckung führte ihn zur Überzeugung, daß die geistige Organisation des Menschen doppelten Charakter trägt. »Er hat – tatsächlich oder scheinbar – einen doppelten Geist, ein Doppel- Ich[4], also zwei Egos, von denen ein jedes mit besonderen eigentümlichen Eigenschaften und Kräften begabt ist. Jedes dieser beiden Egos ist unter bestimmten Voraussetzungen zu einem unabhängigen Wirken imstande.« Hudson hat nun das eine dieser beiden Ich als das *objektive,* das andere als das *subjektive* Ich bezeichnet. »Im allgemeinen kann man den Unterschied zwischen den beiden folgendermaßen angeben: Das objektive Ich nimmt Kenntnis von der objektiven Welt. Seine Wahrnehmungsmittel sind die fünf physischen Sinne. Es ist aus den körperlichen Bedürfnissen des Menschen entstanden, dient dem Menschen als Führer im Kampf mit seiner materiellen Umgebung. Die wertvollste Tätigkeit des objektiven Ich ist das logische Denken.

Das subjektive Ich nimmt die Umgebung durch Mittel zur Kenntnis, die von den körperlichen Sinneswerkzeugen unabhängig sind. Seine Wahrnehmungen sind der Intuition zuzuschreiben. Es ist Sitz der Empfindungen und des Erinnerungsvermögens. Seine höchsten Leistungen erbringt es, wenn die objektiven Sinne ausgeschaltet sind. Mit einem Wort: Es ist die Intelligenz, die sich in einem hypnotisierten Menschen offenbart, wenn er sich im somnambulen Zustand befindet.«

Nach Hudson ist der Mensch also mit einer zweifachen geistigen Organisation begabt. Mit Hilfe dieser Arbeitshypothese ist er nun bestrebt, allerlei Phänomene, vor die uns die parapsychologische Forschung stellt, zu erklären, ohne sich dabei auch nur ein einziges Mal der Geisterhypothese zu bedienen. Die Telepathie läßt er dabei die Rolle eines Mädchens für alles spielen. Ein Beispiel zur Veranschaulichung:

»Nehmen wir an, mit A. sei ein Unglück geschehen. Er wird vermißt, er ist ertrunken. Niemand aber hat eine wirkliche Kenntnis von dieser Tatsache, und seine Freunde leiten vergeblich eine Untersuchung ein, denn niemand hat auch nur die geringste Ahnung, was mit ihm tatsächlich geschehen ist. Da empfängt B., seine Mutter, eine telepathische Botschaft, die er im Augenblick seines Todes an ihr subjektives Ich abgesandt hat. Er berichtet darin über seinen Unfall. Da sie aber subjektiven Eindrücken gegenüber unempfindlich ist, ist es ihrem subjektiven Ich nicht möglich, ihr diese Botschaft zum Bewußtsein zu bringen. Sie ist darum von dem Geschehen objektiv nicht unterrichtet, obwohl ihr subjektives Ich mit den traurigen Einzelheiten bekanntgeworden ist. Indessen bemerkt C., eine sympathische Nachbarin, die mit B. in Rapport steht, subjektiv das, was auf das subjektive Ich der Mutter so großen Eindruck gemacht hat. Auch C. eignet sich nicht dazu, es über ihre Bewußtseinsschwelle zu bringen. Aber sie glaubt an Spiritismus und bietet sich freiwillig an, in einer nahen Stadt ein Medium um Rat zu fragen. Das tut sie auch, und sobald sie mit dem Medium in Rapport kommt, wird die telepathische Botschaft überbracht, und das Medium wird sowohl objektiv als auch subjektiv der Einzelheiten des Unfalls gewahr. Es beschreibt den ganzen Vorfall und gibt genau die Stelle an, wo der Leichnam gefunden werden kann. Eine spätere Untersuchung beweist, daß das Medium eine genaue Kenntnis der Tatsachen gewonnen hatte, denn die ganze Umgebung war so, wie es sie beschrieben hat, und der Tote wird an der angegebenen Stelle gefunden.« (Seite 324)

»Der Zustand des Mediums, wenn es sich voll oder teilweise in Trance befindet, stimmt völlig mit jenem eines Hypnotisierten überein und ist denselben Gesetzen unterworfen; dieselben Voraussetzungen sind für seinen Erfolg notwendig und unentbehrlich.« (Seite 289)

Jegliche Besessenheit wird von Hudson auf Pseudobesessenheit zurückgeführt – das Medium spielt seine Rolle unter dem Einfluß der Suggestion, die ihm der Versuchsleiter bewußt oder unbewußt übermittelt hat. Glaubt der Versuchsleiter, es würde sich ein Teufel offenbaren, so wird das in manchen Fällen auch zutreffen. Das subjektive Ich des Mediums nimmt die Suggestion an, und das Phänomen der »objectivation des types« stellt sich ein.

Hudson glaubte an ein persönliches Fortbestehen nach dem Tod. Aber der Glaube daran ist für ihn die Voraussetzung, seiner teilhaftig zu werden. »Der Glaube läßt den Geist leben.«

Ebenso wie von Hartmann neigte auch Hudson dazu, die Tatsachen den Hypothesen unterzuordnen, sie ab und zu so weit zurechtzubiegen, bis sie in seine Hypothese paßten, die uns jetzt nicht mehr zu befriedigen vermag. Das schließt jedoch nicht aus, daß dieser Forscher mit seinem Buch eine wichtige Pionierarbeit geleistet hat und so, ebenso wie Aksakow und andere, als einer der Vorläufer der heutigen Parapsychologen erwähnt werden muß.

III Tatsachen und Hypothesen

1. Einige philosophische Befürworter und Widersacher

Von Descartes (Cartesius), dem Vater der modernen Philosophie, wissen wir u. a., daß er eine strenge Trennung zwischen der »Materialität« und dem, was wir heute etwa als »seelisch«, »geistig« oder »psychisch« zu bezeichnen pflegen, gemacht hat. Weiter, daß seine metaphysischen Ansichten großen Einfluß auf seine Zeitgenossen ausübten, wenngleich es ihm an Gegnern nicht gefehlt hat.

Ein bekannter niederländischer Cartesianer war Balthasar Bekker, dessen Schrift De betooverde Wereld *(Die verzauberte – »verhexte« – Welt)* im Jahre 1691 erschienen ist. Von der scharfen Trennung ausgehend, die Descartes zwischen dem »Materiellen« und dem »Psychischen« gemacht hatte, versuchte Bekker zu beweisen, daß Geistererscheinungen, Gespenster und ähnliche Phänomene unmöglich seien, und zwar aufgrund des Umstandes, daß eine unmittelbare Einwirkung der »Seele« (des »Geistes«) auf die »Materie« (den Leib) den cartesianischen Ideen zufolge für ausgeschlossen gehalten werden muß.

Bekker ging von Apriorismen aus, so von der Vorstellung, daß ein Geist, also jener Teil der menschlichen Persönlichkeit, der nach dem leiblichen Tod fortbestehen bleibe, ein nichtmaterielles Wesen sei. Die Logik spricht hier von einer Scheinbegründung (petitio principii) aufgrund kirchlicher Dogmatik.

Seinen »kirchlichen« Auffassungen gemäß mußte ein Geist ein nichtmaterielles Wesen sein. Descartes hatte ihn gelehrt, daß »Seele« und Leib zwei völlig verschiedene Prinzipien sind. Also, sagte Bekker, können sich keine Manifestationen von Geistern ereignen, denn wie könnte angesichts ihrer gänzlich verschiedenen Natur der Geist auf die Materie einwirken?

Die Vorstellung, daß das, was seine Kirche hinsichtlich des Fortbestehens und allem, was damit zusammenhängt, lehrte, vielleicht doch unrecht haben könnte, tauchte bei Bekker überhaupt nicht auf, und an der Richtigkeit der cartesianischen Lehre hat er offensichtlich ebensowenig gezweifelt. Dennoch kannte man schon zu seiner Zeit dank Paracelsus und anderen die Vorstellung, daß die menschliche Persönlichkeit nach dem Tode nicht nur fortbestehe, sondern die »Seele« dann immer noch über einen »Körper« verfüge (Meta-Organismus), der bereits während der irdischen Existenz vorhanden sei und nicht erst beim Tod des »Zell-Leibes« gebildet werde; die Vorstellung also, daß der Mensch sich nicht erst unmittelbar nach dem Tod in eine zu reinem »Denken« sublimierte »nichtmaterielle« Wesenheit wandele.

Bekker wurde sehr angefeindet – vor allem von seiten der Anticartesianer. Manche seiner Widersacher, darunter Theologieprofessoren, verteidigten den Glauben an Geistererscheinungen, Besessenheit u. dgl., weil sie in einem solchen Glauben einen der festesten Stützpfeiler der christlichen Religion zu sehen vermeinten. Bekker geriet in Widerspruch zu seinen Glaubensgenossen und wurde seines Amtes enthoben. Das achtzehnte Jahrhundert ist das der »Aufklärung«, der Periode des aufkommenden philosophischen Materialismus. Kein Wunder, daß damals, als La Mettrie sein Buch L'HOMME MACHINE schrieb und Diderots atheistische Ideen Bewunderung erregten, viele Gelehrte hinsichtlich des Glaubens an den Spiritismus einen aprioristischen Negativismus vertraten. Goethe hat diese Einstellung in seinem FAUST auf geistreiche Weise verspottet, indem er den Rationalisten sagen läßt:

»Das Geisterpack, es fragt nach keiner Regel;
wir sind so klug, und dennoch spukt's in Tegel.«[1]

Obwohl Kant in seinen erkenntniskritischen Schriften nicht nur die Metaphysiker der Aufklärung scharf aufs Korn nahm, zugleich aber auch alle jene, die die Meinung vertraten, es sei uns möglich, mit Hilfe unseres Verstandes (Ratio, Vernunft) das Wesen Gottes, der Seele und der Welt zu ergründen, können wir dennoch in der ersten Hälfte des neunzehnten Jahrhunderts ein starkes Aufleben des spekulativen Denkens feststellen, das sich auch später noch zeigte, wenngleich sich dann auch schon Stimmen dagegen verlauten ließen (Liebmann, F. A. Lange u. a.).

Um die Mitte des neunzehnten Jahrhunderts wurde neuerlich ein Versuch unternommen, den cartesianischen Dualismus in einen Monismus umzuwandeln. So entstand der energetische Monismus eines Vogt, eines Büchner, eines Moleschott, wie ihn auch Haeckel vertreten hat. In diesem materialistisch-metaphysischem System ist nicht nur kein Platz für den Glauben an Geistererscheinungen, Besessenheit und andere spiritistische Phänomene ähnlicher Art – seine Anhänger erklärten auch den Glauben an ein persönliches Fortbestehen nach dem Tod für eine erdichtete Einbildung, weil die Seele, das Denken für sie ja nur ein Epiphänomen war, ein Phänomen also, das gewisse physiologische Prozesse begleitet. Die Cartesianer hatten den Glauben an ein persönliches Fortbestehen nach dem Tod zumindest nie bestritten. Erst in der Zeit der Aufklärung wurden die ersten Versuche gemacht, diesen Glauben aus naturwissenschaftlichen (biologischen) Gründen abzulehnen. Die energetischen Monisten des neunzehnten Jahrhunderts setzten diesen Bestrebungen die Krone auf. Aber ebenso wie zu Goethes Zeiten, als sich trotz der Behauptungen der Aufklärungsphilosophen in Tegel angeblich Spukerscheinungen zeigten, machten sich auch im neunzehnten Jahrhundert, ungeachtet der Anhänger des energetischen Monismus (die das Vorkommen paranormaler Phänomene für unmöglich erklärten, weil es im Gegensatz zu ihrem Weltbild, das sie als das einzig mögliche und richtige ansahen), solche Erscheinungen bemerkbar. Und zum Glück gab es auch damals Forscher, die sich nicht von den Anhängern des herrschenden philosophischen Systems beirren ließen, sondern von ihnen unbeeinflußt weiterarbeiteten. Und dabei gelangten sie zu Ergebnissen, die jenen der materialistisch eingestellten Denker gerade entgegengesetzt waren. Einer von ihnen war Justinus Kerner (siehe Kapitel I), der mit deutschen »Pneumatologen« wie Jung-Stilling und J. F. von Meyer ein Glied in der Kette bildete, die sich von Cornelius Agrippa von Nettesheim (1486–1535) bis du Prel spannte. Der mesmerisierende Kerner bildete auch den Übergang von der größtenteils theoretisierenden älteren Schule zu der experimentierenden Schule der Okkultisten und Spiritisten des neunzehnten Jahrhunderts, die als Vorläufer der späteren Parapsychologen angesehen werden müssen.

Wie wir schon gesehen haben, ist nach 1848 in den amerikanischen und europäischen Kulturstaaten ein deutliches Aufleben des spiritistischen Glaubens festzustellen. Es fand allem Materialismus zum Trotz statt, und es bedarf wohl keiner besonderen Erwähnung, daß die Anhänger dieses philosophischen Systems sich entschieden dagegen aussprachen. Es sei hier nur darauf hingewiesen, daß 1853 in Haarlem eine umfangreiche Broschüre von Dr. D. Lubach erschienen ist, worin er mit wenig Sachkenntnis den Spiritismus zu widerlegen versuchte, der seiner Meinung nach nur auf einem erbärmlichen Schwindel beruhen konnte. Verschiedene Zeitungen jener Tage brachten Artikel von voreingenommenen Bekämpfern des Spiritismus. 1873 begann der Utrechter Zoologe P. Harting im ALBUM DER NATUR den Spiritismus zu bekämpfen, und zwar in einem Aufsatz, der sich HALLUCINATIËN EN VERWANTE VERSCHIJNSELEN (Halluzinationen und verwandte Phänomene) betitelte. Professor Harting führt darin aus, daß die Naturwissenschaft auf der Wahrnehmung von Naturerscheinungen beruht und die Spiritisten nicht wahrnehmen, sondern nur glauben können, was sie wünschen. Zwar gibt er zu, daß er »nie einer Zusammenkunft von Spiritisten beigewohnt hat und das auch nie tun wird . . . die Sache also nicht aus eigener Erfahrung kennt und auch nicht zu erkennen verlangt«. Das hindert ihn aber nicht, dennoch ein Urteil darüber abzugeben und als Vorschrift zu äußern: »Enthaltung, vollkommene Enthaltung ist hier Weisheit, und das ist für Leute, deren Stellung in der Gesellschaft sie zum Vorbild für andere bestimmt, sogar Verpflichtung.«

Außer materialistisch (positivistisch, naturalistisch) eingestellten Denkern, die den spiritistischen Glauben ablehnen zu müssen meinten, weil er nicht in ihr Weltbild paßte, gab es im neunzehnten Jahrhundert auch spiritualistisch[2] orientierte Philosophen, von denen sich mehrere auch für die Phänomene des Somnambulismus interessiert haben. Fichte, Schleiermacher, Schelling und Hegel wußten alle, daß man gewisse Phänomene, die von Mesmerianern bei Somnambulen wahrgenommen wurden, nicht wegdisputieren konnte und daß sie für ihre Weltanschauung durchaus nicht bedeutungslos waren. Über den Umfang dieser Bedeutung gab es allerdings Meinungsverschiedenheiten. Hegel konnte die Phänomene der Telepathie, des sogenannten Hellsehens in Raum und Zeit und andere unter den Sammelbegriff der Paragnosie fallende nur für Atavismen ansehen. K. Chr. Fr. Krause sah sich aufgrund seiner Vorstellungen veranlaßt, in die Probleme des Mesmerismus tiefer einzudringen. Auch C. G. Carus hat sich weitgehend dafür interessiert, desgleichen der katholische Philosoph F. von Baader.

Daß Schopenhauer für die Problematik des Somnambulismus großes Interesse aufbrachte, ist allgemein bekannt. Seine umfassende Kenntnis der Schriften der Mesmerianer veranlaßte ihn, mehrere Abhandlungen über parapsychologische Themen zu verfassen, deren Inhalt auch für den heutigen Parapsychologen noch als wertvoll bezeichnet werden muß. Erst vor nicht allzu langer Zeit hat Professor H. Bender in seiner brillanten Vorrede zu einer Neuauflage von Schopenhauers Parapsychologischen Schriften darauf hingewiesen.

In ihrer Dissertation De Onsterfelijkheidsgedachte bij Schopenhauer onder invloed van Kant en Plato (Der Unsterblichkeitsgedanke bei Schopenhauer unter dem Einfluß von Kant und Plato) zeigt Léonie Muller auf, daß Schopenhauer hinsichtlich des Glaubens an ein persönliches Fortbestehen nach dem Tod eine zwiespältige Haltung eingenommen hat. Die zahlreichen Berichte über Geistererscheinungen und alles, was damit zusammenhängt, konnte er nicht ohne weiteres negieren. Sie paßten jedoch nicht in seine Ansichten über die Individualität und brachten ihn in Verlegenheit.

Besondere Aufmerksamkeit verdient in diesem Zusammenhang I. H. von Fichte, Johann Gottlieb von Fichtes Sohn. Er war sowohl von seinem Vater als auch von Kant, Hegel und Herbart beeinflußt. Er bekämpfte Hegel, insbesondere den pantheistischen oder atheistischen Radikalismus des linken Flügels der Hegelianer, und versuchte, durch einen »spekulativen Theismus« die Philosophie zu verchristlichen und die Theologie durch philosophische Betrachtungen zu vertiefen. Im Pessimismus vermochte er nur »krankhafte Lebensmelancholie« zu sehen, und den Optimismus hielt er für empirisch beweisbar. Für Spiritismus hat er sich stets in hohem Maße interessiert. Er bejahte die Existenz eines Astralleibes und suchte auch den Glauben an Geistererscheinungen zu verteidigen. Auch sein Mitarbeiter Ulrici interessierte sich weitgehend für Spiritismus.

Daß G. Th. Fechner, der Begründer der experimentellen Psychologie, mit den sogenannten spiritistischen Phänomenen rechnete, ist bekannt. ». . . nicht aus Sympathie für den Spiritismus, sondern weil der Sache und den Personen ihr Recht zu geben ist; denn so gern man den ganzen Spiritismus um jeden Preis beseitigen möchte, ist doch der Preis der *Wahrheit* dafür zu hoch.« Sein Schüler W. Wundt hingegen gehörte zu jenen, die den Spiritismus um jeden Preis zu verdrängen suchten. Bekannt ist seine Broschüre DER SPIRITISMUS, EINE SOGENANNTE WISSENSCHAFTLICHE FRAGE, worin er behauptet, nur Gaukler könnten ein Urteil über die Leistungen der Medien abgeben. Seiner Meinung nach würden die »spiritistischen« (will heißen: mediumistischen oder paranormalen) Phänomene – soweit sie auf mehr als reiner Gaukelei beruhten – die Naturgesetze einschließlich des Kausalitätsprinzips aufheben und damit das Gebäude der Naturwissenschaft in seinen Grundlagen erschüttern. Im Gegensatz zu allen bekannten Naturerscheinungen wären die mediumistischen Phänomene nicht an Gesetze gebunden.

Mehrere Gelehrte haben Wundt entgegnet und ihn auf die Unrichtigkeit seiner Behauptungen hingewiesen. Vor allem Ulrich selbst. Der damalige Medizinstudent J. Leeser – kein Spiritist – wirft Wundt vor, er rechne nicht mit der Möglichkeit, daß sich bei Medien Naturkräfte äußern können, die noch unbekannt sind. Pflicht des Gelehrten sei es, für eine solche Möglichkeit einen offenen Blick zu haben und zu untersuchen, ob sie sich verwirklicht, auf die Gefahr (die übrigens sehr wenig naheliegend sein kann), daß dadurch sein Weltbild revisionsbedürftig werden könnte. Leeser beendet seine Broschüre mit den Worten Alexander von Humboldts: »Vornehmtuende Zweifelsucht, welche Tatsachen verwirft, ohne sie ergründen zu wollen, ist fast noch verderblicher als unkritische Leichtgläubigkeit.« Als Motto wählte er Fechners Worte: ». . . so vorsichtig im Glauben, so vorsichtig im Unglauben.«

Ein Denker, dessen Name hier noch erwähnt werden soll, ist Eduard von Hartmann. Seine PHILOSOPHIE DES UNBEWUSSTEN ist eine Synthese von Hegel (Entwicklungslehre), Schopenhauer (Pessimismus, Gegensatz von Wille und Vorstellung) und Schelling in seiner ersten Periode (das Unbewußte). So wie Fechner sucht er »spekulative Resultate nach induktiv naturwissenschaftlicher Methode« zu gewinnen. Im übrigen aber hat er wenig mit Fechner gemein. Kräftiger als dieser reagierte er auf den Realismus der Naturwissenschaft seiner Tage, auf eine Weise, die wir mit Höffding »neu-romantisch« nennen könnten.

Im Jahre 1885 erschien in Leipzig seine Studie DER SPIRITISMUS. Obwohl von Hartmann nicht abgeneigt ist, das Vorkommen einiger paranormaler Phänomene wie der Telepathie oder des Hellsehens anzuerkennen (sie lassen sich sehr gut mit seinen Absichten über das Unbewußte vereinbaren), lehnt er dennoch die Geisterhypothese der Spiritisten ab, *weil es in seinem Lehrgebäude für einen Glauben an ein persönliches Fortbestehen nach dem Tod keinen Platz gibt.* Es ist wohl selbstverständlich, daß es ihm, der er eine so anfechtbare Meinung vertrat, nicht an leidenschaftlichen Gegnern wie Aksakow, du Prel und anderen gefehlt hat. Darauf habe ich schon im II. Kapitel hingewiesen.

2. Aufkommen der experimentellen Psychologie

Im Jahre 1860 erschien Fechners Abhandlung über DIE ELEMENTE DER PSYCHOPHYSIK. Unter »Psychophysik« verstand Fechner eine Wissenschaft, die in der Mitte zwischen Physiologie und Psychologie steht und logisch an die von ihm entwickelte Lehre vom psychischen Monismus anschließt. Dieser scharfsinnige, begabte Forscher konnte kaum vermuten, welche Folgen das Erscheinen dieses Werkes für die Psychologie – damals noch eine Unterabteilung der Philosophie – haben würde. Denn wenngleich sich seine Erwartungen hinsichtlich der Psychophysik auch nicht verwirklicht haben, so gaben seine Bemühungen dennoch den Anstoß zur Entwicklung dieses wissenschaftlichen Zweiges. Er ist heutzutage unter der Bezeichnung »empirische Psychologie« zu einer selbständigen Wissenschaft geworden, in der das Experiment einen sehr bedeutenden Platz einnimmt. In unseren Tagen beschäftigen sich zahlreiche Spezialisten mit ihr, von denen jeder auf seine Weise der Allgemeinheit nützliche Dienste erweist. Das Entstehen der empirischen (experimentellen) Psychologie kam der Arbeit von Gelehrten wie W. Crookes und anderen, die sich um das Jahr 1870 mit der systematischen wissenschaftlichen Untersuchung der sogenannten mediumistischen Phänomene zu beschäftigen begannen, weitgehend zugute, angesichts der Tatsache, daß die paranormalen Phänomene ihrem Wesen nach solche psychologischer Art sind und darum vor allem als Studienobjekt des Psychologen zu gelten haben. Zu einer gründlichen und erfolgreichen Erforschung der paranormalen Phänomene ist das Bestehen einer empirischen Psychologie wohl unentbehrlich. Vor allem dem Aufschwung der speziellen Psychologie hat die Arbeit der Pioniere der parapsychologischen Forschung sehr genützt, weil damit auch das Interesse für die mediumistischen Phänomene und ihre Erforschung bei den

Psychologen erweckt wurde. Neben der Psychologie des Kindes, des Heranwachsenden, des Jugendlichen und des Erwachsenen, des Mannes, der Frau, des Künstlers, des Verbrechers usw. konnte man jetzt auch eine Psychologie des paranormal Begabten aufbauen. Man begann (nachdem man sich vom tatsächlichen Bestehen paranormaler Phänomene vergewissert hatte) sich zum Beispiel zu fragen, bei welchem psychologischen Typus die paragnostischen Fähigkeiten (von denen man ganz richtig annahm, sie seien allgemein-menschlicher Art) sich am ehesten äußern, und versuchte, darauf eine befriedigende Antwort durch empirische Untersuchungen zu erhalten[3]. Auch das Entstehen der Entwicklungspsychologie hat sich auf die parapsychologische Forschung förderlich ausgewirkt.

3. Spiritualistische Strömungen in der modernen Philosophie

Im letzten Viertel des vorigen Jahrhunderts begannen einige bedeutende Gelehrte, Zweifel an der Richtigkeit des materialistischen Weltbildes zu hegen. Wir wollen uns hier nicht auf Einzelheiten einlassen, sondern uns mit dem Hinweis begnügen, daß, je mehr die Unzufriedenheit mit der materialistischen Weltanschauung um sich griff und man sich (aufgrund empirischer Untersuchungen) mehr und mehr den spiritualistisch eingestellten Philosophen zuwandte, das Interesse für die parapsychologische Forschung zuzunehmen begann. Mit dem Auftreten von Denkern wie Heymans, Driesch, Bergson und anderen Spiritualisten, die aus naturwissenschaftlichen Gründen zu ihrem Weltbild gekommen waren und deren metaphysische (regulative) Untersuchungen fern aller flüchtigen Spekulationen sind, begann die Zeit, als man glaubte, paranormale Phänomene – besonders die Ideen der Spiritisten – von vornherein ablehnen zu müssen, mehr und mehr der Vergangenheit anzugehören. Einige dieser Denker zeigten sich manchen parapsychologischen Phänomenen sogar in gewissem Sinn zugetan. So läßt z. B. Heymans in seiner Abhandlung Psychischer Monismus und ›Psychical Research‹ erkennen, daß er vom psychischen Monismus zu einer Wertschätzung der Parapsychologie gelangt ist. Er spricht von einer weitgehenden Übereinstimmung zwischen den Ergebnissen der parapsychologischen Forschung und dem psychischen Monismus, und diese Übereinstimmung erweckte in ihm »ein tieferes Interesse und ein günstiges Vorurteil für die betreffenden Untersuchungen«. Bei Driesch, Bergson und anderen führenden Philosophen aus der ersten Hälfte des zwanzigsten Jahrhunderts finden sich gleichartige Aussprüche. Allenthalben stellt man heute in der Philosophie einen »Durchbruch« des Spiritualismus fest. Das bedeutet, daß im Gegensatz zur Blütezeit des Materialismus (Positivismus, Naturalismus) in unseren Tagen hinsichtlich der parapsychologischen Forschung günstige Vorbedingungen entstanden sind. Zweifellos haben wir es nicht zuletzt ihnen zu verdanken, daß das Interesse für parapsychologische Fragen in letzter Zeit immer mehr zunimmt, was auch der Forschung nur förderlich gewesen ist. Mit Recht hat einmal Dr. P. A. Dietz bemerkt, daß »die Geisteshaltung der Forscher für den Durchbruch einer neuen Wahrheit immer von viel größerer Bedeutung ist, als die Tatsachen selbst es sind. Die Wissenschaften entwickeln sich nach psychischen Gesetzen, die Wahrnehmung ist oft nicht der Keim, sondern die Frucht einer vorausgegangenen Weltanschauung. Tatsachen können höchstens das Denken befruchten, aber ist es zur Empfängnis nicht reif, dann gehen sie spurlos zugrunde wie die Samenzellen in einer unfruchtbaren Gebärmutter.«

Wie erfreulich das alles auch für den Parapsychologen sein mag, darf er sich dadurch dennoch nicht verleiten lassen, jetzt seine Aufgabe leichter zu nehmen. Auch jetzt muß er seine Versuchspersonen noch ebenso genau studieren, seine Hypothesen noch ebenso vorsichtig aufstellen wie zur Zeit, als seine Veröffentlichungen mit Mißtrauen aufgenommen wurden . . .

Das »günstige Vorurteil«, womit viele Denker unserer Zeit den parapsychologischen Forschungen entgegentreten, gilt nicht nur den Phänomenen der Telepathie, dem sogenannten

Hellsehen in Raum und Zeit, der Stigmatisierung, Psychokinese und dergleichen, sondern zuweilen auch solchen Erscheinungen, die nach Meinung vieler Gelehrter wahrscheinlich spiritistischer Art sind.

Wir brauchen – aufgrund verschiedener allgemein geltender naturwissenschaftlicher, psychologischer und philosophischer Einsichten – die spiritistische Hypothese nicht von vornherein für sinnlos zu erklären, wie die energetischen Monisten im neunzehnten Jahrhundert es getan haben. In unserem modernen naturphilosophischen Weltbild findet sich – zur Not – auch Platz für die spiritistische Hypothese. Wohlgemerkt: Ich schreibe hier *zur Not.* Nichtablehnen und Annehmen ist nicht dasselbe. Es ist die Aufgabe des Parapsychologen, herauszufinden, ob es tatsächlich spiritistische, also paranormale Phänomene gibt, die mit Hilfe der Geisterhypothese erklärt werden müssen.

4. Kirchliche Einstellung zum Paranormalen

Bisher haben wir hauptsächlich über die Philosophie gesprochen, über günstige und ungünstige Vorurteile philosophischer Art im Hinblick auf die Ergebnisse der parapsychologischen Forschung. Dabei habe ich das Wort Philosophie mehr oder weniger in dem Sinn verwendet, den Bierens de Haan damit verbunden hat, nämlich die Kunst des freien Denkens.

Wir wissen, daß es ein vollkommen vorurteilsloses Denken nicht gibt. Ich erinnere hier vor allem an die Tatsache, daß, wie die psychologische Forschung ergibt, eine Verbindung zwischen Persönlichkeit (angeborenem und erworbenem »Charakter«) und Weltanschauung besteht. Diese Wahrheit hat schon J. G. Fichte erkannt, wie sein Ausspruch beweist, unsere Vorliebe für das eine oder andere metaphysische System werde durch die Frage bestimmt, »was für ein Mensch man ist. Denn ein philosophisches System ist nicht ein toter Hausrat, sondern es ist beseelt durch die Seele des Menschen, der es hat.«

Aber auch das Ausmaß, in dem wir uns den kirchlich-dogmatischen Lehren unterworfen oder uns davon befreit haben, bestimmt, inwieweit wir als freie Männer und Frauen selbständig nach Wahrheit zu suchen vermögen.

Von Anfang an ist in Europa die Kirche als Zensor für einen Großteil der Phantome aufgetreten, die heutzutage Gegenstand der parapsychologischen Forschung sind. Daß sie auch jetzt noch in dieser Hinsicht ihren Einfluß geltend macht, beweisen die Schriften, die im Lauf der letzten Jahrzehnte von katholischer und konservativ protestantischer Seite über parapsychologische Themen erschienen sind. Ich denke hier z. B. an den verstorbenen Jesuiten (Astronomen) A. Gatterer. Obgleich dieser Gelehrte der Ansicht war, die Erforschung parapsychologischer Phänomene müsse als von großer Bedeutung für die christliche Philosophie angesehen werden (ein Grund, warum seiner Meinung nach der katholische Dogmatiker und Verfechter nicht verabsäumen dürfe, die Ergebnisse dieser Untersuchungen zu studieren), habe der katholische Philosoph dennoch darüber zu wachen, daß aus den Ergebnissen dieser Forschung keine Schlüsse gezogen werden, die im Widerspruch zu dem katholischen theologischen und philosophischen Lehrgebäude stehen könnten.

Es braucht wohl nicht besonders erwähnt zu werden, daß der monographische Charakter des vorliegenden Buches mir hier gewisse Beschränkungen aufnötigt. Die katholische Lehre anerkennt die Möglichkeit, daß Verstorbene sich den ihnen Nahegestandenen manifestieren können. Das schließt jedoch nicht aus, daß sie hinsichtlich des Spiritismus stets eine reservierte Haltung eingenommen hat, vom Standpunkt der Kirche aus gesehen verständlich. Es kann jedoch nicht in Abrede gestellt werden, daß die Liberalisierung, die sich jüngst in Deutschland und in den Niederlanden (wenn wir uns hier auf nur diese beiden Länder beschränken wollen) angebahnt hat, zu einer freiheitlicheren und toleranteren Haltung führte, was die Teilnahme an spiritistischen Zusammenkünften betrifft. Einer der Beweise dafür ist der 1969 errichtete Lehrstuhl für Paranormalogie an der Accademia Alfonsiana, der Päpstlichen Lateranuniversität in Rom.

Nach Prof. DDr. Andreas Resch, dem Inhaber dieses Lehrstuhls, wird dieses Lehrfach ganz neutral behandelt, »um«, so lesen wir in »Grenzgebiete der Wissenschaft« (1/72, 220), »von der apologetischen Haltung, die wir in der katholischen Kirche in diesem Bereich sehr stark gehabt haben, wegzugehen. Wenn Sie nämlich die älteren Moralbücher aufschlagen, dann finden Sie sofort Bestimmungen wie: daß man an einer spiritistischen Sitzung nur aus wissenschaftlichen Gründen teilnehmen dürfe. Sie werden aber kaum auf hinreichende Information stoßen. Man hat sich nun gesagt, erstellen wir nicht so sehr Normen, sondern geben wir den Leuten Information: Beschreiben wir das einzelne Phänomen, sagen wir, was man heute von der wissenschaftlichen Forschung her zu diesem Phänomen sagen kann, klären wir das Volk auf, inwiefern die Betätigung mit gewissen Praktiken im paranormalen Bereich gesundheitlich oder sozial störend sein kann. Zudem ist noch von moraltheologischer Sicht der Hinweis zu geben, inwiefern bestimmte Leute unter dem Mantel einer gewissen Heilslehre anhand von paranormalen Praktiken oder Lehren das Volk gedanklich und wirtschaftlich manipulieren und ausnutzen. Durch eine derartige Information soll der einzelne in die Lage versetzt werden, sich in einer vollen Selbstentscheidung sachbezogen zu sagen: Das mache ich, weil es etwas Bedeutsames ist, und das mache ich nicht, weil es ein reiner Blödsinn ist.«

Im Gegensatz zur katholischen Kirche, die der spiritistischen Hypothese grundsätzlich nicht ablehnend gegenübersteht, ist das jedoch bei der Mehrzahl der konservativen protestantischen Theologen sehr wohl der Fall. Sie erachten (bis auf einige Ausnahmen) das Festhalten an dieser Hypothese als Widerspruch zu dem, was (ihrer Meinung nach) die Bibel über Tod und Jenseits lehrt. Da sie sich zum überwiegenden Teil der »Diktatur« der Bibel (wie sie sie auslegen) beugen, finden sie darin den Anlaß, diese Hypothese von vornherein abzulehnen. Viel stärker als bei den Katholiken zeigt sich bei den konservativen Protestanten die Neigung, die Ergebnisse der parapsychologischen Forschung, soweit sie davon überhaupt Kenntnis nehmen, ihren theologischen und philosophischen Auffassungen hintanzustellen. Für den geistig freien und selbständig nach Wahrheit suchenden Parapsychologen bedeutet das, daß die von dieser Seite über die parapsychologische Forschung veröffentlichten Beiträge ihn in der Regel wissenschaftlich noch weniger befriedigen (und ihm mehr Anlaß zur Kritik geben) als das, was von katholischer Seite an parapsychologischer Literatur vorliegt.

Jene, die (um mit Driesch zu sprechen) von sich selber glauben, sie seien dabeigewesen, als Gott die Welt erschuf – und solche finden sich sowohl unter den Philosophen (man denke nur an die Hegelianer) als auch unter den Theologen –, dürfen also durchaus nicht als die geeignetsten angesehen werden, sich mit parapsychologischer Forschung zu beschäftigen oder gar derartige Hypothesen aufzustellen. Nur solche Menschen werden auf diesem Gebiet am fruchtbarsten arbeiten können, die, natürlich innerhalb der von der Vernunft gezogenen Grenzen, von Anfang an nichts für unmöglich halten. »Apriorismus auf dem Gebiete empirischer Wissenschaft ist in der Tat nichts als das Zeichen geistiger Kurzsichtigkeit und menschlicher Beharrlichkeit – um höflich zu sein und nicht zu sagen ›Faulheit‹.« (Driesch)

5. Das Einfachheitsprinzip

Die Parapsychologie als Nebenzweig der empirischen Psychologie beschäftigt sich mit dem Studium der paranormalen Phänomene und mit der Untersuchung von Menschen, bei denen sich solche zeigen. Vornehmste Aufgabe des Parapsychologen ist es daher, unbefangen Feststellungen zu treffen, wobei er danach streben wird, die von ihm wahrgenommenen Phänomene soweit wie möglich unter experimentellen Umständen zu beobachten.

Ohne hier auf Einzelheiten näher einzugehen, müssen wir uns mit dem Hinweis begnügen, daß, wie jeder einschlägig

Bewanderte weiß, am Bestehen verschiedener unter den Sammelbegriff Paragnosie fallender Phänomene nicht länger gezweifelt werden kann. Auch gewisse Phänomene, die man unter dem Begriff Parergie zusammenfaßt, werden von denen, die hier zu urteilen befugt sind, als bestehend und echt bezeichnet. Aber bei der Feststellung der Phänomene, der Überzeugung von ihrer Echtheit, können wir hier nicht stehenbleiben. Die Untersuchungen müssen weitergehen. Begriffe müssen festgelegt werden, damit wir ein Phänomen vom andern zu unterscheiden lernen (z. B. Telepathie vom räumlichen Hellsehen); sie müssen auf ihre Brauchbarkeit geprüft werden. Weiter müssen wir zum Aufbau von Hypothesen und Theorien gelangen – wir müssen versuchen, die wahrgenommenen Phänomene zu erklären. Erklären bedeutet nach J. St. Mill, das Unbekannte auf das schon Bekannte zurückzuführen. Wenngleich diese Umschreibung auch nur bedingt anwendbar ist, »weil die Erklärungsgründe durchaus nicht immer bekannter sind als die zu erklärenden Phänomene« (Heymans), wollen wir uns hier ihrer dennoch bedienen, da sie sich auf die Anwendung des sogenannten Einfachheitsprinzips gründet. Dasselbe gilt für die von Jodl gegebene Definition, derzufolge »eine Sache erklären heißt: verwickelte und scheinbar ganz verschiedenartige Vorgänge auf einfachere zurückführen, die uns bekannt und einigermaßen durchsichtig sind«.

Das sogenannte Sparsamkeitsprinzip wird von dem scholastischen Philosophen Occam mit den Worten umschrieben: »Principia non esse praeter necessitatem multiplicanda« (»Man darf die Grundsätze, mit denen man zu erklären sucht, nicht ohne Not vermehren«). Ein weiteres, das Einfachheitsprinzip, gebietet uns, bei der Wahl zwischen zwei gleichwertigen Hypothesen jene zu bevorzugen, die auf einfachere Weise eine Gruppe von Phänomenen erklärt.

Wenn der Physiologe Bayliss bemerkt, Aufgabe des Physiologen sei es, die Phänomene des Lebens so lange und soweit wie möglich mit Hilfe der Gegebenheiten zu erklären, die Naturkunde und Chemie uns verschaffen (also mechanistisch), dann ist es ihm hier darum zu tun, das Einfachheitsprinzip anzuwenden. Dasselbe gilt für Lloyd Morgan, wenn er meint, der Tierpsychologe dürfe auf keinen Fall ein Verhalten als Folge höherer psychischer Funktionen deuten, wenn man es als Folge anderer Umstände deuten kann, die auf einer niedrigeren psychologischen Stufe stehen.

Daß man schon zu einer Zeit, als von einer wissenschaftlichen Untersuchung parapsychologischer Phänomene noch gar keine Rede war und man wissenschaftliche Beweismethoden noch keineswegs heranzog, schon »intuitiv« das Einfachheitsprinzip darauf anwandte, kann uns der folgende Fall lehren. Er wurde uns vom Chronisten Eunapius in seiner Biographie des Jamblichus mitgeteilt.

»Mitten im Gespräch schien Jamblichus plötzlich in Gedanken vertieft, es war, als hörte seine Stimme plötzlich auf. Nachdem er seine Blicke einige Zeit unverwandt zu Boden gerichtet hatte, schaute er zu seinen Zuhörern auf und rief ihnen zu: ›Wollen wir doch lieber einen anderen Weg gehen, denn soeben wurde eine Leiche nicht weit von hier weggetragen.‹ Daraufhin nahm er einen anderen Weg, der ihm reiner schien. Einige begleiteten ihn, denn ihnen schien es verächtlich, den Meister im Stich zu lassen. Die meisten der Freunde jedoch . . . blieben stehen. Sie schrieben die Sache einer großtuerischen Wundersucht zu und schnüffelten nach einer Widerlegung wie Hunde nach einer Beute. Kurz danach kehrten die Leute, die den Toten begraben hatten, zurück. Die Zweifler jedoch gaben sich nicht geschlagen. Sie fragten die anderen, ob sie diesen Weg genommen hätten. Die Antwort lautete: ›Es ging nicht anders, denn wir hatten keinen anderen.‹ Jamblichus' Freunde . . . belästigten ihn immer wieder mit dieser Angelegenheit. Ihrer Meinung nach handelte es sich dabei um eine Sache von wenig Wert, die möglicherweise die Folge eines stark entwickelten Geruchssinnes war . . .« (de Jong)

Das Einfachheitsprinzip gebietet dem Parapsychologen, so lange und soweit wie möglich sogenannte normale Ursachen für seine Wahrnehmungen anzunehmen. Erst wenn solche offensichtlich für die Erklärung dieser Phänomene nicht mehr ausreichen, darf er zu der Vermutung übergehen, seine Wahrnehmungen seien paranormaler Art gewesen. Aber auch wenn das zutrifft, muß er sich vom Einfachheitsprinzip leiten lassen, wenn er nach einer Erklärung sucht.

Treffen wir auf eine Versuchsperson, die uns z. B. über den Inhalt eines verschlossenen Briefumschlags Mitteilungen macht, müssen wir uns vor allem versichern, ob jede Möglichkeit ausgeschlossen ist, daß sie mittels ihrer »normalen« Sinneswerkzeuge davon Kenntnis erlangt haben könnte. Erst wenn wir diese Sicherheit gewonnen haben und die Versuchsperson dann noch immer richtige Aussagen zu machen imstande ist, können wir die Schlußfolgerung ziehen, sie habe offensichtlich auf außersinnlichem Weg ihre Kenntnis erlangt.

Jetzt aber sind wir verpflichtet zu untersuchen, ob diese paranormalen (paragnostischen) Leistungen der Telepathie oder dem sogenannten räumlichen Hellsehen zuzuschreiben sind. Solange die Möglichkeit besteht, die Versuchsperson könnte ihre Kenntnis über den Inhalt des Kuverts auf paranormale Weise dem Psychismus einer lebenden Person entlehnt haben, werden wir uns der Telepathiehypnose bedienen, der sogenannten Gedankenübertragung. Erst wenn wir Gewißheit haben, daß das nicht der Fall sein kann, werden wir zur Hypothese des räumlichen Hellsehens übergehen.

Die von einigen Freunden des Jamblichus aufgeworfene Frage, ob sein »Hellsehen« vielleicht auf Hyperästhesie zurückgeführt werden könnte, beweist, daß sie sich vom Einfachheitsprinzip leiten ließen. Vermutlich haben sie sich darüber keine Rechenschaft gegeben, waren sich dieser Tatsache auch gar nicht bewußt. Man kann ja auch richtige Folgerungen ziehen, ohne je etwas von Logik gehört zu haben. Wer einen »gesunden Menschenverstand« besitzt, folgert von Natur aus logisch und richtet sich unwillkürlich und unbewußt nach dem Einfachheitsprinzip.

Der Kampf der »Negativisten« gegen die Parapsychologen ist zum Teil aus dem Bestreben entstanden, dieses Prinzip anzuwenden. Dabei haben sie oft übers Ziel geschossen.

Wenn der Parapsychologe Phänomenen wie etwa dem Geistersehen oder der Besessenheit gegenübersteht, die spiritistischen Charakter tragen, so nötigt ihn das Einfachheitsprinzip, sie so lange und soweit wie möglich animistisch zu erklären. Wer den »Beweis« liefern, die Vermutung bestätigen will, daß gewisse parapsychologische Phänomene eine spiritistische Erklärung verdienen, muß aufzeigen, daß es nicht genügt, sie animistisch zu deuten. Erst wenn es sich als unmöglich erweist, gewisse paranormale Phänomene aus den paranormalen Fähigkeiten des »Mediums« (des lebenden Menschen) zu erklären, wird es notwendig sein, sie mit Hilfe der Geisterhypothese zu erklären. Hinsichtlich einer solchen Notwendigkeit (necessitas) gehen nun die Meinungen verschiedener Experten von Fall zu Fall auseinander[4]. Diese Erkenntnis führt zu dem Schluß, daß es äußerst schwierig, wenn nicht überhaupt unmöglich sein wird, in einem bestimmten Fall den absoluten Beweis zu erbringen, es handle sich dabei um ein spiritistisches Phänomen.

Im Lauf der Zeit hat sich unsere Kenntnis von den im Menschen »schlummernden« paranormalen Kräften mehr und mehr vertieft, und dadurch sind die Fälle, die man spiritistisch erklären zu müssen glaubt, immer weniger geworden.

Darf man daraus also den Schluß ziehen, daß weitere Forschungen ergeben werden, auch jene Fälle, über die man bisher keine Sicherheit gewinnen konnte (wie z. B. einige Fälle sogenannter verteilter Botschaften), würden sich in Zukunft zweifellos am besten animistisch erklären lassen? Diese Frage mit Ja zu beantworten, muß meiner Meinung nach zumindest als voreilig bezeichnet werden. Ich für meine Person glaube nicht, daß man in der Parapsychologie die spiritistische Hypothese jemals vollkommen wird ablehnen können, wie sehr ich auch davon überzeugt bin, daß die Notwendigkeit, sich dieser Hypothese zu bedienen, sich viel seltener ergibt, als man früher meinte und in den Kreisen der »Offenbarungsspiritisten« noch immer annimmt. Denn gerade diese Kreise lassen sich durch andere als wissenschaftliche Erwägungen leiten und zeigen dabei zumeist einen völligen Mangel an (para)psychologischer Schulung.

IV Geistersehen (A)

1. Wahrnehmungen, Vorstellungen und Illusionen

Unter *Wahrnehmung* versteht man die Tatsache des Gewahrwerdens. Die Wahrnehmung ist ein sogenannter Bewußtseinsakt. Wer wahrnimmt, ist intentional auf ein in der Außenwelt vorhandenes Ding gerichtet. Wahrnehmung kann man als ein »Erlebnis der Gegenwärtigkeit« definieren.

Wenn ich sage, ich nehme meine Schreibmaschine wahr, so bedeutet das u. a., daß dieser Gegenstand eine von mir unabhängige Existenz besitzt, daß diese in der mich umschließenden Umwelt gegeben ist und ich mir seines objektiven Vorhandenseins bewußt bin.

Wenn wir von Wahrnehmen und Wahrnehmungen sprechen, denken wir dabei an unsere Sinne. Den allgemein geltenden Auffassungen zufolge ist der Besitz von Sinneswerkzeugen Vorbedingung zum Wahrnehmen. Die Wahrnehmung ist, wie gesagt, ein Akt. Sie ist ein sogenannter erkennender (kognitiver) Akt. Analysieren wir eine Wahrnehmung, dann führt das zu der Erkenntnis, daß sie auf Gewahrwerdungen aufgebaut ist, die sowohl mit der Wiederhervorbringung früherer Gewahrwerdungen als auch mit Verstandeselementen verschmolzen sind. Überdies sind die Gewahrwerdungen in Raum und Zeit geordnet.

Der Begriff Gewahrwerdung kann als das Ergebnis bewußten Aufnehmens eines sinnlichen Reizes bezeichnet werden. Damit eine Gewahrwerdung zustande kommt, ist die Vermittlung durch die Sinneswerkzeuge eine unbedingte Notwendigkeit. Daher unterscheiden wir je nach dem Sinneswerkzeug, durch dessen Vermittlung ein Eindruck bewußt aufgefaßt worden ist, Gesichts-, Gehörs-, Geruchs-, Geschmacks-, Schmerz-, Tast-, Temperaturwahrnehmungen usw.

Reine Gewahrwerdung gibt es nur in der Theorie. Es kommt fast nie vor, daß man *ohne weiteres* einen Reiz bewußt aufnimmt. Die Gewahrwerdung ist fast immer mit den übrigen Elementen der Wahrnehmung verschmolzen, so wie diese ihrerseits beinahe immer mit Gefühlen und Bestrebungen verbunden ist. Nehmen wir z. B. einen hilfsbedürftigen Menschen wahr, so verspüren wir zugleich in uns selbst ein Gefühl des Mitleids als auch den Drang, das Bestreben, zu helfen.

Erkennen, Fühlen und Begehren sind also immer untrennbar miteinander verbunden und nur durch das Eingreifen des sondernden Geistes, das wir Abstrahieren nennen, voneinander zu scheiden.

Außer dem Begriff der *Wahrnehmung* kennt der Psychologe jenen der *Vorstellung*.

Die *Vorstellung* ist eine reproduzierte Wahrnehmung. Daß wir Vorstellungen haben, beruht einerseits auf der Tatsache, daß wir Sinne besitzen, andererseits auf der Tatsache, daß wir über ein Gedächtnis verfügen, das heißt über ein Retentions- und Reproduktionsvermögen.

Ebenso wie das Wahrnehmen ist auch das Vorstellen intentional ausgerichtet; hier aber nicht auf etwas, was sich leibhaftig uns gegenüber befindet, also in der Außenwelt gegeben ist, sondern auf etwas, was uns »bildhaft«, also wie eine »Abbildung« des ursprünglich Wahrgenommenen gegenübersteht. Die »Dinglichkeit«, das »Sachhafte«, das »Objektive«, womit wir es bei der Wahrnehmung zu tun haben, es fehlt bei der Vorstellung. Wir sagen, die Vorstellung sei etwas *Subjektives*.

Die Spezialpsychologie, die sich mit den individuellen Unterschieden in den quantitativen Verhältnissen beschäftigt, brachte zutage, daß die Menschen untereinander hinsichtlich der Lebendigkeit und Anschaulichkeit der Reproduktion verschieden sind. Schon 1880 hat Galton darauf hingewiesen, daß man die unterschiedlichsten Antworten erhält, wenn man eine Vielzahl von Menschen fragt, wie deutlich sie sich die Gegenstände vorstellen können, die sie tagtäglich auf ihrem Frühstückstisch sehen. Jenen, die behaupten, sie könnten diese Gegenstände in ihrer Erinnerung fast ebenso deutlich vor sich sehen wie bei der tatsächlichen Wahrnehmung, stehen andere gegenüber, die erklären, sie wissen zwar, wie diese Dinge aussehen, doch sei es ihnen nicht möglich, sich davon eine anschauliche Vorstellung zu bilden. Eine große Mittelgruppe mit Ausläufern nach beiden Seiten stellt einen Übergang zu diesen zwei Extremen dar.

Wie sich noch näher zeigen wird, ist die Fähigkeit, sich etwas zu veranschaulichen, bei manchen Menschen so ausgeprägt, daß man sich veranlaßt sah, sie in eine besondere Kategorie einzureihen, in die Gruppe der Eidetiker. Diese supernormale visualisierende Gabe soll sich nach Jaensch und anderen vor allem bei jugendlichen Menschen zeigen und gibt Anlaß zu entwicklungspsychologischen Überlegungen hinsichtlich der Wahrnehmung.

Unter einer *Illusion* verstehen wir eine unrichtig aufgefaßte Wahrnehmung, eine Sinnestäuschung. Illusionen entstehen, wenn Gewahrwerdungen sich derart mit reproduzierten Wahrnehmungselementen zu einer Einheit verbinden, daß man keinen Unterschied zwischen ursprünglichen und reproduzierten Wahrnehmungselementen mehr machen kann.

Es gibt verschiedene Arten von Illusionen:

a) Unaufmerksamkeits-Illusionen. Sie zeigen sich z. B. beim Korrigieren von Druckbogen. Man »sieht« einen Buchstaben, der *nicht* hingehört, für einen richtigen an.

b) Affekt-Illusionen. Goethe hat eine solche in seinem »Erlkönig« beschrieben. Das geängstigte Kind sieht einen Nebelschleier für den gefürchteten Erlkönig an.

c) Pareidolien. Viele Menschen sehen in den Wolken Tiergestalten, Menschenköpfe und dergleichen. Beim Rorschach-Test benutzt man die Pareidolien, die die Versuchspersonen in Tintenklecksen sehen, für psychodiagnostische Zwecke. Daß Pareidolien manchmal zu Unrecht zu spiritistischen Anschauungen führen können, möge der folgende Fall aufzeigen. Dabei sei bemerkt, daß er durchaus nicht vereinzelt dasteht. Im Lauf der Jahre wurden mir wiederholt sogenannte Extras vorgelegt, die von manchen Leuten als »Geisterfotos« und dergleichen bezeichnet wurden, die aber gleichfalls als Illusionen in Zusammenhang mit zufällig entstandenen Gebilden angesehen werden müssen.

2. Beethoven als Illusionserscheinung

Zwischen dem 16. und dem 20. November 1946 konnte man in manchen niederländischen Zeitungen einen Bericht folgenden Inhalts lesen:

»Bei einer Veranstaltung der Koninklijke Stedelijke Muziekvereniging (des Königlichen Städtischen Musikvereins) in Enkhuizen am 15. November spielte sich ein merkwürdiges Ereignis ab. Der Dirigent, Herr Boedijn, leitete eine Probe zu einer Aufführung von Beethovens ›Die Ehre Gottes in der Natur‹, als er plötzlich auf einer Seite der von ihm selbst für das Orchester geschriebenen Partitur einen Fleck entdeckte, der sich innerhalb von etwa zwei Minuten zum undeutlichen Bild eines Männerkopfes entwickelte, der eine gewisse Ähnlichkeit mit einem Beethoven-Porträt aufwies.«

Da der Fall große Aufregung hervorrief und manche Leute dabei an ein spiritistisches Phänomen denken wollten, entschloß ich mich, die Sache näher zu untersuchen. Ich setzte mich zuerst einmal mit einigen Zeugen in Verbindung. Ihre Aussagen waren gleichlautend und stimmten mit dem Zeitungsbericht überein. Mehrere dieser Zeugen, Mitglieder des Orchesters, hielten die Vermutung, man habe es hier mit einer »mediumistischen Erscheinung« zu tun, für durchaus nicht abwegig. »Ich halte Herrn Boedijn für ein starkes Medium«, sagte Herr A. H. »Jeden Freitagabend oder bei Orchesterproben beobachte ich ihn immer wieder, und dann komme ich jedesmal zu derselben Schlußfolgerung. Wird ein Musikstück ordentlich und sauber gespielt, verfällt er geradezu in Ekstase, besonders wenn es sich um eine eher weihevolle Musik handelt. So bin ich denn auch der Überzeugung, daß das Bild, das auf der Partitur erschienen ist, als eine Manifestation des Unsichtbaren angesehen werden muß, der von der herrlichen Wiedergabe der vorgetragenen Stücke tief betroffen war . . .«

Herr B. de J., Kommissar der Koninklijke Stedelijke Muziekvereniging, berichtete mir am 23. November 1946:

»Als wir Freitag, den 15. November, unter Leitung von Herrn Boedijn spielten und um ungefähr 11 Uhr abends Beethovens ›Ehre Gottes in der Natur‹ auf den Pulten liegen hatten, brach der Dirigent etwa in der Mitte des Stückes seine Tätigkeit plötzlich ab. Wir dachten, es wäre falsch gespielt worden, doch Herr Boedijn wandte sich nicht an die Musiker, sondern starrte auf seine Partitur, wo sich ein Fleck bildete. Der Vorsitzende, Herr V., wurde gebeten, diese Entdeckung zu bestätigen. Es blieb nicht nur bei der Bestätigung, sondern beide Herren sahen, daß der Fleck immer größer wurde. Mehreren Orchestermitgliedern wurde Gelegenheit gegeben, dieses Wunder mit anzusehen. Ich war der letzte, der sich überzeugen wollte, was es da gäbe. Ich sah deutliche Umrisse eines Bildes, welches meiner Meinung nach Beethoven darstellen konnte . . . Zuerst dachten wir, das Bild würde bald wieder verschwinden, aber als wir um etwa halb ein Uhr die Partitur noch einmal betrachteten, stand es noch immer da.«

Selbstverständlich setzte ich mich auch mit Herrn Boedijn selbst in Verbindung. Mitte Dezember besuchte ich ihn gemeinsam mit Dr. Stokvis. Dabei erzählte er uns ausführlich über den Vorfall. ». . . Das Orchester spielte außergewöhnlich schön. Plötzlich sah ich auf meiner Partitur einen schattenhaften, rötlichen Fleck entstehen, ziemlich schnell, etwa fünf bis acht Sekunden, gewiß nicht länger. Gleich darauf konnte ich nicht anders, als meine Arme sinken zu lassen und mit dem Dirigieren aufzuhören. Darauf hielt auch das Orchester ganz erstaunt mit dem Spielen inne . . . Daraufhin habe ich anscheinend zu dem Vorsitzenden, der von meinem Platz am meisten entfernt war, gesagt: ›Kommen Sie doch einmal her und schauen Sie, auf meiner Partitur geht etwas Sonderbares vor sich; da entsteht auf einmal ein Fleck.‹ Der Vorsitzende und einige Orchestermitglieder kamen herbei. Wie ich stellten sie fest, daß sich auf dem Papier ein Fleck gebildet hatte, worin deutlich Augen, Nase, Kinn und Mund zu unterscheiden waren. Manche behaupteten, er zeige eine große Ähnlichkeit mit einem Beethoven-Porträt . . .« Selbstverständlich zeigte uns Herr Boedijn auch das Blatt Papier, auf dem ziemlich deutlich ein Fleck zu sehen war, der an ein menschliches Gesicht erinnerte.

Auf unsere Frage, wie Herr Boedijn selbst über die »Erscheinung« dieses »Porträts« dächte, erhielten wir eine ziemlich unklare Antwort. Er hielt es jedoch für ausgeschlossen, daß der »Kopf« auf eine natürliche Weise entstanden sein könnte. Während des Gesprächs war es sowohl Herrn Dr. Stokvis als auch mir aufgefallen, daß Herr Boedijn beim Sprechen mit einem Bleistift, der an der Spitze ein wenig verkohlt war, in seiner brennenden Pfeife herumstocherte. Das brachte uns auf einen Gedanken. Aus dem weiteren Verlauf der Unterredung ergab sich, daß er diesen Bleistiftstumpf auch bei der bewußten musikalischen Probe bei sich gehabt hatte. (Er benutzte ihn ständig als Pfeifenstocher.) Was lag nun näher, als anzunehmen, daß beim Herumstochern in seiner Pfeife ein wenig Holzkohlenstaub an den Fingern haftengeblieben war und er beim Dirigieren mit den beschmutzten Fingern die Partitur berührt hatte, so daß dort ein »Wischer« entstand, der durch seine zufällige Form die Illusion eines menschlichen Kopfes erweckte?

Dr. Stokvis und ich beschlossen, uns mit Herrn van Ledden Hulsebosch, dem damals bekannten Polizeichemiker, zu besprechen. Wir baten deshalb Herrn Boedijn, uns das betreffende Partiturblatt für ein paar Tage zu überlassen. Wenngleich ungern, erklärte er sich dann doch damit einverstanden. Am 4. Januar 1947 berichtete mir dann Herr van Ledden Hulsebosch, daß er unsere Meinung vollkommen teile, obwohl eine genaue chemische Untersuchung »eines verschmierten Stück Papiers« nicht möglich gewesen sei. »Zwar habe ich mit besonderen Kurzwellenstrahlen untersucht, ob die Verschmutzung – der Fleck – vielleicht auf die Einwirkung eines Fettstoffes zurückzuführen sei, doch das ist nicht der Fall . . . Ich sehe schließlich in diesem Fleck nichts Besonderes. Sie brauchen nur ein Tuch achtlos über eine Stuhllehne zu hängen, und es kann sein, daß jemand darin ein Gesicht zu sehen vermeint.«

Selbstverständlich besprachen wir unsere Vermutung mit Herrn Boedijn, der sie aber nicht teilte. In seiner Ablehnung unserer »Theorie« wies er darauf hin, daß nicht nur er, sondern auch einige andere den Kopf hatten entstehen sehen. »Nach ein paar Minuten wurde der Fleck auf meiner Partitur noch ein wenig größer und deutlicher. Das haben alle gesehen, die inzwischen herbeigekommen waren.«

Dr. Stokvis, Herrn van Ledden Hulsebosch und mir will scheinen, daß diese »Wahrnehmung« mit unserer Ansicht nicht im Widerspruch steht. Wer Erfahrung mit Vexierbildern hat, weiß, daß die darin verborgenen Gestalten sich auch plötzlich vom Hintergrund abheben. Die Erfahrung vom Auftauchen des Bildes spricht nicht gegen unsere Ansicht, wie Herr Boedijn meinte, sondern vielmehr dafür.

Schließlich sei hier noch darauf hingewiesen, daß der Umstand, daß einige Leute in dem »Männerkopf« Beethoven zu erkennen vermeinten, zweifellos mit der Tatsache zusammenhängt, daß ein Werk dieses Komponisten aufgeführt wurde. Dadurch wurde bei den Anwesenden eine bestimmte psychische Konstellation geschaffen.

3. Eidetik und Geistersehen

Haben wir es bei der *Illusion* noch mit einem Ding aus der Außenwelt zu tun, das, sei es auch auf unrichtige Weise, wahrgenommen wird (wenn man z. B. einen Baum für einen Wegelagerer hält), so fehlt bei *Halluzinationen* der Gegenstand aus der Umwelt. Dennoch aber hat der Halluzinant das Bewußtsein, dieser sei anwesend. Halluzinationen sind daher vermeintliche Wahrnehmungen, denen die erste Voraussetzung, nämlich das konkrete Vorhandensein des Wahrgenommenen, mangelt.

Halluzinationen kommen sowohl bei geistig gesunden Menschen als auch bei seelisch (geistig) Kranken vor. Wenn wir jemand erwarten, kann es sein, daß wir hören, wie er den Schlüssel ins Schloß steckt und die Treppe heraufkommt. Gehen wir ihm entgegen, so zeigt sich, daß wir uns geirrt haben. Ein derartiges Zusammentreffen von Illusionen und Halluzinationen kennen wir alle aus eigener Erfahrung.

Beispiele von Halluzinationen bei seelisch oder geistig Kranken finden sich in der psychiatrischen Literatur. Bei einem Patienten, der an einer Wahnidee leidet, kann es vorkommen, daß er seine Wahnvorstellungen vergegenständlicht und in die Außenwelt projiziert. Er »sieht« z. B. höllische Wesen, »spürt« ihre Berührungen, »riecht« versengtes Fleisch. Manchmal wird sich der Halluzinant dessen bewußt sein, daß das, was er angeblich sieht, hört, riecht, schmeckt usw. nicht wirklich vorhanden ist, daß seine Halluzinationen nur in die Außenwelt projizierte Vorstellungen sind. In solchen Fällen, wenn das Bewußtsein der tatsächlichen Anwesenheit des Wahrgenommenen fehlt, spricht man von Pseudohalluzinationen.

Dazu gehören u. a. die sogenannten »subjektiven (optischen, akustischen) Anschauungsbilder«, die von Urbantschitsch, Jaensch, Kroh und anderen beschrieben wurden und die in den Lehrbüchern der Psychologie im Kapitel *Eidetik* erwähnt werden.

Die eidetischen Erscheinungen liegen in der Mitte zwischen gewöhnlichen Wahrnehmungen und Vorstellungen. Durch ihren psychonomischen Charakter unterscheiden sie sich phänomenologisch von den *Nachbildern,* die Sache des Physiologen sind.

Legt man ein Stück rotes Papier auf einen grauen Hintergrund und schaut dann eine Zeitlang starr darauf, so hat man nach Entfernung des roten Papiers an der Stelle, wo es gelegen hat, den Eindruck eines gleich großen und gleichgeformten Flecks von blaugrüner, also komplementärer Farbe. Ist das Papier weiß, wird das Nachbild dunkel sein und umgekehrt. Man spricht in einem solchen Fall von *negativen Nachbildern. Positive Nachbilder* entstehen, wenn man bei starker Beleuchtung einen Gegenstand ein paar Sekunden lang anstarrt und dann die Augen schließt. Man sieht dann ein Nachbild auftauchen, das mit dem ursprünglichen übereinstimmt.

Nachbilder sind sogenannte Ausklangserscheinungen, die

eigentlich den Physiologen angehen. Die eidetischen Phänomene erinnern zwar an positive Nachbilder, unterscheiden sich aber dennoch von ihnen durch ihren psychonomen Charakter. Im Gegensatz zu den Nachbildern, die sich als Ausklangserscheinungen immer unmittelbar nach der Wahrnehmung zeigen, treten die »Anschauungsbilder« nicht nur stunden- und tagelang, sondern unter gewissen Umständen sogar Jahre nach der Wahrnehmung auf.

Nach Jaensch, Kroh und anderen Forschern, die den psychonomen Charakter der von ihnen als eidetisch bezeichneten Phänomene erkannten, machen sich solche Phänomene vor allem bei Kindern und Jugendlichen bemerkbar. Bei Erwachsenen müßte man ihr Vorkommen als Fixations-(Regressions-) Phänomen ansehen. Jaensch hat übrigens noch weitere entwicklungspsychologische Betrachtungen über die Eidetik angestellt. Er spricht von einer undifferenzierten Einheit, die weder Wahrnehmung noch Vorstellung ist und woraus Wahrnehmung und Vorstellung sich entwickelt haben sollen. Auch stellte er eine Anzahl beschreibender (deskriptiver) und funktioneller Kriterien auf. Inwiefern wir damit einverstanden sein können, ist eine Frage, die hier außer Betracht gelassen werden muß.

Außer eidetischen Bildern mit starker (Positiv-)Nachbildkomponente (deren Schärfe und Deutlichkeit von einer strengen Fixierung abhängen – ein Beispiel davon finden wir in dem nachstehend angeführten, uns von Abercrombie berichteten Fall) kennt man noch eidetische Bilder mit einer starken Vorstellungskomponente. Ungezwungene Wahrnehmung scheint ihrem Entstehen förderlich zu sein.

Jaensch unterscheidet zwei Typen von Eidetikern, und zwar den B- (basedowoiden) und den T- (tetanoiden) Typ. Beim B-Typ sind die Bilder überwiegend vorstellungsmäßig bedingt. Die T-Typen haben eidetische Bilder mit starken (Positiv-) Nachbildkomponenten. Die meisten Eidetiker gehören allerdings gemischten Typen an, worin einer der beiden Haupttypen das Übergewicht besitzt.

Kroh hat darauf hingewiesen, daß unter Kindern mit einer

ausgesprochen eidetischen Veranlagung, die hauptsächlich dem B-Typ angehören, Tag-(Wach-)Träumer vorkommen. In gewissem Grad ist jeder Mensch zu gewissen Zeiten ein Tagträumer, aber das Kind, das dem B-Typ angehört und eine stark entwickelte eidetische Anlage besitzt, das alles, was es denkt bzw. sich vorstellt, vor sich »sieht« – sowohl Erinnerungs- als auch Phantasiebilder –, kann sich unter Umständen zu einem vortrefflichen Erzähler, Zeichner oder Schriftsteller entwickeln[1]. Daß der Erzähler manchmal zum »Lügner«, selbst zu einem pathologischen Lügner werden kann, ist klar. Das wird vor allem dann der Fall sein, wenn der Eidetiker zwischen seinen Wahrnehmungen und seinen Vorstellungen nicht mehr genügend zu unterscheiden weiß. Daß dies bei einfachen, geistig wenig entwickelten Kindern und Halbwüchsigen eher zutrifft als bei intelligenteren, liegt auf der Hand.

Abercrombie berichtet von einer seiner Bekannten, die einmal aufmerksam ein Bildchen betrachtet hatte, auf dem die Jungfrau Maria mit dem Jesuskind zu sehen war. Als sie aufschaute, stellte sie zu ihrem Erstaunen fest, daß sie eine Pseudohalluzination hatte, und zwar sah sie eine Frauengestalt, die ein Kind in den Armen hielt. Was sie da sah, stimmte vollkommen mit dem Bildchen überein, das sie soeben angeschaut hatte. Diese Erscheinung dauerte ihrer Schätzung nach etwa zwei Minuten.

Wir wollen es dahingestellt sein lassen, ob wir bei dieser Pseudohalluzination von einem positiven Nachbild sprechen sollen (in diesem Fall müßten wir das Wort Halluzination vermeiden) oder von einer eidetischen Erscheinung. So wollen wir uns denn mit dem Hinweis begnügen, daß schon zahlreiche Menschen ähnliche Erfahrungen mit Abbildungen gemacht haben, die sie viele Tage, ja Wochen und Monate vorher einmal scharf angestarrt hatten. In solchen Fällen können wir nicht mehr von Ausklangsphänomenen sprechen; wir haben es dabei unmißverständlich mit eidetischen Phänomenen zu tun.

Die uns von Abercrombie überlieferte Episode erinnert an

viele Fälle von Erscheinungen der Heiligen Jungfrau, die in der Literatur erwähnt werden.

Obwohl es mir fern liegt, alle derartigen Berichte über einen Kamm zu scheren, bin ich dennoch der Meinung, daß manche dieser Erscheinungen zweifellos auf supernormal visualisierenden Fähigkeiten der »Wahrnehmenden« beruhen, was auch von kirchlicher Seite anerkannt wird. Diese Annahme vertrete ich um so mehr, als der Inhalt der Visionen oft mehr oder weniger mit den örtlichen Marienbildern übereinstimmt, von denen man annehmen kann, daß sie von Kindern wiederholt gesehen (»fixiert«) worden sind.

Nehmen wir zum Beispiel die Erscheinungen, die sich in den ersten Novembertagen 1937 in Heede, einem norddeutschen Dörfchen, gezeigt haben. Am 1. November dieses Jahres gingen vier Schulmädchen im Alter zwischen 11 und 14 Jahren auf den Kirchhof, um Blumen auf das Grab eines Verstorbenen zu legen. Während sie damit beschäftigt waren, sah eines der Kinder zwischen hohen Nadelbäumen plötzlich Maria mit dem Jesuskind erscheinen. Danach sahen auch noch zwei andere Kinder angeblich die Erscheinung; das älteste Mädchen konnte allerdings nichts bemerken. Wie die Kinder aussagten, war die Heilige Jungfrau in Weiß gekleidet. Maria, die eine goldene Krone trug, hielt auf dem linken Arm das Jesuskind, das gleichfalls weiß gekleidet und barfuß war. Das Kind hielt eine goldene Erdkugel mit einem goldenen Kreuz, auf der die rechte Hand Marias ruhte.

Die Kinder erzählten daheim ihr Erlebnis. Ihre Eltern glaubten ihnen aber nicht und sprachen darüber mit dem Ortspfarrer. Dieser begab sich am nächsten Abend mit den Mädchen auf den Kirchhof, wo sich das Geschehene wiederholte. Seither sollen die Kinder die Heilige Jungfrau noch ein paarmal gesehen haben. Am 3. November soll sie angeblich gelächelt, am 5. und 6. November hingegen betrübt dreingeschaut haben. Am 13. November erschien sie zum letztenmal.

Das Gerücht von diesen Erscheinungen verbreitete sich in der ganzen Gegend, und Hunderte strömten auf dem Kirchhof zusammen in der Hoffnung, die Heilige Jungfrau würde sich auch ihnen zeigen. Doch mit Ausnahme der Kinder scheint niemand sie gesehen zu haben.

Vergleicht man diesen Fall mit anderen ähnlichen, so fällt dabei die weitgehende Übereinstimmung auf. Da haben wir zuallererst den Umstand, daß solche Erscheinungen sich fast ausschließlich in Gegenden mit überwiegend katholischer Bevölkerung zeigen. Dort kann man ja Tag für Tag Heiligendarstellungen sehen. Pascal weist in seinem Bericht über seinen Besuch in Ezquioga darauf hin, daß dort manche Leute Erscheinungen der »Virgen dolorosa« hatten, so wie die Statue in den meisten Kirchen jener Gegend zu sehen ist.

Der Verstorbene, dessen Grab die Kinder von Heede damals schmückten, war ein Onkel von zweien von ihnen. Er war ein frommer Mann gewesen, der der Dorfkirche ein Bild mit der Gottesmutter geschenkt hatte. Wenn die Kinder in der Kirche saßen, hatten sie es immerfort vor Augen. Es ist daher sehr wahrscheinlich, daß diese »Fixation« wesentlich zum Entstehen der Erscheinungen beigetragen hat, die die Einwohner des Dorfes so sehr erregten.

Von Fernande Voisin, einer der kleinen Seherinnen von Beauraing, wird berichtet, daß sie in ihrem Schlafzimmer eine leuchtende Statue Unserer Lieben Frau von Lourdes hatte. Da das Mädchen dadurch wiederholt erschrocken war, hatte es ihre Mutter gebeten, sie anderswo aufzustellen. Es sei hier besonders vermerkt, daß es hauptsächlich einfache Dorfkinder waren, denen sich die Heilige Jungfrau gezeigt haben soll, meistens zehn- bis fünfzehnjährige. Nur selten einmal war so ein Kind ein wenig älter oder jünger gewesen. Dabei waren die Mädchen leicht in der Mehrzahl.

Wer mit den Ergebnissen der Untersuchungen eidetischer Phänomene vertraut ist, weiß, daß all das für unsere Vermutung spricht, manche Marienerscheinungen seien eidetischer Natur.

Sicherlich dürfen wir uns der Tatsache nicht verschließen, daß so viele Heiligen-Seher Basken oder Südfranzosen sind. Es ist anzunehmen, daß zwischen Landschaft und Eidetik ein gewisser Zusammenhang besteht (geopsychische Faktoren) und man unter den südeuropäischen Völkern viele Eidetiker vom B-Typ findet.

Außer den »subjektiv-*optischen*« gibt es auch »subjektiv-*akustische* Anschauungsbilder«, während die eidetischen Phänomene sich auch noch auf den übrigen Sinnesgebieten zu zeigen scheinen. Mancher weiß sich zu erinnern, daß er sich in seiner Kinderzeit mit Namen rufen gehört hat, ohne daß jemand anwesend gewesen wäre. Meistens war es die Stimme der Mutter, die sich mit positiv-nachbildartiger Deutlichkeit hören ließ (subjektiv-akustisches Anschauungsbild mit Nachbildkomponente). Die Tatsache, daß einzelne »Seher« die Heilige Jungfrau reden »hörten«, spricht daher nicht gegen die Annahme, manche dieser Phänomene könnten auf eidetische Bilder zurückzuführen sein.

Wenn man die Berichte über einige aufsehenerregende Marienerscheinungen liest, fällt einem auf, daß es im allgemeinen immer nur ein Kind ist, das die Erscheinung angeblich »sieht«. Es erzählt anderen Kindern aus seiner unmittelbaren Umgebung davon, und die Folge ist, daß daraufhin noch eines oder mehrere die Erscheinung bemerken. Das veranlaßt uns, zwischen Sehern des ersten und solchen des zweiten Grades zu unterscheiden. Bei letzteren zeigen sich vermutlich diese Erscheinungen nicht wie im ersten Fall spontan, sondern als Folge einer suggestiven Beeinflussung, der sie von seiten jener unterliegen. Außer einer eidetischen Veranlagung spielen dabei auch ihre Suggestibilität und ihr Nachahmungsdrang eine Rolle.

Bei den Marienerscheinungen in der Dordogne und in Beauraing ist die suggestive Beeinflussung leicht aufzuzeigen. In der Dordogne war die Hauptperson Marie Magontier, kaum zwölf Jahre alt, zwar noch ein Kind, aber dennoch schon halb erwachsen. Sie war sehr ehrgeizig und sagte von sich selbst, sie wäre mehr als die Priester, weil sie mit der Heiligen Jungfrau gesprochen habe. Sie gab sich wenig mit anderen Kindern ab, spielte nicht und betrachtete sich selbst als Auserkorene mit einer Berufung. Ihr Vater war Epileptiker, ihre Mutter soll wiederholt Halluzinationen gehabt haben. Nach dem Tod der

Mutter soll ihr diese erschienen sein. Marie hatte auf die Kinder ihrer Umgebung einen suggestiven Einfluß. Meines Erachtens kann es keinem Zweifel unterliegen, daß die Mädchen Marguerite Carreau und Marie Gourvat, die zu den ersten gehörten, die mit ihr die Heilige Jungfrau »sahen«, als induzierte Seherinnen angesehen werden müssen.

In Beauraing fällt uns folgendes auf: Als man zu den Kindern sagte, es sei befremdlich, daß die Heilige Jungfrau noch nicht ausdrücklich verlangt habe, sie mögen viel beten, »hörte« Fernande Voisin kurz darauf die Erscheinung sagen: »Betet, betet viel!« Als ein alter Priester fragte, ob die heilige Maria auch einen Rosenkranz bei sich habe, »sahen« die Kinder am nächsten Tag auch einen solchen. Daß die Kinder von Beauraing einander auch gegenseitig suggestiv beeinflußt haben, ist damit außer Frage gestellt. Als Fernande am 29. Dezember behauptete, die Gottesmutter habe ein goldenes Herz auf der Brust getragen, »sahen« am nächsten Tag vier von den fünf Kindern es ebenfalls. Am 31. Dezember sahen es alle.

Dieser Abschnitt soll nicht ohne den Hinweis beendet werden, daß sich in der Dordogne auch kollektive Illusionen bemerkbar gemacht haben. Marillier berichtet, am 11. August 1889 seien bei Le Pontinet im Departement Dordogne mehr als 1500 Leute in der Hoffnung zusammengekommen, sie könnten etwas von dem »Wunder« sehen. Nur wenige von diesen vielen Zuschauern behaupteten, sie hätten die Erscheinung auch »gesehen«. Das ist verständlich, wenn man weiß, daß sich dort ein sonderbar geformter Felsen befindet und die Seher des dritten Grades[2] ausnahmslos behaupteten, sie hätten dort die heilige Maria »gesehen«. Dieser Umstand rechtfertigt die Vermutung, daß wir es hier mit einer Massenillusion zu tun haben. Man muß dabei nicht nur berücksichtigen, daß die Erwartung der Menge dem Entstehen von Illusionen günstig war, sondern zugleich bedenken, daß der einzelne in einer solchen Massenzusammenkunft einer suggestiven Beeinflussung in erhöhtem Maße unterworfen ist. Darauf haben schon die Begründer der Massenpsychologie aufmerksam gemacht.

Im Anschluß an das Vorstehende sei auf die zahlreichen Berichte über Soldaten hingewiesen, die nach sehr anstrengenden Märschen unter Erschöpfungszuständen »halluzinierten«. So hat z. B. C. de Vesme einen Auszug aus dem Brief eines englischen Offiziers veröffentlicht, worin dieser berichtet, daß er während eines nächtlichen Marsches bemerkenswerte Halluzinationen hatte, während er schon halb schlief. »Meine Leute wankten dahin und sahen allerlei Dinge, die gar nicht da waren: riesige Männer, die uns entgegenkamen, Lichterscheinungen und dergleichen mehr.«

Der deutsche Oberst Herzenwirth hat versucht, Engelgestalten, von denen englische Soldaten bei ihrem Rückzug von der Marne sprachen, dadurch zu erklären, daß Flugzeuge Schatten auf die Wolken geworfen hätten, die die Leute dann für überirdische Wesen gehalten haben. Es ist leicht möglich, daß diese Erklärung richtig ist. Ich bezweifle jedoch, daß die Illusionen der Leute so groß gewesen sind, wie es den Anschein hatte. Ich denke eher, damit wäre ein Vorwand zu einer Legendenbildung gegeben.

In der niederländischen Geschichte wird einige Male von Erscheinungen gefallener Heerführer erzählt. So sollen in der Schlacht von Nieuwpoort Prinz Willem I. und Marnix van St. Aldegonde erschienen sein. Der Überlieferung nach habe man damals beide auf den Dünen gesehen. Wahrscheinlich liegen diesen Erscheinungen kollektive Illusionen erschöpfter Soldaten zugrunde. Die Ursache waren wahrscheinlich seltsam geformte Wolken, was später zur Legendenbildung Anlaß gegeben hat.

4. Tiefenpsychologische Untersuchungen über das Geistersehen

Unter dem Titel Ein Phantom als psychoanalytischer Fall berichtet A. Sichler von der sechzehnjährigen Lydia P., die zweimal einen schweren nächtlichen Angstanfall hatte. Beide Male zeigte sich darauf die Erscheinung eines eleganten, etwa

25jährigen Herrn mit einem schmalen, wohlgeformten Gesicht und blondem Haar. Die Gestalt beugte sich über das Mädchen und näherte sich ihm so sehr, daß es sie bei der geringsten Bewegung berühren mußte. Das erste Mal, als ihr der Mann erschien, fühlte sie seine Hand, die sich tastend über ihre Wange bewegte. Diese Tast-»Wahrnehmung« spürte sie den ganzen nächsten Tag über. Beide Male schrie sie auf, so daß ihre Angehörigen aufwachten. Die Erscheinung war so deutlich, daß Lydia nicht umhinkonnte, an einen Geist zu denken. Dieser Meinung waren auch ihre Angehörigen.

Ein Nervenarzt, der das »überspannte« Mädchen daraufhin behandelte, analysierte es. Dabei erwies sich gar bald, daß der Geist eine Art objektiviertes Traumbild war, dem verdrängte Wünsche sexueller Art zugrunde lagen.

Dieser Fall steht keineswegs vereinzelt da. Im Lauf der Jahre hatte ich wiederholt Gelegenheit, ähnliches zu beobachten. Eine psychoanalytische Erklärung ist auch beim Geistersehen mancher Klosterinsassen gegeben. Nicht nur Steingießers Abhandlung über das GESCHLECHTSLEBEN DER HEILIGEN, sondern auch andere Werke, die das Leben von Heiligen behandeln, führen zur Überzeugung, daß bei vielen von ihnen eine intensive Verdrängung im Spiel war. Sie hat nun zweifellos öfter zur Entstehung von Halluzinationen überirdischer Wesen geführt und auf unverkennbare Weise auf ein unbefriedigtes Sexualleben hingewiesen. Ich denke dabei zum Beispiel an die heilige Katharina von Siena, die sich mit ihrem Heiland verlobt wähnte und behauptete, von dem Zeitpunkt an, da ihr göttlicher Verlobter ihr erschienen sei (halluzinatorisch), habe sie einen Ring am Finger als Zeichen dieser Verlobung gesehen.

Besondere Aufmerksamkeit verdienen hier die Inkubus- und Sukkubus-Visionen, die in den Schriften mittelalterlicher Autoren wiederholt erwähnt werden. Es handelt sich dabei um männliche und weibliche teuflische Wesen, die angeblich frommen Menschen erschienen sind, um mit ihnen geschlechtlichen Verkehr zu pflegen. Thomas von Aquin war von der Existenz solcher Wesen felsenfest überzeugt und sprach sogar die Meinung aus, die Vereinigung mit ihnen könne zur Befruchtung führen. Zur Bekräftigung dieser phantastischen Theorien berief er sich auf einige Kirchenväter und kirchliche Autoren, u. a. auf Augustinus. Dieser hatte ja von Faunen und Satyrn berichtet, die Unzucht mit Frauen getrieben haben sollen.

Staudenmaiers Abhandlung DIE MAGIE ALS EXPERIMENTELLE NATURWISSENSCHAFT[3] liefert wichtige Beiträge zur Kenntnis dieser Art von Halluzinationen. Einmal hatte er – wie er berichtet – den Besuch einer hübschen jungen Dame, die ihn ziemlich beeindruckte. Ein paar Tage später sah er plötzlich diese Dame neben sich im Bett liegen. Ihr Kopf war »magisch verklärt«, von bezaubernder Schönheit. Mir will scheinen, in dieser Halluzination Staudenmaiers haben wir ein Gegenstück zu jener Lydia P.s zu sehen; beide können als Beispiele moderner Inkubus- und Sukkubusvisionen angesehen werden.

Im Jahre 1935 machte eine Frau in Rotterdam einen Selbstmordversuch mit Leuchtgas. Er schlug fehl, aber ihre beiden Kinder kamen dabei ums Leben. Aus Briefen, die diese Unglückliche aus dem Untersuchungsgefängnis an ihren Mann schrieb, ist zu ersehen, daß ihr diese Kinder wiederholt erschienen sind und sie mit Vorwürfen überschütteten.

Meiner Ansicht nach haben wir es auch hier mit einem Fall von »Geistersehen« zu tun, wofür eine psychoanalytische Erklärung auf der Hand liegt (Schuldbewußtsein und Strafbedürfnis).

In seiner Abhandlung über HEILUNG UND ENTWICKLUNG IM SEELENLEBEN schreibt der Schweizer Psychiater A. Maeder, er sei durch Anwendung der Freudschen Methode – erst auf seine eigenen Träume, später auf jene seiner Patienten – zur Entdekkung gekommen, daß manche Träume in sogenannter symbolischer Form Versuche zur Lösung unbewußter Konflikte darstellen. Darum ging er dazu über, zwischen solchen Träumen, die einfache Entladungen aufgestauter Spannungen bedeuten (der Freudsche Wunschtraum), und solchen zu unterscheiden, in denen nach einer Lösung gestrebt wird. Maeder verkennt also nicht, daß es Wunschträume gibt (das wäre ja unmöglich); er bestreitet nur Freuds Meinung, es stecke in fast allen

Träumen ein Wunsch. Dabei weist er darauf hin, daß es neben Träumen, in denen uns die Erfüllung gewisser Wünsche vorgegaukelt wird, auch solche gibt, in denen Bestrebungen zur Lösung bestehender Konflikte zum Ausdruck kommen. Auch gibt es, wie er sagt, eine Gruppe von Träumen, in denen uns irgendeine Aufgabe gestellt wird. Derartige Träume, meint Maeder, liefern uns den Beweis, daß wir in unsere inneren Konflikte nicht verstrickt und rettungslos verloren sind, sondern daß außerhalb unseres bewußten Ich eine lenkende Kraft vorhanden ist, ein Suchen nach Befreiung stattfindet. Der Gelehrte sieht in solchen Träumen Offenbarungen des »vis medicatrix naturae«, des wahren Arztes, der in der Seele des Kranken selbst wohnt. Derartige Träume, sagt Maeder weiter, lehren uns, daß ein Streben nach Selbstheilung vorhanden ist. Er läßt sich dabei von den Einsichten leiten, die er durch seine psychotherapeutische Arbeit gewonnen hat und die ihn veranlaßte, einen neovitalistischen[4] Standpunkt zu vertreten. Die Aufgabe des Psychiaters, des Seelenarztes, solle darin bestehen, daß er sich als Diener dieses inneren Arztes, dieser Regulationstendenz fühle und den Patienten ihre Äußerungen verstehen lehre; ihn in Übereinstimmung mit dem zu handeln lehre, was ihm von seiner »Entelechie«, von seinem »Daimonion« (um hier mit Sokrates zu sprechen) vorgeschrieben werde.

In mehr als einer Veröffentlichung hat Maeder darauf hingewiesen, daß sich die Aufgabe des Arztes jener des Priesters annähert, weil wir hier mit Problemen in Berührung kommen, die in letzter Instanz der Religion angehören.

Freud vertrat die Meinung, daß sich das Kind jedes aufgezwungene Ich-Ideal zu eigen mache – das ist das Ideal, das man in bezug auf sich selbst hinsichtlich anderer aufstellt, denen man gleich zu werden trachtet. Maeder bestreitet das. Er vertritt die Auffassung, daß (um in platonischen Begriffen zu sprechen) unserer geistigen Wesenheit eine Idee zugrunde liege, »die Idee eines ganz bestimmten persönlichen Verhaltens«. Für jede Persönlichkeit ist sie das, was sie mehr oder weniger sein muß. In unserem tatsächlichen Verhalten müssen wir diese Idee, dieses Urbild, wie er es nennt, ausbilden, verwirklichen, und in der Wahl unserer Vorbilder und Ideale, beim Aufbau unseres Selbst, unseres Ideal-Ichs (»Über-Ich«) werden wir von dieser Idee geleitet.

Die eigentliche Lenkung liegt nach Maeder im Urbild, von dem er sagt, daß es unmittelbar aus der Schöpferhand Gottes, aus einer schöpferischen Tat hervorgegangen ist und dem empirischen Menschen als vitaler Impuls und Leitbild dient. In unserer Auswahl der Vorbilder, in unserer Wahl des Ideals, das wir für uns in andere legen, werden wir vom Urbild geleitet. Handeln wir im Gegensatz zu dem, was uns vom Urbild, von unserem wahren Gewissen aufgetragen wird, dann entstehen Störungen in unserem Seelenleben, drohen Seelenkrankheiten. Doch in unseren Träumen offenbart sich neben anderem das Streben des Urbildes. Glücklich jener, der – sei es mit, sei es ohne Hilfe – die Irrnisse und Wirrnisse seines Lebens zu überwinden vermag, um wieder in Übereinstimmung mit den Vorschriften seines Urbildes zu leben und zu handeln, so wie Sokrates es vermocht hat.

Maeder hat wesentlich dazu beigetragen, daß neovitalistische Ansichten in der modernen Psychiatrie zum Durchbruch gelangten.

Wie schon gesagt, folgt nach Maeder der Wachstumsprozeß der Psyche einer prospektiven Linie und zeigt eine Richtung an, die zur Verwirklichung der Person im Sinne des Urbildes führt. Dieser Richtungssinn nun wacht – wie Maeder weiter sagt – über der Verwirklichung des inneren Zieles, über der Wahl der damit übereinstimmenden äußeren, fördernden, erregenden Reize und der Ausschaltung der uneigenen, fremden Einflüsse.

Zur Veranschaulichung der richtunggebenden Tätigkeit unserer »Seele« gibt Maeder eine Anzahl von Beispielen in Form von Träumen an, woraus deutlich die prospektive Funktion dieser Träume hervorgeht. Im Anschluß erinnert der Gelehrte daran, daß die Griechen in ihrer Mythologie eine richtungweisende Intuition gleich jener, die er in so vielen Träumen festgestellt hat, durch das Erscheinen eines Götterboten herausbildeten. So berichtet Homer, daß Hermes dem Odysseus auf dem Weg zu Circe erschien und ihm einen Befehl der göttlichen Pallas Athene überbrachte. Sie schrieb ihrem Schützling sein Verhalten vor, um Gefahren zu meiden und die gefährliche Zauberin seinem Willen zu unterwerfen. Hier handelt es sich um eine symbolische Darstellung der richtungweisenden Funktion in Form des inneren geistigen Lenkers.

Zahlreich sind die Beispiele einer derartigen Symbolisierung, die wir den Lebensgeschichten von Heiligen, Sektengründern, »Wiedergeborenen« und dergleichen entnehmen können. Als eines der bemerkenswertesten Beispiele von »Krankheit und Selbstheilung« in der europäischen Literatur nennt Maeder den Fall Benvenuto Cellini. Auch Flournoy hat ihn in seinem Buch ESPRITS ET MÉDIUMS erwähnt.

Dieser berühmte italienische Goldschmied und Bildhauer, der im Jahre 1500 in Florenz geboren wurde und 71 Jahre später in derselben Stadt starb, war ein heftiger, energischer Mann mit einem übertriebenen Selbstbewußtsein und einem seltsamen Gemisch von Tugenden und Untugenden. Vor allem aber war er ein echter Künstler. An einem entscheidenden Wendepunkt seines Lebens wurde er als Folge einer Art »Umweltprovokation« auf Veranlassung des damaligen Papstes gefangengesetzt. Eines Tages, als er, mit einem gebrochenen Bein in einer feuchten, dunklen Zelle des Schlosses S. Angelo auf verfaulendem Stroh liegend, keinen Ausweg mehr sah, beschloß er, seinem Leben ein Ende zu machen. Da er kein Messer oder dergleichen zur Verfügung hatte, versuchte er, sich von einem schweren, locker sitzenden Balken in seiner Zelle den Kopf zerschmettern zu lassen. Der Versuch mißlang. Ein Wächter fand ihn dann bewußtlos in der Zelle. Er dachte, der Gefangene sei tot, und holte einige Priester. Beim Lärm von ihren Stimmen kam Cellini wieder zu sich. Die Priester standen ihm bei und ließen das verrottete Stroh durch frisches ersetzen. Nachdem sie weggegangen waren, kam der Verletzte, über den mißglückten Selbstmordversuch nachdenkend, zur Überzeugung, Gott habe rechtzeitig eingegriffen.

In der Nacht darauf hatte Cellini einen Traum, in dem ihm

ein junger Mann von himmlischem Aussehen erschien und ihm Vorwürfe machte, daß er seinen ihm von Gott anvertrauten Leib vorzeitig hatte verlassen und zerstören wollen. Cellini antwortete dem Jüngling, er sei sich bewußt, daß er gesündigt habe. Darauf antwortete der Gottgesandte, er hoffe, das Vorgefallene möge ihm eine Lehre sein, in Zukunft nicht mehr an Gottes Allmacht zu zweifeln; es möge in ihm das Verlangen erwachen, sich fortan von Gott lenken zu lassen. Der »Engel« sagte ihm noch vieles mehr, dessen er sich – wie er später in seiner Autobiographie schrieb – nicht einmal zum tausendsten Teil mehr erinnern konnte.

Nach diesem Traumgesicht hatte Cellini während seines Aufenthalts in der Zelle noch ein paar andere Visionen, wobei ihm außer dem Jüngling noch Christus und die Jungfrau Maria erschienen.

Maeder sieht in diesen Visionen Äußerungen von Kräften, die im Genesungsprozeß einer Neurose unter Kontrolle und Lenkung eines regulierenden, gleichgewichtsuchenden Prinzips zur Auswirkung gekommen sind. Sie waren dem Entwicklungsdrang der Psyche entsprungen, der, durch äußere Einflüsse behindert, in den sogenannten Krankheitserscheinungen diese Hemmung zu überwinden trachtete.

Beispiele für diese von Maeder beschriebene Gruppe von Visionen findet man in der Literatur in Massen. Ich denke hier z. B. an Alphonse Ratisbonne, einen freidenkenden französischen Juden, der 1842 zum Katholizismus übertrat. In der Nacht vor seinem Übertritt erschien ihm ein schwarzes Kreuz ohne Christus. Am nächsten Tag traf er einen Freund, der ihn zu einer Fahrt einlud. Ratisbonne nahm an. Der Freund, der Ratisbonne dazu gebracht hatte, Katholik zu werden, bat ihn, ein paar Augenblicke zu warten, weil er in einer Kirche ein Gebet verrichten wollte. Anstatt im Wagen auf die Rückkehr des andern zu warten, begleitete er ihn ins Gotteshaus, allein in der Absicht, das Kircheninnere anzusehen. Kaum aber hatte er den Raum betreten, hatte er eine Vision: die Heilige Jungfrau erschien ihm. In dieser kurzen Zeitspanne vollzog sich eine Veränderung in seinem ganzen Wesen, eine geistige Wiedergeburt. »Ich kann«, so schrieb er, »diese Veränderung nicht besser beschreiben, als daß ich einen Vergleich mit einem Blindgeborenen mache, der plötzlich sehend wird.«

»Glaubenswahrheiten«, über die er früher gespottet hatte, erschienen ihm mit einemmal in einem neuen Licht. Sie bedurften für ihn keines Beweises mehr, er war sich ihrer von diesem Augenblick an gewiß.

Daß Ratisbonne hinsichtlich des Kreuzes und der Heiligen Jungfrau halluzinierte, ist nicht verwunderlich, wenn man bedenkt, daß sich unter seinen Freunden mehrere Anhänger der katholischen Kirche befanden. Diesem Umstand ist es auch zweifellos zuzuschreiben, daß seine religiösen Sehnsüchte ihn dem Katholizismus in die Arme trieben. Er hatte in einem anderen Land gelebt, in dem eine andere Religion mehr oder weniger tonangebend gewesen war, und dann hatte er sich vermutlich eben der neuen Religion zugewandt.

Die Visionen der »Wiedergeborenen« und »Bekehrten« tragen den Stempel des Kulturkreises, dem sie entstammen. Man denke hier nur an Ramakrischna, den bekanntesten Heiligen des modernen Indien. Ihm erschien in den Jahren, da sich in ihm ein brennendes Verlangen nach religiöser Einsicht und religiöser Aufklärung geltend machte, die bengalische Göttin Kali, das Sinnbild seiner religiösen Ideale. Wäre er im Westen geboren und Anhänger der katholischen Kirche gewesen, wäre ihm vermutlich statt ihrer die Heilige Jungfrau erschienen. Es handelt sich hier um eines der zahlreichen Argumente für die Annahme, das regulierende Prinzip bediene sich jener Bilder, die den Glaubensvorstellungen des einzelnen entspringen, und dessen religiöser Gemeinschaft.

In meiner Abhandlung OP DE GRENZEN VAN PARAPSYCHOLOGIE EN GODSDIENST-PSYCHOLOGIE (AN DEN GRENZEN VON PARAPSYCHOLOGIE UND RELIGIONSPSYCHOLOGIE) habe ich den Fall einer meiner Versuchspersonen, eines bekannten niederländischen »Heilers« und Paragnosten, dem eines Tages Christus erschienen ist, angeführt. Dieser Vision folgten andere, in denen ihm »himmlische Wächter«, Boten und Engel erschienen.

Was die Herkunft solcher Erscheinungen betrifft, so habe

ich in dieser Schrift glaubhaft zu machen versucht, daß wir auch in ihnen zum Teil Offenbarungen des regulierenden und gleichgewichtsuchenden Prinzips sehen müssen. Daß ich hier »zum Teil« schreibe, ist auf den Umstand zurückzuführen, daß ich die Meinung vertrete, diese Visionen weisen unverkennbar einen »individual«-psychologischen (A. Adler) Hintergrund auf und zeugen von dem starken Machtstreben, das diesen Paragnosten zweifellos kennzeichnet. Es muß als Reaktion auf die vielen Enttäuschungen angesehen werden, die ihm in früheren Jahren zuteil geworden waren.

Vergleicht man den Inhalt der Visionen dieses Paragnosten mit jenen verschiedener anderer »Wiedergeborener«, so fällt einem darin eine gewisse Übereinstimmung auf. Ich denke hier z. B. an die Gestalten der Boten und Gottesgesandten, die man in vielen Visionen antrifft. Hier berühren wir das Problem der sogenannten Archetypen, ein Thema, auf das im folgenden Kapitel näher eingegangen werden soll.

V Geistersehen (B)

1. Veridike (wirklichkeitsgemäße) Eingebungen

Unter Telepathie verstehen wir das Auftreten von »Gedanken«, die aus einem fremden Bewußtsein herrühren. Zum erstenmal hat diesen Ausdruck F. W. H. Myers im Jahre 1882 verwendet.

Schon seit Jahrhunderten wird immer wieder von Phänomenen berichtet, die wir heute als telepathisch zu bezeichnen pflegen. So berichtet z. B. der niederländische Schriftsteller Conraet Droste:

»Als ich am Palmsonntag, dem 11. April 1677, vormittags in Dordrecht in der Kirche war, spürte ich etwas an meinem Herzen, was ich vorher noch nie gefühlt hatte. Mir wurde bewußt, daß mein Bruder Willem zu dieser Zeit in der Schlacht von Mons Kassel tödlich verwundet wurde, obwohl ich von der Schlacht keine Kenntnis hatte; auch nicht, daß die Heere so dicht beisammen standen. Am 26. April brachte sein Sergeant Hortlon den Leichnam nach Dordrecht.«

In seinen Memoiren, denen diese Episode entnommen ist, berichtet er, er habe solche »Einbildungen« öfter gehabt, und nachher habe sich deren Richtigkeit jedesmal herausgestellt. Man darf also diese wirklichkeitsgemäßen (veridiken) Einbildungen nicht auf dieselbe Stufe mit den nichtwirklichkeitsgemäßen, krankhaften Einbildungen von Schwärmern stellen.

2. Veridike Pseudohalluzinationen Lebender und Sterbender

Telepathische Erfahrungen beschränken sich oft nicht auf (veridike) »Eingebungen«, sie sind zuweilen von komplizierterer Beschaffenheit. Es liegen viele Berichte über sogenannte (Pseudo-)Halluzinationen vor, die uns vom Altertum bis in unsere Zeit überliefert wurden.

Wie ich schon an anderer Stelle ausführte, haben wir es bei der Telepathie mit einem »Innern« zu tun. Was kann das anderes bedeuten, als daß solche veridiken (Pseudo-)Halluzinationen als eine Art eidetischer Bilder angesehen werden müssen. Wer Psychoskopisten beobachtet hat, weiß, daß sie (Pseudo-)Halluzinationen mit Bezug auf die Erinnerungen anderer (Konsultanten und dergleichen) haben[1].

Als Beispiel einer veridiken (Pseudo-)Halluzination möchte ich hier folgenden Fall anführen. Er betrifft den Amsterdamer Nervenarzt Dr. I. Zeehandelaar. Während zweier aufeinanderfolgender Tage hatte er (wie er 1925 berichtete) immer wieder, so oft, daß man sagen könnte unausgesetzt, das Antlitz einer ihm bekannten Dame vor sich, die er seit vier Jahren nicht gesprochen, gesehen, der er so lange auch nicht geschrieben hatte. Das Bild dieser Frau war so deutlich, ihre Augen waren so bittend auf ihn gerichtet, daß er sich der Überzeugung nicht entziehen konnte, sie suche Kontakt mit ihm. Später ergab es sich, daß dies auch zutraf. Sie brauchte seine (psychiatrische) Hilfe, um einen schwierigen Fall zu bereinigen, und dachte in dieser Zeit unablässig an ihn. Offensichtlich hat diese Frau, die mehr oder weniger seelisch mit Dr. Zeehandelaar verbunden war[2], ihn unbewußt und ungewollt telepathisch beeinflußt. Und das hat zur Erscheinung einer Lebenden geführt.

Nun kennt man auch Erscheinungen von Sterbenden. Daß solche ziemlich oft aufgezeichnet wurden, geht aus zahlreichen Schriften vertrauenswürdiger Autoren hervor. So berichtet z. B. Wilhelmine von Bayreuth, die Lieblingsschwester Friedrichs des Großen, der polnische König August II. sei dem preußischen Feldmarschall von Grumbkow in der Nacht zum 1. Februar 1733 erschienen. Grumbkow hatte den König einige Tage vorher in Fraustadt getroffen und ihn im Namen seines Königs Friedrich Wilhelm I. willkommen geheißen. Wie die Prinzessin angibt, sei Grumbkow am Morgen des 1. Februar zu ihrem Vater mit den Worten gekommen: »O weh,

Majestät, der Arme ist gestorben. Heute nacht kam er in mein Zimmer und sah mich starr an. Ich wurde hellwach, wie jetzt, und wollte aufspringen, doch da verschwand die Erscheinung.« Später erwies sich, daß der König zur selben Stunde starb, als Grumbkow die Erscheinung gehabt hatte. Nach einem Gelage war der König von einer Treppe gestürzt, wobei er sich eine tödliche Verletzung zugezogen hatte.

Von einem ähnlichen Fall berichtet Petrarca. Am Morgen des 6. April 1348 »sah« er seine Freundin Laura de Novis. Später stellte sich heraus, daß sie zur selben Stunde in Avignon, 300 Meilen von ihm entfernt, ganz unerwartet gestorben war.

Daß auch heute noch derartige Fälle vorkommen, weiß jeder, der sich mit dem Studium der spontanen Paragnosie beschäftigt hat. Im nachstehenden einer der vielen Fälle von Erscheinungen Sterbender, die mir im Lauf der Jahre zur Kenntnis gebracht wurden und die ich genau untersucht habe. Er betrifft Frau W., die Gattin des mir seit Jahrzehnten bekannten Dr. W., eines Gelehrten, dessen Name aufgrund seiner Forschungen auf dem Gebiet der Krebsbekämpfung weit über die Grenzen unseres Landes hinaus bekanntgeworden ist.

»Frau P. und ihr Sohn«, so berichtete mir Frau W. im Jahre 1929, »haben während des Ersten Weltkrieges im Jahre 1915 ein halbes Jahr in unserem Hause gewohnt. Nach dem Ableben ihres Sohnes ist Frau P. nach Brüssel zurückgekehrt, wo sie vor dem Krieg gewohnt hatte. Im April 1927 besuchten mein Mann und ich sie in Brüssel. Bei dieser Gelegenheit wollte sie mir einen Betrag für die Gastfreundschaft übergeben, die sie und ihr Sohn seinerzeit bei uns genossen hatten. Ich wollte ihn nicht annehmen, doch Frau P. versprach, sie würde dafür sorgen, daß eine gewisse Summe zu unseren Gunsten angelegt würde. Außer einem kurzen Brief nach diesem Besuch hat es zwischen Frau P. und uns keinerlei Verbindung mehr gegeben.

In der Nacht des 2. Dezember 1927, gegen Morgen, sah ich am Kopfende meines Bettes deutlich die Erscheinung von Frau P. Sie streckte die Hände nach mir aus und sagte: ›Guten Tag,

Mina, ich gehe zu meinem Sohn Miel. Das ist für dich und deinen Mann für alles, was ihr für uns getan habt.‹

Als ich aufschaute, war das, was sie mir geben wollte, fast weg, und ganz langsam sah ich die Erscheinung verschwinden. Ich hatte sie so deutlich vor mir gesehen, daß ich sogar das Nachtgewand erkennen konnte, das sie anhatte. Ihr Haar hing herab, zu beiden Seiten ein Zopf. Ob ich geträumt oder das Ganze in wachem Zustand erlebt habe, weiß ich nicht sicher. Wohl aber weiß ich, daß mich das alles sehr beeindruckt hat. Es war dabei nicht wie bei einem Traum, dessen man sich am Morgen erinnert – während die Erscheinung allmählich verschwand, konnte ich die Gegenstände im Zimmer deutlich sehen, denn es war schon gegen Morgen.

Als ich später ins Wohnzimmer kam, erzählte ich, anscheinend noch sehr unter dem Eindruck des Erlebten, meinem Mann und meinen Kindern, was mir widerfahren war.«

Eine von Dr. W. in Brüssel angestellte Nachforschung ergab, daß Frau P. am selben Tag und zur selben Stunde, als Frau W. diese Erscheinung hatte, im Bett in ihren Nachtkleidern verschieden war. Später kam der Testamentsvollstrecker zu Familie W. auf Besuch und sagte, Frau P.s Wunsch sei es gewesen, ihnen einen bestimmten Betrag zukommen zu lassen. Das könnte allerdings erst geschehen, wenn alle anderen Angelegenheiten geordnet seien. Eineinhalb Jahre später empfing die Familie einen sehr kleinen Betrag, viel weniger, als im Testament bestimmt gewesen war. »Ich erwähne das nur«, meinte Frau W., »damit es mit meiner Wahrnehmung in Zusammenhang gebracht werden kann, daß nämlich das, was mir Frau P. geben wollte, nach und nach verschwand.

Dr. W. erklärte mir, er stehe voll und ganz für die Richtigkeit des Berichtes seiner Gattin ein.

Die Tatsache, daß Frau W. eine vollkommen gesunde und nüchterne Dame ist, die, wie sie angab, nie zuvor in ihrem Leben Halluzinationen gehabt hatte, und der Umstand, daß es für sie keinen vernünftigen Grund gegeben hat, an Frau P. mit Besorgnis zu denken oder zu erwarten, sie würde demnächst sterben, wird dem Mathematiker aufgrund der Wahrscheinlichkeitsrechnung jedenfalls Veranlassung geben anzunehmen, die Wahrscheinlichkeit, es gäbe hier ein zufälliges Zusammentreffen einer Halluzination (im Sinne der Pathopsychologie) mit dem Ableben von Frau P., sei praktisch gleich Null. Dazu kommt noch, daß dieser Fall durchaus nicht vereinzelt dasteht. Man muß ihn im Hinblick auf die Ergebnisse der parapsychologischen Forschung über Erscheinungen und ihnen verwandte Dinge betrachten.

Vergleicht man die »Halluzinationen« von Frau W., Dr. Zeehandelaar, Grumbkow und anderen mit jenen von Geisteskranken, wird man neben Übereinstimmungen auch Unterschiede bemerken.

Ebenso wie den in den psychiatrischen Lehrbüchern erwähnten Halluzinationen liegen auch diesen veridiken (Pseudo-)Halluzinationen »Ideen« (Vorstellungen, »Eingebungen«) zugrunde, so daß man hier wohl von ideosensorischen Phänomenen sprechen kann.

Von den Halluzinationen der seelisch und geistig Kranken unterscheiden sich die veridiken »Halluzinationen« in erster Linie durch ihre Ich-Fremdheit. Wenn jemand, der an Verfolgungswahn leidet, einen Mann sieht, der ihn bedroht, dann paßt diese »Erscheinung« vollkommen in das Gedankenbild, das den Patienten erfüllt. Man sagt, diese Erscheinung ist »ich-eigen«. Wie gänzlich anders war das jedoch bei Dr. Zeehandelaar! Während er seine Patienten behandelte, tauchte immer wieder, ihn behindernd, das Bild der Frau vor ihm auf, die er volle vier Jahre lang nicht mehr gesehen hatte. Eine solche »Halluzination« trägt einen völlig »ich-fremden« Charakter.

Bei den Halluzinationen Geisteskranker ist im Zeitpunkt des Halluzinierens in ihrer Umwelt nichts vorhanden, was mit dem Inhalt ihres Trugbildes übereinstimmt. Die Teufel, die dem Patienten, der sich verdammt wähnt, erscheinen und ihn mit Höllenstrafen bedrohen, sind einzig und allein seiner krankhaften Einbildung entsprungen. Bei Petrarca, Grumbkow, Dr. Zeehandelaar und Frau W. hingegen handelt es sich stets darum, eine irgendwo in der Außenwelt bestehende Person, ein Geschehnis anzudeuten, die in einer sinnvollen Weise in einen ursächlichen Zusammenhang mit der »Halluzination« gebracht werden können. Darum bezeichnet man diese »Halluzinationen«, zumeist Pseudohalluzinationen, als veridik, zum Unterschied von den unwirklichen oder Trugbildern von Menschen, die an Wahnvorstellungen leiden.

Die Verwendung des Ausdrucks veridik beschränkt sich, wie wir gesehen haben, nicht auf die (Pseudo-)Halluzinationen. Man kennt auch wahre »Einbildungen« (Droste) sowie *wahre Illusionen.* Ein Beispiel davon im Zusammenhang mit einem Todesfall berichtet Prinz Victor Duleep Singh, und zwar:

»Samstag, den 21. Oktober 1893, befand ich mich mit Lord Carnarvon in Berlin. Wir besuchten gemeinsam ein Theater und kehrten vor Mitternacht in unser Hotel zurück. Ich ging zu Bett und ließ wie immer das elektrische Licht in meinem Zimmer eingeschaltet. Da fiel mein Blick auf ein Bild, das an der Wand gegenüber meinem Bett hing. Deutlich sah ich das Gesicht meines Vaters, des Maharadscha Duleep Singh, vor mir. Seine Augen waren auf mich gerichtet. Es war, als sei das Bild verschwunden und an seine Stelle das Bild meines Vaters getreten. Man verstehe mich recht. Es war nicht, als sähe ich sein Porträt. Nein, ich sah sozusagen seinen ganzen Kopf. Der füllte den ganzen Raum innerhalb des Rahmens aus. Ich schaute die Erscheinung genau an und merkte, daß mein Vater sehr aufmerksam auf mich blickte. Obwohl ich keineswegs beunruhigt war, wurde dennoch meine Neugierde durch diese Erscheinung aufs äußerste gereizt. Ich verließ das Bett, um das Bild gut anzusehen. Es war ein ganz gewöhnlicher Druck. Ein Mädchen war da abgebildet, das eine Rose in der Hand hielt und sich über einen Balkon lehnte. Im Hintergrund sah man ein Tor. Das Gesicht des Mädchens war sehr klein, während mir der Kopf meines Vaters lebensgroß erschienen war und, wie gesagt, bis an die Umrandung reichte.

Obwohl mein Vater damals schon einige Zeit krank war, machte ich mir über ihn ganz und gar keine Sorgen. Ich hatte keinerlei Nachricht erhalten, die auf sein baldiges Ableben hingedeutet hätte.

Am nächsten Morgen (Sonntag) erzählte ich Lord Carnarvon, was mir am Abend zuvor widerfahren war. Als ich an diesem Tag spätabends heimkam, übergab mir der Lord zwei Telegramme. Ich sagte sogleich: ›Mein Vater ist gestorben.‹ Und es war auch so. An dem fraglichen Abend gegen neun Uhr hatte ihn ein Schlag gerührt, wovon er sich nicht mehr erholte. Er blieb bewußtlos und starb am frühen Nachmittag. Mein Vater hatte mir öfter gesagt, er würde versuchen, mir zu erscheinen, wenn er während meiner Abwesenheit sterben sollte.

Ich leide nicht an Halluzinationen. Nur ein einziges Mal in meinem Leben hatte ich eine solche Erfahrung. Damals war ich noch ein Schuljunge und sah plötzlich das Gesicht eines Knaben vor mir, der in dem Zimmer gestorben war, wo mein Bruder und ich schliefen. Aber ich legte diesem Erlebnis keinerlei Bedeutung bei.«

Lord Carnarvon hat die Richtigkeit dieser Darstellung bestätigt. Prinz Victor, erklärte er, habe ihm sein Erlebnis am Sonntag morgen, dem 22. Oktober 1893, erzählt, und das fragliche Telegramm erhielt er am späten Abend desselben Tages.

Ebensowenig wie die eidetischen Bilder beschränken sich die veridiken (Pseudo-)Halluzinationen auf den Gesichtssinn. Jahrhunderte hindurch werden immer wieder solche Phänomene erwähnt, die sich auf das Gehör und andere Sinne beziehen. So findet sich z. B. in der englischen Fachliteratur der Fall von Mrs. Harris. Eines Tages (sie wohnte damals noch bei ihren Eltern in Sidney), als sie sich zum Mittagessen umkleidete, hatte sie ihre Frisur gelöst, so daß ihr das Haar über die Schultern fiel. Plötzlich fühlte sie, wie sich eine Hand auf ihren Kopf legte. Verblüfft wandte sie sich um und rief aus: »Mutter, wie kannst du mich denn so erschrecken?!« Doch niemand stand hinter ihr. Bei Tisch erzählte sie dann von ihrem Erlebnis, und man nahm es zur Kenntnis. Einige Zeit später erhielt sie die Nachricht vom Ableben eines Onkels, der ihr sehr zugetan gewesen war. Als sie noch ein Kind war, setzte er sie gern auf seine Knie und strich ihr dabei über ihr langes, dichtes Haar. Später stellte sich heraus, daß der Zeitpunkt des

Todeseintritts ungefähr mit dem übereinstimmte, als sie die unerklärliche Berührung gefühlt hatte.

Einen ähnlichen, allerdings viel verwickelteren Fall berichtet Mrs. Lichfield. Eines Tages, als sie gerade in ihrem Ankleidezimmer saß und las, meinte sie, es käme jemand herein. Sie schaute in den vor ihr stehenden Spiegel, sah aber niemand. Dann fühlte sie einen Kuß, den ihr jemand auf die Stirn drückte. Da »sah« sie zu ihrem Erstaunen ihren Verlobten hinter ihrem Stuhl stehen, der sich über sie beugte, so, als wolle er sie abermals küssen. Sein Gesicht war bleich und traurig. Sie hatte keine Angst, und ihr war, als sei sie einer vorübergehenden Sinnesverwirrung zum Opfer gefallen.

Ein paar Tage später erhielt sie die Nachricht, ihr Verlobter sei beim Reiten verunglückt. Kurz bevor er das Bewußtsein verloren habe, hätte er gebetet: »Laß mich nicht sterben, ohne daß ich meine kleine May noch einmal gesehen habe.«

Daß derartige vermeintliche Berührungen zuweilen auch mit Gehörs-»Halluzinationen« verbunden sein können, zeigt der folgende Fall. Herr Newnham war Kaplan im Sanatorium von Bournemouth. Eines Sonntagabends fühlte er während des Gottesdienstes plötzlich einen zwar kräftigen, aber gutgemeinten Schlag auf seiner Schulter. Der Gedanke drängte sich ihm auf, er wäre von einem seiner Schüler gekommen, der sieben Jahre vorher gestorben war, und in Gedanken fragte er: »Bist du es, S...?« Im selben Augenblick »hörte« er eine Stimme: »Nein, es ist William.« Am nächsten Tag vernahm er, daß ein Kranker namens William, dem er sehr zugetan war, zur Stunde, da er den Klaps »gespürt« hatte, gestorben war.

3. Telepathie »à trois«

Wenn wir die Fälle spontaner Telepathie studieren, die in der Fachliteratur erwähnt werden, so werden wir auf Ereignisse stoßen, bei denen mehr als ein »Empfänger« im Spiel zu sein scheinen. So berichtet z. B. die TIJDSCHRIFT VOOR PARAPSYCHOLOGIE (II, Seite 89ff.) von einer Nonne, die, für ihre Familie in den

Niederlanden unerwartet, in Indonesien an einer plötzlich aufgetretenen Krankheit verstorben war. In ihren letzten Augenblicken rief sie immerfort nach ihrem Vater in Amsterdam und ihrem Bruder in Haarlem. Beide Angehörige hatten »Eindrücke« davon empfangen. Ihr Vater berichtet, daß er sie rufen »hörte«, während der Bruder in ihrer Todesnacht in einer ihm ungewohnten Weise unausgesetzt von ihr träumte.

Die Erforschung solcher Erscheinungen hat ergeben, daß die Erlebnisse sich durchaus nicht immer nur auf eine einzige Person beschränken. Es kommen Fälle vor, in denen sie von zwei oder mehreren Menschen, die sich in der Nähe befinden, mehr oder weniger gleichzeitig bemerkt werden. Als Beispiel möge der nachstehend beschriebene Fall dienen, dessen Kenntnis ich der mir persönlich bekannten Frau L. verdanke. Ende Oktober 1944 befand sich Frau L. mit ihren jüngsten, damals 7½ und 6 Jahre alten Kindern im Lager Tjihapit in Bandung. Ihr Mann war schon zwei Jahre vorher von der japanischen Staatspolizei verhaftet worden, weil durch Verrat bekanntgeworden war, daß er Leiter einer Untergrundbewegung in Bandung gewesen war. 1943 empfing Frau L. noch einige Postkarten von ihm aus dem Gefängnis. Im Januar 1944 erhielt sie einen von ihm persönlich geschriebenen Neujahrswunsch. Später kamen keine Berichte mehr von ihm.

Trotz des Ausbleibens von Nachrichten machte sich Frau L. keine übermäßigen Sorgen. »Ich war immer der Meinung«, schreibt sie, »meinem Mann ginge es verhältnismäßig gut und er würde das Kriegsende wohl erleben. So wurde es Oktober 1944. Damals herrschte allgemein große Unruhe. Über den Krieg in Europa gingen die wildesten Gerüchte um. Da würde es wohl nicht mehr lange dauern, bis die Befreiung kommen sollte ...«

Am 28. Oktober 1944 ging Frau L. wie gewöhnlich gleichzeitig mit ihren Kindern zu Bett. »Wir durften nicht mehr Licht machen, daher gingen die meisten Frauen um etwa 7 Uhr, sobald es dunkel wurde, schlafen. Ich hatte damals noch ein Zimmer für mich und meine Kinder allein und verschloß am Abend Tür und Fensterläden, so daß niemand hereinkommen konnte. Es dürfte ungefähr Mitternacht gewesen sein, als ich das Gefühl hatte, berührt worden zu sein, und erwachte. Erst dachte ich, es sei eines der Kinder gewesen, doch sah ich gleich, daß das nicht der Fall war, denn es stand niemand bei mir. Mir war sogleich bewußt, daß es auch unmöglich gewesen wäre, denn ich hatte doch alles gut verschlossen. Da richtete ich mich auf und schaute in die Richtung der scheinbar anwesenden Person. Zu meinem großen Schrecken zeichnete sich in der Dunkelheit deutlich eine leuchtende Gestalt ab, in der ich meinen Gatten erkannte. Ein Gefühl des Entsetzens ergriff mich, denn ich dachte, ich litte an Halluzinationen. Obwohl ich den Glauben an ein Fortbestehen nach dem Tod nicht unbedingt ablehnte, war ich doch nicht ganz überzeugt davon, und auch mein Mann hatte, soviel ich wußte, in dieser Hinsicht Zweifel. Zwar hatten wir vereinbart, daß der, der von uns als erster sterben würde, versuchen sollte, sich dem andern bemerkbar zu machen, wenn sich nach unserem Tod herausstellte, daß es doch ein Fortbestehen gibt. Im Ernst aber glaubte ich eigentlich nicht, daß so etwas einem von uns möglich sein könnte. Ich versuchte, mich zu beruhigen, indem ich an etwas anderes dachte, und weckte daher mein 7½jähriges Söhnchen Frans auf. Das Kind befand sich in tiefem Schlaf. Als er endlich erwachte, schien auch er die Gestalt zu bemerken und begann zu rufen: ›Papa, Papa!‹ Darauf habe ich, ratlos vor Schreck, das Licht eingeschaltet, auf die Gefahr, von den Japanern bemerkt zu werden. Mit aller Gewalt zwang ich mich dann zur Ruhe, brachte das Kind wieder zu Bett und versuchte aufs neue, mit Hilfe eines Schlafmittels einzuschlafen. Als ich dann ein wenig ruhiger geworden war, tat es mir sehr leid, daß ich meine Selbstbeherrschung so sehr verloren und mir dadurch die Gelegenheit hatte entgehen lassen zu ergründen, was diese Erscheinung bedeuten oder bezwecken mochte. Die Möglichkeit, daß mir mein Mann erschienen wäre, lehnte ich nicht völlig ab. Dies um so weniger, als ich schon früher während des Schlafes echte paranormale Erfahrungen gemacht hatte, die ich sehr gut von gewöhnlichen Träumen zu unterscheiden wußte. In dieser Nacht jedoch hatte ich zum erstenmal in meinem Leben so eine Erfahrung in wachem Zustand gehabt, und ich wußte vorläufig nicht, was ich damit anfangen sollte.

Wie lange ich dann wieder geschlafen habe, weiß ich nicht, doch als ich abermals erwachte, sah ich ganz deutlich, wie auf einem Bild im Kino, den entseelten Leichnam meines Mannes völlig abgemagert auf einer Bahre liegen. Eigentlich war er mir fast unkenntlich, doch meine Aufmerksamkeit wandte sich wie unter einem Zwang seiner rechten Hand zu, deren Daumen und Zeigefinger durch eine Verdickung der Gelenke verunstaltet waren, während der Mittelfinger an der Spitze eine Narbe aufwies[3]. Dabei war ich nicht mehr so entsetzt und begann mir vorzustellen, mein Mann wolle mir vielleicht von seinem Ableben Kenntnis geben . . . Am nächsten Morgen stand ich sehr unter dem Eindruck meines nächtlichen Erlebnisses, und ich erzählte es einigen Leuten.

. . . Ich versuchte sogleich, Nachrichten bei Leuten einzuholen, die behaupteten, sie könnten etwas über politische Gefangene in Erfahrung bringen . . . Nach einiger Zeit erhielt ich von ihnen die Versicherung, alles sei unverändert, ich brauchte mir keine Sorgen zu machen. Daher versuchte ich allmählich, nicht mehr an den Vorfall zu denken. Das Datum allerdings blieb mir in Erinnerung, weil es der Geburtstag meiner Schwiegermutter ist, die mir sehr ans Herz gewachsen war und deren ich an dem betreffenden Tag stets gedachte. Ein Jahr später, im Oktober 1945, teilte mir mein ältester Sohn mit, er habe vom Roten Kreuz in Bandung erfahren, der Vater sei dort am 28. Oktober 1944 im Suhamiskin-Gefängnis gestorben. Da wußte ich also, daß seine Erscheinung keine krankhafte Einbildung von mir und meinem Söhnchen, sondern Wirklichkeit gewesen war.«

Es will mir scheinen, daß man hier mit der Berichtenden gleicher Meinung sein kann. Die Möglichkeit einer Halluzination (im Sinn der Pathopsychologie) einer nach ihrem Gatten verlangenden Frau, die zufällig mit seinem Tod zusammenfällt, scheint mir so gering, daß wir sie hier außer acht lassen können. Wer diese Annahme trotzdem vertritt, kann es nicht, ohne dabei dem Fall Gewalt anzutun und allerlei Nebensächlichkeiten zu mißachten. Das hindert allerdings nicht, daß sich uns einige Fragen aufdrängen. Eine davon ist folgende: Hat der 7½jährige Frans nun ebenso wie (höchstwahrscheinlich) seine Mutter auf eine direkte Beeinflussung des Vaters reagiert, oder ist anzunehmen, daß die Mutter ihrerseits zur Senderin wurde und das Kind daher nur mittelbar vom Vater beeinflußt worden ist? Es bedarf wohl keines Beweises, daß es nicht möglich ist, diese Frage befriedigend zu beantworten. Bei der sogenannten Telepathie »à trois« bestehen immer beide Möglichkeiten, und es ist anzunehmen, daß sich einmal diese, ein andermal jene verwirklicht.

Bei dem Fall der Frau L. befanden sich beide Empfänger im selben Raum. Es sind aber auch Fälle bekannt, in denen die Erscheinung von zwei oder mehreren Personen »bemerkt« wurde, die sich an verschiedenen, manchmal sehr weit voneinander entfernten Orten befanden. Dabei kann durchaus nicht immer von einer Gleichzeitigkeit gesprochen werden.

Da haben wir zum Beispiel den Fall von Hauptmann Eldred Bowyer-Bower, der am Morgen des 19. März 1917 in Frankreich tödlich verwundet wurde. Zuerst hielt man ihn für vermißt. Am 23. März erhielt seine Mutter die offizielle Vermißtenanzeige. Am 10. Mai 1917 fand man seinen Leichnam, so daß sein Name hernach in die Gefallenenliste aufgenommen worden ist.

»Am 19. März«, berichtet seine Halbschwester, Mrs. Spearman, die sich damals in Kalkutta befand und ihren Halbbruder noch in England vermutete (Hauptmann Bowyer-Bower war, nachdem er monatelang in England gewesen war, erst drei Wochen vor seinem Tod wieder nach Frankreich gekommen), »habe ich gerade ein paar Kleider ausgebessert, und dabei plauderte ich mit meinem Baby. Joan, ein anderes Kind, war im Wohnzimmer und sah nichts. Plötzlich hatte ich das Gefühl, ich müsse mich zu Eldred umwenden[4]. Ich folgte dem Drang und sah ihn vor mir stehen. Er sah so glücklich aus und schaute mich ein wenig übermütig an, wie er öfter zu tun pflegte. Ich freute mich, ihn zu sehen, und sagte, ich wolle nur das Baby an einen sicheren Platz legen, damit wir in Ruhe plaudern könnten. ›Wie kommst du um Himmels willen hierher?‹ fragte ich, während ich meine Hände nach ihm ausstreckte, um ihn zu umarmen und ihm einen Kuß zu geben[5], doch im selben Augenblick war Eldred verschwunden. Zuerst fragte ich mich, ob ich verrückt geworden sei. Dann schoß mir der Gedanke durch den Kopf, es müsse ihm Schlimmes zugestoßen sein, und ich war sehr traurig . . .«[6]

Die zweite »Empfängerin« war eine in England lebende Nichte des Gefallenen.

»Eines Morgens (am 19. März 1917)«, so schreibt ihre Mutter, die Schwester des Gefallenen, »als ich noch im Bett lag, um etwa 9.15 Uhr, kam meine Tochter ins Zimmer und sagte: ›Onkel Alley-Boy (so wurde der Gefallene seit seiner Kindheit im Familienkreis genannt) ist unten.‹ Obgleich ich ihr sagte, das sei nicht möglich, weil er schon seit drei Wochen in Frankreich sei, bestand das Kind auf seiner Behauptung. Im Laufe des Tages schrieb ich dann einen Brief an meine Mutter, worin ich sie von dem Vorfall benachrichtigte . . . Ein paar Tage später stellte sich heraus, daß der Tag, an dem ich den Brief geschrieben hatte, mit dem Datum, seitdem mein Bruder als vermißt galt, übereinstimmte.«

Eine ältere Dame, Mrs. Watson, die die Mutter des gefallenen Hauptmanns schon jahrelang kannte, schrieb ihr am Nachmittag des 19. März – nachdem sie etwa 1½Jahre nichts von sich hatte hören lassen –, weil sie sich an diesem Tage plötzlich bewußt geworden war, daß Eldred gefallen sei. In äußerst vorsichtiger Weise erkundigte sie sich nach der Richtigkeit dieser »Eingebung«.

4. Erscheinungen Verstorbener (kurz nach Eintritt des Todes)

Bisher befaßten wir uns nur mit Erscheinungen Lebender und Sterbender. Wer in der parapsychologischen Literatur bewandert ist, weiß jedoch, daß es auch Fälle von Erscheinungen solcher Menschen gibt, die zur Zeit, da sie erschienen, bereits tot waren. Untersuchungen haben das bewiesen.

Viele denken in solchen Fällen an Telepathie seitens eines Verstorbenen, also an eine spiritistische Erscheinung. Wenngleich ich die Möglichkeit telepathischer Beeinflussung durch Verstorbene keineswegs bestreiten will, so sei hier noch einmal darauf hingewiesen, daß eine Erscheinung, die sich einige Stunden nach dem Ableben des sogenannten Senders zeigt, uns nicht zur Annahme berechtigt, dem »Empfänger« sei eine spiritistische Erfahrung zuteil geworden bzw. es habe sich bei ihm eine telepathische Beeinflussung durch den Verstorbenen bemerkbar gemacht. Haben doch Forschungen von Gelehrten, die die Telepathie unter experimentellen Umständen studierten, erwiesen, daß sich Versuchspersonen oft erst nach mehreren Stunden bewußt werden, was z. B. eine Zeichnung, die der Versuchsleiter angesehen hat, darstellt. In solchen Fällen spricht man von zeitverschobener Bewußtwerdung. Wichtige Beiträge zum Thema der zeitlichen Verschiebungen hat der englische Forscher Whately Carington geliefert. Andere Forscher, wie Soal oder Rhine, haben sich auch mit diesem Thema beschäftigt. Auch sie wiesen darauf hin, daß es nicht nur ein verzögertes Bewußtwerden gibt, sondern auch ein »verfrühtes«. Unter gewissen Umständen kann es geschehen, daß die Versuchsperson den »Eindruck« einer Zeichnung, einer Karte gewinnt, die der Versuchsleiter erst später machen oder ziehen wird, in der Absicht, sie für telepathische Versuche zu benutzen. Bei derartigen, sogenannten präkognitiven Versuchen – die sich natürlich auf streng wissenschaftlicher Grundlage abspielen müssen – ist es wohl ausgeschlossen, daß die vom Versuchsleiter getroffene Auswahl der Figuren oder Karten durch die von der Versuchsperson gemachte Vorhersage bedingt sein könnte. So ließ sich z. B. Carington bei seiner Auswahl durchs Los bestimmen, wobei der Abstand zwischen ihm und seinen Versuchspersonen zumeist etliche Kilometer betrug. Dazu kommt noch, daß er immer erst einige Tage nach dem Experiment von den Zeichnungen der Versuchspersonen in Kenntnis gesetzt wurde. Die von Soal durchgeführten telepathischen Versuche, bei denen »Zeitverschiebungen« nach beiden Seiten festgestellt werden konnten, wurden allgemein wegen der großen Genauigkeit gelobt, womit der Forscher verfuhr. Sein Buch MODERN EXPERIMENTS IN TELEPATHY wird allgemein als eines der besten Werke seiner Art angesehen, wenn es auch die sogenannte Quantitative Methode ein wenig allzu einseitig in den Vordergrund stellt.

Es ist hier nicht der Ort, in dieses Thema weiter einzudringen. Wir wollen uns denn damit begnügen anzumerken, daß man auch bei den zuletzt angeführten Versuchsreihen das Phänomen des *verfrühten Empfangs* festzustellen vermeint hat. Um diese Vermutung zu untermauern, möge der nachfolgende, keineswegs vereinzelt dastehende und sehr gut dokumentierte Fall dienen. Mr. T. J. Gibbs saß Sonntag, den 23. Mai 1948, um 20.20 Uhr gemütlich bei seinem Rundfunkgerät, um einer musikalischen Darbietung zu lauschen. Da sah er plötzlich seinen Schwager, den er an Bord eines Fischerschiffs in norwegischen Gewässern wähnte, im Arbeitsanzug auf sein Haus zukommen. Mr. Gibbs sprang auf, um die Haustür zu öffnen und den Schwager einzulassen. Dieser hatte noch kurz vorher einen Brief an seine Frau, Gibbs' Schwester, geschrieben und ihr mitgeteilt, es gehe ihm gut. Mr. Gibbs meinte nun, der Schwager sei eben früher zurückgekehrt, als man vermutet hatte. Da löste sich jedoch die Erscheinung plötzlich in nichts auf.

Als seine Schwester einige Zeit später nach Hause kam, erzählte Mr. Gibbs von seinem eigenartigen Erlebnis, worauf sie heftig erschrak und der Hoffnung Ausdruck gab, ihrem Mann möge kein Unglück widerfahren sein.

Etwa 22 Stunden später, Montag, den 24. Mai, gegen 18.30 Uhr, lief das Schiff, auf dem sich Mr. Gibbs' Schwager befand, auf eine Mine. Dabei verloren der Schwager und einige seiner Kameraden das Leben. Die Nachricht von dem Unglück erreichte Mr. Gibbs Dienstag, den 25. Mai. Wie er selbst angibt, hatte er nie zuvor derartige Erlebnisse gehabt.

Wenn wir von der parapsychologisch vollkommen verantwortbaren Annahme ausgehen, jeder Mensch kenne in seinem tiefsten Innern seine eigene Zukunft, was auch beim Schwager des Mr. Gibbs der Fall gewesen sein muß, so kann man annehmen, man habe es hier mit einem präkognitiven telepathischen Phänomen zu tun. Es ist anzunehmen, daß Mr. Gibbs von seinem Schwager unbewußt und ungewollt telepathisch beeinflußt worden ist. Angesichts des Umstandes, daß Gibbs' Schwager verstorben und dadurch als Zeuge ausgeschaltet ist, kann man es dahingestellt sein lassen, ob dieses Vorwissen bei dem Toten subliminal geblieben, das heißt nicht zu seinem (Wach-)Bewußtsein durchgedrungen ist[6] oder doch auf irgendwelche Weise zu seinem supraliminalen Selbst aufstieg. Die Erfahrung lehrt, daß sowohl das eine als auch das andere vorkommen kann, obwohl in den allermeisten Fällen aufgrund der (um hier mit Bergson zu sprechen) hemmenden Funktion des Gehirns ein derartiges Wissen latent bleibt.

Es besteht aber auch die Möglichkeit, daß hier von einer telepathischen Beeinflussung keine Rede gewesen ist und die Erscheinung als eine proskopische Vision Mr. Gibbs' anzusehen wäre; als Projektion eines in »tieferen Schichten« seiner Persönlichkeit schlummernden Wissens um das baldige Eintreffen der Unglücksbotschaft.

5. Das allegorische Element in den Erscheinungen

Wie im vorigen Abschnitt ausgeführt, hat Mr. Gibbs seinen Schwager in Arbeitskleidung erscheinen »sehen«. In den zahlreichen Fällen von Erscheinungen, die verschiedene Forscher im Lauf der Jahre beschrieben haben, wurden die betreffenden Personen fast immer als *bekleidet* bezeichnet. Oft trugen sie sogar ein charakteristisches Kleidungsstück. Das war auch bei Leutnant David M'Connel so, der am 7. Dezember 1918 um 15.15 Uhr verunglückte, als er sich mit seinem Flugzeug auf dem Weg von Scampton, Lincs., nach Tadcaster befand. Der Unfall ereignete sich, als er den Bestimmungsort schon fast erreicht hatte. Mehrere Leute sahen das Flugzeug abstürzen. Die stillstehende Uhr des verunglückten Offiziers zeigte auf 15.25

Uhr. Anläßlich des Begräbnisses erfuhr der Vater M'Connels, daß einer von dessen Kameraden, Leutnant Larkin, seinen Sohn im Augenblick des Absturzes hatte erscheinen sehen. Der Vater schrieb darauf dem Leutnant einen Brief, der am 22. Dezember 1918 wie folgt antwortete:

»Am 7. Dezember 1918 gegen 11 Uhr begab sich David (M'Connel) in Fliegerausrüstung in die Flugzeughalle. Er wollte mit einem Flugzeug zum Schießplatz, wo Maschinengewehrübungen stattfinden sollten. Um 11.30 Uhr kam er in den Raum, in dem ich mich befand, und erzählte mir, er wolle nicht zum Übungsgelände, sondern mit einem ›Camel‹ (einer Art Sopwith-Aufklärungsflugzeug) nach dem Flugfeld von Tadcaster fliegen. Er sagte mir, er hoffe, zur Teestunde wieder dazusein. Dann ging er zur Tür hinaus, aber eine halbe Minute später klopfte er ans Fenster und bat mich, ihm seine Karte hinauszureichen, die er liegengelassen hatte. Nachdem ich Kaffee getrunken hatte, schrieb ich ein paar Briefe, und als ich damit fertig war, rückte ich mir einen Stuhl zum Ofen und begann, ein Buch zu lesen . . .« Er führte dann aus, daß er vorher allerlei Geschichten über paranormale Phänomene bezweifelt hatte, und setzte dann fort: » . . . Ich bin sicher, ich war klar wach, als ich so rauchend und lesend beim Ofen saß, mit dem Rücken gegen die Tür. Da hörte ich, wie jemand draußen über den Gang ging und gleich danach anscheinend die Tür öffnete. Dem Gepolter nach, das dabei entstand, mußte es David sein. Gleich darauf hörte ich ihn sagen: ›Hallo, mein Lieber!‹ Ich wandte mich um und sah ihn in der Türöffnung stehen. Die Klinke hielt er in der Hand. Er hatte seine Fliegerausrüstung an, auf dem Kopf trug er seine Marinemütze. Sein Aussehen war wie gewöhnlich. Die Mütze hatte er ein wenig ins Genick geschoben. Er lachte wie immer, wenn er eines unserer Zimmer betrat und uns begrüßte. Als Antwort auf seine Begrüßung sagte ich: ›Hallo, bist du schon zurück?‹ Er erwiderte: ›Ja, ich bin schon dort gewesen und hatte einen guten Flug.‹ Vielleicht gebe ich seine Worte hier nicht genau wieder, und er hat möglicherweise gesagt, er habe einen ›feinen Flug‹ gehabt. Dieser Nebensächlichkeiten erinnere ich mich nicht ganz genau. Dagegen weiß ich sicher, daß ich ihn während unseres Gesprächs angeschaut habe. Dann sagte er: ›Nun, ich gehe wieder. Auf Wiedersehen.‹ Hierauf schloß er geräuschvoll die Tür und verschwand draußen. Ich las weiter und dachte, David habe einen anderen Kameraden besucht oder sei in die Flugzeughalle zurückgegangen, um irgendein Ausrüstungsstück zu holen, das er dort zurückgelassen habe. Da ich keine Uhr bei mir hatte, kann ich nicht mit Bestimmtheit sagen, wann er mir erschienen ist. Ich bin aber sicher, es muß zwischen 15.15 und 15.30 Uhr gewesen sein, weil dann Leutnant Garner-Smith zu mir gekommen ist, das war um 15.45 Uhr. Er sagte, Mac (David) würde hoffentlich bald zurück sein, denn sie hatten vor, an diesem Abend nach Lincoln zu gehen. Ich antwortete: ›Er ist schon zurück, vor ein paar Minuten war er hier.‹ Garner-Smith fragte: ›Ist er irgendwohin gegangen, um Tee zu trinken?‹ Meine Antwort war, das dächte ich nicht, weil er noch den Fliegerdreß anhatte, als er zu mir kam; er würde wahrscheinlich in irgendeinem anderen Zimmer sein. Darauf antwortete Garner-Smith, er wolle ihn suchen gehen. Als er weggegangen war, trank ich meinen Tee, zog mich um und ging nach Lincoln. Im Rauchsalon des Albion Hotels hörte ich ein paar Offiziere miteinander reden. Ich fing ein paar Worte ihres Gesprächs auf, das sich anscheinend um David drehte. Er sollte bei Tadcaster abgestürzt sein. Da setzte ich mich zu ihnen und erfuhr, daß, kurz bevor sie Scampton verlassen hatten, ein Bericht eingetroffen war, Leutnant M'Connel wäre mit einem Aufklärungsflugzeug abgestürzt und dabei ums Leben gekommen. Als ich das hörte, konnte ich es nicht glauben. Ich war überzeugt, daß ich gegen halb vier mit ihm gesprochen hatte. Wenn er also wirklich abgestürzt war, mußte er nach seiner Rückkehr aus Tadcaster ein zweites Mal aufgestiegen und erst dann ums Leben gekommen sein. Selbstverständlich wartete ich begierig darauf, nähere Einzelheiten zu erfahren. Am späteren Abend erwies es sich jedoch, daß er tatsächlich auf dem Flug nach Tadcaster verunglückt war.«

Leutnant Garner-Smith hat die Richtigkeit der Erklärung, er

habe am 7. Dezember 1918 um etwa halb vier mit Leutnant Larkin ein Gespräch gehabt (nach Larkins Meinung hat es um 15.45 Uhr stattgefunden), bestätigt. Dabei habe dieser ihm mitgeteilt, er habe M'Connel ein paar Minuten vorher gesehen. Ein anderer Offizier hat eine schriftliche Erklärung abgegeben, wonach ihm Leutnant Larkin am 8. Dezember ausführlich über sein Erlebnis vom Vortag berichtete.

Man kann sich nun fragen, ob Leutnant Larkin sich geirrt und zu dem angegebenen Zeitpunkt vielleicht mit einem anderen Offizier gesprochen habe, den er versehentlich für M'Connel hielt. Der Gewährsmann hält das für ausgeschlossen. Er weist unter anderem darauf hin, daß der verunglückte Flieger eine Marinemütze getragen habe, weil er ursprünglich bei den Marinefliegern Dienst gemacht hatte. Diese Abteilung wurde aber später mit der Luftwaffe zusammengelegt. M'Connel war aber so stolz darauf, daß er früher der anderen Einheit angehört hatte, daß er auf dem Flugplatz immer die Marinemütze trug.

Im Augenblick des Absturzes trug er seinen Helm und unter der Fliegerausrüstung seine geliebte Marineuniform. Die Mütze hatte er bei sich, um sie nach der Landung wie gewöhnlich aufzusetzen.

Das alles macht es höchst unwahrscheinlich, daß Leutnant Larkin, der mit den Gewohnheiten seines verunglückten Kameraden so gut vertraut war und auch dessen Stimme so gut kannte, das Opfer einer Illusion geworden wäre und einen anderen für M'Connel angesehen hätte.

Außer Kleidungsstücken – mögen sie nun besonders kennzeichnend sein oder nicht – erwähnen Auskunftspersonen zuweilen auch »Attribute«. So berichtet z. B. Dr. Bowstead, er habe einmal während eines Schlagballspiels seinen Halbbruder erscheinen sehen. Er hatte einen Jagdanzug an und trug ein Gewehr unterm Arm. Die Erscheinung lächelte, winkte mit der Hand, und dann verschwand sie. Später stellte sich heraus, daß der Bruder im selben Augenblick gestorben war. Er litt an Tuberkulose, und obgleich Dr. Bowstead wußte, daß wenig Aussicht auf Genesung bestand, hatte er nicht die geringste

Ursache, anzunehmen, daß das Ende so nahe wäre. An dem Morgen, als Dr. Bowstead die Erscheinung »sah«, hatte sich der Kranke viel besser gefühlt als in letzter Zeit. Darum hatte er auch den Wunsch geäußert, wieder einmal auf die Jagd zu gehen. Er hatte sich entsprechend angezogen und sein Gewehr hervorgeholt. Sein Vater hatte versucht, ihm diese törichte Absicht auszureden. Der Kranke aber hatte sich darüber sehr aufgeregt und gesagt, er fühle sich so wohl, daß er sich sogar imstande fühle, Dr. Bowstead aufzusuchen. Dazu hätte er allerdings mit der Eisenbahn fahren müssen. Plötzlich aber erlitt er einen Blutsturz. Er starb im Jägeranzug, das Gewehr unterm Arm, wie er seinem Halbbruder erschienen war.

Solche Fälle, von denen viele Beispiele bekannt sind, bestärken uns in der Überzeugung, daß, wenn nicht alle, so doch sehr viele Erscheinungen nicht die geringste materielle Grundlage besitzen, sondern als reine Pseudohalluzinationen und Halluzinationen zu betrachten sind, die – und das ist von großer Bedeutung – wegen ihres veridiken Charakters sich von den Halluzinationen der seelisch und geistig Kranken unterscheiden. Wie uns die Psychologie lehrt, können die Halluzinationen als eine Art von Traumbildern angesehen werden. Also ist zu erwarten, daß gewisse Kennzeichen, die dem Traumbild eigen sind, bei den Halluzinationen gleichfalls gefunden werden können. Und daß wir dabei keine Enttäuschung erleben, zeigt die Kasuistik auf. Viele Erscheinungen tragen ebenso wie Träume einen allegorischen Charakter. So berichtet z. B. Herr J. N. S., er habe seinen Freund und Kollegen F. L. in demselben Augenblick, als dieser völlig unerwartet an einem Aortariß starb, in seinem Zimmer mit einem Hut und schwarzem Trauerflor erscheinen »gesehen«. Der Sterbende hatte den Überrock aufgeknöpft, in der Hand trug er einen Spazierstock. Eine Untersuchung ergab, daß Herr F. L. in Wirklichkeit in Nachtkleidung im Bett verstorben ist, so daß aller Anlaß zur Vermutung besteht, wir müßten in dem Hut mit Trauerflor und den übrigen »Attributen« eine allegorische Darstellung seines Ablebens sehen. Der Hut und die auf einen Spaziergang hinweisende Bekleidung müssen hier unmißverständlich als Ergebnisse der archaischen Neigung zu bildhaftem Denken aufgefaßt werden, wie sie uns schon aus der Traumforschung bekannt ist.

Auch folgendes verdient hier noch bemerkt zu werden. In ungefähr dem Augenblick, als ein junger Mann unerwartet starb, erschien er Frau H.-B. in L., und zwar trug er einen alten Mantel ihres Mannes. Zuerst wußte die Dame mit diesem Mantel nichts anzufangen. Später erinnerte sie sich, daß ihre Kinder dieses Kleidungsstück, das »anscheinend nicht umzubringen war«, scherzhaft als »ewiges Leben« bezeichnet hatten.

Mit der dem Traum eigenen Verbildlichung hängen die Verschiebung und die Verdichtung (Zusammendrängung) zusammen. Als Beispiel einer (Akzent-)Verschiebung möchte ich folgenden Fall erwähnen, dessen Kenntnis ich Herrn R. verdanke. Er hatte einen bejahrten Onkel, der in einem anderen Ort wohnte. Von Zeit zu Zeit besuchte ihn Herr R. Dabei mußte er oft an einer Ziege, die auf einem Rasenfleck vor der Wohnung des alten Herrn graste, vorbeigehen. Einmal in der Nacht drängte sich ihm plötzlich der Gedanke auf, die Geiß sei in seinem Zimmer, und als er aufschaute, »sah« er das Tier vor sich stehen. Dann verschwand das Bild allmählich. Am nächsten Tag kam die Nachricht, der Onkel sei ganz unvermutet in dieser Nacht einer Herzlähmung erlegen. Ein Beispiel von *Verdichtung (Zusammendrängung)* bietet uns der schon früher erwähnte Fall von Frau P. aus Brüssel. Diese Erscheinung kündigte Frau W. nicht nur das Hinscheiden ihrer Bekannten an, sondern bereitete sie zugleich auch (allegorisch) auf die Enttäuschung vor, die sie hinsichtlich des Erbes erwartete. Zwei verschiedene »Gedanken« werden hier, wie das im Traum so oft vorkommt, zu einem einzigen zusammengedrängt oder verdichtet.

Obwohl sich aus dem Vorstehenden schon zur Genüge dargetan haben mag, daß wir zumindest in einem beträchtlichen Teil der Erscheinungen objektivierte und in die Außenwelt projizierte Traumbilder zu sehen haben, die wie alle Halluzinationen jeglicher materiellen Grundlage entbehren, sich aber, als veridik, von den Halluzinationen Geisteskranker unterscheiden, wollen wir hier noch einen Beweis für diese Annahme folgen lassen.

Bekanntlich hat C. G. Jung den Begriff des Archetypus in die Psychologie eingeführt, womit er die *allgemeinen Symbole,* auf die schon Freud hingewiesen hatte, in einem neuen Licht sah. Unter *Archetypen* versteht Jung kollektiv vorhandene unbewußte Faktoren, die als Regulatoren und Urheber der schöpferischen Wirksamkeit der Phantasie auftreten und übereinstimmende Formen hervorrufen, während sie das vorhandene Bewußtseinsmaterial ihren Zwecken dienstbar machen. Die Existenz dieser unbewußten Regulatoren, die Jung ihrer Wirkung wegen manchmal auch *Dominanten* nannte, schien ihm so bedeutend, daß er darauf seine Hypothese von einem sogenannten *unpersönlichen kollektiven Unbewußten* gründete. Jung nennt diese Dominanten auch »Organe der prärationalen Psyche« und bemerkt in diesem Zusammenhang, sie seien »ewig erbliche, idente Formen und Ideen, die im Anfang keinen spezifischen Inhalt haben«. Ein solcher entsteht erst im individuellen Leben, wenn die persönliche Erfahrung in diesen Formen aufgefangen wird. Dann entstehen richtungweisende Bilder, nach denen sich der Mensch orientiert. Sie wurzeln im Kollektiv-Unbewußten; man trifft sie in allen Mythologien an. Jung hat sie mit den Instinkten verglichen. Was Instinkte für das biologische Leben bedeuten, das sind diese Archetypen, diese »Niederschläge menschlicher Erfahrungen aus dem Lauf von Jahrhunderten«, für das Seelenleben.

Bei Freud begegnen wir den Ausdrücken »vorbewußt« und »unterbewußt«. *Vor*bewußt nennt er alle jene Bewußtseinsinhalte, die zwar im (zentralen) Bewußtsein noch nicht signalisiert sind, dort aber nichtsdestoweniger beim ersten Aufruf bewußt werden können. Im Gegensatz dazu stehen die unterbewußten Inhalte, denen der Zugang ins Bewußtsein durch die Zensur verhindert wird. Sowohl das Vorbewußte als auch das Unterbewußte sind undenkbar, wenn wir mit diesen Begriffen nicht den Gedanken an persönliche Erfahrungen verbinden. Sowohl das Vorbewußte als auch das Unterbewußte sind persönlich. Dies im Gegensatz zum kollektiven Unbewußten, das von unpersönlicher Art ist.

Jung hat den Begriff des »kollektiven Unbewußten« aufgestellt, weil er in den Träumen und Phantasien seiner Patienten Inhalte fand, die nicht auf eigenen, persönlichen Erlebnissen beruhen konnten. Diese Inhalte werden in Bildern ausgedrückt, die er auch in der Archäologie und bei verschiedenen (teils der Vergangenheit angehörenden) Religionen und gnostischen Lehren fand. Sie scheinen beinahe so alt wie die Menschheit selbst. Hat man etwa einige alte Mysterienkulte studiert und kennt man dann die Bedeutung solcher Bilder, von deren Existenz der Patient gar nichts weiß, so kann man einen Einblick in das Problem gewinnen, mit dem der Kranke unbewußt ringt.

Dieser Fund brachte Jung zu der Ansicht, in der menschlichen Seele fänden sich »Gegebenheiten« (Archetypen), die man als einen Niederschlag der Erfahrungen ansehen kann, die die Menschheit im Laufe der Zeit gemacht hat.

In zahlreichen Schriften haben Jung und seine Schüler darauf hingewiesen, daß die Archetypen in der Geschichte der Menschheit als Götter, als mythologische Figuren, in kirchlichen Dogmen usw. Gestalt angenommen haben. Wenn wir uns mit den Träumen und Phantasien heutiger Menschen näher befassen, kommen wir zu der Entdeckung, daß die Archetypen nach wie vor ihren Einfluß geltend machen. Auch in manchen paragnostischen Träumen offenbaren sie sich erwartungsgemäß.

Beim Lesen von Berichten über telepathische und andere paragnostische Träume und Visionen finden wir, daß Motive wie das Verreisen und das ihm verwandte des *Abschiednehmens* in dem von den Forschern zusammengetragenen Material eine wichtige Rolle spielen. Diese Bilder, die schon im Altertum nachzuweisen sind und zu den *allgemeinen* Symbolen gezählt werden, tragen archetypischen Charakter. Auch im Altertum sah man im Sterben den Antritt einer Reise ins Jenseits an, und bis zum heutigen Tag sagt man zuweilen von jemand, der gestorben ist, er habe »die große Reise« angetreten. Man denke hier auch an jahrtausendealte Mythen (= Offenbarungen des unbewußten Seelenlebens), in denen nicht nur von der Unsterblichkeit der menschlichen Seele gesprochen wird, sondern zuweilen auch von einem göttlichen Reiseführer, der in der Christenheit die Gestalt eines Engels annahm.

Ein Beispiel einer Erscheinung (objektiviertes und in die Außenwelt projiziertes paragnostisches Traumbild), in der das Reisemotiv deutlich erkennbar ist, haben wir schon vorher zur Kenntnis genommen, und zwar bei Herrn F. L., der seinem Kollegen J. N. S. als Spaziergänger (Reisender) gekleidet erschienen ist. Der Umstand, daß der Berichtende auch einen Hut mit Trauerflor erwähnt, gibt uns zugleich Anlaß, auch von einer Verdichtung (Zusammendrängung) zu sprechen.

Eng verwandt mit dem Reisemotiv ist jenes des Abschiednehmens, worüber schon zahlreiche Leute aus verschiedenen Ländern berichtet haben. Eines dieser Beispiele wurde bereits angeführt, und zwar Frau W., die ihre in Brüssel wohnende Bekannte, Frau P., »gesehen« hat. Etwas Ähnliches erzählte Herr J. H. B. In der Nacht erschien ihm einmal eine Dame, in deren Haus er jahrelang gewohnt hatte und die ihm damals zur zweiten Mutter geworden war. Die Erscheinung ging gepaart mit einer Pseudohalluzination des Gehörs. Er hörte sie sagen, während sie sich in eine leuchtende Wolke auflöste: »Guten Tag, B., ich gehe zu deiner Mutter.« Einige Stunden später erhielt er die Nachricht vom Hinscheiden seiner mütterlichen Freundin.

Aniela Jaffé, die zu den engsten Mitarbeiterinnen C. G. Jungs gehörte, berichtet u. a. von einer Schweizer Dame, die in den USA lebte. Einmal in der Nacht »sah« sie ihren in der Schweiz lebenden Vater. Er stand vor ihrem Bett in einem hellen Sommeranzug mit weißem Hut und einem Spazierstock in der Hand. Auf ihre Frage, was er denn hier tue, antwortete er (Gehörshalluzination), er habe eine lange Reise vor sich und wolle sich von ihr verabschieden. Später stellte sich heraus, daß der Vater um die fragliche Zeit völlig unerwartet gestorben war. Es ist wohl überflüssig, darauf aufmerksam zu machen, daß dieser Fall fast genau mit jenem des vorhin erwähnten Herrn J. N. S. übereinstimmt, dem sein sterbender Freund als Spaziergänger gekleidet erschienen ist. Mit der Todesankündigung von Angehörigen, Freunden und Bekannten hängt dem gesammelten Material zufolge oft das *Wiedersehen mit Verstorbenen* zusammen. So berichtete die mir persönlich bekannte Frau I. S.-E., sie habe Anfang September 1932 geträumt, ihre Mutter habe ihren Vater auf eine Reise mitgenommen. »Und«, so sagte die Gewährsperson, »da meine Mutter schon 1922 gestorben ist, konnte dieser Traum, der sich zweimal wiederholte, für mich nur bedeuten, mein Vater würde von der Mutter für seine letzte Reise geholt. Ich wollte ihm soeben schreiben und mich (aufgrund meines Traumes) nach seiner Gesundheit erkundigen, als ich einen Brief von ihm erhielt, in dem er berichtete, er habe als Folge einer Verkalkung einen Bluterguß am After erlitten. Die Geschwulst wuchs so schnell, daß er sogleich operiert werden mußte. Nach zehn Tagen wurde er als geheilt aus dem Krankenhaus entlassen. Da dachte ich: Mein Traum geht nicht in Erfüllung. Dann träumte ich, meine Eltern wollten miteinander verreisen. Ich brachte sie mit einem Wagen zur Bahn, konnte aber nicht mitfahren. Ich mußte noch heimkehren, um zu packen und dergleichen. Ein paar Tage nach diesem Traum legte ich mich nach dem Kaffee ein wenig hin. Plötzlich traten mir Tränen in die Augen, wozu es eigentlich gar keine Veranlassung gab. Ich mußte beten und rief unausgesetzt: ›Vater, ich werde mit Liebe an dich denken!‹ (Unser Verhältnis war nicht immer das beste gewesen.) Dabei schaute ich auf die Uhr. Es war zwischen 13.30 und 13.45 Uhr. Ein paar Stunden später kam ein Telegramm, in dem mir der Tod meines Vaters angezeigt wurde. Als ich mich beim Begräbnis nach der Todesstunde erkundigte, zeigte es sich, es war genau zu dem Zeitpunkt, als ich auf die Uhr geschaut hatte. Ich habe meine Träume immer gleich meinen Angehörigen erzählt. Im nachhinein verstehe ich jetzt, daß der erste Wiederholungstraum eine Warnung bedeutete. Damals hätte ich noch meinen Vater in Oberbayern besuchen können, um von ihm Abschied zu nehmen.«

Herr W. W. P. schrieb im JOURNAL OF THE AM. SPR. (1932,

Seite 289), er habe am Morgen des 28. Oktober 1931 einen Traum gehabt, in dem er seine etwa zehn Jahre vorher verstorbene Mutter Hand in Hand mit seinem noch lebenden Vater »auf der Treppe eines prächtigen, palaisartigen Hauses stehen sah. Sie waren in weiße, flatternde Gewänder gekleidet, und obwohl sie so wie im Leben alt aussahen, schienen sie dennoch energisch. Sie machten den Eindruck kerngesunder, wenn auch bejahrter Menschen.«

Gleich nach dem Erwachen erzählte er den Traum seiner Frau. Dabei hatte er den Eindruck, es müsse etwas mit seinem Vater geschehen sein. Die Morgenpost brachte ihm jedoch einen Brief, der ihn völlig beruhigte. Der Brief stammte von seinem Vater und war am Tag zuvor zur Post gegeben worden. Später stellte sich allerdings heraus, daß der Vater wenige Augenblicke, nachdem er den Brief aufgegeben hatte, bewußtlos zu Boden gestürzt war. Man hatte ihn in ein Krankenhaus gebracht, wo er einige Tage später, ohne das Bewußtsein wiedererlangt zu haben, gestorben war.

Daß solches *Wiedersehen und Abholen* als archetypische Vorstellung angesehen werden muß, ist wohl ohne weiteres klar. Es besteht hier eine bemerkenswerte Verwandtschaft mit den alten mythischen Erzählungen und Vorstellungen über das Totenreich.

Bei manchen – durchaus nicht immer primitiven – Völkern besteht der Glaube, das Totenreich sei das Reich der Vorfahren. Die alten Germanen glaubten, die Helden, die im Krieg ums Leben gekommen waren, würden in Walhalla von ihren Vorvätern erwartet. »Zu den Vätern eingehen« ist eine bekannte Redensart, in der die Auffassungen unserer fernen Vorfahren noch nachklingen und der Einfluß der Archetypen bemerkbar wird.

Beim Studium von Berichten über zurückkehrende Verstorbene, die ihre Angehörigen holen kommen, fällt uns auf, daß der zurückkehrende Tote im Traum in Weiß erscheint. Das haben wir schon in dem von Herrn W. W. P. mitgeteilten Fall bemerkt, dessen Eltern in weißen, flatternden Gewändern erschienen sind.

Eine Dame hat Aniela Jaffé berichtet, ihre Schwester, die schon gestorben war, als die Berichtende kaum zwei Jahre alt gewesen ist, sei ihr im Traum erschienen und habe ihr gesagt, sie komme die Mutter holen. Die Erscheinung war ganz in Weiß gekleidet, groß und schlank. Sie setzte sich schweigend nieder und wartete. Zwei Monate danach starb die Mutter der Gewährsperson völlig unerwartet an einem Schlaganfall.

Die Frage, ob wir der weißen Farbe eine besondere Bedeutung beizumessen haben, kann nur bejaht werden. Weiß ist bei manchen Völkern die Farbe der Trauer und spielt als solche auch in unseren Träumen eine gewisse Rolle. Im Gegensatz zu Schwarz, gleichfalls eine Trauerfarbe, die sich auf die Betrübnis, die das Sterben für die Nahestehenden mit sich bringt, bezieht, hat das Weiß auf die Erlösung von allem irdischen Leid Bezug, auf die Reinigung und Erleichterung (ein Gegenstand, auf den wir noch zurückkommen werden), die nach den alten Glaubensvorstellungen dem Abgeschiedenen zuteil werden. Darum legt man mancherorts weiße Blumen auf den mit einem schwarzen Tuch bedeckten Sarg, darum auch zieht man den Toten weiße Hemden an.

Daß die Verstorbenen in unseren Träumen so oft weiß gekleidet sind, ist im Lichte unserer Kenntnis der archetypischen Vorstellungen sehr sinnvoll. Dasselbe gilt bezüglich der objektivierten und in die Außenwelt projizierten Traumbilder, die wir als Erscheinungen kennen.

Eine Schweizer Dame berichtet, daß sie 1926 nach England zog. Der Abschied von ihrer Großmutter, an der sie abgöttisch hing, fiel ihr sehr schwer. Nachdem sie längere Zeit nichts von der alten Dame gehört hatte, sah sie einmal in der Nacht plötzlich die Großmutter erscheinen. Sie sah so aus, wie sie sie in Erinnerung hatte, diesmal jedoch durchsichtig wie Glas und strahlend wie die Sonne. Auf ihren eingefallenen Lippen lag ein Lächeln. »Sie schaute mich durchdringend an«, heißt es in dem Bericht weiter. »Als sie mir die Hand hinhielt, hörte ich sie deutlich sagen: ›Diese Nacht muß ich von dir Abschied nehmen.‹ In diesem Augenblick wurde ich mir bewußt, daß meine Großmutter gestorben war. Die Erscheinung oder die Vision war so deutlich, so schön und erhaben, daß sie mir in bester Erinnerung geblieben ist.« Der Bericht endet mit der Mitteilung, sie habe zwei Tage später von ihrer Familie in der Schweiz erfahren, daß die Großmutter gestorben sei; und das in der Nacht, als sie ihrer Enkeltochter erschienen war.

Hier war also die Erscheinung durchsichtig wie Glas und strahlend wie die Sonne. Vergleichende Untersuchungen ergeben nun, daß Erscheinungen von Sterbenden oder bereits Verstorbenen schon seit Jahrhunderten als strahlende, leuchtende Gestalten beschrieben werden. Schon in der Bibel findet man derartiges, und dies weiterhin bis in unsere Tage. Denn der soeben erwähnte Fall hat viele Gegenbeispiele. So erfahren wir von einer anderen Dame, sie sei in einer Nacht gegen Ende Oktober 1927 aufgewacht und habe Mühe gehabt, wieder einzuschlafen; an sich nichts Ungewohntes. Plötzlich sah sie am Fußende ihres Bettes eine leuchtende Gestalt, in der sie ihre Patin, die vor Jahren nach Amerika ausgewandert war, erkannte. Nach einigen Augenblicken löste sich die magische Erscheinung in nichts auf. Zwei Wochen danach kam aus den Vereinigten Staaten die Nachricht vom Ableben der Patin. Sie war in dem Augenblick gestorben, als sie der Berichtenden erschienen war.

Zuweilen geht der Erscheinung eine Helligkeit voran. So findet sich unter den von Louisa Rhine gesammelten Fällen jener einer Dame aus Wichita in Kansas. Eines Abends im Februar saß sie vor ihrem Toilettetischchen. Es war 21.40 Uhr. Plötzlich schien ihr, daß der Raum sich erhelle. Im selben Augenblick fühlte sie einen leichten Luftzug an den Schultern und hörte ein Geräusch wie von einem auffliegenden Vogel[7]. Da erschien im Spiegel das Bild ihrer Mutter, die in Kalifornien lebte. Sie sah schön aus wie ein Engel und lachte ihr zu. Nicht lange danach kam ein telefonischer Anruf, ihre Mutter sei unerwartet verstorben.

Auch Berichte über Erscheinungen, die geraume Zeit nach dem Tod »gesehen« werden und wobei das Ableben dem Visionär bekannt war, kommen wiederholt vor. Ich denke hier an den berühmten Vorfall, als Dante seinem Sohn Jacobo erschienen ist. Darüber schreibt Thoden van Velsen in seiner Abhandlung CHRISTUS REDIVIVUS:

»Jacobo, der älteste Sohn Dantes, bemühte sich mit seinem Bruder Pietro lange Zeit vergeblich, den letzten Teil von des Dichters Gesängen über das Paradies (die letzten 13 Canti) zu suchen. Endlich, des Suchens müde und auch nicht mehr sicher, ob ihr schon vor mehreren Jahren verstorbener Vater sein unsterbliches Werk überhaupt vollendet habe, hatten sie – selber keine schlechten Dichter – sich schon darangemacht, das, was an der Arbeit ihres Vaters fehlte, womöglich zu ergänzen ... Da sieht Jacobo, der dabei der Eifrigere ist, plötzlich seinen Vater in weißem Gewand und von einem strahlenden Licht umgeben. Im Traum sich dessen bewußt, daß der Vater schon tot war, fragt er ihn, ob er denn noch lebe. Dante antwortet: ›Ja, aber nicht im irdischen, sondern im wahren Leben.‹ Danach fragt Jacobo ihn nach dem verlorenen Teil seiner Gesänge. Der Vater führt ihn an einen abseitig gelegenen Platz seiner früheren Wohnung und zeigt ihm hinter einer Tapete, die vor ein Fenster gespannt ist, die Stelle, wo er sie finden könne.

Jacobo weckt seinen Bruder. Sie gehen noch in derselben Nacht in das nun von anderen Leuten bewohnte Haus, werden als Dantes Söhne eingelassen und finden das Manuskript des Vaters, das schon vom Zerfall bedroht ist. Diese Geschichte wird von Boccaccio, dem Zeitgenossen und Freund von Dantes Söhnen, sowie von Dantes Lieblingsschüler Pietro Giardino mitgeteilt. Beide Erzählungen, offensichtlich aus verschiedenen Quellen herrührend, aber in der Hauptsache übereinstimmend, bestätigen einander.«

Es kann wohl keinem Zweifel unterliegen, daß wir in diesem magischen Lichtglanz ein archetypisches Bild zu sehen haben. Vergessen wir doch nicht, daß man schon in ältesten Zeiten von einem unsterblichen Lichtmenschen gesprochen hat. Im alten Iran kannte man schon lange vor unserer Zeitrechnung den Urmenschen Gayomard. Seine Parallelfigur war Yima, von dem es hieß, er sei von leuchtender Gestalt. Im alten Ägypten sprach man von der Ba-Seele des Menschen. Sie galt als sein geistiger Doppelgänger.

Das Bild des lichtumflossenen Urmenschen spielte auch in der christlichen Gnosis eine bedeutende Rolle. Man stellte ihn auf eine Stufe mit dem Logos; er soll schon vor der Schöpfung bestanden haben. In der jüdischen Mystik kennt man die Gestalt des Adam Kadmon, des großen, geistigen Menschen, von dem man sagte, er strahle Licht aus.

Vertiefen wir uns in die Schriften der Alchimisten, denen Jung eine so interessante Abhandlung gewidmet hat[8], so zeigt sich, daß sie auf der Suche nach dem in der Materie verschwundenen Lichtmenschen waren. Das Licht gehörte zu ihrem zentralen Mysterium. Zosimos von Panopolis, einer der ersten Alchimisten aus dem 3. Jahrhundert n. Chr., erklärte, der irdische, fleischliche Mensch trage den geistigen Menschen in sich. Und diesen nannte er Licht.

Wer die Schriften des Paracelsus kennt[9], weiß, daß wir in seinen Betrachtungen nicht nur Anknüpfungspunkte an die traditionelle Lehre vom Meta-Organismus (Astralleib) finden, sondern zugleich auch an jene vom unsterblichen Lichtmenschen.

Licht ist nicht bloß ein archetypisches Bild für die Unsterblichkeit, sondern zugleich auch für die Erleuchtung.

Betrachtet man Abbildungen von Heiligen, so sieht man sie zumeist mit einem Schein um den Kopf dargestellt, mit einer sogenannten Aureole. Sie ist eine besondere Form des Nimbus – ein Lichtkranz, der den Kopf als Ehrenzeichen umgibt und u. a. die Herrlichkeit der Heiligen im Himmel zum Ausdruck bringen soll. Allerdings wurde ein solcher Lichtglanz schon im heidnischen Altertum verwendet, um das erhabene oder göttliche Wesen des damit Ausgezeichneten anzudeuten. Der Mensch, dessen Haupt von einem Nimbus umgeben wird, ist ein Erleuchteter, ein Erlauchter.

Der Ausdruck »erleuchtet« wird hier nicht in dem Sinn verwendet, den die Rationalisten des 18. Jahrhunderts damit verbanden. Sie verstanden unter »erleuchtet« Zeugnis eines gesunden Verstandes. Zur Zeit der »Erleuchtung«, der »Aufklärung«, erleuchtete der Verstand den Lebensweg des Menschen.

Umgab man im Altertum die Darstellung eines Menschen mit einem Nimbus oder Lichtglanz, so wollte man damit ausdrücken, daß er sein Wissen auf eine irgendwie übernatürliche Weise erlangt hatte. Der Erleuchtete war der Weise, nicht der verständige, gescheite Mensch.

Die Schriften der Alchimisten lassen erkennen, daß sie um das aus dem Innern stammende Wissen, das dem Weisen zu eigen ist, wußten. Darum rieten sie, bei der Arbeit »die Augen des Geistes und der Seele gut offenzuhalten und alles mit dem inneren Licht, das Gott von Anfang an in der Natur und im menschlichen Herzen angezündet hat, zu betrachten und kennenzulernen«.

Aufgrund der Ergebnisse der parapsychologischen Forschung sind derartige alchimistische Aussprüche weniger dunkel, als sie es für die Anhänger des philosophischen Materialismus gewesen sind. Konnten diese doch die menschliche Seele (den Geist) nur als Ausscheidungsprodukt des Hirns ansehen. Die parapsychologisch geschulten Leser alchimistischer Schriften (C. G. Jung hat auf ihre große Bedeutung für die Tiefenpsychologie hingewiesen) wissen, daß die Alchimisten mit dem innerlich erleuchteten den »dämonischen« Menschen meinten, der durch ein intuitives Wissen getrieben wird. Daß dieses intuitive Wissen, dieses »innere Licht«, mit der Paragnosie zusammenhängt, steht wohl fest.

Der Lichtmensch, der aus dem Innern heraus erleuchtete Mensch, ist zugleich der des Jenseits. In verschiedenen Kulturen wird das Jenseits als das Lichtland dargestellt. Seine Bewohner stellt man sich dann als Lichtwesen vor.

Nach dem tibetanischen Totenbuch soll das erste, was die Seele nach dem Tode erschaut, ein helles Licht sein, das man auch das Urlicht genannt hat. Dieses helle Licht soll das Dharma-Kaya sein. Mit dem Dharma-Kaya-Zustand sucht man den Zustand einer vollkommenen Erleuchtung anzudeuten.

Mit der Vorstellung des Jenseits als das Lichtland, wo die Erleuchtung ihre höchste Vollkommenheit erreicht hat, hängt die Neigung zusammen, seine Bewohner als erleuchtete Wesen zu kennzeichnen. Die Verstorbenen haben teil am vollkommenen Allwissen Gottes. Sie scheinen in ein göttliches Sein aufgenommen und müssen darum als vergöttlichte Wesen angesehen werden. Im tibetanischen Totenbuch wird der Verstorbene ein unveränderliches Licht genannt, und daher spricht man den Toten auch mit Buddha Amitabha an.

Zahlreich sind die Darstellungen von Engeln, wobei diese als Lichtwesen angesehen werden, das heißt als solche, die an der göttlichen Erleuchtung teilhaben. Die Engel, die das Paradies bewohnen – nach der rabbinischen Überlieferung sind es dreihundert –, werden als leuchtende Wesen dargestellt. Menschen, die behaupten, Erscheinungen von Engeln gehabt zu haben, beschreiben sie oft als leuchtende Gestalten. »Und ich sah einen andern starken Engel vom Himmel herab kommen; der war mit einer Wolke bekleidet, und ein Regenbogen auf seinem Haupt, und sein Antlitz wie die Sonne, und seine Füße wie die Feuerpfeiler.« (Offenbarung des Johannes, 10:1)

Wenn man mit alldem bekannt ist, dann ist es verständlich, daß in den Erscheinungen leuchtender Gestalten, wie wir sie aus der parapsychologischen Forschung kennen, sich der Einfluß der Archetypen unverkennbar offenbart.

6. Erscheinungen unbekannter Verstorbener oder Lebender

Bisher haben wir uns nur mit Erscheinungen von Personen beschäftigt, die in irgendeiner Beziehung zu jenen Menschen standen, denen sie erschienen sind.

Forschungen über spontane Erscheinungen haben aber ergeben, daß auch Erscheinungen solcher Personen vorkommen, die mit den »Halluzinanten« in keinerlei Verbindung stehen. Anders ausgedrückt: außer Erscheinungen von Angehörigen, Freunden und Bekannten kennt man auch solche von Unbekannten.

So berichtet zum Beispiel eine Dame, daß sie einmal in der

Nacht, als sie sich in einer Pension in Cheltenham aufhielt, scheinbar grundlos plötzlich erwachte. Zu ihrem Erstaunen »sah« sie am Fußende ihres Bettes einen alten Herrn mit rundem, frischem Gesicht stehen. Er hatte einen altmodischen, blauen Rock mit gelben Messingknöpfen an, eine helle Weste und eine weite Hose. Je länger sie ihn ansah, desto deutlicher wurden ihr jeder Gesichtszug und jede Einzelheit seiner Kleidung. Obwohl sie das alles so genau erfassen konnte, war ihr dennoch bewußt, daß der alte Herr nicht wirklich anwesend war. Nach einer Weile schloß sie die Augen, und als sie sie wieder öffnete, war die Erscheinung verschwunden. Sie stellte eine Untersuchung an, und es ergab sich, daß es sich bei der Erscheinung um einen früheren Bewohner des Hauses gehandelt hatte, der schon vor geraumer Zeit gestorben war. (Mitgeteilt in Proceedings of the Society for Psychical Research, Band V, Seite 428.)

Ein ähnliches Erlebnis teilte mir vor einigen Jahren ein höherer Polizeibeamter mit. Einmal, als er nachts sein Bett verlassen hatte, um nach seinem kranken Kind zu sehen, erschien ihm auf dem Korridor eine fremde Frau mit einer gräßlichen Kopfwunde. Erkundigungen ergaben später, daß sich die Erscheinung auf eine frühere Bewohnerin des Hauses bezog, die während des Krieges auf der Straße durch einen Bombensplitter eine tödliche Verletzung am Kopf erlitten hatte.

Ich habe die Erfahrung gemacht, daß in solchen Fällen viele Leute der Meinung sind, man hätte es dabei mit Geistererscheinungen in spiritistischem Sinn zu tun.

Wenngleich ich die Möglichkeit des Vorkommens solcher Erscheinungen keineswegs von vornherein ablehnen möchte, weise ich dennoch darauf hin, daß die Ergebnisse der parapsychologischen Forschung uns lehren, zahlreiche derartige Fälle könnten animistisch erklärt werden. Als Beweis möge folgendes dienen: Als sich eine meiner Versuchspersonen, Herr G. C., eines Tages in einer kleinen Gesellschaft im Hause der ihm bis dahin unbekannten Familie X. befand, dämmerte ihm plötzlich das Bild einer ihm fremden Frau auf. Sie war bejahrt und humpelte mit Hilfe einer Krücke durchs Zimmer, das er anders eingerichtet »sah«, als es wirklich war. Niemand der Anwesenden konnte sich dieses Bild erklären. Später zeigte sich, daß Herr C. eine Beschreibung der früheren Bewohnerin und ihres Mobiliars gegeben hatte. Weitere Nachforschungen ergaben, daß die Frau noch am Leben war und sich in einem Altersheim befand. Wäre die Frau inzwischen verstorben, hätten sich gewiß manche veranlaßt gesehen, hier von einer Art Gespenstererscheinung (in spiritistischem Sinn) zu sprechen. So aber müssen wir annehmen, der Paragnost habe »halluziniert« mit Bezug auf ein Erinnerungsbild eines der Nachbarn, mit dem er unbewußt in telepathischen Rapport gekommen war. Es ist aber auch möglich, daß sich der Paragnost in die Vergangenheit zurückversetzt hat. Dann haben wir es mit einem Beispiel für das sogenannte Hellsehen in die Vergangenheit (Rückschau, Retroskopie) zu tun.

Der Rückschau gegenüber steht die sogenannte Vorschau, auch Hellsehen in die Zukunft (Proskopie) genannt. Beide Phänomene sind miteinander eng verwandt, und die eine ist ohne die andere nicht denkbar. Es liegt also die Vermutung nahe, daß Paragnosten unter gewissen Umständen auch »Eindrücke« von künftigen Bewohnern eines Hauses zu gewinnen vermögen. Daß das richtig ist, bestätigt folgender Fall. Vor vielen Jahren war ich Zeuge, wie der Paragnost E. B. im Hause eines mir befreundeten Ehepaares mittleren Alters ein etwa dreijähriges Kind durchs Zimmer laufen »sah«. Dieses Kind war damals noch gar nicht geboren. Etwa vier Jahre später hielt sich das seinerzeit »gesehene« Kind vorübergehend im Hause dieses Ehepaares auf. Eine Nichte hatte es zur Welt gebracht. Eine Verstrickung von Umständen führte dazu, daß das Kind den Leuten buchstäblich aufgedrängt wurde. Mit Gewißheit kann ich, der ich die ganze Angelegenheit kenne, erklären, es muß als ausgeschlossen erachtet werden, daß die Vorhersage Ursache des später stattgefundenen Ereignisses gewesen ist.

7. Dunne-Effekt und »Erscheinungen« Verstorbener

Die psychoanalytische Traumforschung ergab, daß zahlreiche Geschehnisse, kurz nachdem sie sich ereignen, Ursache von Träumen sein und sozusagen als Nachhall in unseren Träumen wiedergefunden werden können. Von parapsychologischer Seite hat man nun aufgezeigt, daß auch Ereignisse, die in naher Zukunft stattfinden werden, Träume verursachen können. Im Lauf der Jahre haben mir viele Menschen über Fälle von Vorschau mit fragmentarischer Kongruenz (Übereinstimmung) berichtet[10], die sie an sich selbst festgestellt hatten. Einige dieser Fälle erweckten bei den Berichterstattern zu Unrecht den Eindruck einer spiritistischen Erfahrung. So bei Herrn v. M. Am 27. Juni 1938 teilte er mir mit, er habe in der Nacht vom 20. zum 21. Juni von Herrn Z. geträumt, einem seiner Bekannten, den er jahrelang regelmäßig in einem Kaffeehaus getroffen hatte. Seit März 1934 aber war Herr Z. aus seinem Gesichtskreis verschwunden, weil er nach dem Ableben seiner Frau zu seiner verheirateten Tochter in eine andere Stadt gezogen war. »In meinem Traum, den ich am nächsten Morgen beim Frühstück meiner Frau erzählte«, berichtete Herr v. M., »sah ich Z. deutlich vor mir stehen. Er reichte mir die Hand und sagte etwa: ›Ich bin soeben gestorben, wir werden einander in dieser Welt nicht wiedersehen.‹ Darauf verflüchtigte sich das Bild, und ich erwachte.«

Wenngleich Herr v. M., wie gesagt, den Traum am nächsten Morgen seiner Frau erzählte, legte er ihm weiter keine Bedeutung bei. Das änderte sich aber, als er am Abend in der Zeitung las, Herr Z. sei am 20. Juni verstorben.

Hätte Herr v. M. diesen Traum eine Nacht später gehabt, hätte man allgemein von einer Erinnerung an ein Tageserlebnis gesprochen und die Todesanzeige als Anlaß für den Traum angesehen. Angesichts der Tatsache, daß die parapsychologische Forschung erwiesen hat, auch Vorfälle, die sich in naher Zukunft abspielen werden, können Anlaß zu Träumen geben, ist es wohl sehr naheliegend, diesen Traum als Dunne-Effekt (proskopischer Traum mit fragmentarischer Kongruenz) anzusehen.

Die Möglichkeit einer telepathischen Beeinflussung des Berichterstatters durch den Sterbenden halte ich hier für sehr gering, da von einer Bindung zwischen den beiden Personen nicht oder kaum gesprochen werden kann.

8. Das Geistersehen der Psychoskopisten

Unter einem Psychoskopisten versteht man einen Paragnosten, der sich eines Gegenstandes (Induktors) als auslösenden Hilfsmittels bedient. Wie ich schon an anderer Stelle[11] bemerkte, versetzen uns die Psychoskopisten (früher auch Psychometristen genannt) in die Lage, spontane Phänomene hervorzurufen und unter mehr oder weniger experimentellen Umständen zu beobachten.

Wenn man Psychoskopisten besucht oder mit ihnen experimentiert, hat man öfter Gelegenheit zu bemerken, daß sie zuweilen sehr richtige und bemerkenswerte Beschreibungen des Äußeren von Personen zu geben vermögen, mit denen sie mitunter überhaupt nicht in Verbindung gekommen sind. So zeigte mir z. B. Frau B. einmal eine Reihe von Notizen, die sie anläßlich eines Besuches beim Psychoskopisten G. gemacht hatte. Dieser hatte ihr u. a. mitgeteilt, er »sähe« hinter ihr einen großen, mageren Mann stehen, der irgend etwas mit Malen zu tun habe, einen eiförmigen Kopf besitze und eine rote Mütze trage. Diese Beschreibung hat Frau B. sehr beeindruckt, weil sie sehr treffend auf den auch mir nicht bekannten Kunstmaler Bl. passe, den sie und ihr Mann des öftern in seinem Atelier besuchten und der hin und wieder auch bei Familie B. zu Gast war. Er ist ein großer, magerer Mann mit einem ausgesprochen eiförmigen Kopf und trägt bei der Arbeit im Atelier oft eine rote Mütze.

Auch Leute, mit denen wir früher einmal in Verbindung gestanden haben, werden uns öfter unverlangt von Psychoskopisten beschrieben, indes es auch vorkommt, daß diese uns sehr genaue Angaben über Menschen machen können, mit denen wir erst in Zukunft zu tun haben werden.

Wenn wir uns die Fälle näher ansehen, in denen Psychoskopisten Menschen beschreiben, mit denen wir einst in Verbindung standen, wird es sich zeigen, daß es sich manchmal um Leute handelt, die schon vor kürzerer oder längerer Zeit verstorben sind.

Im Dezember 1914 befand ich mich einmal im Hause von Frau G. in Gesellschaft des Herrn v. W., eines Stabsoffiziers der damaligen niederländisch-indischen Armee. Unter den Anwesenden war auch Frl. U., zu jener Zeit eine bekannte Psychoskopistin. Herr v. W. und Frl. U. hatten einander vorher noch nie gesehen, und auch unsere Gastgeberin kannte Herrn v. W. nur flüchtig.

Während des Gesprächs, das sich um spiritistische Themen drehte, teilte Frl. U. dem Offizier mit, sie sehe hinter ihm das »Bild« einer bejahrten Dame. Danach gab sie eine genaue Beschreibung dieses »Bildes«, wobei ihr vor allem die Augen auffielen. »Diese Dame«, sagte sie, »die Ihnen sehr nahe stand, trug eine Brille mit Metallrand. Jetzt wird meine Aufmerksamkeit auf die Brücke dieser Brille gelenkt. Ich sehe eine Hand, die diese Brücke mit Wolle umwickelt.«

Gerührt sagte Herr v. W. den Anwesenden, die Beschreibung Frl. U.s passe genau auf seine Großmutter, an der er sehr gehangen hätte. Sie sei schon vor Jahren gestorben. Tatsächlich habe sie eine metallgeränderte Brille getragen, deren Brücke er als Kind wiederholt mit Wolle umwickelt hatte.

Für die Anwesenden gab es keinen Zweifel, daß sie Zeugen eines bemerkenswerten Identitätsbeweises waren, und auch ich zweifelte damals nicht daran, es habe sich um eine Erscheinung gehandelt, die man als Beweis für das »Hineinragen« der Geisterwelt in die unsrige ansehen kann. Aufgrund der Erfahrungen, die ich im Laufe vieler Jahre mit Psychoskopisten machen konnte, habe ich jedoch über derlei Dinge anders denken gelernt. Wenngleich ich die Möglichkeit einer spiritistischen Erscheinung keineswegs ablehnen will, frage ich mich jetzt, ob hier ein wesentlicher Unterschied zu der Erscheinung besteht, die Frau B. von dem Maler Bl. hatte, dem Mann mit dem Eierkopf und der roten Mütze[12], oder ob wir in beiden Fällen von einer Telepathie des Vorbewußten zu sprechen haben.

Ein einziges Mal ist es mir passiert, daß Psychoskopisten eines meiner Haustiere bei mir »sahen«. Meinen Aufzeichnungen zufolge »sah« im Sommer 1942 die Psychoskopistin S. bei mir das Bild eines großen Zypernkaters, den ich damals noch besaß. Das bereits vierzehn Jahre alte Tier hatten meine Frau und ich sehr ins Herz geschlossen. Es starb im Oktober 1944 an Altersschwäche. Etwa zwei Jahre später erzählte mir ein Psychoskopist, den ich vorher nie gesehen hatte, er »sähe« einen großen Zypernkater in meiner Umgebung, der Leo heiße.

Diesem Psychoskopisten zufolge sollen auch Tiere weiterleben, und der Kater, der meiner Frau und mir sehr zugetan war, sei auch weiterhin um uns. Meiner Ansicht nach aber haben wir es hier »nur« mit einem Fall von Telepathie des Vorbewußten, mit Gedankenlesen zu tun. Ich habe keinen Anlaß, die zweite Erscheinung meines Katers anders zu erklären als die erste.

So wie Psychoskopisten manchmal imstande sind, Beschreibungen von Menschen zu geben, mit denen Leute aus unserer Umgebung in Berührung kommen oder in Zukunft noch kommen werden, können sie zuweilen auch Personen »sehen«, mit denen einer von uns früher einmal in Kontakt gestanden hatte. Manche von diesen Beschreibungen beziehen sich auf Verstorbene, was auch zu erwarten ist.

Am 18. Januar 1926 befand ich mich abends gegen 11 Uhr in Gesellschaft des Herrn C. M. v. d. D., bei dem ich damals in Utrecht wohnte. Herr v. d. D., der eine Lebensmittel-Großhandlung besaß, verfügte über eine ansehnliche paragnostische Begabung, und es gelang mir wiederholt, geglückte psychoskopische Versuche mit ihm zu unternehmen. Damals waren meine Frau und ich erst verlobt.

Als ich meine Frau kennenlernte, war ihr Vater schon etwa fünfzehn Jahre tot. Ab und zu hatte sie mir von ihm erzählt. So war es mir bekannt, daß er Mathematik unterrichtet hatte. Außer für diese Wissenschaft interessierte er sich auch für Musik; er soll vortrefflich Oboe gespielt haben. Bilder von ihm habe ich etliche Male gesehen.

Im Laufe des 18. Januar 1926 hatte mich meine Verlobte, die in Den Haag lebte, besucht. Am Abend begleitete ich sie zur Bahn. Heimgekommen fand ich Herrn v. d. D. damit beschäftigt, die Ursache einer Empfangsstörung an seinem Rundfunkgerät zu suchen. Auf dem Tisch lag eine Zeitung, in die ich schnell einen Blick warf. Plötzlich wandte sich Herr v. d. D. an mich mit der Frage, ob ich meinen »Schwiegervater« gekannt hätte. Auf meine verneinende Antwort teilte er mir mit, er sehe ihn »bei mir«, wobei er eine genaue Beschreibung seines Äußeren gab. Sie stimmte genau mit einem Porträt überein, das meine Frau mir schon früher einige Male in Den Haag gezeigt hatte. Er ließe mich wissen, daß er die Gewohnheit gehabt hätte, bei seiner Heimkehr auf eine bestimmte Art mit seinem Stock aufs Straßenpflaster zu klopfen. Seine Töchter hörten das im Haus und wußten dann, der Vater stehe vor der Tür. Manchmal hörten sie ihn schon ein paar Häuser weit kommen.

Weiter teilte Herr v. d. D. mir mit, der Verstorbene sei sehr musikalisch gewesen; in seinem Hause sei abends oft musiziert worden. Besonders ein bestimmtes französisches Lied (Herr v. d. D. summte die letzten Verse) hörte er gern, und er liebte es, wenn eine seiner Töchter es auf dem Klavier spielte. Dieses Lied hatte für ihn eine bestimmte philosophische Bedeutung. Dann gab mein Wohnungsgeber noch einige Einzelheiten an, die ich allerdings nicht veröffentlichen kann, weil sie einen allzu intimen Charakter haben, die ihm aber, wie er sagte, der Verstorbene eingegeben hat.

Am selben Abend noch schrieb ich einen Brief nach Den Haag, worin ich über das Vorgefallene berichtete. Ein paar Tage später erhielt ich die Nachricht von meiner Verlobten, daß alles genau stimme und die Angaben in jeder Hinsicht richtig seien. Meine Frau und ich sind noch immer der Meinung, das sei eine der merkwürdigsten »spiritistisch« anmutenden Erfahrungen, die wir je gemacht hatten. Vor vielen

Jahren, als ich auf dem Gebiet der Parapsychologie meine ersten schwankenden Schritte machte, auf einem Gebiet, das so wichtig, zugleich aber so schwierig ist, hätte ich keinen Augenblick daran gezweifelt, daß ich es hier mit einer spiritistischen Erscheinung zu tun hätte, einer »Manifestation« meines Schwiegervaters. Im Verlauf meiner langen Praxis hat es sich gezeigt, daß Psychoskopisten gewisse Daten auch dem Psychismus persönlich nicht anwesender Konsultanten entlehnen können. Die dabei gemachten Erfahrungen lassen mich hier nun mit der Möglichkeit rechnen, der Psychismus meiner Frau könnte die Quelle gewesen sein, aus der Herr v. d. D. seine Kenntnis (auf paranormale Weise) entlehnt hat. Dies um so mehr, als er nichts gesagt hatte, was nicht auch meiner Frau bekannt war. Zu beweisen ist das selbstverständlich nicht. Es läßt sich aber ebensowenig beweisen, daß es sich hier um eine Art telepathischer Beeinflussung durch meinen Schwiegervater handelt, was ich im übrigen keineswegs für ausgeschlossen halte. Wenn wir jedoch methodisch über die Sache nachdenken und uns dabei vom sogenannten Einfachheitsprinzip leiten lassen, werden wir ungeachtet aller Gefühlserwägungen geneigt sein, hier der animistischen Erklärung gegenüber der spiritistischen den Vorzug zu geben.

Verwandt mit dem soeben geschilderten Fall ist der nachstehende, mit dem Unterschied allerdings, daß die Konsultantin den Verstorbenen zu Lebzeiten persönlich gekannt hat. Es betrifft Frl. M. C. v. d. P. Sie war Mitte November 1926 nach Enschede gekommen und arbeitete dort auch vorübergehend im Jahre 1927. Vorher hatte sie seit 1924 in Amsterdam gewohnt, noch früher in ihrer Geburtsstadt Den Haag. Während sie sich in Amsterdam und Enschede aufhielt, hatte sie keine persönliche Verbindung mit ihren in Den Haag lebenden Angehörigen. Anfang 1927 nahm sie zum erstenmal in ihrem Leben an einer öffentlichen »psychometrischen Sitzung« teil, die von Frau v. d. B.-T., einer vertrauenswürdigen Dame, die jahrelang zum Kreis meiner Versuchspersonen gehört hatte, veranstaltet wurde. Frl. v. d. P. hatte Frau v. d. B.-T. vorher nie getroffen. Sie verhielt sich wie unbeteiligt und wartete der Dinge, die da kommen sollten. Kurz nachdem Frau v. d. B.-T. begonnen hatte, wandte sie sich an das Mädchen und sagte: »Hinter Ihnen sehe ich einen großen, stattlichen Herrn stehen, etwa sechzig Jahre alt.« Dann gab sie eine Beschreibung seines Äußeren, und nachher nannte sie seinen Namen: Ni-co-laas, genannt Klaas. »Höchst erstaunt«, sagte Frl. v. d. P., »hörte ich zu. Es war der Name eines Angehörigen, der während meines Aufenthalts in Amsterdam gestorben war, an den ich aber kaum jemals dachte.«

»Seine Frau«, fuhr die Psychoskopistin fort, »steht auch bei Ihnen, sie heißt Hendrika . . . Oh (und dabei verzog die Psychoskopistin schmerzlich das Gesicht), oh, mein Hals! Dieser Herr hat sich erhängt . . .«

Da Frl. v. d. P. seinerzeit die Nachricht erhalten hatte, ihr Onkel wäre einem Schlaganfall erlegen, teilte sie (wie sie schreibt, nicht ohne Bestürzung) der Psychoskopistin mit, es habe sich um etwas ganz anderes gehandelt. Und die Berichterstatterin setzte fort: »Es ging ein Jahr vorüber, bis ich wieder nach Den Haag kam. Nicht lange nach dieser Sitzung wurde ich nämlich an eine Fachschule nach Drente berufen. In Den Haag besuchte ich dann meine Kusine, die Schwiegertochter des Verstorbenen. Voll Wertschätzung sprachen wir dabei von meinem Onkel Nicolaas, und ich erwähnte dabei seine Fröhlichkeit und Herzlichkeit. Und dann kam es heraus. ›Ja‹, sagte meine Kusine, ›schade, daß das Ende so traurig war.‹ – ›Wieso‹, fragte ich, ›er ist doch ohne zu leiden einem Schlaganfall erlegen?‹ – ›Ach nein‹, antwortete sie darauf. ›Wir haben es verschwiegen, aber er hat sich erhängt.‹«

Hätte sich Frau v. d. B.-T. bei dieser Sitzung damit begnügt, eine Beschreibung von Frl. v. d. P.s Onkel Nicolaas und ihrer Tante Hendrika zu geben, hätte es für mich keinen Anlaß gegeben, den Fall hier anzuführen. Er wäre dann einer der Hunderte gewesen, die mir im Lauf der Jahre untergekommen sind, in denen Leute, mit denen ein Konsultant früher einmal in Verbindung gekommen ist, von einem Psychoskopisten bzw. einer Psychoskopistin beschrieben wurden. Da sie sich aber damit keineswegs begnügt hatte und imstande war, Angaben über den Verstorbenen zu machen, die Frl. v. d. P. unbekannt waren, liegt die Sache anders. Die Tatsache, daß Frau v. d. B.-T. hier etwas über den Verstorbenen mitzuteilen wußte, das der Konsultantin bis zu der Sitzung noch unbekannt war und wovon nur sehr wenige Leute (die es übrigens streng geheimzuhalten suchten) Kenntnis hatten, wird viele zweifellos veranlassen, hier von einem sogenannten Identitätsbeweis zu sprechen; also anzunehmen, Frau v. d. B.-T. habe in telepathischem Kontakt mit einem Toten gestanden. Wenngleich ich diese Möglichkeit nicht bestreite, bin ich dennoch der Meinung, man müsse aufgrund der Erfahrungen mit Psychoskopisten hier auch animistischen Erwägungen ihr Recht widerfahren lassen.

Die Erfahrung lehrt uns, daß Psychoskopisten auch in interpsychischen Kontakt (Telepathie, Gedankenlesen) mit Personen aus der Umgebung des Konsultanten gelangen können, die bei der Sitzung nicht anwesend sind. Es besteht also immerhin die Möglichkeit, Frau v. d. B.-T. habe ihre Kenntnis über den tragischen Tod von Frl. v. d. P.s Onkel dem Psychismus von deren Kusine entlehnt. Man beachte dabei, daß die Erinnerung an den Selbstmord dieser Kusine gefühlsmäßig sehr naheging. Auch halte ich es keineswegs für ausgeschlossen, daß es sich hier um einen Fall von präkognitiver Telepathie handeln könnte und wir es daher mit einer Vorhersage zu tun hätten. Dann hätte also die Psychoskopistin Frl. v. d. P. vorhergesagt, daß sie in Zukunft (von ihrer Kusine) erfahren würde, ihr Onkel Nicolaas habe sich durch Erhängen das Leben genommen.

Wir müssen auch die Möglichkeit in Betracht ziehen, daß Frl. v. d. P. zur Zeit des Ablebens ihres Onkels von einem ihrer Angehörigen, der die wahre Todesursache kannte und dadurch in große Erregung geraten war, telepathisch beeinflußt worden ist und dieses auf paranormale Weise erlangte Wissen, das nicht zu ihrem Bewußtsein durchgedrungen ist, also unbewußt, telepathisch auf Frau v. d. B.-T. übertragen hat. Es könnte auch sein, daß Frau v. d. B.-T. dieses von Frl. v. d. P. telepathisch erworbene Wissen aus deren Psychismus geschöpft hat (Gedankenlesen).

Es ist mir wohl bewußt, daß viele diese animistischen Erklärungen gekünstelt finden werden. Das darf aber kein Grund sein, sie unbeachtet zu lassen. Persönlich bin ich mir im Lauf der Jahre immer klarer geworden, daß wir noch weit von dem Zeitpunkt entfernt sind, in dem wir die genauen Grenzen der Reichweite unserer paragnostischen Kräfte festlegen können. Die sogenannten Offenbarungsspiritisten glauben, den Parapsychologen vorwerfen zu dürfen, daß sie in ihrem Streben nach Objektivität die paragnostischen Kräfte des Menschen überschätzen. Mit mehr Recht kann man den naiv-realistisch eingestellten Offenbarungsspiritisten, denen jegliche wissenschaftliche Besinnung auf die von ihnen wahrgenommenen Phänomene fremd ist, vorhalten, sie unterschätzten die Reichweite dieses ganzen Komplexes überhaupt.

Ich möchte hier nicht die Gelegenheit versäumen, nachfolgenden Fall anzuführen, den ich Frau v. d. B.-S. verdanke. Er verdient unsere Aufmerksamkeit, weil er sich aus verschiedenen Teilen zusammensetzt. Eines Tages, als sich die Dame in ihrem Duschraum befand und eben im Begriff war, vor einem Spiegel ihr Haar zu kämmen, erschien ihr plötzlich das Bild eines Zimmers, worin ein Mann mit einem blauen Buch in der Hand anscheinend im Sterben lag. Es wurde ihr bewußt, daß dieses Buch von Frederik van Eeden geschrieben war und den Titel »Van de koele meren des doods (Von den kühlen Seen des Todes)« trug. In ihrer Jugend, vor vielen Jahren, hatte sie das Buch von dem Mann, damals ein junger Marineoffizier, als Geschenk erhalten; es stand noch immer in ihrem Bücherschrank. Die Dame konnte sich ihre Vision nicht erklären. Einen Tag später las sie jedoch in der Zeitung, der einstige Spender, ein pensionierter Konteradmiral, sei verstorben. Als Frau v. d. B.-S. diesen Bericht las, tauchten allerlei Erinnerungen an die Vergangenheit in ihr auf. Als junges Mädchen hatte sie viele Anbeter gehabt. Einer davon war der Konteradmiral gewesen. Als dem jungen Offizier klargeworden war, daß das Mädchen auf seine Bewerbung nicht einging, bat er sie, ihn noch einmal zu empfangen. Er wollte ihr ein Abschiedsgeschenk machen, und zwar das erwähnte Buch von van Eeden.

Einige Jahrzehnte vergingen, in denen die Erinnerung an den Marineoffizier bei Frau v. d. B.-S. mehr und mehr verblaßte, bis sie an dem bewußten Tag in ihrem Duschraum plötzlich das Bild des todkranken, alten Mannes, der an schweren Beklemmungen litt, vor sich sah.

»Ein paar Tage später«, erzählte Frau v. d. B.-S., »besuchte mich ein Bekannter, den ich Herr Y. nennen will. Wir saßen gemütlich beisammen, als Herr Y., der einigermaßen hellsehend ist, plötzlich sagte: ›Gnädige Frau, ich muß Ihnen etwas sagen. Hinter Ihrem Stuhl steht ein Herr in Marineuniform. Er hält ein Buch mit blauem Einband und grauen Titelbuchstaben in der Hand. Er sagt, es tue ihm leid, daß er Sie so erschreckt habe; er hat Sie immer geliebt und hat darum nie geheiratet.‹« Wenngleich ich die Möglichkeit einer telepathischen Beeinflussung des Herrn Y. durch den Verstorbenen keinesfalls bestreiten möchte, scheint es mir dennoch wahrscheinlicher, daß die Beeinflussung von der Dame ausgegangen ist und sie, im Banne des Erlebnisses, das ihr einige Tage vorher zuteil geworden war (offensichtlich ein Fall von Telepathie eines Sterbenden), Herr Y. dieses mit Bezug auf ihre eigenen Erinnerungen und Überlegungen »innern« ließ.

Das Gesicht, das die Berichterstatterin in ihrem Duschraum hatte, ist wohl als ein typischer Fall von Dramatisierung eines auf telepathischem Weg empfangenen Eindrucks zu bewerten. Dieser Eindruck rief in ihr nicht nur die Erinnerung an den Abschiedsbesuch wach, den der Sterbende ihr einst gemacht und bei dem er ihr den bewußten Roman geschenkt hatte; er »zauberte« ihr auch das Bild eines Sterbezimmers vor »Augen«, wo er in seiner Todesstunde dieses Geschenk in der Hand hielt. Auf diese Weise konnte sie die Person des Sterbenden erkennen.

9. Erscheinungen, die sich geraume Zeit nach dem Tod zeigen und anscheinend mit allem, was damit zusammenhängt, vom Erscheinenden ausgehen

Wie wir sahen, haben die Forschungen auf dem Gebiet der experimentellen Telepathie ergeben, daß ein auf telepathischem Weg gewonnener Eindruck, ehe er bewußt wird, einige Stunden lang im Unbewußten des sogenannten Empfängers latent bleiben kann. Aufgrund dieser Erkenntnis kann eine Erscheinung, die sich mehrere Stunden nach dem Ableben bemerkbar macht, sowohl auf einen Sterbenden als auch auf einen Weiterlebenden zurückgeführt werden. Es erhebt sich nun die Frage, wie lange ein so empfangener Eindruck unbewußt bleiben kann. Die älteren Forscher, z. B. E. Gurney, nahmen dabei einen Zeitraum von höchstens zwölf Stunden an. Es bedarf wohl keines Beweises, daß eine solche Annahme als vollkommen willkürlich angesehen werden muß. Das hindert jedoch nicht, daß man die Annahme der älteren Forscher, je mehr Zeit zwischen dem Eintritt des Todes und der Erscheinung verstrichen sei, desto geringer werde die Wahrscheinlichkeit, es handle sich um einen Fall von verzögerter Bewußtwerdung, nicht immer ablehnen und als unvernünftig bezeichnen muß.

Gurney schrieb: »Die Theorie des latent gebliebenen Eindrucks kann vernünftigerweise nicht auf Fälle angewandt werden, in denen Wochen oder Monate die Vision (oder was auch immer) vom Eintritt des Todes trennen, der ja der letzte Zeitpunkt ist, in dem eine gewöhnliche, telepathisch überbrachte Vorstellung beim Empfänger Zugang finden kann.« Daß sich solche Fälle tatsächlich ereignen, war schon den Pionieren der parapsychologischen Forschung bekannt. Beweis dafür sei die Tatsache, daß auf Gurneys Abhandlung aus dem Jahre 1889 »On apparitions occurring soon after death« sehr bald eine Schrift von Myers folgte: »On recognized apparitions occurring more than a year after death.« In den Betrachtungen, mit denen Myers' Abhandlung endigt, meint er, Telepathie zeige sich sowohl zwischen inkarnierten (mit einem Körper behafteten) Geistern als auch zwischen ihnen und den desinkarnierten (nicht mit einem Körper behafteten) Geistern. »Ich behaupte«, sagt dieser Forscher, »es besteht eine zusammenhängende Reihe von Äußerungen dieser Fähigkeiten, die mit den Experimenten auf dem Gebiet der Telepathie und der Erscheinungen heftig emotionierter und sterbender Sender beginnt und mit den Erscheinungen von Absendern nach ihrem Tod endet.« Der Mensch besitzt, behauptet Myers, sowohl vor als auch nach seinem Ableben Kräfte, die ihn befähigen, einem anderen Menschen zu erscheinen (um als Halluzinations-Auslöser tätig zu sein).

Selbstverständlich darf man aus diesem Zitat nicht schließen, Myers hätte die Meinung vertreten, überall, wo von Erscheinungen die Rede ist, die ein oder mehrere Male Wochen, Monate, Jahre nach dem Ableben der erscheinenden Person aufgetreten sind, habe man es mit Telepathie eines Verstorbenen zu tun. Auch er war sich voll des Umstands bewußt, ein jeder dieser Fälle müsse, und zwar unter Anwendung des Einfachheitsprinzips, für sich selber beurteilt werden. Auf diese Art wird es nicht schwerfallen aufzuzeigen, daß auch für manche von diesen Erscheinungen eine animistische Erklärung näherliegt als eine spiritistische. Dennoch zweifelte er kaum daran, daß sich auch unter solchen Erscheinungen (ebenso wie unter jenen, die sich innerhalb von »zwölf Stunden« nach dem Ableben zeigen) solche befinden, die der spiritistischen Art zuzurechnen sind.

Persönlich bin ich durchaus nicht abgeneigt, Myers hier beizupflichten. Hat doch die Erforschung spontaner Erscheinungen Verstorbener, die sich kürzere oder längere Zeit nach ihrem Hinscheiden bemerkbar machten, eine Reihe von Fällen ergeben, in denen wir uns nach dem heutigen Stand der parapsychologischen Wissenschaft schwerlich der Überzeugung entziehen können, es habe ihnen sehr wahrscheinlich eine (postmortale) »Intention« der Verstorbenen zugrunde gelegen. Dabei muß jedoch sogleich bemerkt werden, daß ein noch so starkes Echtheitsbewußtsein niemals als Beweis für die tatsächliche Richtigkeit unseres »Glaubens« gelten kann, weil sie zu einem wesentlichen Teil von der Kenntnis abhängig ist, die wir von diesen Erscheinungen besitzen.

Als willkürlich gewähltes Beispiel möge hier ein Fall dienen, der beim jetzigen Stand der parapsychologischen Forschung bei vielen Leuten die Überzeugung erwecken können wird, daß die Telepathie sich nicht ausschließlich auf Lebende und Sterbende beschränkt. Er steht keineswegs vereinzelt da. Dem Bauer J. L. Chaffin aus Davie County, N. C., in den Vereinigten Staaten von Amerika, wurden in seiner Ehe vier Söhne geboren: 1. J., 2. P., 3. M. und 4. A. Am 16. November 1905 machte der Vater ein Testament, dessen Echtheit von zwei Zeugen bestätigt wurde. Darin vermachte er sein Gehöft dem dritten Sohn, M., der auch als Testamentsvollstrecker angegeben wurde. Chaffins Ehefrau und die anderen Söhne wurden aufgrund dieses Testaments völlig enterbt.

Einige Jahre später tat dem Erblasser die einseitige Bevorzugung des einen Sohnes offensichtlich leid. Er errichtete ein neues Testament, wonach er seinen Besitz zu gleichen Teilen seinen vier Söhnen zu übereignen wünschte. Er schrieb es eigenhändig, zog aber keine Zeugen hinzu. Wie er darin angab, war er nach der Lektüre von Kapitel 27 der Genesis, der bekannten Erzählung von Esau und Jakob, zu der Erkenntnis gekommen, seine erste Verfügung müsse geändert werden. Nach den Gesetzen des Staates Nordkarolina ist ein derartiges, insgeheim geschriebenes Testament rechtsgültig, wenn es vom Anfang bis zum Ende vom Erblasser mit der Hand geschrieben und unterzeichnet ist und die Echtheit der Handschrift des Erblassers keinem Zweifel unterliegt.

Nachdem also Chaffin dieses zweite Testament geschrieben hatte, legte er es in die alte Familienbibel, die schon seinem längst verstorbenen Vater gehört hatte. Er tat dies, indem er die Seiten, auf denen das 27. Kapitel der Genesis stand, zu einer Art Säckchen faltete und das Testament dazwischenschob. Dann nähte er in eine Innentasche seines Überziehers ein Stück Papier ein, worauf er geschrieben hatte: »Leset das 27. Kapitel der Genesis in der alten Bibel meines Vaters.« Soweit in Erfahrung gebracht werden konnte, hat der Erblasser vom

Bestehen des zweiten Testaments niemandem etwas mitgeteilt.

Am 27. September 1921 kam J. L. Chaffin infolge eines Unfalls völlig unerwartet ums Leben. Aufgrund des Testaments vom 16. November 1905 wurde der dritte Sohn, M., Universalerbe. Weder die übrigen drei Söhne noch die Witwe bestritten die Richtigkeit des Testaments, weil es ihrer Meinung nach rechtsgültig war. Eines Morgens im Juni 1925 erwachte der zweite Sohn, P., mit der Erinnerung an einen sehr lebhaften Traum, in dem ihm sein Vater erschienen war. Kurz nachher, ebenfalls im Juni 1925, erschien ihm sein Vater abermals. »Er war gekleidet«, erzählte P., »wie ich ihn zu Lebzeiten oft gesehen habe. Auch trug er einen schwarzen Überzieher, den ich als sein Eigentum erkannte. Diesmal sprach der Geist meines Vaters zu mir. Er öffnete den Mantel ein wenig, zog ihn etwas zurück und sagte: ›Mein Testament wirst du in der Tasche meines Überziehers finden.‹ Dann verschwand er.«

Am nächsten Morgen begab sich P. zu seiner Mutter in der festen Überzeugung, der Geist seines Vaters sei zu ihm gekommen, um einen Irrtum richtigzustellen. Er suchte nach dem Mantel, doch der war nirgends zu finden. Seine Mutter sagte, er befände sich im Besitz seines ältesten Bruders J., der in Yadkin County wohnte, etwa 35 km von dem Ort entfernt, wo P. lebte. Am 6. Juli begab sich P. zu seinem Bruder J. Der hatte den Mantel noch. Nach einigem Suchen fand man den Zettel mit dem Hinweis auf die Familienbibel. »Ich war«, sagte P., »so sehr davon überzeugt, das Geheimnis lüften zu können, daß ich mich entschloß, nicht ohne einen Zeugen zu meiner Mutter zurückzukehren, um die alte Bibel zu untersuchen. Ich bewegte meinen Nachbarn, Herrn Blackwedder, mich zu begleiten. Auch meine eigene Tochter und die Herrn Blackwedders waren anwesend. Wir mußten lange nach der Bibel suchen. Schließlich fanden wir sie in der obersten Lade des Schreibtisches, der in einer der oberen Stuben stand. Das Buch war in einem derart trostlosen Zustand, daß es in drei Stücke zerfiel, als wir es aus der Lade nahmen. Herr Blackwedder ergriff den Teil mit der Genesis und blätterte, bis er zum 27. Kapitel kam. Hier fand er zwei eingeschlagene Seiten, die so gefaltet waren, daß sie eine Tasche bildeten, und darin steckte das Testament, das jetzt gültig ist . . .«

Es liegt auch eine Erklärung des Herrn Blackwedder vor, worin die Angaben von P. Chaffin bestätigt werden.

Die Auffindung des zweiten Testaments hatte einen Prozeß zwischen der Witwe des 1922 verstorbenen ursprünglichen ersten Universalerben M. Chaffin und den übrigen Beteiligten zur Folge. Als jedoch die Witwe das zweite Testament, das so unverkennbar in der Handschrift ihres Schwiegervaters geschrieben war, zu Gesicht bekam, konnte man einen Vergleich schließen, denn niemand ließ sich nun darauf ein, die Echtheit des Schriftstückes zu bestreiten.

Der bedeutsamste Grund, daß Fälle wie dieser manche Forscher ernsthaft mit der Möglichkeit rechnen lassen, sie seien von spiritistischer Art, liegt wohl darin, daß von seiten des »Träumers« nicht der geringste Versuch gemacht worden war, zu erfahren, wo sich das Testament befunden hat. Hätte P. Chaffin gewußt, daß sein Vater ein zweites Testament gemacht hatte, und sich vielleicht monatelang mit der Frage beschäftigt, wo es sich befinden könnte, wäre man hier zweifellos viel weniger leicht auf die spiritistische Hypothese verfallen. Es hätte dann die Vermutung nahegelegen, daß P. als Folge seiner andauernden Konzentration ein latentes Wissen, gleichgültig ob auf paranormale oder andere Weise gewonnen, in einem gewissen Augenblick zur Auslösung gebracht habe. Die »Geistererscheinung« hätte in einem solchen Fall als Ergebnis einer »dramatisierenden Fähigkeit« angesehen werden müssen. Da aber von einem solchen »Grübeln« hier keine Rede gewesen ist, haben wir meines Erachtens alle Ursache zu vermuten, der Schein habe hier nicht getrogen und die Sache sei tatsächlich »von außen her« ins Rollen gebracht worden. Haben wir doch erfahren, daß sowohl die Witwe des alten Chaffin als auch ihre drei »enterbten« Söhne überzeugt waren, es habe nur ein einziges Testament gegeben, das, wenn auch in ihren Augen ungerecht, immerhin aber rechtsgültig gewesen sei, so daß sie sich dessen Anordnungen gefügt hatten. Von wem sonst kann also dieser Einfluß »von außen her« gekommen sein, wenn nicht von dem verstorbenen J. L. Chaffin sen.?

Dazu kommt noch, daß es sich hier, wie schon gesagt, nicht um einen vereinzelt dastehenden Fall handelt. Wir kennen mehrere ähnliche, genau nachgewiesene Fälle, die allem Anschein nach ihren Ursprung in einer telepathischen Beeinflussung von außen her hatten. Für viele, die nicht von Anfang an der Geisterhypothese ablehnend gegenüberstehen und diese Fälle vor dem Hintergrund von Identitätsbeweisen, Fällen von »verteilten Botschaften« und dergleichen betrachten wollen, kann darin ein Grund mehr liegen, ernstlich mit der Möglichkeit von Erscheinungen Verstorbener zu rechnen, die auf telepathischer Beeinflussung durch Verstorbene beruhen, wobei die animistischen Deutungen fehl am Platze sind.

10. Sogenannte Absprachen

Es gibt noch eine andere Gruppe von Erscheinungen Verstorbener, bei denen schon die Wegbereiter der parapsychologischen Forschung zauderten, sich ohne weiteres der Hypothese des verzögerten Empfangs zu bedienen. Es hat nämlich auch hier den Anschein eines »intentionalen Aktes« von seiten des Verstorbenen. Ich denke hier an die Fälle von Absprachen, wie solche schon lange vor der Gründung der englischen Society for Psychical Research (SPR) erwähnt wurden. Folgendes willkürlich gewähltes Beispiel möge als Erläuterung dienen. Der englische Staatsmann Henry Lord Brougham and Vaux (1778 bis 1868) führte als Student mit einem Freund wiederholt Gespräche über die Unsterblichkeit der Seele sowie über die Möglichkeit von Erscheinungen Verstorbener. Beide Freunde trafen eine mit ihrem eigenen Blut geschriebene Übereinkunft, wobei sie einander feierlich versprachen, daß der, der als erster sterben würde, dem andern erscheinen und ihn auf diese Art von dem Zweifel befreien solle, ob es ein Leben nach dem Tod gäbe oder nicht.

Nach Beendigung ihrer Studien trennten sich ihre Wege. Broughams Freund ging nach Indien und ließ nur noch selten etwas von sich hören. Nach einigen Jahren war von dieser Jugendfreundschaft nur noch die Erinnerung übriggeblieben. Auf einer Reise nach Schweden und Norwegen übernachtete Brougham einmal in Göteborg. Da er müde und durchfroren war, nahm er vor dem Zubettgehen ein warmes Bad. Zu seinem Schrecken sah er dabei plötzlich auf dem Stuhl, wo er seine Kleider abgelegt hatte, seinen Freund sitzen, der ihn ruhig anschaute. In großer Erregung verließ er das Bad, worauf die Erscheinung verschwand. Vorher hatte sich nichts ereignet, was die Erinnerung an den Mann hätte erwecken können. Das Geschehene aber brachte es mit sich, daß sich Brougham einstige Gespräche und das Versprechen aufdrängten, das sie einander gegeben hatten, und es brachte ihn zur Überzeugung, sein Freund sei gestorben, habe sein Versprechen eingehalten, und es müsse also ein Leben nach dem Tode geben.

Nicht lange nach seiner Rückkehr nach England empfing Brougham die Nachricht vom Tode seines Freundes. Der Tod muß zum selben Augenblick eingetreten sein, als er ihm erschienen war, oder zumindest kurz danach.

Schon Gurney kam aufgrund seiner genauen und ausgedehnten Untersuchungen über Erscheinungen in der Todesstunde zu der Erkenntnis, daß Fälle, in denen »Sender« und »Empfänger« miteinander eine Vereinbarung getroffen hatten, so zahlreich sind, daß man annehmen kann, eine solche Absprache könne das Erscheinen fördern. Auch andere Forscher kamen zu dieser Erkenntnis.

Es muß wohl nicht besonders betont werden, daß uns vor allem jene Fälle interessieren, bei denen zwischen den beiden Partnern eine Absprache vorlag und sich die Erscheinung zu einem Zeitpunkt bemerkbar machte, da der »Erscheinende« nicht nur seit vielen Stunden tot war, sondern man es auch für ausgeschlossen halten mußte, daß der »Empfänger« auf normalem Wege vom Ableben des »Senders« Kenntnis erlangt haben könnte. Ein Beispiel davon wird im Kapitel XIV,

Absatz 5, angegeben. Man wird wohl mit mir einer Meinung sein, daß wir uns hier und bei ähnlichen Fällen schwerlich der Überzeugung entziehen können, daß wir es dabei mit einer Kundgebung (einem »intentionalen Akt«) eines Verstorbenen zu tun haben, wenngleich hier sofort beigefügt werden muß, ein derartiges Evidenzbewußtsein sei von subjektiver Art.

Wenn man auch im allgemeinen gut daran tun wird, nur jene Fälle spontaner postmortaler Erscheinungen heranzuziehen, in denen der »Empfänger« vom Ableben des »Senders«, mit dem er eine Absprache getroffen hatte, nichts wußte, muß dennoch die Aufmerksamkeit darauf gelenkt werden, daß es auch gegenteilige gibt, die unser Interesse verdienen. So berichtet zum Beispiel Flammarion von einer Frau B., einer Tante von Herrn Castex Dégrange, sie habe mit ihrer Freundin, Frau C., abgesprochen, daß diejenige, die zuerst sterben würde, versuchen solle, der anderen nach ihrem Tod zu erscheinen.

»Zum großen Kummer meiner Tante«, berichtete Herr Dégrange, »starb Frau C. Einige Tage danach hatte sich meine Tante, die sich nicht wohl fühlte, zu Bett begeben. Ein Nachtlicht beleuchtete schwach das Schlafzimmer. Plötzlich bemerkte sie ihre Freundin, die dicht neben ihrem Arbeitstisch in einem Fauteuil saß. Aber – und das ist das bemerkenswerteste an der Vision – Frau C. trug über ihrem Kleid eine Art Mantel mit einer Kappe. Nie zuvor hatte meine Tante ihre Freundin so gekleidet gesehen.

Einen Tag oder zwei nach dieser Vision, über die meine Tante sich sehr wunderte, kam die Tochter der Verstorbenen zu Besuch. Die Tante erzählte ihrer Besucherin von der Vision und meinte, sie sei dabei das Opfer einer Halluzination gewesen. Frl. C. antwortete jedoch, sie hielte das gar nicht für wahrscheinlich. Man habe nämlich die Tote mit so einem Mantel bekleidet, den sie nur abends getragen hatte, wenn sie allein war . . .«

Obwohl es mir fern liegt, zu behaupten, man müsse hier von einem *Beweis* für den Spiritismus sprechen (eine animistische Erklärung ist sehr gut möglich), so teile ich dennoch Mattiesens Meinung, daß so wie andere »Absprachefälle« auch dieser uns mahnt, ernstlich mit der Möglichkeit zu rechnen, es liege ihm ein »intentionaler Akt« eines Verstorbenen zugrunde.

VI Motorische Automatismen

1. Automatisches Schreiben

Unter automatischem Schreiben versteht man ein Phänomen, dem man in den letzten Jahrzehnten des vorigen Jahrhunderts in psychiatrischen Kreisen Aufmerksamkeit zu schenken begonnen hat. Es besteht darin, daß manche Menschen, wenn man ihnen Papier und Schreibstift zur Verfügung stellt, »automatisch«, das heißt ohne das Eingreifen ihres bewußten Willens, zu schreiben beginnen. Während dieses Vorganges kann die Versuchsperson etwa ein Gespräch führen oder ein Buch lesen. Der Vorgang des Schreibens geht ganz »von selbst«; dem Schreiber ist in der Regel zumute, als mache eine außerhalb von ihm stehende Macht von seiner Hand Gebrauch.

Was den Inhalt des Geschriebenen betrifft: Manchmal hat er Bezug auf Ereignisse, die sich früher einmal um die Versuchsperson abgespielt haben, an die sie sich aber gar nicht mehr zu erinnern vermag. Es ist dabei so, als stände hinter der Persönlichkeit des Schreibenden eine zweite Persönlichkeit, die die Vergangenheit der Versuchsperson viel besser kennt als diese selber. Auch kommt es manchmal vor, daß dieses »zweite Wesen« imstande ist, auf allerlei Fragen des Versuchsleiters, die die Vergangenheit der Versuchsperson berühren, zu antworten.

Wiederholt hat es sich gezeigt, daß solche zweite oder sekundäre Persönlichkeiten sich einen eigenen Namen geben. So berichtet z. B. P. Janet von einer seiner Versuchspersonen namens Lucie, die das Phänomen der Persönlichkeitsspaltung aufwies. Ihre sekundäre Persönlichkeit, die sich mittels automatischer Schrift offenbarte, nannte sich Adrienne und war von Lucie verschieden. »Einmal benannt«, sagt dieser Autor in seinem bekannten Buch L'AUTOMATISME PSYCHOLOGIQUE, »ist die unbewußte Persönlichkeit bestimmter und klarer, sie zeigt besser ihre psychologischen Charakterzüge.«

Bei spiritistisch eingestellten Versuchspersonen geben solche sekundären Persönlichkeiten sich zuweilen als Geister Verstorbener aus und entwickeln sich sogar zum sogenannten Schutzgeist (Kontrollgeist) oder Führer des Mediums. Das war z. B. so bei Herrn v. W., einem Geschäftsmann, der durch eine Verstrickung von Umständen mit einem Kreis von Spiritisten in Berührung kam und sich dort bald zu einem automatisch schreibenden Medium entwickelte. Seine Hand schrieb allerlei Aufsätze, die ihm angeblich »von seinem Führer eingegeben« wurden. Vergleicht man den Inhalt dieser Aufsätze mit ähnlichen, die andere Medien geliefert haben, so fällt einem eine bemerkenswerte Einförmigkeit auf. Es gibt fast keinen Unterschied in Inhalt und Tendenz dieser »Ermahnungen«, die alle auffordern, in Tugend zu leben und das Böse zu bekämpfen.

Es kann wohl keinem Zweifel unterliegen, daß man in der Mehrzahl dieser »Kontrollen« Offenbarungen des sogenannten besseren Ich des Mediums zu sehen hat. Hier sei ausdrücklich bemerkt, daß es zu den Verdiensten des bereits erwähnten A. Maeder (Zürich) gehört, durch seine Untersuchungen über dieses richtungweisende Prinzip in uns diesem Ausdruck Inhalt und Bedeutung gegeben zu haben.

Wer in spiritistischen Kreisen verkehrt hat, weiß, daß sich bei ihren Medien auch Phänomene zeigen, die auf eine krankhafte Störung der Regulation (Maeder) hindeuten. Das kommt dort vor, wo die »Kontrollen« in ihr Gegenteil umschlagen und den Charakter »böser Geister« annehmen. So war es z. B. bei der 50jährigen Frau J. O.-A., die mich im Jahre 1930 um Hilfe bat, weil sie sich vom Geist ihres verstorbenen Schwiegervaters besessen glaubte.

Eine von mir angestellte Untersuchung ergab, daß sie (wie sie meinte, unter dem Einfluß des Geistes ihres Schwiegervaters) automatisch schrieb. Das von ihr automatisch Niedergeschriebene bestand aus Schimpfworten und Vorwürfen, die an sie gerichtet waren. Mitten in der Nacht konnte sie aufstehen und sich mit einem Strick peitschen. Sie sagte, das täte sie, um ihren Schwiegervater aus ihrem Körper zu vertreiben (Justifikation).

Gespräche mit der Frau und ihrem Ehegatten (einem pensionierten Offizier, der elf Jahre älter war als sie) machten mir klar, daß sie intellektuell ihrem Mann weit unterlegen war. Wiederholt hatte sie ihn in Geldangelegenheiten betrogen, ohne sein Wissen an allerlei Leute Bettelbriefe geschrieben und auch onaniert. Das alles zusammen hatte in ihr ein heftiges Schuldbewußtsein entstehen lassen, worauf sie in kindlicher Weise mit dem Wunsch nach Bestrafung reagiert hatte.

Frau J. O.-A. war eine Anhängerin des Spiritismus. Einige Jahre vorher hatte sie an Sitzungen teilgenommen. Dabei hatte sich ihre Veranlagung als Medium erwiesen. Sie hatte wiederholt automatisch geschrieben und eine paragnostische Begabung gezeigt. Ihr Schwiegervater war schon gestorben, ehe sie ihren Mann kennenlernte. Dieser hatte ihr aber des öfteren von seinem Vater erzählt, für den er eine große Achtung hegte. Einmal, als er ihr zum soundsovielten Male ihr schlechtes Betragen vorhielt, hatte er sich zu dem Ausruf hinreißen lassen, sein Vater hätte sich, wäre er noch am Leben, dieser Mißheirat sehr widersetzt. In ihrem spiritistischen Glauben wurde ihr nun die Möglichkeit gegeben, sich den Schwiegervater als erzürnten Geist vorzustellen, der sie für ihre Sünden strafte und als Rächer seines Sohnes auftrat. Der »Geist« des Schwiegervaters trat in ihrer Einbildung an die Stelle ihres Mannes (Übertragung) und übernahm – auch in ihrer Einbildung – die Aufgabe ihres Mannes, sie zu bestrafen.

Man kann diesen Geist – ebenso wie viele andere, die sich bei Séancen und dergleichen angeblich offenbaren – als ein objektiviertes Traumbild ansehen, ein neurotisches Symptom, eine Entgleisung der Regulation. Anstatt Helferin zu sein, meint Maeder, wird die vom Selbst ausgehende Regulation zur Verfolgerin. Die Selbstkorrektur, die Kompensation, die Verteidigung werden in einem solchen Fall zur Selbstbestrafung, ja zur Selbstvernichtung.

Hätte Frau J. O.-A. im Mittelalter gelebt, als – nicht zuletzt durch Zutun Thomas von Aquins – der Teufelsglaube üppig ins Zeug geschossen war, so hätte sie sich von irgendeinem Höllengeist besessen gewähnt. Die Ausdrucksweisen der »Besessenen« und Visionäre tragen nun einmal den Stempel des Kulturkreises, in dem sie sich bewegen. Als Beispiel sei hier auf Jeanne de la Motte Guyon (1648–1717) verwiesen, die sich als Autorin mystischer Schriften einen bekannten Namen gemacht hat. Wie so viele andere sogenannte spiritistische Medien schrieb sie mit großer Geschwindigkeit und wußte dabei weder, was sie schrieb, noch was sie geschrieben hatte. Ihren religiösen Vorstellungen entsprechend, war sie (im Gegensatz zu unseren von spiritistischen Glaubensvorstellungen beeinflußten Medien) überzeugt, »Medium« des Allerhöchsten zu sein.

Der vorhin erwähnte Fall der Frau J. O.-A. ist eines der vielen Beispiele für eine sogenannte mediumistische Psychose, ein Thema, über das Professor Bender eine interessante Abhandlung geschrieben hat. Mit Recht hat er in dieser Studie darauf verwiesen, daß solche Psychosen (die oft die Aufnahme in ein Krankenhaus erfordern) uns lehren, welche Gefahren die Teilnahme an derlei spiritistischen Sitzungen für die geistige Gesundheit bedeuten kann. Das gilt besonders für Menschen mit starker Verdrängungsgabe und einer Anlage zur Persönlichkeitsspaltung.

Ich habe hier durchaus nicht nur jene Fälle im Auge, in denen, wie bei Frau J. O.-A. der obsedierende (besetzende) »Geist« sich mehr oder weniger als Quälgeist zeigt, sondern auch solche, in denen das »Medium« sich als von einem »hochstehenden Geist« beeinflußt glaubt. So hatte ich vor Jahren einmal Gelegenheit, einen Mann zu beobachten, der durch seinen »Kontrollgeist« (der sich ihm durch automatische Schrift offenbarte) dazu angeeifert wurde, »ein Heiligenleben zu führen«. Der »Geist« schrieb ihm, er müsse seine Anstellung aufgeben, seinen Besitz veräußern und den Erlös unter den Armen verteilen. Weiter spornte ihn der »Geist« an, auf den Straßen das Evangelium zu verkünden. Zum Glück konnte noch rechtzeitig eingegriffen und der Mann zur Einsicht gebracht werden, daß der »Geist« Zeichen einer Neurose war, eine Objektivierung gewisser verdrängter »idealistischer« Bestrebungen aus einer Zeit, als er unter den Einfluß gewisser tolstoianischer Ideen geraten war. Sein Vormund und seine damalige Verlobte hatten sich heftig gegen diese »idealistisch-kommunistischen« Vorstellungen gewehrt, so daß er schließlich sein Vorhaben, wenn auch widerwillig, aufgab. Seine Träume aber bewiesen, daß der »Weltverbesserer« in ihm noch weiterhin am Leben war. Als er viele Jahre später mit Spiritisten in Verbindung kam, entwickelte er sich zu einem automatisch schreibenden Medium, durch das sich ein »Geist« aus einer »hohen Sphäre« äußerte und ihn aufrief, die Sache, »für die Gott ihn auserkoren hatte«, dennoch zu vollbringen. Zuweilen kommt es vor, daß solche »Schutzgeister«, wenn das »Medium« ihnen widerstrebt, sich in wahre »Quälgeister« verwandeln (Polarität).

Ein bemerkenswertes Gegenstück zu dem soeben Berichteten, nur mit dem Unterschied, daß die dabei Betroffene unter dem Einfluß des »Geistes« allerlei übertriebene Handlungen verrichtete und daran beinahe zugrunde gegangen wäre, wurde schon 1890 von Frederik van Eeden beschrieben. Indem er die Patientin hypnotisierte und suggestiv behandelte, gelang es ihm, die »Stimme« (Gehörshalluzination) zum Schweigen zu bringen. Nachdem der Dämon sowohl die Dame als auch den Arzt gehörig verflucht hatte, nahm er Reißaus und hat nachher niemals mehr etwas von sich hören lassen.

2. Planchette-Schreiben

Als eine Abart des automatischen Schreibens, wobei die Versuchsperson sich bloß eines Stiftes zum Schreiben bedient, möchte ich hier vor allem das automatische Schreiben mit Hilfe der Planchette anführen.

Die Planchette besteht aus einem Brettchen (worauf die Versuchsperson die rechte Hand legt), an dem drei drehbare Rollen befestigt sind. Das Brettchen ist mit einem Stifthalter versehen, worin ein Schreibstift so befestigt werden kann, daß er abfärbt, sobald es über ein auf dem Tisch liegendes Stück Papier fortbewegt wird. Einer der Vorteile der Planchette gegenüber dem von der Hand des automatischen Schreibers (Automatisten) gehaltenen Stift liegt darin, daß sie leicht bewegt werden kann und Buchstaben geschrieben werden können, ohne daß das »Medium« sie zu lesen vermag.

So wie beim »gewöhnlichen« automatischen Schreiben kommen auch beim Planchette-Schreiben manchmal Mitteilungen heraus, die die Anwesenheit verdrängter Komplexe verraten und von psychoanalytischer Bedeutung sind. Aber schon die Wegbereiter der parapsychologischen Forschung wußten – das geht aus ihren Schriften hervor –, daß ebenso wie beim automatischen Schreiben daneben auch Mitteilungen vorkommen, die das sensualistische Dogma Lügen strafen, wonach nichts im Geist enthalten sein könnte, was ihm nicht vorher durch die bekannten fünf Sinne eingegeben worden wäre. Ich denke hier z. B. an die telepathischen Versuche, die der englische Prediger Newnham mit seiner automatisch schreibenden Gattin gemacht hat und von denen er in den PHANTASMS OF THE LIVING schreibt. Diese Versuche liefen schließlich darauf hinaus, daß der Prediger seiner Frau schriftlich Fragen stellte, auf die sie mittels der Planchette antwortete. Mehrmals bemerkte das Ehepaar, daß die so erhaltenen Antworten Kenntnisse verrieten, die das bewußte Wissen der Frau überstiegen und unverkennbar auf eine telepathische Beeinflussung durch ihren Mann hinwiesen. Die schriftlich gestellten Fragen wurden von der Frau mehrmals automatisch beantwortet, bevor sie noch von ihrem Mann zu Ende geschrieben waren. Die Stellung der beiden Personen war immer derart, daß es für die Versuchsperson unmöglich war, auf sinnlichem Weg vom Inhalt der Fragen Kenntnis zu erlangen.

F. W. H. Myers, eine der hervorragendsten Gestalten in der Reihe der Pioniere der parapsychologischen Forschung am Ende des vorigen und zu Beginn dieses Jahrhunderts, hat mit Recht darauf hingewiesen, daß das Phänomen des automatischen Schreibens in *motorischer* Hinsicht dem »Halluzinieren« entspricht, wie man es bei Paragnosten antrifft. So wie der Inhalt automatisch geschriebener Mitteilungen manchmal nur psychoanalytische Bedeutung hat, kann auch der Inhalt mancher Halluzinationen nur den Pathopsychologen interessieren.

Myers unterscheidet zwischen *sensorischen und motorischen* Automatismen. Die sogenannten glaubwürdigen Gesichts-, Gehörs- usw. (Pseudo-)Halluzinationen, wie sie sich bei unseren Paragnosten zeigen, rechnet er zu den sensorischen Automatismen; automatisch schreibende Versuchspersonen zeigen seiner Meinung nach motorische Automatismen.

Dasselbe gilt für Medien, die sich des sogenannten Ouija-Brettes[1] bedienen.

3. Das Ouija-Brett

Unter einem Ouija-Brett haben wir ein meistens auf Karton geklebtes Blatt Papier zu verstehen, auf dem die Buchstaben des Alphabets stehen. Weiter gehört dazu ein Kreuz aus zwei breiten Stäben mit einem am Schnittpunkt befestigten Stift. Vier Personen halten leicht die Enden des Kreuzes. Bei richtiger Auswahl der Versuchspersonen kann man nach einiger Zeit feststellen, daß in das Kreuz Bewegung kommt und der Stift Buchstaben anzutippen beginnt, die, aneinandergereiht, Wörter und Sätze bilden. Die Bewegung entsteht durch »automatische« Regungen eines oder mehrerer Teilnehmer.

Anstatt eines Kreuzes kann man sich auch eines Glases bedienen, das mit der Öffnung nach unten auf das Brett gestellt wird. Einer oder zwei der Anwesenden legen dann zwei Finger der rechten Hand auf den Boden des Glases, das dann, ebenso wie Planchette und Kreuz, als Folge von unbewußten Muskelzuckungen in Bewegung gerät und Buchstaben antippt. Der Inhalt der auf solche Weise erhaltenen Mitteilungen ist wie auch bei der Anwendung von Kreuz, Planchette und dergleichen sehr verschieden, zuweilen anscheinend völlig sinnlos. Ein andermal wieder offenbart er mehr oder weniger verdrängte Wünsche und Ängste eines oder mehrerer der Beteiligten. Daneben kann es aber auch vorkommen, daß die angetippten Buchstaben Anlaß geben, von Telepathie und ihr verwandten Phänomenen zu sprechen.

Es sei hier noch darauf hingewiesen, daß die Schnelligkeit, mit der die Buchstaben angetippt bzw. geschrieben werden, sehr verschieden ist. Ich selbst war wiederholt Zeuge, wie die Geschwindigkeit, mit der das Kreuz Buchstaben angetippt hat, so groß war, daß es sehr großer Aufmerksamkeit und Anstrengung des Versuchsleiters bedurfte, diese Buchstaben genau zu notieren und nicht zurückzubleiben. Auch die Planchette schreibt manchmal sehr schnell.

Ein sehr bemerkenswerter Fall spontaner Telepathie spielte sich am Abend des 23. Juli 1922 (gegen 21 Uhr) im Hause des Herrn M. in Vlissingen ab. Empfänger war dabei ein Spiritistenkreis, der sich eines Kreuzes bediente, Sender ein Schuljunge aus der Nachbarschaft, der sich dessen gar nicht bewußt war. Der Kreis bestand aus sieben Personen, drei Damen und vier Herren, von denen zwei Damen und zwei Herren das Kreuz bedienten. Ein weiterer Herr war »Sekretär«. Es meldete sich eine englische »Intelligenz«, die versprach, einen EVIING-SONG zu schreiben, worauf das Kreuz folgende Buchstaben anzeigte:

THESUNHASSETANDNOWANEWWITHFALLENDEWTHEGRASSIS WETTFLRSTPARTEACHLITTLEBIRDHASSUNKSTORESTWITHSTNETST NOSNGISHEAR

Am nächsten Tag fragte der Nachbarjunge, der 15jährige Schüler Piet P., Herrn M., ob die Sitzung am vorigen Abend irgend etwas ergeben habe[2]. Herr M. erzählte ihm dann, »es habe sich ein Engländer manifestiert« und mit dem Kreuz einen »Abendgesang eines Vögleins« angetippt. Zur großen Verwunderung des Schülers und ebenso auch des Herrn M. erwies sich das »angetippte« Gedicht als die verstümmelte Reproduktion eines Gedichtes EVENING SONG, das der Junge zur Zeit, als die Sitzung abgehalten wurde, gelesen hatte und dessen beide ersten Strophen wie folgt lauten:

The sun has set	Each little bird
And now anew	Has sunk to rest;
With fallen dew	Within its nest
The grass is wet	No song is heard.

Sehr genaue Untersuchungen Dr. Vollgraffs und später noch Professor Valckenier Suringars ergaben, daß keiner der Sitzungsteilnehmer den EVENING SONG kannte und auch keinem von ihnen das Büchlein, in dem Piet P. es gelesen hatte, je vor Augen gekommen war. Dazu kommt, daß von ihnen allen nur die zwei Herren, die gemeinsam mit zwei Damen das Kreuz »gehalten« hatten, viele Jahre vorher ein wenig englisch gelernt, davon aber nicht mehr viel behalten hatten.

Auf die Frage, wer in dieser Gesellschaft als das (bedeutendste) »Medium« anzusehen sei, wer also hier »Empfänger« gewesen sein muß, antwortete Professor Valckenier Suringar, das sei wahrscheinlich Frau M. gewesen. (Denn daß es sich hier um eine telepathische Beeinflussung eines Sitzungsteilnehmers durch den Jungen gehandelt hat, dürfte aufgrund des Gesagten wohl klar sein.) Frau M. hatte nämlich nicht nur schon früher wiederholt Beweise ihrer paranormalen Veranlagung gegeben, sie war auch die einzige von den mit dem Kreuz Beschäftigten, die Piet P. kannte und also mit ihm »Kontakt« hatte.

Manche Forscher meinen, bei solchen Sitzungen würden die Teilnehmer einander gegenseitig telepathisch beeinflussen und dadurch entstehe eine Art »überindividueller (Seelen-)Komplex« (Gruppenseele, Sympsychium), etwa so, wie das nach Dietz[3] bei den uns aus der Sozialpsychologie bekannten Phänomenen der Massenbildung der Fall ist. Einige Forscher sind der Ansicht, in derartigen Gruppenseelen könne sich nun gleichfalls das Phänomen der Dramatisierung zeigen, die in solchen Sitzungen auftauchenden »Geister« wären also als Ergebnisse einer dramatisierten Spaltung der Gruppenseele anzusehen. So wie jeder der Mitwirkenden, unbewußt und ungewollt, am »Aufbau« des Sympsychiums teilhat, so hat er auch teil (gleichfalls unbewußt und ungewollt) am »Aufbau« dieser »Personifikationen«.

Obwohl hier noch vieles näher untersucht und erforscht werden muß, neige ich aufgrund eigener Erfahrungen bei sogenannten spiritistischen Sitzungen der Meinung zu, daß man es da mit einer sehr vielversprechenden »Arbeitshypothese« (um vorläufig diesen Ausdruck zu gebrauchen) zu tun hat.

4. Das sogenannte Tischrücken

In seiner APOLOGIE hat der um das Jahr 150 in Karthago geborene Kirchenschriftsteller Tertullian die heidnischen Magier u. a. beschuldigt, sie vermöchten mit Hilfe von teuflischen Kräften und Tischen die Zukunft vorherzusagen. Wir haben hier einen der vielen Hinweise, daß das sogenannte Tischrükken (das sich nach 1848 bei den amerikanischen und europäischen Spiritisten eines zunehmenden Interesses erfreuen konnte) damals schon bekannt war.

Daß wir in dem auf dem sogenannten ideomotorischen Prinzip[4] beruhenden Tischrücken eine Abart des Planchette-Schreibens und ihm verwandter Phänomene sehen dürfen, ist klar. Hat doch schon mehr als ein Forscher in der zweiten Hälfte des vorigen Jahrhunderts darauf hingewiesen. Es ist daher leicht verständlich, daß schon unter den Wegbereitern der parapsychologischen Forschung einige gewesen sind, die sich bei ihren telepathischen Versuchen eines sich unter dem Einfluß »unbewußter Muskelzuckungen« bewegenden Tisches bedienten. Wie eine in Band V der Proc. SPR. enthaltene Abhandlung über seine paragnostischen Versuche darlegt, gehörte auch Ch. Richet zu ihnen. Als Versuchspersonen dienten bei seinen Experimenten drei Leute, die wiederholt bewiesen hatten, daß sie zusammen ein gutes Team bilden konnten. Diese drei also setzten sich nach Art der Spiritisten mit den Händen auf der Platte rund um einen Tisch. Zwei andere betätigten sich als Versuchsleiter und Sender. Eine genaue Prüfung ergab, daß »der Tisch« Worte zu buchstabieren vermochte, die der Sender in Gedanken gebildet hatte. Aufgrund der Wahrscheinlichkeitsrechnung wäre es äußerst unbillig, die von Richet erzielten Ergebnisse dem Zufall zuzuschreiben.

Daß man auch in späteren Jahren noch ähnliche Erfahrungen hinsichtlich des Tischrückens gemacht hat, möge aus folgendem Beispiel ersehen werden. Der bekannte, während des Krieges verstorbene Pädagoge Frits van Raalte hat darüber am 10. März 1928 im ALGEMEEN HANDELSBLAD berichtet:

»Vor einigen Jahren hatten wir den Besuch einer ehemaligen Schülerin, eines Mädchens russischer Abstammung. Auf ihre Bitte hielten wir eine spiritistische Sitzung ab, wobei wir uns rings um einen Tisch setzten. Gerade als sich der Tisch zu bewegen begann, trat ein Bekannter ein, ein eifriger Anhänger des Okkultismus. Er fragte, ob er bleiben dürfe, und setzte sich dann etwa vier bis fünf Meter von uns entfernt nieder. Wir fragten ›den Tisch‹ nach dem Namen des Besuchers, und er gab eine richtige Antwort. Das ist nicht verwunderlich, weil dem Schreiber der Name gut bekannt war. Dann aber folgte etwas Merkwürdiges. Nur der Unterfertigte kannte den Besucher und wußte, daß dieser in Indonesien geboren war. Aber weder der Geburtsort noch Datum oder Jahr der Geburt waren ihm bekannt, auch nie bekannt gewesen (das ist sehr wichtig), so daß diese Angaben auch nicht in seinem Unterbewußtsein bewahrt geblieben sein können. Dennoch gab der Tisch den Ort und das genaue Geburtsdatum fehlerfrei an. Seinem Äußeren nach zu urteilen, war sein Alter schwer zu schätzen. Um es zu erraten, müßte man einen Spielraum von mindestens zehn Jahren zulassen. Die Wahrscheinlichkeit, ein bestimmtes Geburtsdatum innerhalb des Jahres zu erraten, ist 1:365, die Wahrscheinlichkeit, Jahr und Tag zusammen richtig zu erraten, bei diesem Fall aber 1:3650. Ich wußte, daß er in Indonesien eine höhere Schule besucht hatte. Er mochte dort in einer der fünf bestehenden derartigen Schulen gewesen sein, so daß die Zahl der Orte, wo er geboren sein könnte, mindestens fünf beträgt. Die Wahrscheinlichkeit, zum Geburtsdatum auch noch den Geburtsort richtig zu erraten, war also 1:3650x5, das ist 1:18250. Praktisch ist es also für unmöglich zu erachten, das Ergebnis (Datum und Ort) zur Gänze einem zufälligen richtigen Erraten zuzuschreiben. Das einzige, was uns anzunehmen übrigbleibt, ist, daß hier Telepathie mit im Spiel gewesen ist. Zeichen wurden nicht gegeben, keiner von uns schaute den Besucher an, einen Geheimschlüssel gab es nicht.«

5. Automatisches Sprechen

Dem automatischen Schreiben verwandt und daher auch von Myers unter dem Kapitel über motorische Automatismen behandelt, ist das automatische Sprechen. Eines der bekanntesten Beispiele davon soll hier erwähnt werden: das »Zungenreden«. Man findet es schon in der Bibel erwähnt[5]. Hat doch der Apostel Paulus im 1. Korintherbrief geschrieben (Kapitel 14, Vers 19), er habe mehr als irgendeiner seiner Gemeindemitglieder in Zungen gesprochen, doch sei dieses Sprechen, das sich außerhalb seines Verstandes abspielte, nicht für die Gemeinde bestimmt gewesen. »Aber ich will«, schreibt Paulus, »in der Gemeinde lieber fünf Worte reden mit meinem Sinn, auf daß ich auch andere unterweise, denn sonst zehntausend Worte mit Zungen.«

Als das interessanteste Kennzeichen des Zungenredens (von dem wir zahlreiche bemerkenswerte Beispiele in den Schriften jener Autoren lesen können, die sich mit dem Sektenwesen befaßt haben) möchte ich hier den zwangsweisen Charakter der Glossolalie erwähnen. Ebenso wie die automatisch sprechenden Medien reden auch die Glossolalisten unfreiwillig. Es ist, sagen sie, als zwinge sie irgend etwas in ihnen zum Sprechen. Von einigen Glossolalisten wird berichtet, sie hätten »wie eine Maschine« gesprochen. Manche von ihnen behaupten, es werde »aus ihnen« gesprochen.

So wie die automatisch Schreibenden oft meinen, sie seien das Werkzeug einer fremden, außer ihnen stehenden Macht, so halten sich auch die Zungenredner zumeist für das Werkzeug einer höheren Macht. Dies um so mehr, als sehr häufig die Glossolalie und ähnliche Phänomene mit ekstatischen Empfindungen gepaart gehen.

Ebenso wie der automatisch Schreibende oft im Trancezustand handelt, tut das auch zuweilen der Zungenredner. Dabei hört er sich selbst nicht wie ein Fremder sprechen, sondern erwacht ohne Erinnerung an das, was sich in der Trance abgespielt hat.

Der Inhalt des so Gesprochenen ist sehr unterschiedlich. Manche Zungenredner geben nur unartikulierte Töne und Wörter von sich, die für den Außenstehenden sinnlos sind. Wie es scheint, handelt es sich dabei um die ursprünglichste Form des Zungenredens, das man als »Glossolalie« bezeichnet hat, ein Wort, mit dem man heute auch kompliziertere Fälle dieses Phänomens zu benennen pflegt.

Einen bemerkenswerten Fall von Glossolalie berichtet der schon früher erwähnte Justinus Kerner im Zusammenhang mit der Seherin von Prevorst. In ihren Trancezuständen sprach diese sonderbare Frau eine »innerliche Sprache«, die, wie Sprachkundige angaben, an Arabisch, Koptisch und Hebräisch erinnerte. Sie sagte, in dieser Sprache könne sie sich vollkommener ausdrücken als in anderen. Im Wachzustand war ihr diese »innere Sprache« völlig fremd. Leute aus ihrer Umgebung, darunter auch Kerner, lernten allmählich, sie zu verstehen, wenn sie sich in Trance dieser Sprache bediente. Sie schrieb die Sprache mit eigenartigen Schriftzeichen, von denen die meisten, wie sie sagte, ein ganzes Wort bedeuteten. Auch bei anderen Somnambulen hat man solche »innere Sprachen« bemerkt.

Im Jahre 1900 erschien Flournoys Werk DES INDES À LA PLANÈTE MARS. Der scharfsinnige und kritische Forscher berichtet darin von einigen Beobachtungen, die er an einer etwa vierzigjährigen, unverheirateten Welschschweizerin gemacht hatte. Sie galt bei Spiritisten als besonders gutes Medium.

Zu den von diesem Gelehrten bei Hélène Smith (Pseudonym) wahrgenommenen Phänomenen gehört das Sprechen und Schreiben einer Sprache, die, wie sie sagte, auf dem Mars üblich ist. So wie die Seherin von Prevorst vermochte auch

Hélène Smith diese Sprache, die sie in Trance fließend schrieb und sprach, im Wachzustand nicht zu verstehen.

Flournoy zeigte auf, daß diese angebliche Marssprache ein auf kindliche Weise verformtes Französisch war. Die Mißbildung wurde aber keineswegs bewußt vorgenommen, im Gegenteil, so daß man bei dieser Frau ebenso wie bei einer Reihe anderer »Somnambuler«, bei denen Glossolalie auftrat, veranlaßt ist, an eine Manifestation der ursprünglich sprachschöpferischen Kraft der menschlichen Psyche zu denken.

Man kennt aber noch viele andere Fälle von Glossolalie, in denen die Zungenredner automatisch zu predigen begannen, sei es in Trance, sei es – zumindest anscheinend – im Wachzustand.

Typische Beispiele für »automatisches Predigen« findet man in den Schriften über die Camisards, eine französische protestantische Sekte, die unter der Widerrufung des Edikts von Nantes wohl am meisten zu leiden hatte, und die Irvingianer, Nachfolger Edward Irvings (1792–1834), eines presbyterianischen Predigers mit chiliastischen Spekulationen.

Robert Baxter, der in der Irvingschen Bewegung stark hervortrat, behauptet, »der Herr«[6] habe sich wiederholt durch ihn der Gemeinde offenbart. Wenn »der Herr« durch ihn sprach, war er stets bei Bewußtsein und konnte sich selber hören. Nachher war er imstande, über das, was er als »Werkzeug Gottes« gesagt und mit den übrigen Mitgliedern seiner Glaubensgemeinschaft gehört hatte, mit anderen Leuten zu diskutieren. »Ich war«, sagte er, »sozusagen das passive Werkzeug einer Kraft, die sich meiner bediente.«

Und der Inhalt seiner Predigten: Einmal sprach »der Herr« durch ihn in biblischem Stil über die Zukunft der Kirche und des Volkes Gottes, ein andermal vom kommenden göttlichen Gericht über die Sünder. Auch wurde »durch« ihn über gewisse Bibeltexte gesprochen, über Gebete um »geistige Gaben« oder über die Erlösung von den »Schwächen des Fleisches« und dergleichen.

Zu Beginn unseres Jahrhunderts entstand in Wales eine »Pfingstbewegung«, die sich über mehrere Länder, u. a. nach einigen nordamerikanischen Staaten, ausbreitete. Was uns über diese Bewegung von verschiedenen, nicht immer allzu vertrauenswürdigen Augenzeugen berichtet wird, besagt, daß bei den Zungenrednern allerlei Formen des hier behandelten Phänomens beobachtet wurden. Begnügten sich einige mit dem Ausstoßen sinnloser Töne, so schrien andere lange Gebete in irgendeinem Kauderwelsch, oder sie bereuten lauthals ihre Sünden. Wieder andere hielten lange, begeisternde Reden, worin sie die Zuhörer aufforderten, ein gottesfürchtiges Leben zu führen und die Wiederkehr des Herrn vorzubereiten. Auch Kombinationen verschiedener Formen des Zungenredens kamen vor.

Ich persönlich hatte wiederholt Gelegenheit, in Kreisen der (Offenbarungs-)Spiritisten eine Abart der hier besprochenen Erscheinungen zu beobachten. Ich denke hier an einige sogenannte Tranceredner und »inspirierte Prediger«, die zuweilen bei den »Weihestunden« der Spiritisten das Wort ergreifen. Dem Inhalt nach sind ihre Ansprachen in der Regel ziemlich unbedeutend. Sie verdienen jedoch manchmal aus psychologischen Gründen unser Interesse.

Der französische Arzt und Parapsychologe Dr. E. Osty hat in der REVUE MÉTAPSYCHIQUE 1930 eine Wahrnehmung gemeldet, die zweifellos als bedeutender Beitrag zu unserer Kenntnis von solchen »inspirierten« Sprechern angesehen werden kann. Sie betrifft Madame Juliette Hervy.

So wie viele Dichter und Komponisten vernahm auch Madame Juliette Hervy eine Stimme, die ihr diktierte. Sie hörte die Stimme zu sich sprechen, und was ihr so diktiert wurde, schrieb sie auf. So entstanden Gedichte und Prosa.

Obwohl die Dame persönlich der Meinung war, sie wäre von Geistern inspiriert, meint Osty, nach seinen Untersuchungen sei das äußerst unwahrscheinlich, und eine animistische Erklärung liege hier auf der Hand. Osty ist dann auf den glücklichen Gedanken gekommen, die Dame in seinem Institut zu empfangen und dort mit ihr zu experimentieren. Sie setzte sich an einen Tisch, bekam numerierte Blätter und eine Schreibfeder. Man gab ihr ein Thema auf, worüber sie schreiben sollte . . . und die Frau schrieb. Obwohl man in ihrer Nähe hin und her ging, sprach oder andere Dinge tat, die ihre Aufmerksamkeit hätten ablenken können, wurde sie von alldem nicht gestört. Sie schrieb regelmäßig weiter. Eine Seite nach der anderen wurde voll. Sie schrieb auf Diktat der geheimnisvollen Stimme. Man brachte ihr Tee. Madame Hervy unterbrach ihre Schreiberei für kurze Zeit, um dann fortzufahren. »An der Stelle, wo sie abgebrochen hatte, würde man vergeblich nach einem Einschnitt oder einer Abweichung im Gedankenfluß suchen.«

Osty hat diese Versuchsperson über die unterschiedlichsten Themen schreiben lassen, und jedesmal brachte sie etwas Brauchbares zustande. Der Forscher hat sehr richtig eingesehen, daß eigentlich nur ein gradueller und kein grundsätzlicher Unterschied zwischen Menschen wie Madame Hervy und den großen, genialen Künstlern besteht. Hier wie dort gibt es Persönlichkeitsspaltungen und aus dem Unbewußten aufsteigende »Gedanken«. Alle zeugen sie von schöpferischen Kräften, die aus dem Unterbewußten kommen.

Wie aufgrund des in den vorherigen Abschnitten Behandelten erwartet werden kann, findet man das automatische Sprechen auch bei Paragnosten; mit anderen Worten: Automatisch Sprechende legen auch in ihren Reden von ihrer paragnostischen Begabung Zeugnis ab. Wer regelmäßig mit Psychoskopisten experimentiert, wird bemerken, daß sie nicht nur (glaubhafte Pseudo-)Halluzinationen (des Gesichts-, Gehörsinnes und anderer Sinne) und verwandte Phänomene aufweisen (»intuitives Wissen«), sondern sich bei ihnen zuweilen auch »automatisches Sprechen« (Osty nennt es »la parole impulsive«) bemerkbar macht.

Manchmal erschrecken die Psychoskopisten vor dem, was ihnen »in einem unbewachten Augenblick« entschlüpft[7]. Das war z. B. der Fall bei de Fleurière. So erzählte dieser Paragnost, der Osty wiederholt Beweise einer bemerkenswerten Begabung zu liefern vermochte: »Eines Tages besuchte mich ein mir völlig unbekannter Herr, der etwas über seine Zukunft wissen wollte. Ich bekam ein paar ›Eindrücke‹, die ich ihm bekanntgab. Plötzlich hörte ich mich selbst sagen, und das wunderte sowohl mich als auch meinen Besucher: ›Oh, wie schrecklich! Sie haben einen sehr schweren Verlust zu erwarten. In Kürze werden Sie ganz unerwartet Ihr Söhnchen verlieren. Wie bitter für Sie! Ist doch so ein liebes, hübsches Kind . . .« Kaum hatte ich mir Rechenschaft abgelegt von dem, was mir so ganz unvermittelt entschlüpft war, begann ich mich bei meinem Besucher zu entschuldigen, wobei ich alles tat, um ihn glauben zu lassen, dieser ›Eindruck‹ sei nicht richtig gewesen, und er möge meiner Äußerung keinerlei Wert beimessen. Das nützte aber wenig. Bestürzt verließ der Mann meine Wohnung. Vierzehn Tage später teilte er mir mit, meine Vorhersage sei gegen jede Erwartung in Erfüllung gegangen.«

Einer meiner Versuchspersonen geschah es eines Tages, daß sie in meiner Gegenwart einem Herrn, der sich in unserer Gesellschaft befand, »impulsiv« ein tragisches Ereignis aus seiner Vergangenheit (das auch mir unbekannt war) enthüllte. Die Sprecherin erschrak überaus über das, was sie »automatisch« geplaudert hatte, und entschuldigte sich nachher dafür.

6. Motorische Automatismen und die spiritistische Hypothese

Aus dem Gesagten ergibt sich, daß der Inhalt mancher automatisch geschriebener (ein Ausdruck, den man hier nicht allzu wörtlich auffassen darf) und gesprochener Mitteilungen die Unhaltbarkeit des sensualistischen Dogmas erwiesen hat. Das konnte man immerhin aufgrund der Forschungsergebnisse über die sensorischen Automatismen erwarten. Haben doch verschiedene Versuchspersonen in ihren geschriebenen oder gesprochenen Mitteilungen Beweise ihrer paragnostischen Begabung zu geben vermocht.

Es erhebt sich nun die Frage, ob die parapsychologische Forschung auch Fälle aufgezeigt hat, in denen die von Versuchspersonen auf paranormale Weise erworbenen, auf dem Wege der motorischen Automatismen mitgeteilten Kenntnisse zu der Vermutung Anlaß gaben, sie seien nicht wie bei den bisher gemeldeten Beispielen dem Psychismus eines Lebenden entlehnt (Telepathie und Gedankenlesen), sondern dem eines Verstorbenen, eines sogenannten Geistes. Angenommen, die Spiritisten haben mit ihrer Behauptung recht, die Verstorbenen vermögen uns unter gewissen Voraussetzungen auch telepathisch zu beeinflussen, so folgt aus den vorangegangenen Ausführungen, daß wir nicht nur mit dieser Möglichkeit rechnen, sondern sogar das Vorkommen solcher Fälle (außer anderen, offensichtlich animistischer Art) von vornherein annehmen müssen.

Die Antwort auf diese Frage lautet: Fälle automatischen Schreibens und Sprechens sind zweifellos bekannt, wobei seriöse Forscher ernstlich die Möglichkeit in Betracht ziehen, daß die telepathische Beeinflussung hier von Verstorbenen ausgegangen ist. Ich denke hier z. B. an Mitteilungen, die automatisch von Frau Piper (siehe Kapitel X) gesprochen oder geschrieben wurden, sowie an viele andere »Berichte aus dem Jenseits«, die automatisch durch den Mund anderer Medien gesprochen oder durch ihre Hand niedergeschrieben worden sind. Dazu gehören u. a. die BRIEFE VON JULIA (Ames).

Julia Ames war eine verdiente amerikanische Journalistin, mit der William Stead[8] im Jahre 1890 bekannt wurde.

Nicht lange nach ihrem Ableben, ein paar Jahre später, schrieb Stead automatisch einige Berichte, die angeblich von ihr stammen. Zuerst legte er diesem »Geschreibsel« wenig Bedeutung bei. Er hielt es für wahrscheinlich, daß sein »subjektives Ich« (Hudson) ihm einen Possen gespielt hatte. Mehr oder weniger widerwillig zeigte er es auf wiederholtes Drängen »Julias« deren Freundin Ellen. Die Namen und dergleichen, die er nicht verstanden und für reinen Unsinn gehalten hatte, waren für Ellen ein »überzeugender« Identitätsbeweis.

Selbstverständlich müssen wir hier damit rechnen, Stead könnte diese Angaben auf paranormale Weise (Telepathie) Ellens Psychismus entlehnt haben.

VII Pathopsychologische Betrachtung über Besessenheit

1. Identifikation bei Schauspielern

Durch die Psychologie hat man entdeckt, daß wir in unseren Träumen oft Handlungen verrichten, die ein Teil unserer Persönlichkeit gerne tun möchte, denen sich aber ein anderer Teil widersetzt. Gar mancher Keuschheitsapostel muß mit Schrekken feststellen, daß er sich in seinen Träumen allerlei geschlechtlichen Ausschweifungen hingibt. Die verdrängten Wünsche machten sich im Traum geltend.

In der Karnevalszeit sieht man höchst ehrbare Männer und Frauen allerlei Späße und Dummheiten treiben, die uns an das Wort des Dichters, zwei Seelen wohnen in unserer Brust, erinnern.

Die Pathopsychologie lehrt uns, daß sich unter gewissen Umständen so eine zweite oder dritte »Seele« zu einer sekundären oder tertiären Persönlichkeit entwickeln kann. Manchmal ergeben sich dabei Identifikationen.

Identifikation ist Gleichsetzung. Wer sich mit einem andern identifiziert, setzt sich ihm gleich, strebt danach, das eigene Ich so umzuformen, daß es dem anderen, das als Vorbild gewählt wurde, gleich wird. Identifikation ist nicht dasselbe wie Nachahmung. Das Nachahmen oder Nachäffen ist ein weniger zentraler, ein mehr peripharer Prozeß als das Sichidentifizieren.

Beispiele von Identifikationen liefert uns u. a. die Literatur über Bühnen- und Filmschauspieler.

Paul Wegener hat einmal geschrieben, der Schauspieler ahme nicht nach, indem er etwa eine Rolle von außen her aufbaut, sondern arbeite intuitiv, indem er sie von innen her schaffe. Im allgemeinen denke das Publikum, er lege seinem Spiel eine dramaturgische Auffassung zugrunde, die er dann mit technischen Mitteln aus Wahrnehmungs- und Erinnerungsbildern ausbilde. Bei jeder wirklichen, echten Schauspielkunst sei das aber durchaus nicht der Fall. Die Rollenfigur entstehe vielmehr intuitiv, und zwar außerhalb der verstandesmäßigen Vorstellungen.

Ein Beispiel möge das deutlich machen. Es kann vorkommen, daß jemand, dem man in Hypnose suggeriert, er berühre ein glühendes Eisen, an der betreffenden Körperstelle tatsächlich eine Brandblase bekommt. So können auch Hysteriker ohne geringste medizinische Vorbildung, wenn sie sich eine Krankheit einbilden, deren Symptome tatsächlich hervorbringen.

Wenn nun Wegener auf der Bühne als medizinischer Laie einen Wahnsinnigen darstellen soll, wird ihm das nie gelingen, alle Anzeichen von dessen Leiden zu zeigen, wenn er nur Vorstudien macht, etwa anhand von Krankengeschichten oder Aufklärungen eines Arztes. Ein Freund dieses Schauspielers, der Arzt Dr. Carl Ludwig Schleich, hat ihm nach seinem Auftreten als Kapitän Edgar in Strindbergs TOTENTANZ ein paarmal gesagt, er hätte die Symptome einer fortgeschrittenen Arteriosklerose treffend wiedergegeben. Natürlich war Wegener sich dessen gar nicht bewußt, aber durch die Stimmung, durch die Suggestion sozusagen, erschienen diese Anzeichen bei ihm ganz von selbst, ohne sein Zutun. Seiner Auffassung nach, schrieb Wegener, liege die wirkliche schöpferische Leistung des Schauspielers außerhalb seines Verstandes; sie werde im Unbewußten gebildet . . .

Jeder Mensch habe verschiedene Äußerungen seines Wesens, meinte Paul Wegener weiter. Wohl ein jeder habe schon bemerkt, daß seine Gebärden und seine Art des Sprechens je nach den Umständen verschieden sind; daß man sich etwa in einer Alpenschutzhütte, bergsteigerisch gekleidet, anders gebärdet als in einem Smoking bei einer gesellschaftlichen Veranstaltung. Den äußeren Umständen, der Umgebung gemäß, ändern sich unsere körperlichen und geistigen Äußerungen.

Jeder Mensch hat viele »Ichheiten« in sich, und je breiter und reicher seine Natur ist, um so mehr können diese verschiedenen »Ich-Zentren« voneinander entfernt sein. Das Wesen der schauspielerischen Begabung liege in der Breite seiner Persönlichkeitsstruktur, die in Haß und Liebe, in Schmerz und Freude weiterreichen kann als beim Durchschnittsmenschen. Im psychischen Reichtum liege das Material, aus dem die Rollen aufgebaut würden, wie im Schoß eines Berges liegend.

Der zweite Faktor dieses Talents sei einem Werkzeug vergleichbar, das die verborgenen Schätze hebe. Aber auf die Schätze selbst komme es letztlich an . . .

Für das Entstehen einer Rolle sei es nun wichtig, den Weg zum psychischen Zentrum zu finden, aus dem sie hervorwachsen kann. Habe man diesen Weg einmal gefunden, dann wachse die Gestalt von selbst so weiter, wie die Kristalle in aller Stille um einen Wollfaden in einer gesättigten Alaunlösung wachsen. Dabei könne es geschehen, daß die dramatische Auffassung, die man zuerst von einer Rolle gehabt habe, völlig verschwindet und die nun entstehende Gestalt sogar zum Gegenteil der ursprünglichen Vorstellung wird. Das gemischte Gefühl von Freude und Schmerz, das der Darsteller bei den Proben hat, werde durch seine Versuche verursacht, sich in eine solche Stimmung zu versetzen, daß diese Gestalt die richtige Form gewinnt. Das andere Ich sei noch scheu in der stimmungslosen Atmosphäre und werde vom Text gehemmt, dessen Auffassung noch nicht feststehe. Mit Mühe trete es hervor, und eine der größten Sorgen des Regisseurs müsse es sein, eine gute »Kreißzimmer-Stimmung« zu schaffen, damit die Gestalt das Licht des Lebens erblicken könne.

Meistens habe der Regisseur eine im voraus festgelegte Auffassung von der Rolle, die mit der ganzen Inszenierung zusammenhänge. Darum komme er bei den Proben zuweilen in Widerspruch zum Schauspieler, dessen innerer Schöpfungsprozeß durch die Versuche gehemmt werde, die Gestalt nach einer feststehenden Auffassung darzustellen.

Nach vielem Hin und Her erscheine aber plötzlich die Gestalt der Rolle aus dem Unbewußten, und dann könne es geschehen, daß der Regisseur erlebt, was er nach dem einstigen Wiener Burgtheaterdirektor Berger eigentlich immer erfahren müßte: »Müßig sieht er seine Werke und bewundernd untergehn.«

Hat die Rolle endlich Gestalt gewonnen, dann beginne natürlich auch die Regiearbeit des Schauspielers, der dann das entdeckte Material bearbeiten müsse, indem er Steigerungen und Höhepunkte schafft, Wiederholungen vermeidet und dergleichen mehr.

Allmählich nehme dann die Gestaltung solche festen Formen an, daß sie jederzeit wiederholt werden kann, so wie man von einem fotografischen Negativ immer wieder neue Abzüge machen kann. So sei es einem Schauspieler möglich, dieselbe Rolle hundert Male und öfter ganz mechanisch zu wiederholen. Die Figur sei nun geschaffen, sie lebe nach ihren eigenen Gesetzen und laufe sozusagen von selbst. Dabei zeige sich die Spaltung des Bewußtseins am deutlichsten. Die Figur sei so selbständig geworden, daß der Schauspieler während der Aufführung an etwas anderes denken könne; sie sei zu einem selbständigen Phänomen geworden, losgelöst vom Darsteller. Natürlich, sagte Wegener, sei jede Aufführung irgendwie anders. Die körperliche Verfassung, die Art des Publikums geben ihr immer wieder neue Abwandlungen. Denn ein Theater sei elektrisch geladen wie eine Leidener Flasche. Die Stimmung der Zuschauer, die Aufnahmefähigkeit und die Reaktion der vielköpfigen Masse haben Einfluß auf die Atmosphäre, in der sich die Rolle unter mehr oder weniger günstigen Umständen entfalten könne. Dadurch ergäben sich auch bei einer langen Reihe von Aufführungen immer wieder interessante Variationen, ohne die eine fortwährende Wiederholung unerträglich wäre.

In der Zeitung De Telegraaf teilte der niederländische Schauspieler Frits van Dijk am 27. September 1931 mit Bezug auf seine eigenen Wahrnehmungen folgendes mit:

»Ich spiele Rollen von 18 bis 80 Jahren. Spiele ich z. B. die Rolle eines Jungen, dann lebe ich gewöhnlich auf. Bei jeder Rolle von einigermaßen psychologischer Bedeutung gibt es in mir eine innere Umwälzung. Als ich Kringelein spielte, fühlte ich mich nicht sehr glücklich . . .

Wie schon erwähnt, war ich der Suggestivkraft dieser Rolle sehr unterworfen. Ich fühlte, ich müßte diesen Mann so spielen, als sollte ich in drei Wochen selber zugrunde gehen. Denn Kringelein ist kein trauriger Bursche – er ist ein Mensch, von dem mächtigen Gedanken beseelt, binnen kurzem sei alles aus, und er müsse sich darum beeilen, seinen kurzen Traum des Wohlstands zu genießen . . .«

Conrad Veidt wieder sagte, wenn er eine neue Rolle bekomme, lese er vorerst einmal das ganze Stück aufmerksam durch, so daß er in Gedanken alles erleben könne.

Tage-, ja wochenlang, ehe die Aufnahmen beginnen, lebe er dann ganz zurückgezogen und beschäftige sich mit nichts anderem, als sich mit jeder Einzelheit der darzustellenden Persönlichkeit vertraut zu machen. Und bald darauf fühle er mit beinahe angsterregender Heftigkeit, wie die Person, die er darstellen soll, in ihm wachse und wie er sich selber dabei verändere. So dauere es nicht lange, und er könne bemerken, daß, noch vor Beginn der Aufnahmen, der Conrad Veidt in ihm allmählich verdrängt werde von dem »anderen«, in den er sich durch Autosuggestion verwandelt habe. Am ersten Tag der Aufnahmen spaziere er dann ganz allein zwischen den bereits aufgestellten Kulissen herum, schaue alles gründlich an, so lange, bis er mit geschlossenen Augen wie in seinem Schlafzimmer den Weg finde. Sobald dann die Bogenlampen eingeschaltet sind, sei er blind und taub für die Wirklichkeit. Er sehe und höre einzig und allein das Traumland, das die Phantasie ihm vorgaukle und die andere Wirklichkeit vorstelle.

In zwei Beiträgen in der Filmzeitschrift La Revue du Cinéma aus dem Juli 1930 und dem Dezember 1931 wurde beschrieben, wie die weltberühmte Filmschauspielerin Greta Garbo im Spiel völlig aufging. Sie würde zugrunde gehen, hieß es dort, wenn sie nicht Gelegenheit hätte, »den Aufnahmegeräten jene Tausende imaginärer Existenzen zum Fraße hinzuwerfen, die sie seit ihrer Kindheit bedrückten . . .«

Wenn Conrad Veidt sagt, er fühle den andern, den er darzustellen habe, in sich wachsen, wenn er beschreibt, wie er sich in diesen verwandeln fühlt, dann drängt sich uns unwillkürlich das Wort »Besessenheit« auf. Conrad Veidt war so wie die übrigen hier angeführten und beschriebenen Schauspieler in einem solchen Zustand ein Besessener, ein Mensch, der sozusagen in Besitz genommen war von der imaginären Persönlichkeit, die er darzustellen hatte, mit der er sich identifizierte.

Es bedarf wohl keiner näheren Erklärung, daß derartige Identifikationen um so besser gelingen werden, je mehr die darzustellende Gestalt dem Schauspieler liegt, je mehr er sich mit ihr verwandt fühlt, je mehr sie ihm Gelegenheit gibt, sich – wie der psychologische Ausdruck lautet – abzureagieren. Wir stehen hier vor dem interessanten Phänomen der kathartischen (seelenreinigenden) Wirkung des Schauspiels, die schon Aristoteles bemerkt hat.

Wie wir in unseren Träumen zuweilen zu einem anderen Wesen werden und darin aufgehen, so tun wir das auch als Schauspieler in bestimmten Rollen bis zu einem gewissen Grad. Diese Rollendarstellungen können dann sozusagen als objektivierte Traumbilder angesehen werden.

So wie Schauspieler in gewissen Gestalten mehr oder weniger aufgehen können, können das auch Dichter und Romanschreiber. Das hat anscheinend schon lange vor Freud der österreichische Dichter Grillparzer gewußt, als er sagte:

> Dichten heißt denn freilich eben
> im fremden Dasein eignes Leben.

Mit diesen Worten wollte Grillparzer zum Ausdruck bringen, daß der Dichter (das Wort möge hier nicht allzu buchstäblich aufgefaßt werden) in den von ihm geschaffenen Gestalten sich selbst den Spiegel seiner Seele vor Augen hält, daß er darin aufzugehen trachtet.

Wer Grillparzers Lebensgeschichte und seine Werke kennt, weiß, daß sein eigenes Schicksal im Mittelpunkt aller seiner Schöpfungen steht. Am deutlichsten zeigt sich das wohl in DER TRAUM EIN LEBEN. Vergleicht man Grillparzers (Auto-)Biographie mit dem Inhalt seiner Gedichte und anderer Schriften, wird man dabei mit W. Stekel zu der Erkenntnis kommen, daß manche darin auftretenden Gestalten Handlungen verrichten, zu denen sich der Dichter selbst gedrängt gefühlt hatte, welchem Drange er aber dennoch nicht nachkommen konnte oder wollte. »Das ganze Drama ist eine Paraphrase seiner neurotischen Gedanken«, meint Stekel.

Grillparzers Fall aber steht keineswegs für sich allein da. Was für ihn gilt, gilt ebenso für andere Künstler. Auch sie haben ihre Probleme »sublimiert« und sich dadurch oft vor Wahnsinn, Selbstmord und Verbrechen bewahrt.

Bei Schauspielern, die sich mit einer bestimmten Gestalt identifizieren, bleibt noch immer das Bewußtsein anwesend, daß schließlich alles doch nur Spiel ist. Wie sehr sie auch in ihren Rollen aufgehen mögen[1], verläßt sie doch nie das Bewußtsein ihrer eigenen Persönlichkeit (Individualität). Von einer völligen Persönlichkeitsspaltung, gepaart mit der Unfähigkeit, sich an die eigene Vergangenheit zu erinnern, ist bei ihnen nicht die Rede. Immerhin aber kommen auch Fälle völliger Persönlichkeitsspaltung vor, wie aus der psychiatrischen Fachliteratur zu ersehen ist.

Am Abend des 3. Dezember 1926 verließ zum Beispiel die englische Romanschriftstellerin Agatha Christie ihr Haus in Sunningdale, während sie sehr überreizt war. Der Tod ihrer Mutter und ein alles andere als glückliches Eheleben waren Ursache ihrer »Überspanntheit«. Sie litt an Schlaflosigkeit und fühlte sich zutiefst elend. Da überkam sie das Verlangen, ihrem Leben ein Ende zu machen. Ganz allein fuhr sie in ihrem Auto weg, bis ihr Wagen gegen eine Straßenböschung prallte (etwas, worin man einen offensichtlich verkappten Selbstmordversuch sehen kann). Sie wurde mit dem Kopf gegen das Lenkrad geschleudert, war kurze Zeit bewußtlos, kam aber bald wieder zu sich.

Dann ging sie viele Stunden lang wie eine Schlafwandlerin weiter, irrte durch London und kam schließlich nach Harrowgate, wo sie sich in einem Hotel einmietete. Sie gab sich dort als Mrs. Tessa Neele aus Südafrika aus. Das tat sie nicht, um ihre Angehörigen und Freunde auf eine falsche Spur zu bringen, sondern weil sie tatsächlich glaubte, diese Dame zu sein, die zwar ihr Kind verloren hatte, dennoch aber ihr seelisches Gleichgewicht bewahren konnte, eine Frau, die ihr Unglück gefaßt ertrug und den Mut zum Leben nicht verlor.

In ihrer »Rolle« als Tessa Neele fühlte sie sich glücklich. Alle Sorgen, die sie als Agatha Christie bedrückten, waren von ihr abgefallen; sie hatte überhaupt keine Erinnerung mehr an ihr tatsächliches Leben (Amnesie). Zuletzt wurde sie entdeckt und in eine psychiatrische Anstalt gebracht, wo man sie behandelte und heilte.

2. Psychoanalytische Betrachtungen über Besessenheit

Wenn wir heute, in Kenntnis des im vorigen Absatz Ausgeführten, unsere Aufmerksamkeit den Vorgängen bei spiritistischen Sitzungen zuwenden, wird es uns manchmal nicht schwerfallen, das Wesen der obsedierenden (besetzenden) Geister zu ergründen und die in Betracht kommenden Medien als eine Art von Romanschreiber und Schauspieler zu sehen. Es kann keinerlei Zweifel unterliegen, daß man es bei vielen Geistern, die sich in spiritistischen Sitzungen durch sogenannte Trance-Medien angeblich äußern, mit neurotischen Symptomen zu tun hat, mit objektivierten Traumbildern von Wunschträumern. Viele dieser Trance-Medien leben in diesen (sich unter dem Einfluß ihres spiritistischen Glaubens als Geister ausgebenden) sekundären und tertiären Persönlichkeiten ihre verdrängten Wünsche aus (reagieren in diesen sekundäre Persönlichkeiten ab), und zwar in Gegenwart anderer Personen, wie ich selbst und auch andere wiederholt feststellen konnten.

So beobachtete ich z. B. vor vielen Jahren in einem Spiritistenkreis ein männliches Medium, durch das sich hauptsächlich »kriegerische« Gestalten manifestierten. Die »Geister« nahmen sozusagen von dem Medium Besitz, das während der Sitzungen in einen Trancezustand verfiel und sich benahm, als wäre ein fremder Geist in seinen Leib gefahren. Obwohl seine Reden derart unbedeutend und kindisch anzuhören waren, daß es mich Mühe kostete zuzuhören, kann ich dennoch nicht bestreiten, daß Mimik und Pantomimik des Mannes mich für kurze Zeit zu fesseln vermochten. Das ist verständlich, wenn man bedenkt, daß die Individualisierung in der Trance abgeschwächt ist, wodurch die Identifikation, die Gelegenheit bietet, un- und unterbewußte Spannungen auszuleben, erleichtert wird.

Nähere Untersuchungen brachten zutage, daß das Medium Verkäufer in einem vornehmen Damenmodengeschäft war. Als Reaktion auf die Behandlung, die ihm dort wiederholt durch manche vornehm tuende, sich weit über ihn erhaben dünkende Kundin zuteil wurde, hatte der Mann zuweilen Träume, die an Deutlichkeit nichts zu wünschen übrigließen. Auch Tagträume hatte er. So »phantasierte« (Tagtraum) er, er wäre ein reicher Türke, der einen Harem »mit vielleicht tausend« Frauen besäße, die ihm als Sklavinnen dienten.

Ganz in den Rahmen dieser »Träume« paßten seine Besessenheitsphänomene, seine »Trance-Zustände«, autohypnotische, mit dem Schlafwandeln verwandte Zustände, aus denen er, wie er sagte, ohne Erinnerung an das darin Vorgekommene erwachte. Darin zeigte sich die mehr oder weniger vollkommene Spaltung seiner Persönlichkeit. Die »kriegerischen Gestalten«, die sich durch ihn äußerten und die von den Mitgliedern seines Kreises für Geister gehalten wurden, waren objektivierte Traumbilder, sekundäre Persönlichkeiten, in denen er unterbewußte Spannungen abzureagieren versuchte.

Dieser Mann war eine Zusammensetzung eines »armseligen« Romanschreibers und Schauspielers einerseits und eines Schlafwandlers andererseits.

Daß nicht allein verdrängte oder unbefriedigte Machtwünsche und Machtbestrebungen unter gewissen Verhältnissen Anlaß zum Entstehen des neurotischen Symptoms der Pseudobesessenheit sein können, sondern auch verdrängte oder unbefriedigte Wünsche sexueller Natur, ist wohl einleuchtend. Beispiele davon sind mir im Laufe der Jahre wiederholt begegnet. So war ich einmal Zeuge der Manifestationen eines »Geistes«, der nichts anderes als ein durchtriebener Heiratsvermittler war. Es handelt sich um einen Mann, der jahrelang in spiritistischen Kreisen als Medium einen guten Ruf genoß und ohne Zweifel ein gewisses Maß von psychoskopischer Begabung besaß.

Eines Tages wurde er mit einer reichen Witwe bekannt, die über den Verlust ihres Mannes trauerte und durch Vermittlung des Mediums mit ihm in Verbindung zu kommen versuchte.

Das Schauspiel, welches das »Medium« – anfangs, ohne sich dessen bewußt zu sein, in die Frau verliebt – in seiner als Schlafwandler gespielten Rolle des Verstorbenen zum besten gab, war vom psychologischen Standpunkt aus jedenfalls interessant. Dies um so mehr, als der Mann im Wachzustand zu einem derartigen Spiel sicher nicht imstande gewesen wäre. Die Trance, worin das Medium sich mit dem Verstorbenen, der angeblich von ihm Besitz ergriffen hatte, identifizierte, bot dem Mann reichlich Gelegenheit, verschiedenen seiner geheimen, verdrängten Wünsche zu entsprechen, ohne damit Anstoß zu erregen. War es durch die Tatsache, daß in den Augen der Witwe ihr Gatte sich durch das Medium äußerte, ihr doch möglich geworden, ihn zu umarmen und zu küssen. Das Ende der Geschichte war, daß das »Medium« und die Frau, nachdem sie durch den »Geist« zusammengebracht worden waren, einander heirateten. So gingen beider geheime Wünsche, die sich zum Teil in der »sekundären Persönlichkeit« des »Mediums« als Geist des Verstorbenen äußerten, in Erfüllung.

Einen sehr bemerkenswerten Fall von Pseudobesessenheit, der sich dem vorhin erwähnten gut anschließt, finden wir in H. Freimarks Buch Okkultismus und Sexualität. Er betrifft Herrn X., einen jungen sudetendeutschen Bildhauer von bisexueller Veranlagung[2], der sich in einem Kreis von Spiritisten zum »Medium« entwickelte. Zuerst schrieb er automatisch, aber allmählich entwickelte er sich zu einem Trancemedium. Unter den »Intelligenzen«, die von ihm Besitz nahmen, fiel vor allem eine »Zigeunerin« auf, die eine fremde Sprache[3] sprach und nur langsam Deutsch lernte. Ein Mitglied des Kreises, ein gewisser G., verliebte sich regelrecht in diese Zigeunerin, die sich Tia nannte. Das führte dazu, daß die Séancen, die X.

schließlich mit G. allein abhielt, den Charakter von »Hochzeitsnächten« anzunehmen begannen. X. identifizierte sich allmählich so völlig mit Tia, daß er zuletzt nicht mehr wußte, ob er Tia oder Tia er war. Im weiteren Verlauf ergab es sich, daß G. in eine andere Stadt zog, wodurch die »Idylle« ein Ende nahm und X. wieder er selbst wurde.

Wenngleich X., wie aus seinen Aufzeichnungen hervorgeht, auch in reiferen Jahren noch immer mit der Frage zu kämpfen hatte, wer denn nun eigentlich Tia war, und darauf keine befriedigende Antwort finden konnte, kann diesbezüglich, das vorher Behandelte in Betracht gezogen, für uns kein Zweifel bestehen. Sie war, ebenso wie wahrscheinlich auch die übrigen »Geister«, die sich durch ihn offenbarten, eine der vielen »imaginären Persönlichkeiten«, die seine »Seele« hervorbrachte. Wie viele andere sogenannte spiritistische Medien war auch X. eine Verquickung von Romanschreiber und Schauspieler mit einem Schlafwandler (Somnambulen).

So wie der Romanschriftsteller nach Stekel »sein wildes Triebleben in bunten Phantasiegestalten ein selbstherrliches Leben führen und sich austoben läßt«, der Schauspieler sich zuweilen in den Rollen, in denen er aufzugehen vermag, sich »entladen« kann, so suchte der »pervertierte Träumer« X. sich gleich vielen anderen spiritistischen Medien im somnambulen Zustand in der imaginären Persönlichkeit, dem »Traumbild« Tia, auszuleben. In seiner in Trance gespielten Rolle verrichtete er Handlungen und ließ er G. Handlungen an sich verrichten, denen sich sein unter dem Einfluß von Erziehung und Umgebung entstandenes »Über-Ich« widersetzte[4]. So besehen, kann man von Tia und auch von vielen anderen sekundären und tertiären Persönlichkeiten sagen, sie seien das Ergebnis eines Kompromisses aus verdrängten Wünschen und Bestrebungen einerseits und einem verurteilenden (moralisierenden) »Über-Ich« andererseits.

Man kann sich nun fragen, was aus X. geworden wäre, wenn er kein Medium gewesen wäre und also keine Gelegenheit gehabt hätte, sich bei Sitzungen abzureagieren: Er wäre vielleicht ein Dichter, ein Romanschreiber oder ein Schauspieler geworden. Es könnte aber auch sein, daß er schon früher und nicht erst nach G.s Abreise sich zu einem tüchtigen Bildhauer entwickelt hätte, der seine Träume in Stein zu »realisieren« (zu objektivieren) gesucht hätte.

Es wäre aber auch möglich, wenn er nicht als Künstler hätte gesunden, auf dem Weg der künstlerischen Sublimierung gewisse Widerstände überwinden können, daß aus ihm ein Nervenkranker, ein Neurotiker geworden wäre, der, hätte er seine Triebe nicht zu beherrschen vermocht, jahrelang in Gefahr gewesen wäre, wegen eines Sittlichkeitsdelikts mit dem Gesetz in Konflikt zu kommen . . .

VIII Telepathie und Besessenheit

1. Telepathischer Rapport und verwandte Phänomene

Am 27. Oktober 1883 berichtete die Gattin des englischen Landschaftsmalers Arthur Severn dem Mr. John Ruskin[1], sie sei einige Tage vorher mit dem Gefühl erwacht, als habe sie einen heftigen Schlag auf den Mund erhalten. Sie war überzeugt, sie müsse eine blutige Wunde auf der Oberlippe haben. Da nahm sie ein Taschentuch und drückte es an die Lippe. Als sie ein paar Augenblicke später das Tuch wieder wegzog und daran keine Spur von Blut entdecken konnte, wurde ihr endlich bewußt, daß es sich um einen Traum gehandelt habe. Sie schaute auf die Uhr, es war sieben.

Hinterher hat sich gezeigt, daß im selben Augenblick, als Mrs. Severn dieses »halluzinatorische« Erlebnis hatte, ihrem Mann beim Segeln – von dem sie übrigens gar nichts wußte – als Folge eines Windstoßes die Pinne an den Mund geschlagen und er dadurch eine blutende Wunde an der Lippe davongetragen hatte.

Es handelt sich hier um einen der vielen Fälle telepathischen Rapports, wie sie sich schon im Altertum ereignet haben. Die Stoiker sprachen in solchen Fällen von »Sympathein« (gemeinsames Empfinden, Persönlichkeitserweiterung um das Du). Die Geschichte der parapsychologischen Forschung sagt uns, daß derartige Rapportphänomene die Mesmerianer bei ihren Somnambulen öfter bemerkt haben und sie auch heutzutage beobachtet werden. Wer Versuche mit Psychoskopisten angestellt oder zumindest solchen beigewohnt hat, weiß, daß man bei ihnen die »Persönlichkeitserweiterung um das Du« (Marcinowski) oder den telepathischen Rapport unter experimentellen Umständen antreffen kann. Gebe ich z.B. einen Gegenstand, der von jemand stammt, der an Migräne leidet oder mit Ischias zu Bett liegt, einer Versuchsperson in die Hand, dann kann es geschehen, daß auch sie Kopfschmerzen bekommt oder bis zu einem gewissen Grad die Symptome von Ischias aufweist. Diese Phänomene können sich auch dann zeigen, wenn ich einen dritten, dem die Herkunft dieses Induktors gar nicht bekannt ist, den Psychoskopisten besuchen und ihm den Gegenstand überreichen lasse. Der Induktor ist – zumindest hin und wieder – offensichtlich ein Hilfsmittel, das die Versuchsperson in die Lage versetzt, mit dem ursprünglichen Eigentümer des Gegenstandes in interpsychischen Kontakt (Rapport) zu gelangen.

Zur näheren Erläuterung folgendes: Bei einer Sitzung, die am 7. November 1922 mit Frau Akkeringa in Amsterdam abgehalten wurde, waren auch die Herren Dr. J. H. van der Hoop und Dr. N. van Suchtelen anwesend. Als Induktor diente ein Bleistift, den Herr Le Roy von einem seiner Bekannten bekommen hatte. Er hatte einem geistig ein wenig zurückgebliebenen Jungen gehört, den Herr Le Roy nicht kannte. Das stellte sich aber erst am nächsten Tag heraus.

1. Nachdem Frau A. den Induktor von Herrn L. R. in Empfang genommen hatte, begann sie in den vor ihr liegenden Papieren herumzustöbern. Sie nahm ein Blatt heraus und machte ein paar Striche drüber. Dann machte sie ein paar Punkte, trommelte mit dem Bleistift, strich mit der Hand übers Papier, zerriß und zerknüllte es und begann mit einem neuen Blatt dasselbe.	Eine Anfrage ergab, daß der Junge sich so zu benehmen pflegte.

Dann sprach sie: »Ich komme mit jemand in Kontakt, der arbeiten soll, aber mit seinen Gedanken woanders ist. Ich will zwar, aber meine Gedanken schweifen immer wieder ab. Ich kann mich nicht konzentrieren.«

2. Die Versuchsperson schaute seufzend im Kreis herum, spielte wieder mit dem Stift, machte wieder Pünktchen und sagte: »Ich bin so müde und möchte doch so gern.«

Dieses Verhalten war bezeichnend für den Jungen. Er klagte immer über Müdigkeit und litt sehr unter einem Gefühl der Machtlosigkeit.

3. »Am liebsten möchte ich jetzt«, sagte Frau A., »diesen Stift zerbrechen.«
Dann schmiß sie das Papierknäuel über den Tisch, zerknüllte abermals Papierblätter, hielt eine solche Kugel fest in der Faust, seufzte tief, schrieb und strich aus, blieb wie zerschlagen sitzen, ließ den Kopf sinken und warf zuletzt das zerknüllte Papier weg. Dann sagte sie: »Jetzt ist es dahin. Ich habe mich beherrscht, sonst hätte ich mich zu Boden fallen lassen.«

Der Junge hatte oft Jähzornanfälle. Dann zerknüllte er Papier, schleuderte allerlei Gegenstände umher und warf sich manchmal auch zu Boden.

Nicht nur das Verhalten der Versuchspersonen veranlaßt uns, von einer »Einswerdung« und »Besessenheit« zu sprechen, das tun auch ihre Selbstbeobachtungen (Introspektionen). Osty berichtet von dem bekannten polnischen Paragnosten Ossowiecki, dieser habe ihm, als er ihn einmal bat, etwas von seinen Selbstbeobachtungen während der Versuche mitzuteilen, geantwortet:

»Ich beschäftige mich ganz und gar nicht mit dem Papier[2]. Ich brauche es gar nicht anzusehen. Ich halte die Briefhülle fest in der Hand mit der Absicht, mich mit demjenigen in Kontakt (Rapport) zu setzen, von dem das Papier stammt, gleichgültig, wo er sich befindet. Plötzlich überkommt mich das Gefühl, ich selbst sei die Person, die das Blatt beschrieben hat, und dann dämmert mir auf, was sie gedacht, der Sinn dessen, was sie geschrieben hat, so wie eine Erinnerung in einem aufdämmert. Es ist, als erinnere ich mich dessen. Das wichtigste ist für mich, mit diesem Menschen in Kontakt zu kommen. Gelingt mir das nicht, so geschieht gar nichts. Ich komme durchaus nicht mit allen Personen gleich leicht in Kontakt. Bei manchen geht es leicht, aber es gibt auch Leute, bei denen es mir nicht gelingt. Das Papier allein genügt nicht. Ich muß mit dem Schreiber selbst in Kontakt kommen. Die Briefhülle mit dem Inhalt ist ein Hilfsmittel, das mir Gelegenheit gibt, mit dem anderen überhaupt in Verbindung zu kommen, gleichgültig, ob er an der Sitzung teilnimmt oder nicht.«

Eine andere Versuchsperson, R. de Fleurière, gab ihre Empfindungen wie folgt wieder:

»Manchmal ist mir zumute, als sei die Person, die mich konsultiert, in mich eingedrungen, so daß ich dasselbe wahrnehme, denke, empfinde und will wie sie. Ein andermal habe ich den Eindruck, als sei ich in den Besucher eingedrungen. Diese Erfahrungen lassen mich an das denken, was Madame de Sévigné zu ihrer Tochter gesagt hat, die von einem heftigen, schmerzhaften Husten geplagt wurde: ›Mein Kind, ich habe Schmerzen in deiner Brust.‹ Denn dank dieses Versetzens meines Wesens in das eines andern bin ich imstande, seine Schmerzen mit ihm mitzufühlen. Es ist, als wäre es mir vorübergehend möglich, ich selbst und zugleich eine völlig andere Persönlichkeit zu sein.«

Ebenso wie der Raum ist bis zu einem gewissen Grad auch die Zeit kein Hindernis für die außersinnliche Wahrnehmung. Außer von einer Erweiterung unserer Anwesenheit in den Raum (das Heute) – was auch die »Persönlichkeitserweiterung um das Du« ist – veranlaßt uns die Erforschung der paragnostischen Erscheinungen, von einer Erweiterung unserer Anwesenheit in die Zukunft zu sprechen. Wer einen proskopischen Traum hat, erweitert seine Gegenwart in die Zeit, in die Zukunft. Dasselbe kann von einem Psychoskopisten gesagt werden, der fragmentarische Eindrücke von Ereignissen bekommen kann, die in der Zukunft seines Konsultanten liegen.

Wie ich schon in meinem Buch De Voorschouw (Die Vorschau) ausgeführt habe, gibt es Anzeichen, nach denen jeder Mensch in seinem tiefsten Innern seine eigene Zukunft kennt. Daß wir davon im allgemeinen sowenig bemerken, sucht man mit Hilfe von Bergsons Untersuchungen über die hemmende Funktion des Gehirns zu erklären.

Von der Annahme ausgehend, jeder Mensch kenne in seinem tiefsten Innern seine eigene Zukunft, kann man die Vorhersagen der Psychoskopisten zu erklären versuchen, indem man annimmt, sie hätten ihre die Zukunft ihrer Konsultanten betreffenden Kenntnisse deren Psychismus auf paranormale Weise (Telepathie) entlehnt. Man spricht hierbei von präkognitiver Telepathie.

Fälle von präkognitiver Telepathie wurden schon im Altertum bemerkt. In der Apostelgeschichte (Kapitel 21, Vers 10ff.) können wir vom Propheten Agabus lesen, der sich mit Paulus identifizierte und von dessen in der Zukunft liegender Gefangennahme sprach. Der Gürtel des Apostels diente dabei als Induktor. Den Auffassungen jener Zeit gemäß, konnte man in dieser Voraussage nur ein Wunder Gottes sehen.

Einen bemerkenswerten Fall von präkognitivem telepathischem Rapport habe ich in meiner Abhandlung Aussergewöhnliche Heilkräfte erwähnt, und zwar:

Als man eines Tages meiner Versuchsperson Frau v. d. B.-T.

einen Ring einer bei der Sitzung nicht anwesenden Dame überreichte (der es im übrigen nicht bekannt war, daß dies geschehen würde), begann die Versuchsperson Gehstörungen zu zeigen. Sie teilte den Anwesenden mit, sie habe den Eindruck, die Besitzerin des Ringes leide an einem Hirntumor, der rechtsseitige Lähmungserscheinungen im Gefolge habe. Da diese Dame zu jener Zeit kerngesund schien, wurde dieser Eindruck als unrichtig bezeichnet. Etwa ein Jahr später fiel es einigen Bekannten der bewußten Dame auf, daß sie ihr rechtes Bein ein wenig nachzog und einen eigenartig schwankenden Gang hatte. Sie wandte sich nun an einen Neurologen, der einen Gehirntumor feststellte. Bald zeigten sich auch die Gehstörungen, auf die die Psychoskopistin aufgrund ihrer paranormalen Identifikation hingewiesen hatte. Außer derartigen proskopischen Identifikationen, bei denen die Telepathie augenscheinlich eine Rolle spielt, kennt man auch retroskopische Identifikationen.

Jeder, der schon mit Psychoskopisten experimentiert hat, weiß, daß sie auf eine Weise, die an einen telepathischen Rapport erinnert, Geschehnisse zu reaktualisieren vermögen, die sich in der Vergangenheit ihrer Konsultanten ereignet haben, mögen diese nun bei der Sitzung persönlich anwesend sein oder nicht. Einer Psychoskopistin, der ein von einer nicht anwesenden Dame stammender Gegenstand übergeben wurde, die vor Jahren das Opfer eines Autounfalls gewesen war, wurde für einige Augenblicke zumute, als wäre sie diese Dame im Zeitpunkt des Unglücks. Die Betreffende war damals als Folge eines Zusammenstoßes aus dem Wagen geschleudert worden. Die Ängste, die sie damals ausgestanden hatte, die Schmerzen, die sie hatte ertragen müssen, empfand die Psychoskopistin als Folge ihrer sonderbaren Identifikation und Einswerdung als die ihren. Auch die Merkmale der Gehirnerschütterung, die sich bei dem Opfer nach dem Unfall gezeigt hatten, wies die Versuchsperson auf. Solche Fälle retrokognitiver Identifikation können sich auch zeigen, wenn dem Versuchsleiter zum Zeitpunkt der Sitzung die Herkunft des Induktors unbekannt ist.

Auch hinsichtlich bereits Verstorbener können sich solche bemerkenswerte Identifikationen ergeben. So war ich z. B. einmal Zeuge, wie die Psychoskopistin Frau Akkeringa den Todeskampf eines Geschäftsmannes erlebte, der sich vergiftet hatte. Als Induktor diente ein Brief, den der Mann ein paar Monate vor seinem Tod geschrieben hatte. Der Brief befand sich in einem verschlossenen neutralen Kuvert. Die Selbstmordabsichten waren darin mit keinem einzigen Wort erwähnt.

Eine ähnliche Identifikation nahm Dr. Valckenier Suringar an ihr wahr, als er ihr einen Gegenstand übergab, der einem im Jahre 1854 in Amsterdam Hingerichteten gehört hatte. »Ich habe solche Angst«, sagte Frau A., »denn ich weiß nicht, was mir bevorsteht. Am liebsten schrie ich es laut hinaus. Ich weiß mir keinen Rat ...« Dabei machte sie eine Gebärde wie jemand, der mit einem Strick erdrosselt wird: Ihr Gesicht drückte Beklemmung aus, sie gab Töne von sich, als würde sie ersticken, und fiel ein paar Augenblicke später wie tot in ihren Stuhl zurück. Es war ein so erschütterndes Schauspiel, daß einer der Anwesenden sich nicht halten konnte und den Raum verließ. Frau A. warf den Induktor von sich, um nicht länger seinem Einfluß ausgesetzt zu sein. Sie erzählte, sie habe auch Visionen gehabt. So war ihr u. a. ein Mann erschienen, der verzweifelt in einer Zelle auf Erlösung wartete. Er war, wie sie sagte, an Händen und Füßen gefesselt. Auch hatte sie einen Uniformierten gesehen, der dem Gefangenen ein Stück Papier brachte. Schließlich war ihr ein Galgen erschienen.

Auch der Fall des Herrn H. verdient erwähnt zu werden. Der Mann hat mir wiederholt Beweise seiner paragnostischen Begabung geliefert.

Am 26. Oktober 1951 wurde in N. der 77jährige Herr E. G. vermißt. Die Vermißtenanzeige wurde im Rundfunk verbreitet, und das veranlaßte Herrn H., sich mit der Familie G. in Verbindung zu setzen. Auf dem Weg nach N. bekam er ein »Bild« zu »sehen«, und zwar einen Kanal, an dem eine Straße entlangführte. Das straßenseitige Kanalufer war mit Schilf bewachsen, das eine offene Stelle aufwies. Seinen Erfahrungen als Paragnost zufolge schloß er, er habe die Stelle »gesehen«, wo der Vermißte ins Wasser gefallen sein mußte.

Im Hause des Vermißten drängten sich ihm zuallererst ein paar Namen wie Baptist, Julius, Guillaume auf, die, wie sich erweisen sollte, auf ihn Bezug hatten und daher richtig sein mußten. Dann zeigte sich ihm ein »Schatten«, eine undeutliche Erscheinung des Vermißten, wobei Herrn H. zumute war, als ob dessen »Einfluß« ihn überkäme. »Ich geriet in einen ›Zustand der Verdoppelung‹«, sagte der Paragnost, als ich mit ihm über diese Sache ein Gespräch führte. »Dabei war ich sowohl ich selber als auch Herr G. Mir war, als sei dieser in mich gedrungen. In einem solchen Zustand ist mir, als sei ich ein Mensch mit einer gespaltenen Seele. Für das Gelingen solcher Unternehmungen ist es notwendig, daß meine eigene Persönlichkeit soweit wie möglich in den Hintergrund tritt. Der Vermißte bekommt dann mehr und mehr die Verfügung über den Gebrauch meiner Gliedmaßen, meines Denkens, Fühlens und Wollens. Spüre ich aber, daß ich diesen Zustand nicht mehr ganz in meiner Gewalt habe, dann trete *ich* vor und der Vermißte zurück. Ich fühle mich dann von ihm befreit . . .

In einem solchen Zustand also begann Herr H. durchs Haus zu gehen. Er stieg die Treppe ins obere Stockwerk hinauf und blieb im Gang zweifelnd stehen. Dabei fühlte er sich stumpf und apathisch. Nach einiger Zeit ging er zögernd weiter, ohne zu wissen, welche Tür er öffnen sollte. Später erzählte man ihm, sein Benehmen habe eine eigentümliche Ähnlichkeit mit jener des alten Herrn gezeigt.

»Auf den Gang hinaufgekommen«, erzählte Herr H. weiter, »blieb ich unschlüssig vor einer Tür stehen. Schließlich trat ich ein. Da lag die Tochter des Vermißten krank zu Bett. Ich sah sie, schaute sie eine Weile an, wobei ich – ebenso wie es der Vater zu tun pflegte – meine Hände auf den Rand des Bettes legte. Dann verließ ich sie, um in ein anderes Zimmer zu gehen. Es war mein eigenes, das heißt das Zimmer des alten Herrn, dessen Beeinflussung ich in diesem Augenblick so sehr unterlag. Dann sah ich plötzlich den Mann selbst vor mir stehen. Zuerst war er in mir, dann wieder war er außerhalb von mir. Kurz darauf fühlte ich mich wieder der vermißte Mann werden. In ›meinem‹ Zimmer hing ein Bild ›meiner‹ Frau, und es drängte mich, es in die Hand zu nehmen und zu betrachten. Als ich aber jemand die Treppe heraufkommen hörte, hängte ich es schnell wieder an die Wand. Später sagte man mir, der Verschwundene habe öfter mit dem Bild seiner Frau so dagestanden, es aber sofort wieder hingehängt, wenn er jemand die Treppe heraufkommen hörte.« In diesem Zustand, da der Paragnost, wie es schien, zugleich er selbst und der andere war, begann er nun, an den »anderen« Fragen zu stellen. Er bat ihn, ihn wissen zu lassen, wo er ertrunken sei. Darauf bekam Herr H. abermals das Bild einer Straße längs einem Kanal zu sehen, der am Rand mit Schilf bewachsen war. Auch das Bild der offenen Stelle tauchte wieder vor ihm auf. Ein paar Tage später fand man die Leiche des Vermißten an einer Stelle, die große Übereinstimmung mit dem Bild zeigte, das sich dem Paragnosten zweimal aufgedrängt hatte.

Nach dem Ende der Konsultation ließ sich Herr H. von einem Angehörigen des Vermißten nach Hause bringen, weil er fürchtete, er könnte unterwegs abermals unter den Einfluß des Gesuchten kommen. »Stellen Sie sich vor, ich könnte auf dem Heimweg wieder dieser andere werden und allerlei absonderliche Dinge tun. Die Leute würden vielleicht denken, ich sei nicht ganz bei Trost, und mich in eine Anstalt sperren.«

Wenngleich ich sehr gut begreifen kann, daß viele Leute, die Zeuge einer derartigen retrokognitiven Identifikation mit einem Verstorbenen sind, an eine telepathische Beeinflussung durch Tote denken, bin ich dennoch der Meinung, wir dürften mit dieser Möglichkeit – die ich von vornherein keineswegs ablehnen möchte – erst zuallerletzt rechnen. Die nächstliegende Erklärung solcher »Besessenheitszustände« ist, sie als Objektivierungen der Kenntnis anzusehen, die die Versuchspersonen auf telepathischem Weg dem Psychismus anderer Personen entlehnt haben, seien die bei der Sitzung anwesend oder nicht[3]. Herr H. – um uns hier nur auf ihn zu beschränken – könnte dann in gewisser Hinsicht mit einem Hypnotisierten verglichen werden, dem man den Auftrag gibt, einen bestimmten Menschen darzustellen. Richet hat das »objectivations des types« genannt. Der Unterschied zwischen solchen Hypnotisierten und Herrn H. läge dann darin, daß dieser (im Gegensatz zu Hypnotisierten, die als Folge einer induzierten Autosuggestion von einem von ihnen selbst geschaffenen Phantasiebild besessen sind) Besessenheitserscheinungen in Übereinstimmung mit einem Bild des Verstorbenen zeigt, wie es in der Erinnerung eines der Anwesenden lebt, mit dem Herr H. in telepathischen Rapport gekommen war.

Ich vertrete jedoch die Meinung, diese »einfache« Erklärung ist hier nicht richtig. Wer so wie ich jahrelang Psychoskopisten beobachtet hat, weiß, daß ihr Verhalten oft den Eindruck macht, als könnten sie Ereignisse aus der Vergangenheit der einen oder anderen Person reaktualisieren (sich in deren Vergangenheit versetzen). Es scheint dabei von untergeordneter Bedeutung zu sein, ob der Betreffende noch am Leben ist oder nicht.

Nach Ansicht einiger aus theosophischen Kreisen hervorgegangener »Seher«, zu denen u. a. C. W. Leadbeater und A. Besant gehören, ist dieser Eindruck richtig. Es findet hier also tatsächlich eine Reaktualisierung der Vergangenheit, eine Versetzung in diese statt.

In seinem gemeinsam mit A. Besant geschriebenen Buch MAN: WHENCE, HOW AND WHITHER berichtet Leadbeater, der Hellsehende könne sowohl in die Vergangenheit blicken *als auch sich mit einer beliebigen Person identifizieren, die in der Vergangenheit gelebt hat.* Den Schriften dieses Autors kann ein gewisser heuristischer Wert nicht abgesprochen werden. »Ich hatte oftmals Gelegenheit«, schreibt er, »die ›Aufzeichnungen der Vergangenheit‹ (›records of the past‹) zu durchforschen, und mehr als einmal habe ich darauf hingewiesen, wie unerhört deutlich und lebendig sie für den ›Hellseher‹, der sich in die Vergangenheit versetzt, sind. Er lebt sozusagen inmitten der einstigen Geschehnisse[4] und kann sich sowohl darin gefallen, diese Ereignisse zu verfolgen wie ein Zuschauer bei einer Fernsehsendung oder wie ein unmittelbar davon Betroffener. In diesem Fall muß er sich mit einer jener

Personen identifizieren können, die dabei eine Rolle spielen. Gelingt ihm das, hat er einen großen Vorteil gewonnen, weil er dann imstande ist, an der öffentlichen Meinung teilzuhaben, die in jenen Tagen hinsichtlich der betreffenden Ereignisse herrschte.«

Auch der berühmte Alexis Didier[5] spricht, ganz unabhängig von Leadbeater und auch aufgrund eigener Erfahrungen, von einer Zurückversetzung in die Vergangenheit und damit verbundener Identifikation.

»Wenn ich«, sagt dieser Paragnost, »einen Gegenstand anfasse . . . vermenge ich mich mit dem- oder derjenigen, wovon er herrührt. Ich trete mit diesem Menschen in unmittelbare Verbindung (Rapport). Seine Gedanken, Empfindungen und Gewahrwerdungen sind die meinen geworden. Mit Hilfe einer einfachen Haarlocke oder eines Briefes komme ich mit ihm in Berührung. Ich spüre ihn, sehe ihn, höre ihn; er lebt sein Leben in mir, ich fühle seine Schmerzen, habe teil an seinen Freuden. Menschen, die er liebt, liebe ich auch. Meine Seele . . . kommt mit ihm in Berührung, zwischen ihm und mir entsteht eine Bewußtseinsgemeinschaft.

Kaum habe ich eine Haarlocke von jemandem, der noch lebt, und die ganz von seiner ›Lebenskraft‹ (›fluide vital‹) durchdrungen ist, wird mein Geist durch den Raum zu ihm hin versetzt und mit jenem dieses Menschen vereint. Und das geht alles ungemein schnell vor sich.

. . . Ich habe versucht, ein Wort zu finden, das das erstaunliche Wunder ausdrücken könnte, daß ich augenblicklich im Geiste eins werde mit jenen, von denen ich ein Kleidungsstück oder eine Haarlocke in die Hand bekommen habe. Es ist mir nicht gelungen, dafür einen besseren Ausdruck als ›communion‹ (Gemeinschaft, Vereinigung) zu finden.

. . . Wenn ich das Wort ›communion‹ verwende, um diese wunderbare Vereinigung der Geister zu beschreiben, die so äußerst schnell vor sich geht, bei der der Raum keine Rolle zu spielen scheint, dann ist es darum, weil ich mich so vollkommen eins geworden fühle mit dem Menschen, mit dem ich in

Rapport stehe. Meine Anwesenheit ist, obwohl unsichtbar, so wirklich, daß ich nicht nur durch die Fenster des Raumes schauen kann, in dem er sich befindet, daß ich auch hören kann, was man zu ihm spricht und was er antwortet, lesen, was er liest, daß ich auch, ist er krank, mit ihm mitleide. Seine Unrast ist die meine, seine Freude die meine. Mein Gesicht gleicht zuweilen dem seinen, meine Handschrift wird seiner gleich . . .[6]

. . . Wenn ich hellsehend geworden bin und man mir eine Haarlocke eines Verstorbenen gibt, erbleiche ich und spüre den Hauch des Todes, der mir über den Rücken streicht. Zeigt sich, daß ich nicht mit dem Geist eines Lebenden in Gemeinschaft trete, ist das für mich ein Beweis, daß derjenige, von dem das Haar herrührt, aufgehört hat, auf Erden zu wandeln . . . Ich folge dann seiner Seele nicht in die andere Welt. Täte ich das, geriete ich in Ekstase. Was ich dann sagen würde, hätte für die Umstehenden wenig Wert, weil sie es ja nicht überprüfen könnten. Doch es geschieht etwas anderes. In so einem Fall erhalte ich Hilfe von einer Kraft, die sich meiner Erfahrung nach nur in der Seele offenbart, die sich vorübergehend vom Leibe befreit hat. Die Kraft, in die Vergangenheit zu schauen und von der Zeit ebensowenig behindert zu werden wie vom Raum. Ich bin dann imstande, die Vergangenheit Verstorbener wieder aufleben zu lassen, um zu sehen, zu erfahren, was in einem bestimmten Zeitpunkt, den man mir angibt, im Leben des Abgeschiedenen vor sich gegangen ist . . .«

Es gehört zu den Verdiensten F. Ortts, daß es ihm gelungen ist, aufzuzeigen, wie im Licht der Ergebnisse der heutigen naturphilosophischen Forschung solche zufolge Leadbeater u. a. auf eigenen Erfahrungen beruhenden Schilderungen uns weniger unwahrscheinlich vorkommen, als mancher anzunehmen geneigt ist.

Bekanntlich hat schon Kant darauf hingewiesen, daß vermutet werden kann, Zeit und Raum seien eine Anschauungsform der menschlichen Erkenntnisfähigkeit. Seiner Meinung nach sind Raum und Zeit notwendige Voraussetzung sinnlicher Erfahrung. Raum und Zeit weisen nach Kant »transzendentale Idealität« und »empirische Realität« auf.

Moderne Naturphilosophen wie Minkowski und Einstein haben im Sinne Kants weitergearbeitet und den Beweis zu liefern gesucht, daß alles, was für uns in Raum und Zeit geordnet ist, von höherer Warte aus gesehen als eine vierdimensionale Welt erscheint, in der Raum und Zeit untrennbar verbunden sind. Jeder von uns ordnet ihrer Ansicht nach die Elemente dieser Welt auf eigene Weise in Raum und Zeit ein.

Von dem von Einstein entwickelten Gedanken ausgehend, das Weltall, wie wir es kennen, müsse als ein Ganzes von vier Abmessungen gesehen werden, nämlich die drei räumlichen Richtungen und die Zeitrichtung, in der wir uns bewegen, hat Ortt nun die These aufgestellt, Psychoskopisten besäßen die Gabe, den vierdimensionalen »Zeitlinien« oder »Zeitbahnen« im Geiste zu folgen und dabei sozusagen in die zweite Zeitdimension, eigentlich die Ewigkeitssphäre, einzutauchen.

Zur näheren Erklärung sei darauf verwiesen, daß die Anhänger der Relativitätstheorie die Elemente des vierdimensionalen Systems, das, wie sie sagen, die wahrnehmbare Wirklichkeit ist, »Ereignisse« genannt haben. Darunter verstehen sie »all das, was an einem bestimmten Ort und zu einem bestimmten Zeitpunkt geschieht oder anwesend (vorhanden) ist«. Die aufeinanderfolgenden Zustände eines Körpers, von seinem Entstehen bis zu seinem Vergehen, bilden ebenso viele »Ereignisse«. Ihre Gesamtheit, also alle aufeinanderfolgenden Zustände des Körpers, bilden nun in der vierdimensionalen Ausdehnung eine gewisse Linie, die »Weltlinie« oder »Zeitbahn« des Körpers. Die Zeitbahn unseres eigenen Körpers verläuft also dieser Ansicht zufolge gewissermaßen als Kette unendlich vieler »Exemplare« dieses Körpers; jedes neue ist einen Augenblick älter als das vorangegangene.

Nach Ortt ist unser Bewußtsein in jedem Moment in einem bestimmten Punkt dieser Weltlinie anwesend. Es gleitet sozusagen diese Zeitbahn entlang von der Geburt bis zum Tod, und so verbringen wir unser ganzes Leben, das in der vierdimensionalen Welt etwas Unveränderliches und Feststehendes ist. Unter gewissen Umständen vermag, nach Ortt, unser »Geist« sich von der Zeitbahn unseres eigenen Körpers frei zu machen und jener eines Gegenstandes zu folgen, der einem andern gehört. Auf diese Weise trifft unser »Geist« die Zeitbahn des Eigentümers jenes Gegenstandes, dem er nun seinerseits folgen kann, usw.

Die Zeitbahnentheorie gibt uns, sagt Ortt weiter, nicht nur Gelegenheit, gewisse retroskopische, sondern auch gewisse proskopische Leistungen der Psychoskopisten in einer Weise zu erklären, die sich den neueren naturphilosophischen Erkenntnissen anschließt. Wenn man also annimmt, der Psychoskopist sei befähigt, sich in die zweite Zeitdimension zu begeben, so wäre es im Sinne der Ausführungen dieses Gelehrten denkbar, daß er Eindrücke von der Zukunft gewinnen könnte. Propheten und Leute, die die Gabe des Zweiten Gesichts besitzen, sind Menschen, die für kurze Zeit außerhalb unserer Zeitlinie stehen und darum das, was für uns »zukünftig«, vom Standpunkt der Ewigkeit aus gesehen jedoch »seiend« ist, als das »Seiende« *sehen* oder, anders gesagt, in einem einzigen Augenblick übersehen.

Wie ich schon früher ausführte, kann ich in Ortts Betrachtungen über die Psychoskopie nichts anderes sehen als einen ersten Versuch, uns unter Verwendung unserer heute anwendbaren naturphilosophischen Begriffe einigermaßen darüber klarzuwerden, was wir unter Reaktualisierung der Vergangenheit, unter Versetzung in die Vergangenheit zu verstehen haben. Ich bin daher der Meinung, daß dieser vorläufigen Hypothese ein gewisser didaktischer Wert nicht abgesprochen werden kann. Dagegen habe ich schwere Bedenken gegen Ortts Neigung, die Psychoskopie im allgemeinen als ein für sich allein bestehendes Phänomen, ein sogenanntes Urphänomen, anzusehen. Wie ich schon in früheren Veröffentlichungen (siehe u. a. HELLSEHEN UND TELEPATHIE) aufzuzeigen versucht habe, kann es keinem Zweifel unterliegen, daß ein belangreicher Teil der Leistungen von Psychoskopisten auf dem Einfallen von »Gedanken« beruht (innern), die aus dem »Bewußtsein« (Psychismus) an- oder auch abwesender Personen stammen. Der Induktor spielt dabei zumeist eine Rolle, die man mit jener vergleichen kann, die der Knoten im Taschentuch beim Erinnern spielt. Es ist hier am Platz, auch noch ein paar Augenblicke bei der von manchen vertretenen Hypothese zu verweilen, nach der die Psychoskopisten nicht nur das »innern« könnten, woran andere sich grundsätzlich zu erinnern vermögen, sondern auch das, woran frühere Generationen sich erinnern konnten. Diesen Gedanken treffen wir u. a. bei dem deutschen Philosophen T. K. Oesterreich an. In seiner 1921 erschienenen Abhandlung GRUNDBEGRIFFE DER PARAPSYCHOLOGIE führt er aus, die Möglichkeit sei nicht auszuschließen, daß wir in den »tieferen Schichten« des Unbewußten alle Erinnerungen früherer Generationen bewahren, die dann unter gewissen Voraussetzungen einem Psychoskopisten zugänglich sind. Wenn dem so ist, könnte man von bestimmten Fällen des sogenannten retrokognitiven telepathischen Rapports (und zwar von jenen, die Verstorbene betreffen) sagen, sie lägen sozusagen in einer »Verlängerung«, wobei frühere Erlebnisse persönlich an- oder auch abwesender Konsultanten reaktualisiert zu werden scheinen.

Wir wollen auf das alles hier nicht näher eingehen, sondern uns damit begnügen, der Hoffnung Ausdruck zu geben, daß sich aus Vorstehendem zur Genüge erwiesen hat, es sei möglich, Besessenheitszustände, wie sie sich bei Psychoskopisten zeigen, animistisch zu erklären. Dazu muß aber ausdrücklich bemerkt werden, daß die uns zur Verfügung stehenden Hypothesen eines Ortt, Oesterreich u. a. nur als »vorläufige« anzusehen sind.

2. Telepathischer Rapport mit Verstorbenen

Die Erkenntnis, daß zahlreiche Besessenheitszustände, wie man sie bei Psychoskopisten antrifft, animistisch erklärbar sind, schließt die Möglichkeit telepathischer Rapporte mit Verstorbenen, wie die Spiritisten sie sich vorstellen, keineswegs aus. Sie öffnet uns nur die Augen für die Tatsache, daß hier alles weniger einfach und viel komplizierter ist, als mancher denkt.

Leute, die über ein gewisses Maß an paragnostischer Begabung verfügen und in der Kunst der Selbstbeobachtung nicht ganz unerfahren sind, behaupten zuweilen, man könne, wie unter bestimmten Umständen mit Lebenden, auch mit Dahingeschiedenen in telepathischen Rapport gelangen.

Zu diesen gehört die deutsche Parapsychologin Dr. Gerda Walther[7], deren Aussagen wegen ihrer Verläßlichkeit und ihrer reichen Kenntnisse einer gewissen Autorität nicht entbehren. Unter dem Titel DIE INNERSEELISCHE SEITE PARAPSYCHOLOGISCHER PHÄNOMENE hat diese Forscherin im 4. Jahrgang der Schweizer Zeitschrift »Neue Wissenschaft«, November/Dezember 1956, Januar 1957, eine Abhandlung veröffentlicht, die man meines Erachtens nicht übersehen darf und die ich hier auszugsweise wiedergeben will.

Die Autorin, die sich schon in ihrer Dissertation der phänomenologischen Methode bedient und schon von Jugend an paragnostische Erfahrungen gehabt hat, beginnt ihre Ausführungen mit dem Hinweis, das hier bereits behandelte Phänomen der »Persönlichkeitserweiterung um das Du« sei ihr aus eigenem Erleben bekannt. Einer der von ihr beschriebenen Fälle von »Einswerdung« (telepathischer Kontakt) lautet:

»Es war am 28. Juli 1928, ich war bei Bekannten in Nürnberg eingeladen. Als ich eben ausgehen wollte, fragten sie mich, ob ich nicht Lust hätte, mir die Rundfunkübertragung der ›Meistersinger‹ anzuhören. Ich wurde schon als kleines Kind von meinem Vater, der ein begeisterter Wagnerianer war, in die Wagneropern mitgenommen und kenne sie deshalb streckenweise fast auswendig. Als ich hörte, daß der berühmte Sänger Rode den Hans Sachs singe, nahm ich deshalb sehr erfreut den Kopfhörer und kam gerade zurecht zum Beginn des Wahnmonologs, den ich besonders liebe. Während ich andächtig zuhörte, kamen plötzlich Gedanken daher, wie ›ach, ist das langweilig!‹, ›wie lange dauert das noch?!‹, ›wenn nur endlich etwas anderes käme!‹. Also offenbar die Empfindungen von jemand, der die Sache nicht verstand, ihr nicht richtig folgen konnte, jedenfalls sehr wenig Genuß davon hatte. Das Ganze war aber eingebettet in die Aura von Rudi Schneider[8], der damals in München war. Ich hörte also dasselbe Musikstück gleichzeitig zweimal, einmal voller Begeisterung und jedes Wort verstehend als ich selbst, daneben aber mit recht wenig Verständnis und ziemlich gelangweilt als Rudi Schneider. Es war in der Tat ein recht eigenartiges Erlebnis.«

Die Verfasserin teilt nun weiter mit, eine von ihr angestellte Untersuchung habe ergeben, daß Rudi Schneider tatsächlich zum selben Zeitpunkt, als sie aufmerksam und mit viel Genuß in Nürnberg den »Meistersingern« gelauscht, in München gelangweilt die Oper angehört hatte.

Fräulein Dr. Walther ist durchaus nicht die einzige Vertrauenswürdige, die solche Dinge von sich selbst berichtet. Sie hat auch mehrmals erfahren, daß derartige Erlebnisse in Verbindung mit bereits Verstorbenen auftraten. Ein solches betrifft einen Mann, der 1934 auf Veranlassung Hitlers erschossen wurde.

»Dienstag, den 3. Juli 1934«, berichtet Dr. Walther, »nahm ich vormittags an der ›Menschenweihehandlung‹ in der Wohnung des damaligen Pfarrers Dr. H. Heisler der Münchner Christengemeinschaft teil. Sie hatte noch nicht begonnen und ich dachte an die Erschossenen: wie sie sich wohl drüben zurechtfinden würden, nachdem sie doch so völlig unvorbereitet aus dem Leben geschieden waren. Da vernahm ich plötzlich innerlich – wie bei sehr intensiven telepathischen Erlebnissen – die mit großem Eifer und voller Entrüstung geäußerten Worte: ›Ich bin kein Schuft, ich bin kein Schuft! Ich habe das Beste gewollt, vielleicht habe ich mich geirrt, irren ist menschlich – aber ein Schuft bin ich nicht!‹ Diese Worte waren durchtränkt von der starken Aura des Ermordeten, die ich damals vor dem Bild (in einem Schaufenster) gefühlt hatte. Ich versicherte ihm innerlich, daß ich gern bereit sei, ihm zu glauben (sie hatte den Ermordeten zu Lebzeiten nicht persönlich gekannt, auch nicht mit seinen nationalsozialistischen Ansichten sympathisiert), und mich bemühen wollte, mich weiter zu orientieren über das Vorgefallene, was ja aber nicht ganz leicht sei, weil ja keiner (der gemeinsam mit ihm erschossenen SA-Führer) gerettet worden war. Dann begann die Kulthandlung, ich sagte ihm, ich müsse jetzt auf diese aufpassen und er möge es auch tun. Als die Handlung nach etwa ¾ Stunden vorüber war, spürte ich wieder mit aller Wucht diese mächtige Aura. Der Erschossene schien mich zu drängen, er wollte in das Zentrum der Stadt . . . Ich lief wie getrieben durch die Straßen. Manchmal strömte seine Ausstrahlung so stark in mich ein, daß ich fürchtete, in Trance zu fallen. Ich erklärte ihm deshalb in Gedanken, daß das sehr unzweckmäßig sein würde . . . Hierauf zog er sich zugleich etwas zurück.«

Dr. Walther berichtet weiter, wie sie auch später noch laufend in Verbindung mit dem Erschossenen stand:

»Am 8. Januar 1935 saß ich morgens in meinem Zimmer lesend am Fenster. (Es war im 4. Stock, das Fenster ging auf eine belebte Straße und einen Platz.) Da spürte ich plötzlich vor mir ein starkes geistiges Licht, das mich veranlaßte aufzuschauen – es war aber nichts, das von außen gekommen wäre. In dem Lichtmeer saß eine alte Frau – ich sah sie weder als Halluzination noch als intensive Vorstellung, und doch ›sah‹ ich sie irgendwie in einer nicht näher zu beschreibenden Weise. Dann ›sah‹ ich, wie der Erschossene voller Jubel auf sie zustürzte, vor ihr niederkniete und ihre Hände streichelte, und ich ›wußte‹, daß es seine Mutter war. Er schien ihr unendlich viel zu erzählen und sah sich dabei auch nach mir um, doch verstand ich nicht, was er sagte. Allmählich verblaßte die Erscheinung, doch klang noch lange ein Gefühl jubelnder Freude in mir nach. Nur verstand ich die Bedeutung des Ganzen nicht. Sollte ich der Mutter des Erschossenen einen Gruß von ihm zukommen lassen? Aber es war so stark, daß es mir undenkbar schien, daß sie es nicht gefühlt hätte – oder sollte ich ihr das bestätigen? Ich hatte keine Ahnung, wo die alte Frau wohnte, und wußte auch nicht, wie ich es erfahren sollte. Doch versuchte ich es herauszubringen. Immer, wenn ich nach einem vergeblichen Versuch mich auf den SA-Führer konzentrierte, um ihm mitzuteilen, daß ich sie nicht finden konnte, kam ein Strom von Freude und Jubel zurück, den ich mir nicht recht erklären konnte, doch suchte ich daraufhin weiter. Oft malte ich mir aus, wie schön es sein würde, wenn ich seine Mutter gefunden hätte und sie mir mehr von ihm erzählen würde. Einmal stand ich – in solche Gedanken versunken – vor dem Schaufenster eines Blumenladens. Jeder, der mich kennt, weiß, daß ich eine besondere Vorliebe für alles Blaue, vor allem auch blaue Blumen habe, während mir Rot wenig bedeutet. In dem Schaufenster stand wundervoller blauer Rittersporn, und ich malte mir aus, daß ich der Mutter des Erschossenen einen Strauß davon bringen wollte – sobald ich wüßte, wo sie wohnte. Der Rittersporn stand auf der rechten Seite des Schaufensters. Da wurde mein Kopf plötzlich wie durch einen inneren Zwang nach links hinüber gedreht, dort standen rote Tulpen im Schaufenster, und von dem Erschossenen kam mir der Gedanke, daß diese doch viel schöner seien, was mich persönlich freilich nicht überzeugte. Aber immer, wenn ich irgendwo – an Straßenecken, in Schaufenstern usw. – solche Tulpen sah, spürte ich, wie er mich mit besonderer Freude darauf aufmerksam machte. Niemand wollte etwas von dieser Familie wissen. Doch nach langen Bemühungen erfuhr ich schließlich, daß der Bruder des Erschossenen als Eisenbahnbeamter in Rosenheim tätig war. Ich schrieb ihm und machte seine Bekanntschaft, lernte dann auch die in Salzburg lebende Schwester des Erschossenen kennen, die ihm besonders nahegestanden war. Durch seinen Bruder erfuhr ich, daß seine Mutter am 6. Januar 1935, 1½ Tage ehe ich die Vision hatte, gestorben war, und zwar nicht in München, so daß auch keine Todesanzeige in einer Münchner Zeitung veröffentlicht wurde. Was ich gesehen hatte, war also zweifellos seine Begrüßung der Mutter auf der ›anderen Seite‹ gewesen, an der er mich teilnehmen lassen wollte. Seine Schwester sagte mir, es sei für ihn besonders charakteristisch gewesen, daß er oft die Hände der Mutter streichelte. Auf meine Frage[9], ob er eine besondere Beziehung zu roten Tulpen gehabt hätte, erzählte mir seine Schwester, daß vor dem Haus, in dem er mit seiner Mutter wohnte, sich ein großes Beet mit roten Tulpen befand. Jeden Morgen, ehe er zur Arbeit ging, sei er mit der Mutter hinuntergegangen, um nachzusehen, ob über Nacht vielleicht neue Blumen aufgeblüht seien. Ich hatte natürlich keine Ahnung von diesen Dingen und darf sie deshalb vielleicht als eine Art Identitätsbeweis betrachten.«

Nach diesem Erlebnis spürte Fräulein Dr. Walther ihrer Angabe nach noch oft die Anwesenheit des Betreffenden. »Ein andermal, als ich über einen großen Platz (Stachus) in München ging«, schreibt sie, »fühlte ich ebenfalls plötzlich die Nähe des SA-Führers – mein Leibgefühl, das Gefühl meines eigenen Leibes von innen veränderte sich plötzlich, mir war, als würde es durch sein früheres Leibgefühl ersetzt – ich fühlte mich mit breiten Schultern schwer und wuchtig in militärischem Schritt dahinmarschieren . . .« (Wie eine Psychoskopistin! Der Verfasser.)

». . . Auch von Medien und Sensitiven ist der SA-Führer wiederholt bei mir gesehen worden, z. B. in Vorträgen, aber auch bei anderen Anlässen. Als ich am 13. April 1937 bei einem Vorstandsmitglied der Abteilung Amsterdam der holländischen SPR. nachmittags zum Tee eingeladen war, traf ich dort das Medium Benedikt. Ich wußte vorher nicht, daß dieser Herr dort sein würde, hatte auch nie seinen Namen gehört, ebenso versicherte man mir, daß ihm mein Kommen nicht mitgeteilt worden war. Ich hatte kaum Platz genommen, als Herr Benedikt mir sagte, es sei ein dicker Mann mit mir gekommen, ein Verstorbener, er halte eine Pistole in der Hand – was das wohl bedeute? Ich sagte, er sei erschossen worden, denn es war mir sofort klar, wer allein das sein konnte. Herr Benedikt fuhr fort: Nun höre ich ein Wort Rom, Rom, so ähnlich, aber nicht die Stadt, der Mann deutet auf sich: ›Rom, das bin ich!‹–«

Wenn es mir auch fernliegt zu behaupten, solche »Selbstbeobachtungen« müßten für den Leser überzeugend sein, glaube ich dennoch, sie verdienen als Darstellungen zur Frage der »Besessenheit« unsere volle Aufmerksamkeit. Möglicherweise werden sie einmal wertvolle Beiträge zu unserem Wissen über Ursprung und Wesen gewisser pathologischer Phänomene sein, für die die Mediziner und Psychologen unserer Zeit noch nicht den richtigen Blick haben. Der alte Glaube, man habe gewisse seelisch und geistig Kranke als Besessene (in spiritistischem Sinn) anzusehen, ist vielleicht weniger abwegig, als man heutzutage in psychiatrischen Kreisen noch allgemein denkt.

3. Handschrift als Identitätsbeweis

Didiers Behauptung, seine Handschrift habe manchmal jener von Menschen geglichen, mit denen er sich identifiziert hatte (telepathischer Rapport), veranlaßt uns zu dem Hinweis, daß uns von verschiedenen automatisch schreibenden Medien berichtet wird, deren Handschrift zuweilen merklich jener Verstorbenen glich, die sich angeblich durch ihre Vermittlung äußerten. Ich denke hier z.B. an Mrs. R. Thompson (siehe Kapitel XIV). Piddington berichtet von ihr, sie habe wiederholt in Trance Handschriften hervorgebracht, die jener des im Jahre 1900 verstorbenen englischen Hochschulprofessors Henry Sidgwick (des ersten Vorsitzenden der englischen SPR.), der sich angeblich durch sie mitgeteilt hat, ganz auffällig glichen. Obwohl Mrs. Thompson behauptet, sie habe vorher nie eine Handschrift des Verstorbenen gesehen, muß man mit der Möglichkeit rechnen, daß sie im Hause Myers' oder eines seiner Mitarbeiter, ohne sich dessen bewußt zu sein, einen Blick auf Sidgwicks Handschrift hatte werfen können und dieser merkwürdigen Reproduktion also Kryptomnesie zugrunde liegt.

Dasselbe gilt von den Berichten, die in den Jahren 1923 und 1924 von Herrn »V.« gemeinsam mit Mrs. Travers Smith (Hester Dowden) automatisch geschrieben wurden und angeblich von Oscar Wilde stammen. Nicht nur Stil und Inhalt eines Teiles dieser Berichte sind, Sachverständigen zufolge, für diesen 1900 verstorbenen englischen Schriftsteller kennzeichnend, sondern auch die Handschrift, von der sie, wie beide Medien erklären, nie Proben zu Gesicht bekommen hatten. Wie sonderbar das ganze Drum und Dran dieser durch doppelte Mediumschaft erhaltenen Mitteilungen auch sein mag, ich glaube dennoch, daß hier von einem überzeugenden Beweis, Wilde habe sich durch die beiden Medien manifestiert, keine Rede sein kann. Können wir doch nicht mit Sicherheit feststellen, inwieweit Kryptomnesie, »Einbildung« und »Dramatisierung« den Medien einen Streich gespielt haben könnten. Dies um so mehr, da es sich hier um die angebliche Manifestation einer Persönlichkeit handelt, von der in England viel gesprochen und geschrieben worden ist und von der die Medien wohl gelegentlich, wahrscheinlich mehr als sie sich erinnerten, gelesen hatten.

Bedeutender als diese beiden Fälle ist zweifellos jener, den Flournoy bei Hélène Smith (siehe Kapitel VI) konstatiert und der eine gewisse Berühmtheit erlangt hat.

Während einer Sitzung im Hause Flournoys hatte Frl. Smith die Vision eines Dorfes auf einer mit Weingärten bedeckten Hochebene. Auf einem steinigen Weg sah sie einen alten Mann bergab gehen, der eher wie ein Herr aussah mit seinen Schnallenschuhen, großem Hut, weichem Kragen mit aufragenden Spitzen usw. Ein Bauer, der ihm entgegenkam, verneigte sich vor ihm wie vor einer gewichtigen Persönlichkeit. Sie Sprachen einen Dialekt, den Hélène nicht verstehen konnte. Ein paar Augenblicke später nahm sie einen Bleistift und schrieb langsam in einer bei ihr ungewohnten Handschrift »Chaumontet Syndic«. Dann erschien wiederum die Vision des Dorfes. Auf Flournoys Frage, ob sie auch den Namen des Dorfes erfahren könnte, erschien ihr ein Wegweiser mit der Aufschrift »Chessenaz«. Dann hörte sie den alten Mann sagen »1839«. Am nächsten Tag fand Flournoy auf einer Landkarte ein Dörfchen Chessenaz im Departement Haute-Savoie, 26 km von Genf entfernt.

Vierzehn Tage später, anläßlich eines Besuches Flournoys bei Hélènes Mutter, hatte Hélène Smith wieder eine Vision. Abermals sah sie das Dorf erscheinen, dann den Syndikus. Der war diesmal in Begleitung eines Geistlichen, mit dem er anscheinend auf gutem Fuß stand und den er »mein lieber Freund Burnier« nannte. Als Flournoy fragte, ob auch dieser Geistliche durch Hélènes Hand seinen Namen schreiben könne, versprach »Leopold«[10], dieser Bitte würde entsprochen.

Bei der nächsten Sitzung schrieb Hélène automatisch mit einer Feder die Worte »Burnier salut«.

Aufs Geratewohl schrieb nun Fournoy an die Gemeindeverwaltung von Chessenaz. Der Bürgermeister antwortete ihm, in den Jahren 1838 und 1839 wäre ein gewisser Jean Chaumontet Syndikus von Chessenaz gewesen, und die Gemeinde sei im Besitz von Schriftstücken, die Chaumontets Unterschrift trugen. Damals habe in der Gemeinde auch ein Geistlicher namens André Burnier gelebt. Auch von ihm waren Unterschriften vorhanden. Vergleiche ergaben nun, daß eine auffallende Ähnlichkeit zwischen den Schriftzügen, die Hélène Smith hervorgebracht hatte, und den Unterschriften im Archiv von Chessenaz bestand.

»Selbstverständlich«, schrieb Flournoy, »war mein erster Gedanke, Frl. Smith habe bei irgendeiner Gelegenheit Akten oder sonstige Schriftstücke zu sehen bekommen, die vom Syndikus oder vom Pfarrer von Chessenaz unterzeichnet waren, und diese vergessenen optischen Eindrücke (Kryptomnesie. Der Verfasser), während ihres somnambulen Zustands wieder aufgetaucht, hätten ihr als Muster gedient, als ihre Hand automatisch schrieb. Als die übrigens vollkommen vertrauenswürdige und verläßliche Hélène diese Annahme hörte, sprang sie einigermaßen entrüstet auf und erklärte, sie sei gewiß, nie zuvor weder etwas von Chessenaz noch von einem seiner jetzigen oder früheren Bewohner gehört zu haben. Ich bedauere meine unvorsichtige Annahme nur halb, weil sie uns eine neue, ausführlichere Manifestation des Pfarrers verschafft hat. Er hat seine Identität durch eine Erklärung aufs deutlichste zu beweisen versucht, indem er sich noch einmal der Hand Frl. Smiths bemächtigte ... Die eigenartige Handschrift, in der dieses Schriftstück abgefaßt ist, entspricht jener eines französischen Landpfarrers aus der Zeit um 1840 und stimmt weitgehend mit der verbürgten Unterschrift Burniers auf einem Archivstück der Gemeinde Chessenaz überein.«

Wenngleich ich trotz Hélènes gegenteiliger Behauptung die Möglichkeit, wir könnten es hier mit Kryptomnesie zu tun haben, nicht für ausgeschlossen halte, glaube ich dennoch, daß man die Möglichkeit, diese Hypothese sei richtig, hier für nur gering erachten muß. Damit ist aber nicht gesagt, daß ich hier ohne weiteres an eine spiritistische Beeinflussung denken möchte. Flournoys Meinung, wir hätten hier die Wahl zwischen einer spiritistischen Erklärung und einem Fall von Kryptomnesie, teile ich nicht. Es muß vielmehr auch damit gerechnet werden, daß Hélènes Visionen auf Retroskopie (Rückschau, sogenanntes Hellsehen in die Vergangenheit) beruhen.

Sehr merkwürdige Beispiele automatischen Schreibens berichtete man mir auch von dem mir persönlich bekannten norwegischen Medium Ingeborg Dahl. So schrieb sie am 4. August 1928 automatisch einen englischen Brief[11] an die ihr bekannte Engländerin Helene L., der angeblich von einer 1924 verstorbenen Tante dieser Dame herrührte. Wie sich später herausstellte, enthielt der Brief nicht nur einige Angaben, die die Empfängerin zu der Annahme veranlaßten, Ingeborg sei von ihrer Tante beeinflußt worden, auch die Handschrift in dem Brief zeigte eine bemerkenswerte Übereinstimmung mit jener der Verstorbenen. Es muß der ganzen Sachlage nach wohl für ausgeschlossen gehalten werden, daß dem Medium bis dahin je ein Schriftstück dieser Tante zu Gesicht gekommen war, und so sah Miss L. auch darin einen Beweis, daß der Brief von der Verstorbenen stammte.

Ohne nun die Möglichkeit zu bestreiten, daß wir es hier tatsächlich mit einer Manifestation der Tante zu tun haben, möchte ich doch darauf hinweisen, daß die Beweiskraft in diesem Fall und in anderen, was die Übereinstimmung von Handschriften betrifft, nicht vollkommen stichhaltig ist. Sind doch manche Psychoskopisten nicht allein imstande, gewisse Besonderheiten von Handschriften wiederzugeben – gleichgültig, ob die in Betracht kommenden Personen anwesend sind oder nicht –, sondern die Schrift selbst trefflichst nachzuahmen. Ich denke hier z. B. an Raphael Schermann, von dem

O. Fischer berichtet, daß es ihm möglich gewesen sei, Schriften ihm selbst unbekannter Menschen nachzuahmen, an die Professor Fischer während der Sitzungen dachte.

IX Identitätsbeweise

1. Hyslops Telefonproben

Wenn jemand von uns einen Identitätsbeweis verlangt, so bedeutet das, er erwartet einen gesetzlich gültigen, überzeugenden Beweis, daß wir jene Person sind, für die wir uns ausgeben.

Die Erfahrung lehrt, daß wir im Alltagsleben für gewöhnlich keine allzu hohen Anforderungen an den Identitätsbeweis stellen. Oft genügt es, wenn wir unseren Namen nennen. Leute, denen wir uns vorstellen, werden in der Regel bedingungslos glauben, daß wir tatsächlich jene sind, die zu sein wir vorgeben. Begegnen sie uns später einmal, wird die Wahrnehmung unserer Person ein Erinnerungsbild in ihnen wachrufen, und zu dem, was sie bei dieser Gelegenheit reproduzieren, wird oft auch unser Name gehören.

Wenngleich man im täglichen Leben beim Identifizieren zumeist durchaus nicht wissenschaftlich vorgeht, bedeutet das keineswegs, daß man dabei häufig das Opfer von Betrügern wird. Die Erfahrung zeigt, daß man zumeist »intuitiv« (wie man das zu nennen pflegt) gewarnt wird, »es sei irgend etwas nicht ganz geheuer«, wenn jemand darauf ausgeht, uns hinsichtlich seiner Identität in die Irre zu führen. Nur gewissen pseudologischen Phantasten gelingt es manchmal, einem gewissen Personenkreis kürzere oder längere Zeit hindurch ihre wahre Identität zu verheimlichen.

Außer der nichtwissenschaftlichen, mehr oder weniger »intuitiven« (ein Wort, das ich hier nicht ohne Vorbehalt anwende) Art des Identifizierens, die im Alltag gewöhnlich ausreicht, gibt es noch die wissenschaftliche Weise (z. B. mit Hilfe von Fingerabdrücken), deren man sich für polizeiliche und gerichtliche Zwecke bedient. Zwischen diesen beiden Extremen gibt es aber Übergangsformen.

Da ist zum Beispiel die Telefonprobe. Sie wurde auf Veranlassung von Professor Hyslop von der Columbia University vorgenommen und hatte nichts anderes zum Zweck, als Material für vergleichende Untersuchungen über Identitätsbeweise zu sammeln, die man bei spiritistischen Séancen erhält.

Bei der von Professor Hyslop entworfenen Telefonprobe verwendete man eine Fernsprechleitung, die zwischen zwei Universitätsgebäuden gelegt wurde. Man setzte an die Telefonapparate an den beiden Enden der Leitung zwei befreundete oder zumindest sehr gut miteinander bekannte Personen, wobei jeweils nur ein Teilnehmer wußte, wer sich am anderen Ende befand. Dieser, also der Berichtgeber (der Manifestierende), mußte nun Botschaften absenden; zuerst nur in beiläufiger Form, allmählich aber immer deutlicher werdend, während der andere so lange raten mußte, bis er schließlich mit Bestimmtheit zu sagen vermochte, wer sich am anderen Ende der Leitung befand.

Zuerst hielt Hyslop den Zweck dieser Versuche völlig geheim. »Ich war sehr vorsichtig«, sagte er, »und ließ niemand, nicht einmal meine Assistenten, wissen, was ich damit beabsichtigte. Ich wollte u. a. erheben, inwieweit vernünftige Menschen völlig unvorbereitet und unbeeinflußt ganz gewöhnliche, unbedeutende Vorfälle als Identitätsbeweise ansehen würden.«

Was nun die Ergebnisse dieser zweifellos interessanten Versuche anlangt: Hyslop bemerkt dazu, es sei merkwürdig, festzustellen, »wie übereinstimmend vernünftige Menschen gerade jene Vorfälle als Identitätsbeweis annahmen, die im allgemeinen als sehr unbedeutend anzusehen sind. Diese Ereignisse schienen sich ihnen ganz von selbst aufzudrängen ... Die Berichte zeigen deutlich, daß, wenn Menschen sich selbst überlassen sind, sie unbedeutende Vorfälle als Identitätsbeweise ansehen, ohne sich dabei Rechenschaft zu geben, warum das so ist. Eines der bemerkenswertesten Kennzeichen war dabei, daß die Betreffenden, nachdem sie sich entschieden hatten, welchen Vorfall sie dazu wählen wollten, ihren Vorstellungszusammenhängen ganz und gar freien Lauf ließen, um schließlich auf diese Art das Geforderte ins Gedächtnis zurückzurufen.«

Oft zeigten sich bei den Berichtgebern bemerkenswerte Beispiele der Erinnerung an allerlei Nichtigkeiten, die sich in längst vergangener Zeit ereignet hatten. Die Ergebnisse dieser Versuche stimmten auch schon mit dem überein, was Hyslop bei den Sitzungen mit Frau Piper (siehe Kapitel X) beobachtet hatte.

Professor Hyslop beendet seine Ausführungen über diese Untersuchung wie folgt: »Wie es auch immer sein mag, die Ergebnisse zerstreuen völlig alle Bedenken, die einige Kritiker gegen die vom Medium Piper gewonnenen Identitätsbeweise aufgrund des oft unbedeutenden Inhalts glaubten vorbringen zu müssen. Und das ist viel wert.«

Die Identifizierungsmethode, die Hyslops Telefonproben zugrunde liegt, scheint nicht nur von Anfang an von den Geistern (insofern wir berechtigt sind, ihr Dasein anzuerkennen) angewandt worden zu sein, sie ist auch von den Forschern als mehr oder weniger zum Ziel führend anerkannt worden. Im Lauf der Jahre ist man aber immer mehr zur Einsicht gekommen, daß (wie aus dem Vorstehenden klargeworden sein und aus dem Nachstehenden noch klarwerden möge) hier alles weniger einfach ist, als man zuerst gemeint hat. Mancher »Identitätsbeweis«, der vor einigen Jahrzehnten noch als überzeugend angesehen wurde, hat im Lauf der Zeit an Überzeugungskraft eingebüßt. Das ist eine Folge unserer immer größer gewordenen Kenntnis der paragnostischen Kräfte des lebenden Menschen, deren Grenzen wir noch gar nicht kennen.

Im nachfolgenden wollen wir noch einige Fälle vorstellen und dabei einen gewissen Höhepunkt zu erreichen suchen; und zwar handelt es sich dabei um solche Fälle, bei denen es ist, *als ob* Geister ihre Identität dadurch zu beweisen trachteten, daß sie versuchten, allerlei vergangene Ereignisse aus ihrem Leben anzuführen. Wir wollen uns hier auf solche Fälle beschränken, in denen es, wenn schon nicht als unmöglich, so zumindest als sehr unwahrscheinlich erachtet werden muß, daß das Medium auf normale oder paranormale Weise (Telepathie, Gedankenlesen) die von ihm gelieferten Daten dem Psychismus Anwesender entnommen hat.

2. Verschaffung von Daten, die dem Medium unbekannt und den übrigen Anwesenden nur zum Teil bekannt sind

Am Vorabend des 31. Dezember 1934 kam einer meiner Freunde, Herr Dr. C. P. v. R., der in H.t.H. wohnte, durch einen verhängnisvollen Unfall ums Leben. Obwohl sich aus meinen Aufzeichnungen ergibt, daß mir im Laufe der Jahre einige Psychoskopisten unaufgefordert verschiedenes aus seinem Leben mitgeteilt haben, waren diese Angaben eigentlich nie derart, daß sie mich veranlaßten, an eine spiritistische Erklärung dessen, was sie »sahen« oder »hörten«, zu denken. Gegen Ende 1939 teilte mir Dr. Herman Wolf mit, er habe einige bemerkenswerte Erfahrungen mit Herrn N. R. in H. gemacht, einem Geschäftsmann, der mehr oder weniger zufällig entdeckt haben soll, er wäre ein »spiritistisches Medium«. Eine Bekannte Dr. Wolfs, Frau D. Koelensmid-v. d. Staay, hätte von Herrn N. R. einen »überzeugenden Beweis« vom Fortleben ihrer verstorbenen Tochter bekommen. Das veranlaßte mich, mit diesem Herrn in Verbindung zu treten. Es fiel mir nicht leicht, da er, wie viele andere Offenbarungsspiritisten auch, in mir – wenn auch völlig zu Unrecht – nur einen »Negativisten« sehen konnte, der sich zum Ziel gesetzt habe, den Spiritismus zu bekämpfen. Nach vielem Hinundherreden gelang es mir jedoch, Zugang zu ihm zu finden, so daß ich ihn schließlich am 3. April 1940 gemeinsam mit meiner Frau besuchen konnte.

Herr N. R., der uns im Beisein seiner Gattin empfing, war etwa vierzig Jahre alt und alles andere als ein Berufsmedium. Er teilte uns mit – und damit zeigte er seine typisch gefühlsspiritistische Einstellung –, daß höhere Mächte ihm seine Begabung geschenkt hätten, um jenen Trost zu bringen, die ihre Toten betrauerten. Dabei versäumte er nicht, meine »negativistische« Einstellung zu kritisieren.

Nach einiger Zeit sagte er, er spüre die Anwesenheit eines »Anrufers«, dann teilte er mir folgendes mit:

Worte des Herrn N. R.:	*Kommentar:*
1. Der Name des Anrufers ist Cornelius. Er stammt aus einer großen Hafenstadt, die unweit des Meeres liegt. Er hatte irgend etwas mit Gesetzbüchern zu tun, aber auch mit dem Theater. Auch mit einem Silvesterabend gibt es da irgendeinen Zusammenhang.	Dr. C. P. v. R. wurde in Rotterdam geboren. Er studierte Rechtswissenschaft und war einige Jahre Rechtsanwalt in Rotterdam. Dann widmete er sich der Journalistik. Er hat auch ein paar Bühnenstücke geschrieben. Am 31. Dezember 1934 ist er gestorben.
2. Der Anrufer fragt, ob Sie noch wissen, was in 18 Tagen (also am 21. April; der Verfasser) sein wird.	Der 21. April war der Geburtstag Dr. v. R.s.
3. Der unbekannte Anrufer, dessen Name Ihnen bekannt ist, hat sich abgesondert, weil er noch verborgen bleiben will. Johanna[1] sagt, sie stehe mit ihm nicht in unmittelbarem Kontakt, jedoch mit jemand, der um ihn ist, mit einer Catharina Lydia.	Dr. v. R.s Großmutter hieß Catharina Lydia.
4. Seine Frau und er haben beide Catharina Lydia gut gekannt.	Frau v. R. hat diese Großmutter zwar gekannt, aber nicht sehr gut.
5. Zu Catharina Lydia gehört das Datum 24. August.	Richtig.

6. Ich sehe immer wieder die Zahl 21. Und dann höre ich: eins, zwei, drei. In diesem Monat gab es drei Festlichkeiten. Aber es besteht ein Unterschied von drei Tagen und dennoch einem Jahr.

Dr. v. R. hatte am 21. April Geburtstag, seine Tochter und sein Sohn haben im selben Monat Geburtstag[2]. Sie sind aber im Alter um ein Jahr und drei Tage auseinander.

7. Diesmal ist es so schwer. Immer wieder ist Johanna weg. Ich sehe eine riesige Fläche und ganz weit in der Ferne einen Fleck. Sie wissen doch, daß nur ein Jahr Unterschied ist. Und jetzt höre ich: Genera, Generis, Genera, Gunnera.

Cunera ist der zweite Name sowohl von Frau v. R.s Großmutter als auch ihrer Schwester.

8. Das ist wichtig: 21. April. Wichtig sind auch die Jahre 1906, 1913 und 1934. Das sind Jahre mit bedeutenden Ereignissen. Das Leben verlief, wie es sollte. Das ist ein großer Trost.

Dr. v. R. hatte am 21. April Geburtstag. 1906 ließ er sich als Student der Rechte in Leiden immatrikulieren. 1913 wurde sein Sohn geboren. 1934 ist sein Sterbejahr.

9. Es war 21, und es war 1885.

Dr. v. R. wurde am 21. April 1885 geboren.

10. Jetzt höre ich Namen, El, El, Noor.

Der Name seiner Tochter und der zweite Name seiner Frau ist Eleonora.

11. Jetzt bekomme ich wieder ein Datum: 9. März und 11.

Dr. v. R. hat am 9. März 1911 geheiratet.

12. Es wäre noch viel mehr zu sagen, aber Johanna hat keinen Kontakt mehr. Der Anrufer sagt, er gebe natürlich nur Daten durch, die überprüft werden können. Einen unumstößlichen Beweis seiner Existenz kann er nicht geben.

Da ich im Hause des Herrn N. R. nur einige der von ihm angegebenen Daten beglaubigen konnte, begab ich mich am nächsten Tag zu Frau v. R. Dort erfuhr ich, daß im April sowohl ihr Sohn als auch ihre Tochter Geburtstag haben, daß sie im Alter um ein Jahr und drei Tage verschieden sind, daß Cunera der zweite Name ihrer Großmutter und ihrer Schwester ist, daß Dr. v. R. sich 1906 in Leiden immatrikulierte, daß ihr Sohn C. 1913 geboren wurde, daß sie am 9. März 1911 Dr. v. R. geheiratet hat, daß Dr. v. R.s Großmutter Catharina Lydia hieß und der 24. August in ihrem Leben tatsächlich eine Rolle gespielt hat.

Weiter teilte mir Frau v. R. mit, Herr N. R. habe sich bereit erklärt, meine Frau und mich ein zweites Mal, diesmal in Gesellschaft von Frau v. R., zu empfangen, und so sprachen wir denn alle drei bei Familie N. R. am 26. April 1940 vor. Bei dieser Gelegenheit sagte Herr N. R. zu Frau v. R.:

Worte des Herrn N. R.:	*Kommentar:*
1. Sie dachten, daß Ihre Schwester und Ihre Großmutter denselben Namen haben. Der Name ist Cunera. Ich habe ihn letztes Mal schlecht gehört.	Siehe Sitzung vom 3. April, Punkt 7.

2. Was ist morgen? Ist da etwas Besonders? *(Darauf antwortete Frau v. R.: »Ja.«)*

Der 27. April ist der Geburtstag von Frau v. R.s Vater.

3. Es ist dies ein fröhlicher Monat. Ein teurer Monat. Es ist schon ein hohes Alter.

Siehe Sitzung vom 3. April, Punkt 6. Das »hohe Alter« bezieht sich auf Frau v. R.s Vater, der schon hoch in den Siebzigern war.

4. Jetzt höre ich sagen: »Jan, Jan, Jan, Johannes.«

Frau v. R.s Vater hieß Johannes, wurde aber Jan genannt.

5. Es gab jemanden, der Mieg, Mieg, Michiel hieß und dreizehn Kinder hatte.

Frau v. R.s Urgroßvater hieß Michiel und hatte tatsächlich 13 Kinder.

6. Ich sehe da immer eine große Stadt vor mir, wo es viele Schiffe gibt. Doch die Stadt liegt nicht am Meer. Dort spielt sich alles ab. Von dort kommt alles her.

Sowohl die Familie Dr. v. R.s als auch jene seiner Frau stammen aus Rotterdam.

7. Michiel ist irgendwo krank geworden und hat eine Zeitlang dort gelebt. Dort hat er auch gearbeitet. Dort ist er krank geworden. Er wollte zurückkehren. Es war im Ausland. Als er gestorben war, wurde er in einem kleinen Ort bei der großen Stadt begraben. Jetzt höre ich es besser. Es muß Marinus heißen.

Michiel Marinus de M., Frau v. R.s Großvater, lebte einige Zeit in Düsseldorf. Dort hat er aber nicht gearbeitet. Er kehrte krank nach Rotterdam zurück und wurde auf dem Kirchhof von Hillegersberg bei Rotterdam begraben.

8. Anna, Anna. Wissen Sie, wer Anna ist? Das gehört nicht zu Ihnen persönlich.

Frau v. R.s Mutter hieß Anna (Johanna)

9. Hieß Ihre Mutter genauso wie Sie?

Frau v. R. heißt Johanna, wird aber in der Regel Jo genannt.

(Frau v. R. beantwortete bejahend.)	
10. Sind Sie ebensoviel gereist wie Ihr Mann? Ihr Mann ist sehr viel gereist.	Richtig, aber allgemein bekannt.
11. Wissen Sie, was Lana ist? Waren Sie gemeinsam mit Ihrem Mann in Lana? Sind Sie dort gemeinsam mit ihm spazierengegangen? Haben Sie oben gestanden? Eine herrliche Aussicht über Berge und Täler. Ein Band, das sich dort durch die Gegend schlängelt. Der Aufenthalt dort tat ihm gut. Sie fuhren mit einer Straßenbahn, die sehr hin- und herschlenkerte.	Herr Dr. und Frau v. R. hielten sich auf einer Reise in Lana auf. Das ist alles richtig.
12. Jetzt höre ich wieder: 15. April. Elly, Elly, Eleonora. Man nennt sie nie so.	15. April, der Geburtstag der Tochter Eleonora. Sie wird allgemein Elly genannt.
13. Ihr Mann hat Cunera noch gekannt. Sie lebte noch, als Ihr Sohn geboren wurde.	Richtig.
14. Sie wissen noch gut, wie Ihr Sohn zu seinem sonderbaren Namen kam. Es wurde danach gestochen.	Sehr richtig. Nach der Geburt ihres Sohnes haben Herr und Frau v. R. mit einer Nadel nach irgendeinem Namen (Cajus) gestochen.
15. Was geschah im Jahre 1891?	Geburtsjahr der Frau v. R.
16. Auch das Jahr 1934 ist von Bedeutung.	Sterbejahr von Herrn Dr. v. R.
17. Was haben Sie mit sieben zu tun? Mit dem Siebenten ist irgend etwas los. Der Siebente des zweiten Monats.	Der 7. Februar ist Frau v. R.s Geburtstag.

18. Was haben Sie *(hier wandte sich Herr N. R. an mich)* mit Arnheim zu tun? Er und Sie hatten etwas mit Arnheim zu tun.

Der letzte Artikel, den Dr. v. R. schrieb und der kurz nach seinem Tod in einer *Arnheimer* Zeitung erschienen ist, war eine Besprechung eines meiner Bücher. Es ist im Herbst 1934 herausgekommen.

19. Wer ist Abraham? Er lebt noch.

Dr. v. R.s Bruder heißt so.

20. Adrianus. Es gibt jemand, der sich Catharina nennt. Sie waren miteinander verheiratet.

Adrianus und Catharina waren Dr. v. R.s Großeltern mütterlicherseits.

21. Was haben Sie mit München zu tun gehabt? Sie haben von dort ein Andenken mitgebracht. Sie waren beide gemeinsam dort. Ich sehe Sie miteinander spazieren. Sie steigen über breite marmorne Treppen. Sie schauen ringsum. Großes Gebäude, Schloß, Museum. Das hat ihn sehr interessiert. Herrliches, schönes Wetter. Sonnige, schöne Zeit. Es war irgend etwas mit Tauben. Weiße Vögel.

Herr Dr. und Frau v. R. haben München und Venedig besucht. Aller Wahrscheinlichkeit nach haben wir es hier mit einer Verdichtung (Zusammendrängung) von Reiseerinnerungen zu tun, die sich auf diese Besuche beziehen.

22. Es gibt da ein Foto mit Kniestrümpfen. Auf dem Bild sind noch mehr Leute. Hohe Schuhe. Braun.

Ein derartiges Wintersportfoto ist im Besitz von Frau v. R.

23. Litt Ihr Mann an Kopfschmerzen? Ich sehe ihn reiben.

Richtig.

24. Jetzt höre ich die Worte: 12. August. Das war ein Freudentag.	An diesem Tag hatte die Schwiegermutter des Herrn Dr. v. R. Geburtstag.
25. Ihr Vater ist dem Beispiel anderer gefolgt. Er ging ganz in seinen Geschäften auf.	Richtig.

Vergleicht man die Ergebnisse der am 3. und 26. April 1940 mit Herrn N. R. abgehaltenen Sitzungen miteinander, so fällt es auf, daß das zweite Mal sowohl umfang- als auch inhaltsgemäß mehr ausgesagt wurde. Ich rechne daher mit der Möglichkeit, Herr N. R. könnte bei der zweiten Sitzung seine Hervorbringungen auf paranormale Weise (Telepathie bzw. Gedankenlesen) zum Großteil dem Psychismus von Frau v. R. entlehnt haben; es könnte ihm leichter gefallen sein, mit ihrem Psychismus in »telepathischen« Kontakt zu kommen als mit meinem[3]. Frau v. R.s Anwesenheit erleichterte ihm wahrscheinlich diesen Kontakt.

In dieser Meinung werde ich durch die Tatsache bestärkt, daß gewiß niemand, der Dr. v. R. zu Lebzeiten gut gekannt hat, wird sagen wollen, all das, was bei den beiden Sitzungen herausgekommen ist, sei kennzeichnend für jenen, von dem es nach Angabe des Herrn N. R. herrührt. Für Geburtstage und dergleichen hatte er wenig oder gar kein Interesse – zumindest habe ich ihn nie darüber sprechen hören –, und mehr oder weniger zufällig bin ich einmal dahintergekommen, daß sein Geburtstag auf den 21. April fiel. Das war zur Zeit, als er noch lebte.

Besonders kritische Leser werden hier vielleicht denken, ich hätte eventuell übersehen, daß Herr N. R. zwischen dem 4. und dem 26. April Erkundigungen eingezogen haben könnte und daß auch die Daten, die er mir am 3. April angegeben hat, ihm auf normalem Weg zur Kenntnis gelangt sein könnten. Es hätte ihm ja bekannt sein können, daß ich mit Herrn Dr. v. R. befreundet war, und da ihm mein Besuch schon vorher angekündigt wurde, wäre es ihm möglich gewesen, einiges über den Verstorbenen zu erfahren.

Ich habe diese Möglichkeit keineswegs übersehen und sie auch reiflich erwogen. Schließlich kam ich aber zu der Überzeugung, ein solch »frommer Betrug« des Herrn N. R. sei als äußerst unwahrscheinlich anzusehen. Nicht nur aufgrund der Tatsache, daß er schon wiederholt sehr bemerkenswerte und unmißverständliche Beweise seiner paranormalen Begabung geliefert hatte und man daher die am 3. und 26. April 1940 erbrachten Ergebnisse nicht für sich allein, sondern im Zusammenhang mit diesen anderen Leistungen sehen muß, sondern weil auch bei der zweiten Sitzung einige Daten verschafft wurden (ich denke hier vor allem an die unter Punkt 14 angeführten), die er unmöglich auf normalem Weg hatte erfahren können. Schließlich sei noch darauf hingewiesen, daß Herr N. R. beide Male einige Daten genannt hat, die ihm nie ohne Wissen der Frau v. R. und ihres Vaters auf normalem Weg hätten bekanntwerden können. Auch Frau v. R. meint, so ein »frommer Betrug« sei hier für völlig ausgeschlossen zu halten.

Zusammenfassend kann man sagen, die in beiden Sitzungen erhaltenen Ergebnisse seien zwar zweifellos parapsychologisch interessant, doch ist eine animistische Erklärung möglich. Damit ist aber nicht gesagt, daß ich eine Manifestation Dr. v. R.s hier für ausgeschlossen halte.

3. Verschaffung von Daten, die sowohl dem Medium als auch den üblichen Anwesenden unbekannt sind

Unter den englischen »spiritistischen« Medien, die zwischen 1914 und 1940 aufgrund ihrer Identitätsbeweise von sich reden machten, nimmt Mrs. Leonard, von Whately Carington einmal »die britische Mrs. Piper« genannt, einen sehr bedeutenden Rang ein[4]. Zahlreich sind die Sitzungen, bei denen sie ihren Konsultanten Angaben über Verstorbene zu machen in der Lage war, deren Richtigkeit erst kürzere oder längere Zeit später beglaubigt werden konnte. Nachstehend einige Beispiele:

Mrs. Barker hatte eine amtliche Mitteilung erhalten, wonach

ihr Mann in Mesopotamien gefallen war. Zuerst gab es keine Gelegenheit, Näheres darüber zu erfahren. Um diese Zeit – Mrs. Barker wußte damals nur ganz allgemein vom Tod ihres Gatten – ging sie zu Mrs. Leonard, die ihr Dinge erzählte, von denen allein sie und ihr Mann wissen konnten. Aber es wurde ihr auch einiges mitgeteilt, was auch Mrs. Barker bis dahin unbekannt war und das Ableben ihres Gatten betraf.

»Er ist nicht gleich gestorben«, sagte »Feda«, die »jenseitige Vermittlerin« des Mediums, »sondern etwa drei Viertelstunden nach seiner Verwundung. Er wurde bald bewußtlos und wachte nicht wieder auf. Später wurde er in die Etappe gebracht und begraben. Seine Taschenuhr und sonstige Dinge, die er bei sich hatte, wird man Ihnen senden.« Später kam ein Brief eines Offiziers, der alles bestätigte.

Bei einer späteren Sitzung sagte »Feda« noch: »Er hatte zwei Wunden: eine an der Brust und eine am Hals. Die erste war tödlich. Seine Lunge war durchbohrt.« Der Brief eines Kameraden hat das dann bestätigt. Auf die Frage Mrs. Barkers, ob der Verwundete, ehe er das Bewußtsein verlor, wußte, daß er tödlich getroffen war, antwortete »Feda«: »Ja, er hat zu sich selbst gesagt, jetzt sei eben der Augenblick gekommen, und sprach von ›Kismet‹.« Drei Jahre später, im Dezember 1919, kam ein Offizier des Regiments, bei dem Barker gedient hatte, zum erstenmal auf Urlaub. Als Mrs. Barker ihn fragte, ob ihr Mann sich bewußt gewesen sei, daß es für ihn keine Rettung mehr gäbe, antwortete der Offizier, ein Sanitätssoldat, der anwesend war, als Barker starb, hätte ihm erzählt, daß Barker ausgerufen habe: »Kismet! Tragt mich weg.« Dann sei er bewußtlos geworden. (Berichtet im Journal SPR., Band XX.)

Ein weiterer Fall: Am 30. November 1918 sagte »Feda« zu Mrs. Beadon: »Hier ist ein Geist, 35 Jahre alt, von mittlerer Größe, vor etwa zehn Tagen an Grippe gestorben.« Mrs. Beadon fragte nun nach dem Namen dieses »Geistes«. »Feda« zeichnete mit »ihrem« Finger ein S in die Luft und sprach dann den Buchstaben P. Als Mrs. Beadon antwortete, sie kenne diesen Geist nicht, sagte »Feda«: »Der Geist sagt mir, Sie sollen Kitty Stevenson fragen.« Kitty Stevenson war eine Freundin

Mrs. Beadons. Diese ging also am 2. Dezember zu ihrer Freundin Kitty, die noch nie bei einem Medium gewesen war, und fragte, ob sie eine Freundin durch die Grippe verloren hätte. Die Antwort lautete: nein.

Ein paar Tage später wollte Mrs. Beadon Mrs. Stevenson am Telefon sprechen. Da kam deren Mann an den Apparat und sagte, seine Frau sei sehr erregt, denn sie habe soeben vernommen, ihre Freundin Sylvia Parkinson sei vor 14 Tagen (also kurz bevor Mrs. Beadon die Sitzung mit Mrs. Leonard gehabt hatte) an Grippe gestorben. Diese Mrs. Parkinson, die Mrs. Beadon nicht gekannt hatte, war, so wie »Feda« angegeben hatte, 35 Jahre alt und mittelgroß gewesen. (Journal SPR., Band XIX.)

4. Sitzungen »durch Stellvertreter« (proxy sittings)

Anfang 1917 bat eine Freundin die Schriftstellerin Radclyffe-Hall, sie möge versuchen, durch Vermittlung von Mrs. Leonard, mit der sie schon öfter in Verbindung gekommen war, Näheres über ihren gefallenen Mann zu erfahren. Die Freundin war zu diesem Zeitpunkt als Krankenschwester irgendwo an der südlichen Front. Miss Radclyffe-Hall kam der Bitte nach. Dabei ergab sich jedoch, daß die interessantesten Angaben, die die Schriftstellerin bei diesen Sitzungen erfuhr, nicht den Gatten, sondern den Vater der Kriegerwitwe betrafen. Am 27. Februar 1917 erhielt sie durch Vermittlung »Fedas»« einen Bericht von »ihm«, worin »er« richtige Einzelheiten über die Markthalle und den Marktplatz der Stadt gab, in der »er« gelebt hatte, und erklärte, »er« bedauere es jetzt, daß seine Tochter Daisy durch sein Zutun aufgrund einer gewissen Regelung finanziell gebunden sei. Dieser Umstand war Miss Radclyffe-Hall völlig unbekannt, wurde aber später von der Witwe bestätigt.

Zwischen all diesen Mitteilungen wurde folgendes berichtet: »Er sagt Feda, daß er oft an einem Tisch gesessen und ruckweise geschrieben habe. (Der Vater der Witwe hat oft Noten geschrieben.) Er versucht, mir (Feda) ein Haus zu zeigen. Zwei Räume sind miteinander verbunden. Er sitzt gewöhnlich im zweiten . . . Jetzt sagt er mir: ›Wir waren unser zwei und standen – mit nur wenig Unterschied – im gleichen Verhältnis zu Daisy.‹ Das bedeutet etwas, und er hofft, verstanden zu werden.«

Miss Radclyffe-Hall wußte mit diesen Mitteilungen nichts anzufangen. Als die Witwe jedoch vom Ergebnis dieser Sitzung erfuhr, war sie sehr erstaunt, denn nach dem Tod ihres Vaters hatte einer seiner Freunde mehr oder weniger seine Aufgaben übernommen, und zwischen Daisy und diesem väterlichen Freund bestand ein sehr inniges Verhältnis. Auf viele Außenstehende machte es den Eindruck, der Mann sei Daisys wirklicher Vater und es bestünde zwischen Vater und Tochter ein glänzendes Einvernehmen. Miss Radclyffe-Hall wußte nichts von der Existenz dieses zweiten Vaters. Andererseits wußte Daisy am Tage der Sitzung, bei der sie, wie gesagt, gar nicht anwesend war, noch gar nicht, daß dieser Herr drei Tage vorher gestorben war. Daisys zweiter Vater war Komponist, und die zwei Zimmer, die »Feda« gesehen hatte, gehörten zu seiner Wohnung.

Wir haben es hier mit einem von vielen ähnlichen, auch bei anderen Medien bemerkten Fällen zu tun, denen unbeabsichtigt das Prinzip der Stellvertretung (»proxy sittings«) zugrunde liegt. Sie haben Lodge dazu veranlaßt, absichtlich derartige Sitzungen mit Mrs. Leonard abhalten zu lassen, in der Hoffnung, von diesem Medium noch »überzeugendere« Identitätsbeweise zu erhalten.

Aus Briefen, die Lodge von Leuten erhalten hatte, die Verwandte und Freunde betrauerten, wählte seine Sekretärin Miss Nea Walker einige aus, in denen über die Toten sowenig wie möglich mitgeteilt wurde (Name, Alter, manchmal auch noch die näheren Umstände, unter denen der Betreffende gestorben war). Miss Walker war überzeugt, einige verstorbene Freunde, die fast alle Opfer des Ersten Weltkrieges waren, stünden ihr nun bei ihrem Vorhaben bei. So las sie allein, in ihrem Zimmer in Birmingham sitzend, eine von ihr aufgestellte Bitte laut vor, zumeist in später Abendstunde. Darin ersuchte sie ihre unsichtbaren »Helfer«, Herrn oder Frau X., die am (Datum) in (Ort) »dahingeschieden« war, am (Datum) zu einer Sitzung mit Mrs. Leonard in Tenkerton (Kent) zu bringen. Eine Kopie dieser Bitte sandte sie am nächsten Tag an Mrs. Sidgwick. Diese erhielt dann nach der Sitzung eine Kopie des Sitzungsberichtes, dessen Original an jene Person gesandt wurde, an deren Stelle Miss Walker Mrs. Leonard besuchte. Zugleich mit dem Originalbericht wurde ein Ersuchen abgesandt, ihn mit Anmerkungen zu versehen und an Miss Walker zurückzustellen.

Im Jahre 1935 erschien sodann Miss Walkers Buch THROUGH A STRANGER'S HAND mit einem Vorwort von Kenneth Richmond, in dem eine Reihe dieser Berichte über »proxy sittings« samt den betreffenden Anmerkungen enthalten ist. Sie machten auf die Leser sehr großen Eindruck.

Unter diesen Rapporten findet sich einer des niederländischen Arztes B. van Tricht.

Am 7. November 1932 hatte dieser an Sir Oliver Lodge einen Brief geschrieben und darin folgendes ausgeführt: »Ich bin ein niederländischer Arzt, der 32 Jahre lang in Ostindien gearbeitet hat. Die letzten 20 Jahre übte ich meine Praxis in Batavia (dem heutigen Djakarta) aus. Im Mai dieses Jahres kehrte ich mit meiner Familie, bestehend aus meiner Frau, meinem zehnjährigen Söhnchen und meinem Töchterchen im Alter von 2½ Jahren und ihrer Gouvernante nach Europa zurück. Diese Dame, eine Niederländerin, die meine Kinder, besonders das jüngere, sehr ins Herz geschlossen hatte, und die Kinder hatten gemeinsam eine Kabine auf dem französischen Dampfer ›Georges Philippar‹. Auch meine Frau und ich hatten zusammen eine Kabine an Bord dieses Schiffes, mit dem wir am 4. Mai Singapur verließen. Am 15. Mai ist der Dampfer im Indischen Ozean verbrannt. Vermutlich werden Sie sich dessen noch erinnern. Die Besatzung hatte keine Gelegenheit, die Fahrgäste auf unserem Deck zu warnen, so daß die meisten von ihnen im Schlaf umkamen. Das geschah um zwei Uhr morgens. Aus dem Schlaf gerissen, gelang es mir im letzten Augenblick, meine Frau und mich selbst zu retten. Es war unmöglich, die andere Kabine, die tiefer lag als unsere und schon vom Feuer erfaßt war, zu erreichen. Meine Kinder und die Gouvernante gingen zugrunde.«

Herr Dr. van Tricht teilte nun weiter Sir Oliver Lodge mit, er habe nach dem entsetzlichen Schlag, der ihn betroffen hat, beschlossen, in Europa zu bleiben, und da seine Frau das niederländische Klima nicht vertrage, sich inzwischen in Monaco niedergelassen. Er ersuchte Lodge, ihm mitzuteilen, ob er es für möglich halte, durch ein Medium in England oder anderswo Berichte von seinen Kindern zu empfangen. Der überzeugendste Beweis für ihn wäre es, wenn ein Medium in seiner Abwesenheit Mitteilungen über Tatsachen machen könnte, die allein den Kindern und den Eltern bekannt waren. Dann nannte er noch die Namen der Kinder: Rudolf und Anne (Baby). Die Gouvernante hieß P., doch nannte man sie stets mit dem Familiennamen M.

Am 6. Dezember 1932 sandte Miss Walker die Kopie des folgenden Ersuchens, das sie vorher ihren »unsichtbaren Helfern« vorgelesen hatte, an Mrs. Sidgwick: »Ich gehe am Vormittag des 15. Dezember zu Mrs. Leonard. Versucht, die Kinder von Dr. van Tricht, der im Hôtel du Louvre in Monte Carlo wohnt, zu bringen. Ein großer französischer Dampfer ist am 15. Mai dieses Jahres abgebrannt, und diese beiden Kinder, Rudolf, 10 Jahre alt, und Anne, genannt Baby, 2½ Jahre alt, kamen damals ums Leben. Ebenso ihre Gouvernante P. (Frau M.). Versucht, die Kinder zu bringen, ich möchte sie sprechen. Den Namen der Gouvernante gebe ich nur als Hilfsmittel zur Identifikation an. Sie wissen, daß ich einen Versuch mache, aber nicht wann. Nea Walker.«

Die Daten, über die Miss Walker verfügte und die sie auch meldete, waren also spärlich. Es gibt keinen Grund anzunehmen, daß sie vor der Sitzung versucht hat, weitere Angaben über die drei Personen zu erhalten. Die erste Sitzung fand am 15. Dezember statt. Schon am Anfang sagte »Feda« zu den »sich Mitteilenden«, die zur »Gruppe« zu gehören schienen: »Ein Junge? Auch ein Junge?«

Nach einem kurzen Gespräch zwischen Miss Walker und

»Feda« sagte diese: »Es ist einer, der ohne etwas gespürt zu haben ›herausgeglitten‹ ist; er fürchtet, jemand auf Erden, der mit ihm verbunden ist, weiß nicht, daß er so leicht hier herübergekommen ist. Einer von den auf Erden Lebenden sagt: ›Er könnte etwas gespürt haben.‹ Und ein anderer meint: ›Ich weiß nicht, aber ich frage mich, was er gefühlt und gedacht hat.‹ (Dr. van Tricht hat später auf dem Sitzungsbericht angemerkt: ›In der Tat hat sich meine Frau große Sorgen gemacht, ob sie wohl viel gelitten haben.‹) Dann sprach eine tiefere Stimme als jene ›Fedas‹: ›Bald trat Bewußtlosigkeit ein. Er ist in einem Zustand der Bewußtlosigkeit aus seinem Körper gewichen. Kein Übergang kann leichter für jemand sein, der auf solche Weise stirbt!‹ ›Feda‹ sieht dann den Buchstaben R. (Wie wir wissen, war Miss Walker der Name des Jungen, Rudolf, bekannt.) Dann sagte ›Feda‹: ›Ich weiß nicht, ob Ihnen bekannt ist, daß der Junge Ohrenschmerzen hatte; garstige Schmerzen in einem Ohr. Er führt das an, weil das seiner Meinung nach ein wirklicher Schmerz ist und sein Übergang nicht weh tat. Wenn er an sein Ohr denkt, scheint ihm sein Übergang gar nichts gewesen zu sein.‹« (Herr Dr. van Tricht bemerkt dazu: »Einige Tage vor dem Unglück klagte er über Ohrenschmerzen, wahrscheinlich als Folge des Schwimmens, was er zweimal täglich tat. Es könnte auch sein, daß das, was er Ohrenschmerzen nennt, die Erinnerung an eine einseitige Halsentzündung ist. Zwei Jahre vorher hat er schon daran gelitten, und die Erinnerung daran ist ihm geblieben.«)

Dann kam eine wichtige Bemerkung: »Am Tag vor seinem Tod ist etwas geschehen, etwas, was vereinbart wurde und später zu seinem Untergang geführt hat.« Später kam »Feda« noch einmal darauf zurück mit den Worten: »Wenn etwas geschehen wäre, wenn man etwas getan hätte, was am Tag zuvor vorgeschlagen worden war, hätte dieser Übergang nicht stattgefunden.« (Aus Dr. van Trichts Kommentar dazu ist ersichtlich, daß am Tage vor der Katastrophe Frau van Tricht mit der Gouvernante ein Gespräch geführt hatte, wonach man in Erwägung zog, andere Kabinen zu nehmen. Der Junge war dabei anwesend. Wären die Kinder tatsächlich in eine andere

Kabine übergesiedelt, wäre die Möglichkeit einer Rettung sehr groß gewesen.)

Dann gab »Feda« eine Reihe bemerkenswerter Daten über gewisse Ereignisse, die bei einer zweiten Sitzung am 6. Januar 1933 ergänzt wurden. Die interessantesten davon seien im nachstehenden wiedergegeben: »Der Junge«, sagte »Feda«, »möchte seinen Eltern angeben, daß er in den letzten Tagen vor Weihnachten besonders viel bei ihnen war. Ungefähr fünf Tage vor dem Fest, fügt er hinzu.« (Dr. van Tricht bemerkt dazu, daß seine Gattin und er am 21. Dezember ihre »kupferne Hochzeit«, 12½ Jahre, gefeiert hatten.) »Er pflegte damals mit einem Familienmitglied etwas Besonderes zu unternehmen, eine Art Zusammenkunft. Er möchte sagen, daß er auch jetzt bei ihnen gewesen ist; es ist, als hätte er etwas Besonderes ausgeführt.« »Feda« gebraucht dann zwei Wörter, die Miss Walker phonetisch mit »The Mount« wiedergegeben hat, weil sie vermutete, damit sei »Der Berg« gemeint.

Dann sprach »Feda« von einer Zusammenkunft, von zwei Orten und einer Dame, die damit in Zusammenhang stand, erwähnte den Buchstaben H und wiederholte dreimal ein Wort, das die Engländerin Walker als »The Mount« verstand. Damit hing anscheinend der Name »Bobby« zusammen, der in beiden Sitzungen erwähnt wurde, ebenso wie der Name Peter. In der ersten Sitzung war die Reihenfolge: Bobby, der ältere Mann, Peter. In der zweiten: der ältere Mann, Bobby, Peter. Dr. van Tricht bemerkt dazu, der Junge wäre zu Weihnachten stets in Dago bei Bandung im Haus der Familie Diemont gewesen. Diemont, von Rudolf immer Deemont ausgesprochen, konnte von Miss Walker leicht als »The Mount« verstanden werden. Das Kind war besonders von Frau Diemont, deren Mann »Botty« heißt, eingenommen. Die Familie bewohnte ein Haus, vor dem zwei Säulen standen. Auf einer von ihnen stand ein H, auf der anderen ein D (*H*aus in *D*ago). Wahrscheinlich bezieht sich der von »Feda« angegebene Buchstabe H darauf. Zuerst wußte Dr. van Tricht mit dem Namen Peter nichts anzufangen. Später stellte sich heraus, daß es sich um einen Spielkameraden seines Söhnchens in Dago handelte.

Man wird zugeben müssen, daß es sich hier um weitgehende Übereinstimmungen handelt. Auch der Umstand, daß in beiden Sitzungen vom Haus in Dago (in der niederländischen Originalsprache »Huis te Dago«) die Rede war, verdient Beachtung, wenn man in Betracht zieht, wie gern sich der Junge immer bei »Onkel Botty« (ein Name, der leicht als Bobby verstanden werden kann) aufgehalten hat.

»Feda« spricht weiter: »Ich erhalte die Buchstaben A. W. Es ist jemand, der hinübergegangen ist und der drüben die Kinder betreut.« Später sagte sie noch einmal: »Wollen Sie den Eltern der Kinder sagen, daß ihnen Alfred geholfen hat.« (Dazu Herr Dr. van Tricht: »Zuerst wußten wir nicht, wer Alfred sei. Später erfuhren wir, daß Herr L. W., ein Franzose, der mit uns auf dem verunglückten Schiff war, damals zwar gerettet wurde, ein paar Tage später aber bei einem Flugzeugunglück zwischen Brindisi und Rom den Tod fand. Herr L. W. wurde ›Alfred‹ genannt. Er war in den Tagen vor der Katastrophe zu unserem Jungen sehr freundlich. Zweimal täglich spielte er mit ihm im Schwimmbecken, und er war auch sonst viel in unserer Gesellschaft. Als wir im Rettungsboot saßen, teilte er unseren Schmerz um die Kinder!«)

Am 3. April 1933 fragte Miss Walker bei Dr. van Tricht brieflich an: »Hat Ihr Söhnchen den Namen Alfred gebraucht? Ich denke nicht, weil Sie ihn anscheinend nicht kennen. In England hätten die Kinder den Mann in einem solchen Fall ›Onkel Alfred‹ genannt.« Dr. van Tricht antwortete darauf: »Soweit wir erfahren konnten, wußte unser Junge nicht, daß Herr L. W. Alfred genannt wurde. Es ist nicht unmöglich, daß er Frau W. ihren Mann Alfred hatte nennen hören, aber soweit ich mich erinnere, war der Kleine nur einmal mit den beiden Eheleuten gemeinsam beisammen.«

Es wird wohl niemand bestreiten, daß dieser willkürlich herausgegriffene Fall unter den zahllosen »Identitätsbeweisen«, die eine große Zahl von Personen im Lauf der Jahre durch Vermittlung von Mrs. Leonard empfangen hat, genügt, um zu erkennen, daß sie über eine sehr bemerkenswerte paragnostische Begabung verfügte. So werden denn zweifellos auch unter meinen Lesern viele sein, die sich angesichts eines derartigen Tatsachenmaterials »geschlagen« geben und sagen, es könne dies schwerlich anders als spiritistisch erklärt werden. Dennoch aber sei hier ausdrücklich darauf hingewiesen, daß der Parapsychologe bezüglich dieses und ähnlichen Materials sich große Zurückhaltung auferlegen muß, was die spiritistische Hypothese anbelangt. In solchen Fällen besteht ja noch immer die Möglichkeit, daß das Medium seine Kenntnisse hinsichtlich Verstorbener durch telepathischen Kontakt mit Lebenden erworben hat. Und solange diese Möglichkeit vorhanden ist, dürfen wir, unseren Grundsätzen gemäß, uns »offiziell« der spiritistischen Hypothese nicht bedienen, sosehr unsere »Natur«, unser »gesunder Menschenverstand« sich dem auch widersetzen möge.

Medien vom Format einer Frau Piper, Leonard u. a. haben bemerkenswerte und oft auch komplizierte Identitätsbeweise geliefert, und manche Forscher vertreten die Meinung, das alles sei ausnahmslos animistisch erklärbar. Andere stellen nun die Frage, welchem Umstand es zuzuschreiben sei, daß die Trance-Persönlichkeit des Mediums gerade jene Daten aus dem Psychismus anderer Personen zu schöpfen weiß (Telepathie und Gedankenlesen), die notwendig sind, um beim Konsultanten den Anschein zu erwecken, es manifestiere sich hier der Geist eines Verstorbenen.

Von »animistischer Seite« hat man darauf geantwortet, die Trance-Persönlichkeit des Mediums schaffe sich mittels Telepathie und Gedankenlesens zuerst ein mehr oder weniger allgemeines Bild vom Typus des Verstorbenen, um danach, geführt von dieser aus dem Psychismus eines der Konsultanten geschöpften »Idee«, ihre selektierende Wirksamkeit zu beginnen.

Wer eine solche Meinung vertritt, muß dabei aber bedenken, daß es durchaus nicht immer Bekannte der Konsultanten sind, die sich angeblich durch die Medien offenbaren, sondern daß sich in einer Gruppe schon des öftern angeblich ein »Geist« manifestiert hat, den zu Lebzeiten weder das Medium noch einer der sonst Anwesenden gekannt hat[5]. Müssen wir nun in solchen Fällen annehmen, die Trance-Persönlichkeit des Mediums wähle aus der Vielzahl von Individuen auf der ganzen Welt erst eines oder mehrere aus, die es in die Lage versetzen, sich ein Bild von einem diesen Individuen bekannten, ansonsten aber unbekannten Verstorbenen zu formen, um nachher, geleitet von dieser »Vorstellung«, der vorbereitenden, selektierenden Tätigkeit einen »sekundären« paragnostischen Selektionsprozeß folgen zu lassen?

Vorstehendes läßt uns die Frage stellen, ob auch Fälle bekannt sind, in denen ein »Geist« durch ein Medium Kenntnisse mitteilte, bei denen es (nach Meinung vieler) als ausgeschlossen erachtet werden muß, daß er sie mittels Telepathie bzw. Gedankenlesens dem Psychismus eines Lebenden entlehnt haben kann. Zweifellos kennt man solche Fälle. Einer davon betrifft Mrs. Eileen Garrett, ein englisches Trance-Medium, deren Leistungen vor denen Mrs. Leonards oft nicht zurückstehen.

Am 7. Oktober 1930 befand sie sich in London, wo die Herren H. Price und I. D. Coster mit ihr eine Sitzung abhielten. Bei dieser Gelegenheit sagte ihre Kontrolle »Uvani« plötzlich (automatisches Sprechen), »er« sähe einen Geist namens Irving oder Irwin. »Er sagt«, sprach »Uvani«, »er habe hier etwas zu tun . . . er entschuldige sich, daß er gekommen sei . . . daß er störe . . . er spricht von Dora, Dorothy, Gladys, um Himmels willen, geben Sie ihnen das . . . Das Ganze ist zu schwer für die Maschinen des Luftschiffs.«

Danach veränderte sich die Stimme des Mediums, und es meldete sich ein »Geist«, der sich Leutnant Carmichael Irwin nannte und sagte, er wäre der Kommandant des Luftschiffes R 101, das am frühen Morgen des 5. Oktober 1930 bei Beauvais in Frankreich verunglückt war. Der »Geist« war anscheinend sehr erschüttert und gab in einer langen Reihe »krampfhaft hervorgestoßener Sätze«, die eine genaue und große technische Kenntnis verrieten, einen Bericht vom Untergang des Luftschiffes. Einiges davon wurde stenographisch festgehalten[6].

Sehr bemerkenswert ist nun die Tatsache, daß im Bericht

über diese Sitzung einige Besonderheiten, u. a. solche technischer Art, vorkommen, die das Medium nicht nur unmöglich auf normale Weise erfahren haben konnte, sondern deren Richtigkeit sich erst nach der Sitzung im Verlauf der amtlichen Untersuchung über die Ursachen der Katastrophe erwies. Eine Abschrift des Sitzungsberichtes, die dem Luftfahrtministerium zugesandt wurde, erregte dort aufgrund darin aufscheinender wichtiger und richtig angegebener Tatsachen großes Aufsehen. Viele Leute waren damals überzeugt, das Medium könnte diese Angaben nur von dem verunglückten Leutnant H. C. Irwin empfangen haben.

Die Geisterhypothese können wir hier vernachlässigen, wenn wir annehmen, daß wir es mit einer präkognitiven Telepathie des Mediums zu tun haben. Das habe seine Daten auf paranormale Weise dem Psychismus der späteren Untersucher des Unglücks entlehnt, die »in ihrem tiefsten Innern« die Ursachen schon kannten und wußten, was sie finden und berichten würden. (Siehe mein Buch De Voorschouw.)

Ein anderer bemerkenswerter Fall, in dem ein »Geist« durch ein Medium Daten verschaffte, die zur Zeit der Sitzung nur »ihm« bekannt waren und deren Richtigkeit erst geraume Zeit später aufgrund »seiner« Anweisungen verifiziert werden konnte, finden sich in den »Proc. SPR.«, Band XLIII, Seite 439 ff. Es handelt sich hier um einen zehnjährigen Jungen namens Bobby Newlove, der sich auf einer Reihe von »Stellvertreter-Sitzungen« durch Vermittlung von Mrs. Leonard manifestiert hat. Die Angehörigen dieses Jungen, von denen Pfarrer Drayton Thomas eigentlich nicht mehr erfuhr, als daß er ganz unerwartet an einer ansteckenden Krankheit gestorben war, wußten nicht, daß der Pfarrer die Absicht hatte, für sie eine »proxy- sitting« mit Mrs. Leonard abzuhalten. »Bobby« gab im Verlauf von elf Sitzungen eine Reihe bemerkenswerter Daten an, davon einige auf die von niemandem vermutete Art, in der er sich die Krankheit zugezogen hatte. Eine aufgrund dieser Angaben eingeleitete Untersuchung brachte zutage, daß aller Grund bestand, sie für richtig zu halten.

5. Bücherteste

Im Gegensatz zu den Sitzungen »durch Stellvertreter«, die das Bestreben der Forscher nach Vervollständigung bezeugen, sollen die Buch- und Zeitungsteste ebenso wie die verteilten Botschaften sich aus dem Jenseits Manifestierender erdacht worden sein, um den Lebenden den »überzeugenden Beweis« zu liefern, daß sie tatsächlich jene sind, für die sie sich ausgeben, und nicht Hirngespinste der dramatisierten Persönlichkeitsspaltung eines Paragnosten.

Aus der ziemlich umfangreichen Literatur über dieses Thema möchte ich hier zwei Beispiele auswählen, um den Leser in die Lage zu versetzen, sich eine Vorstellung über das Wesen dieser Teste zu machen.

Mrs. Beadons Gatte ist im Ersten Weltkrieg in Mesopotamien gefallen. Seinen Leichnam hat man so begraben, daß die Einheimischen nicht imstande sein sollten, die Grabstätte zu entdecken. Im September 1917 teilte »Feda« der Frau mit, in einem fast quadratischen Raum befände sich eine große Anzahl von Büchern. »Die Reihe verläuft vom Fenster bis zur Ecke des Zimmers. Im fünften Buch von rechts auf Seite 17 oder 71 im zweiten Teil, ungefähr in der Mitte der Seite, werden Sie eine Botschaft für Sie finden.« Weiter bemerkte »Feda«, es müsse Seite 71 sein, und in demselben Fach stehe ein Buch, das in einen braunen Umschlag eingebunden sei; »ein rötliches Buch, ein altväterliches Buch. Die Stelle hat einen Bezug zur Vergangenheit, ist aber auch heute noch von einer gewissen Bedeutung.« Zuletzt bemerkte »Feda«, es werde Antwort auf einen Gedanken gegeben, mit dem Mrs. Beadon sich vor einiger Zeit sehr beschäftigt hat, und auf der gegenüberliegenden Seite sei von Feuer und Licht die Rede.

Der von »Feda« angegebene Raum schien sich auf das Speisezimmer von Mrs. Beadons Mutter zu beziehen, bei der sie vorübergehend gewohnt hatte. Mrs. Leonard hatte dieses Haus niemals betreten. Die beschriebenen Bücher standen an der angegebenen Stelle. Das fünfte Buch von rechts war ein Band Gedichte von O. Wendell Holmes. Mrs. Beadon hatte sie nie gelesen. Auf Seite 71 im zweiten Teil stand ein Gedicht, in dem es heißt: »Der müde Pilgrim schlummert, seine Ruhestätte ist unbekannt . . . nur sein Andenken lebt fort.« Das Gedicht bezieht sich auf die ersten amerikanischen Pioniere. Es bedeutet also, daß es sich sowohl auf die Vergangenheit als auch auf die Gegenwart bezieht, nämlich auf die unbekannte Grabstätte ihres Mannes. Auch hatte sich die Frau lange mit dem Gedanken beschäftigt, ob es nicht möglich wäre, mit Hilfe von Kriegskameraden ihres Mannes herauszufinden, wo sich das Grab befindet, um es mit einem Kreuz zu schmücken. Auf der der Seite 71 gegenüberliegenden Seite des Buches wird von einem »Strahl der Feuersäule« gesprochen; auch das Wort Licht kommt dort vor, so daß der Buchtest als gelungen anzusehen ist.

Bemerkenswert ist sicherlich auch die Tatsache, daß auf Seite 17 ein Gedicht steht, worin von Toten die Rede ist, deren Gräber man nicht mehr sehen kann. Ansonsten kommen derartige Ausdrücke im ganzen Buch nicht mehr vor.

Im März 1917 hielt Mrs. Talbot mit Mrs. Leonard eine Sitzung ab. Dabei erhielt man einige sogenannte Identitätsbeweise, die von ihrem verstorbenen Gatten herrühren sollten. »Feda« war dabei die Vermittlerin. Plötzlich begann sie ein Buch zu beschreiben, das in Leder gebunden war. Mit »ihren« Händen gab sie die Höhe dieses Buches mit etwa 20 bis 25 cm und die Breite mit etwa 10 bis 12 cm an. Eigentlich war es kein Buch, sondern eine Art Tagebuch.

Mrs. Talbot fragte, ob es rot sei. »Feda« antwortete, es sei wahrscheinlich dunkel, und Mrs. Talbot möge auf Seite 12 oder 13 nachsehen, ob da nicht ein Auszug enthalten sei, der für sie von Interesse wäre. Mrs. Talbot dachte dabei immer an ein rotes Schiffstagebuch, das sie verloren hatte, und versuchte, »Feda« abzulenken, indem sie ihr versicherte, sie würde da nachsehen.

»Feda« erzählte noch weiter, der Verstorbene sei hinsichtlich der Farbe des Buches nicht ganz sicher; es handle sich um zwei Bücher, das richtige aber sei gekennzeichnet durch ein Zahlendiagramm, das darin stehe; Linien, die von einem Mittelpunkt ausgingen. »Eine Tabelle für Arabisch und andere semitische Sprachen.«

Mrs. Talbot konnte nicht verstehen, was das zu bedeuten hatte. »Feda« sagte noch weiter, der »Geist« interessiere sich, ob Mrs. Talbot die betreffende Stelle finden könnte. Mrs. Talbot dachte, sie habe es hier mit einer der vielen Mystifikationen zu tun, die sich bei spiritistischen Sitzungen immer wieder zeigen, und heimgekehrt gab sie sich nicht die geringste Mühe, das ihr unbekannte Buch zu suchen. Dennoch ließen ihr ihre Schwester und ihre Nichte keine Ruhe, das Buch zu suchen – und schließlich entdeckte sie wirklich im obersten Fach eines Bücherregals zwei alte Bücher mit Notizen ihres Mannes. Sie meinte, die hätte sie nie zuvor gesehen. Eines dieser Bücher war in schwarzes Leder gebunden und hatte die von »Feda« angegebene Größe. Sie schlug es auf und dachte dabei daran, wo doch wohl das rote Buch stecken mochte, das sie eigentlich gesucht hatte. Plötzlich sah sie die Tabelle der semitischen oder syro-arabischen Sprachen, und als sie eine in das Buch geklebte Einlage entfaltete, fand sie darauf das von »Feda« erwähnte Diagramm. Sie war so erstaunt, daß es einige Zeit dauerte, bis sie die von »Feda« angegebene Stelle aufsuchte. Auf Seite 13 fand sie einen Auszug aus einer Abhandlung eines ihr unbekannten Autors über die letzten Augenblicke eines Sterbenden.

Die Tatsache, daß ein »Medium« imstande ist, auf paranormalem Weg Kenntnis zu erlangen, was auf einer bestimmten Seite eines ihm unbekannten Buches gedruckt steht, gibt an sich durchaus keinen Anlaß anzunehmen, es sei von Geistern beeinflußt worden. Trotzdem bin ich aber der Meinung, es sei irrig, anzunehmen, daß sämtliche Ergebnisse von Mrs. Leonards Buchtesten ihrer Begabung zu außersinnlicher Wahrnehmung (Telepathie und räumliches Hellsehen) zuzuschreiben sind. Gerade weil die in den Büchern angegebenen Stellen besonders kennzeichnend für die »sich Manifestierenden« sind, müssen Zweifel an der Richtigkeit der einseitigen animistischen Deutungen hinsichtlich der Art und Weise entstehen, in der die Versuchsperson sich diese Kenntnis verschafft hat. Dies um so mehr, da diese Buchteste nicht für sich allein angesehen werden müssen, sondern im Zusammenhang mit den übrigen paranormalen Leistungen Mrs. Leonards.

Verschiedene sich Manifestierende haben schon Stellen in Büchern angedeutet, die sich auf ihre Lebensumstände bezogen. Sie haben diese Bücher nie gelesen und nie die Orte besucht, an denen sie sich befanden. Das heißt, daß es bei diesen Buchtesten ausgeschlossen sein muß, daß die sich Manifestierenden aus ihrer Erinnerung geschöpft haben. Daß dies die Sache sehr kompliziert macht und uns Fragen stellt, die wir noch nicht befriedigend beantworten können, darin stimme ich mit W. H. Salter überein.

6. Zeitungsteste

Die Zeitungsteste von Mrs. Leonard sollen von dem verstorbenen Vater des Pfarrers C. Drayton Thomas ausgedacht worden sein. Sie stellen uns vor die Tatsache, daß Mrs. Leonard imstande war, Namen oder Worte anzugeben, die man am nächsten Tag an bestimmten Stellen von bestimmten Tageszeitungen finden konnte. Die Versuche bezogen sich hauptsächlich auf The Times, hin und wieder aber auch auf die Morning Post, den Daily Telegraph und Wochenblätter. Zur Veranschaulichung hier ein paar Beispiele:

Anläßlich der Sitzung vom 10. Oktober 1919 um 15 Uhr wird mitgeteilt: »In The Times von morgen werden Sie in der zweiten Spalte der ersten Seite, ungefähr in der Mitte, den Namen Ihres Vaters sowie Ihren eigenen finden. Zuerst kommt Ihr Name.«

Bei der Überprüfung am 11. Oktober stellte sich heraus, daß am Ende des ersten Viertels der angegebenen Spalte eine Trauungsanzeige mit dem Namen Charles John Workman stand. Zieht man in Betracht, daß der Pfarrer Charles hieß und sein Vater John, muß man die Richtigkeit zugeben. Dies um so mehr, als in den vorhergegangenen Nummern des Blattes in der betreffenden Spalte diese Namen nicht vorkamen. Bei derselben Sitzung wurde auch gesagt: »In der ersten Spalte steht in ungefähr der gleichen Höhe eine Adresse, die Ihr Vater gut gekannt hat. Er kennt die Stadt und die Umgebung.« An der angegebenen Stelle des Blattes stand »Ventnor I. W.« Der Vater des Geistlichen hatte einst auf seinen Geschäftsreisen wiederholt die Insel Wight und dort den Ort Ventnor besucht. Weiter sagte »Feda«: »In der Nähe der Namen und der Adresse steht ein Wort wie ›Loos‹.« Auf die Frage nach der Bedeutung dieses Wortes antwortete »sie«, das sei eine Stadt oder vielleicht eine Person. Am 11. Oktober fand man in einer Anzeige unter dem Namen Charles John Workman zweimal den Namen des englischen Dorfes Loose.

In der am 24. Oktober 1919, 15 Uhr, abgehaltenen Sitzung wurde u. a. folgendes gesagt: »In der morgigen TIMES, erste Seite, zweite Spalte, im ersten Viertel von oben steht der Name Ihres Onkels Alfred.« Auf die Frage, ob dort alle drei Namen des Onkels stehen würden, kam die Antwort, er möge nur nach zwei Namen sehen.

Am nächsten Tag konnte man an der angegebenen Stelle den Namen Alfred lesen. Unmittelbar darunter stand William. Pfarrer Thomas wußte nur den Namen Alfred. Später stellte sich heraus, daß der zweite Name William war.

Pfarrer Thomas' »Vater«, von dem, wie schon erwähnt, diese Mitteilungen stammen sollen, behauptete, er käme soeben von der Zeitungsdruckerei und habe seine Angaben aus den Vorbereitungsarbeiten für die Nummer des nächsten Tages, die er dort angetroffen hatte. Weiter gab »er« an, in der Umgebung des Namens Alfred würde der Name einer verschwägerten Familie erscheinen. Die Überprüfung ergab, daß in derselben Spalte, nur 5 cm von dem Namen Alfred entfernt, der Name einer Familie stand, mit der Thomas durch Alfreds Frau in verwandtschaftliche Beziehung gekommen war. In allen übrigen Spalten war nichts zu finden, was auch nur einigermaßen mit den vom Medium gemachten Angaben in Verbindung gebracht werden konnte. Schließlich wurde gesagt, nicht weit von dem Namen Alfred würde eine Anzeige stehen, die mehr als dreimal so lang war wie die anderen. Auch das war richtig. Die Länge der Anzeigen war in der Regel vier oder fünf Zeilen. Aber 10 cm von Alfred entfernt fand man die längste von allen mit 15 Zeilen.

Alle diese Mitteilungen konnten sich nur auf The Times vom 25. Oktober 1919 beziehen, denn als Pfarrer Thomas die Nummer vom 24. Oktober anschaute, konnte er darin nichts finden, was nur irgendwie darauf hingewiesen hätte, daß die Angaben auf sie zutreffend gewesen wären.

Beim Verlassen der Wohnung Mrs. Leonards gab Pfarrer Thomas eine Kopie seiner Aufzeichnungen einem skeptischen Freund, während er eine zweite der englischen SPR. zugehen ließ, so daß nicht er allein die »Vorhersage« vor dem Erscheinen des Morgenblattes kannte.

Vergleicht man die Ergebnisse der Zeitungsteste mit jenen der Buchteste, so zeigt sich, daß im allgemeinen jene eine größere Anzahl von Treffern aufwiesen als diese. Von 104 Angaben waren 73 richtig, 12 zweifelhaft, 19 falsch.

Wie zu erwarten war, hat Pfarrer Thomas auch untersucht, was für Ergebnisse er erhalten würde, wenn er die Mitteilungen mit anderen Nummern der Times verglich als jenen, für die sie bestimmt waren. Diese anderen Nummern hat er ganz willkürlich gewählt. Hier ergaben sich nur 18 Treffer, 10 zweifelhafte Ergebnisse und 76 völlige Fehlschläge. Die 18 Zufallstreffer bezogen sich alle auf häufig vorkommende Namen, während die 73 echten Treffer viele Namen betrafen, die durchaus nicht allgemein üblich sind. Daraus folgt, was denn auch allgemein zugegeben wird, daß es wissenschaftlich nicht verantwortbar ist, alle hier erhaltenen richtigen Angaben dem Zufall zuzuschreiben.

Können wir denn annehmen, daß Mrs. Leonard, nachdem sie sich etwa genau über die Familienverhältnisse von Pfarrer Thomas erkundigt hätte, eine Vereinbarung mit den Anzeigensetzern der Times getroffen haben sollte, um so zu richtigen Ergebnissen zu kommen?

Abgesehen davon, daß niemand, der Frau Leonard näher kennt, glaubt, sie sei zu einem derartigen Schwindel imstande, hat man dennoch diese Frage der Chefredaktion der Times vorgelegt. Die Antwort war, es müsse im Hinblick auf die Verhältnisse in der Setzerei für ausgeschlossen gehalten werden, daß hier ein Schwindel des Mediums vorgelegen hätte.

Die Frage ist aufgetaucht, ob die Ergebnisse vielleicht einem räumlichen Hellsehen (Telästhesie) zuzuschreiben sind. Es ist zweifellos nicht unvernünftig, wenn man versucht, diese Ergebnisse teilweise mit Hilfe dieser Hypothese zu erklären. Dabei ist aber zu bedenken, daß einige Male die Sitzungen zu einer Tageszeit abgehalten wurden, als in der Druckerei überhaupt noch nichts gesetzt war. Es scheint mir daher näherliegend, mit der Möglichkeit zu rechnen, daß zumindest ein Teil der Zeitungsteste auf einer Vorschau des Mediums beruht. In dieser Meinung wird man bestärkt, wenn man diese Zeitungsteste gegen den Hintergrund der Ergebnisse betrachtet, die die mit G. Croiset gemachten Platzversuche ergaben. Einen ausführlichen Bericht darüber findet man in meiner Abhandlung DE VOORSCHOUW[7]. Man wird zu der Erkenntnis gelangen, daß die Zeitungsteste als eine Abart der Platzversuche angesehen werden können.

Eine fünfte Hypothese spricht hier von einer telepathischen Beeinflussung (Mentalsuggestion) der Setzer durch Mrs. Leonard. Persönlich halte ich diese Annahme für sehr unwahrscheinlich.

Schließlich sei noch auf die Möglichkeit hingewiesen, es könnte hier Hellsehen in Raum und Zeit seitens Verstorbener im Spiel sein. Dem »Vater« Pfarrer Thomas' zufolge hätte er diese Teste nur unter Mitwirkung außerirdischer Wesen bewerkstelligen können, die eine höhere Entwicklungsstufe erreicht hätten als er. Das würde »ihm« zufolge unser menschliches Fassungsvermögen übersteigen. Wir können eine solche Mitteilung nur als Information hinnehmen und im Hinblick auf den ganzen Fragenkomplex daraus schließen, daß derlei Zeitungsteste – wie bedeutungsvoll sie von unserem parapsychologischen Standpunkt aus auch sein mögen – uns hinsichtlich der Brauchbarkeit der spiritistischen Hypothese im unklaren lassen.

X Verteilte Botschaften (Kreuzkorrespondenz)

1. Das Leben der Mrs. E. Piper

Über die 1859 in den USA geborene und dort 1950 verstorbene Mrs. E. Piper vernehmen wir, daß sie wie so viele andere Paragnosten schon als Kind Zeichen ihrer paranormalen Begabung erkennen ließ. Im Alter von 22 Jahren heiratete sie William Piper, einen Geschäftsmann aus Boston. Nicht lange danach kam sie mit Spiritisten in Verbindung, die bald entdeckten, was für ein gutes Medium sie war.

1885 kam dem später so bekanntgewordenen amerikanischen Psychologen und Philosophen William James einiges über sie und ihre Gabe zu Ohren. Er entschloß sich, ihre paragnostischen Leistungen zu untersuchen, und kam dabei bald zu der Erkenntnis, daß sie eine Frau von außergewöhnlicher paranormaler Begabung und unbedingt vertrauenswürdig war.

Im Winter 1886/87 sah sich James genötigt, seine Untersuchungen bezüglich Mrs. Piper an Dr. R. Hodgson zu übertragen, einen der scharfsinnigsten, zugleich aber auch schonungslosesten Forscher seiner Zeit. Die Tatsache, daß James von Mrs. Piper eine günstige Meinung hatte, war für ihn kein Grund, um vorerst nicht anzunehmen, er habe eine Schwindlerin vor sich. »In den ersten Jahren«, schreibt Hodgson im Band VIII der »Proc. SPR.«, »glaubte ich ganz und gar nicht an die Kräfte von Mrs. Piper. Ich hatte nur ein Ziel: den Schwindel aufzuklären. Ehrlich gesagt, betrat ich die Wohnung Mrs. Pipers mit der Absicht, sie zu entlarven. Seitdem sind zwölf Jahre vergangen. Heute bin ich genötigt, die Möglichkeit des Empfangens von Berichten aus dem Land der Geister anzuerkennen. Ich betrat das Haus als vollkommener Materialist, der an irgendeine Existenz nach dem Tod nicht glaubte. Jetzt sage ich ganz einfach: ›Ich glaube.‹«

Zur Zeit, als Hodgson die Versuche mit Mrs. Piper begann, wohnte sie mit ihrem Mann und ihren Kindern in einem Außenviertel von Boston. Obwohl sie eine Haushaltshilfe hatte, kümmerte sie sich um ihren Haushalt und um die Erziehung ihrer beiden Töchter. Im übrigen stellte sie sich ganz der Forschung zur Verfügung, was viel Zeit in Anspruch nahm. Jeden Tag gab es durchschnittlich zwei Sitzungen. Die Besucher waren ihr dabei meist völlig fremd, sie kamen aus der ganzen Welt. Einige von ihnen waren auf Veranlassung Hodgsons zu ihr gekommen. Zum großen Teil verschwiegen sie ihr ihre Namen. Dennoch erhielten viele von ihnen allerlei Angaben, die sich auf verstorbene Verwandte und Freunde bezogen und oft so »überzeugend« ausfielen, daß es ihrer Meinung nach feststand, Mrs. Piper wäre von Geistern inspiriert.

Im August 1889 hatte Hodgson die Idee, Mrs. Piper zu bitten, sie möge sich für einige Monate nach England begeben. Er wollte untersuchen, ob sie auch dort im fremden Land, umgeben von Menschen, die ihr gänzlich unbekannt waren, Beweise ihrer paranormalen Begabung zu liefern imstande wäre. Am 19. November 1889 kam Mrs. Piper in Liverpool an. Eine langwierige Untersuchung, an der mehrere bekannte Forscher teilnahmen, folgte und verlief zur allgemeinen Zufriedenheit. Damit ist allerdings nicht gesagt, daß alle vollkommen überzeugt waren, ihre Phänomene seien unbedingt spiritistisch zu erklären. Nach ihrer Rückkehr in die USA im Jahre 1890 stellte man ein weiteres Reifen ihrer mediumistischen Begabung fest.

1904 starb ihr Mann. Ein Jahr später starb Dr. Hodgson an einer Herzlähmung. Sowohl der Verlust ihres Gatten als auch des Mannes, den sie im Lauf der Jahre immer mehr schätzengelernt hatte, ging ihr sehr nahe. Dennoch stellte sie sich weiterhin der Forschung zur Verfügung. 1906 begab sie sich abermals nach England. Dieser zweite Versuch sollte vor allem Aufklärung über das Problem der »verteilten Botschaften« (Kreuzkorrespondenz) geben, das in jenen Tagen mehr und mehr im Mittelpunkt des Interesses der damaligen Forscher stand. Unter den Männern, die an dieser Arbeit einen bedeutenden Anteil hatten, nahm J. G. Piddington einen wichtigen Platz ein.

Um das Jahr 1908 ließen ihre paranormalen Kräfte vorübergehend nach, wahrscheinlich im Zusammenhang mit dem Eintreten der Menopause. Die Trancezustände waren immer seltener und blieben schließlich ganz aus. Von Zeit zu Zeit schrieb sie aber weiterhin automatisch. 1915 geriet sie, zum erstenmal seit 1911, wieder in Trance. Es gab höchst merkwürdige, wie es heißt von Myers herrührende Anspielungen auf einen Schicksalsschlag, der Lodge treffen sollte, den Soldatentod seines Sohnes Raymond[1]. Im übrigen wurden zwischen 1914 (dem Jahr, als ihr Mediumismus wieder aufzuleben begann) und 1924 mit Mrs. Piper nur wenige Sitzungen abgehalten. Einer der Gründe hierfür ist die lang dauernde Krankheit ihrer Mutter, an der sie sehr hing. Zudem fehlte es auch an einem kompetenten und geeigneten Versuchsleiter.

Im Herbst 1924 hatte der hervorragende amerikanische Psychologe Dr. Gardner Murphy Gelegenheit, mit Mrs. Piper eine Reihe von Sitzungen abzuhalten. 1926 und 1927 gab sie einigen Mitgliedern einer parapsychologischen Forschergesellschaft in Boston Gelegenheit, mit ihr Sitzungen abzuhalten. Beide Versuche lieferten positive Ergebnisse. Einige davon erinnern an die Buchteste mit Mrs. Leonard.

Mrs. Piper starb im Sommer 1950 nach kurzer Krankheit im Alter von 91 Jahren.

Unter jene Forscher, die bei den Untersuchungen von Mrs. Pipers paranormalen Fähigkeiten eine Rolle gespielt haben, ist auf jeden Fall James Hyslop (1854–1920) zu zählen. Diesen Gelehrten, von 1889 bis 1902 Professor für Logik und Ethik an der Columbia-Universität, kann man, was die Arbeit mit Mrs. Piper anlangt, in gewissem Sinn als Nachfolger Hodgsons ansehen.

Im Jahre 1888 war Hyslop mit Mrs. Piper – anfangs sehr vorurteilsvoll – zum ersten Male in Verbindung gekommen. Bald aber mußte er erkennen, ganz im Widerspruch zu seinen Erwartungen, daß sie über eine bemerkenswerte paragnostische Begabung verfügte. Es dauerte nicht lange, und er begann seiner Meinung Ausdruck zu geben, daß die Kundgebungen, die er bei diesen Sitzungen angeblich von verstorbenen Angehörigen erhalten habe, in der Tat als spiritistische Phänomene anzusehen seien. Eine Reihe von Sitzungen bestärkten ihn in dieser Überzeugung mehr und mehr, und zwar:

Anläßlich einer Sitzungsreihe, die Hyslop Ende 1898 und Anfang 1899 gemeinsam mit Hodgson mit Mrs. Piper abhielt, stellte er seinem »Vater« die Frage, ob er sich noch eines gewissen (Samuel) Cooper erinnere. Darauf lieferte »Hyslop sen.« eine Reihe von Daten (aufgefrischte Erinnerungen), von denen Hyslop jun. wenig oder nichts begriff und die er unmöglich mit Samuel Cooper in Zusammenhang bringen konnte. Später erwies sich jedoch daß sich diese Daten auf einen gewissen Dr. Joseph Cooper bezogen. Sein »Vater« hatte, als er den Namen Cooper hörte, nicht so wie Hyslop jun. an Samuel Cooper gedacht, sondern an den Theologen Dr. Joseph Cooper, mit dem er zu Lebzeiten eng befreundet war. Soweit sich Hyslop jun. erinnerte, hatte er von diesem Dr. Cooper nie gehört. Erst seine Stiefmutter hatte ihn auf dieses sonderbare, immerhin aber »beweiskräftige« Mißverständnis aufmerksam gemacht, als er die Ergebnisse der Sitzungen mit ihr besprach.

Da dieser Fall nicht vereinzelt dasteht und Hyslop mehrere derartige Erfahrungen mit Mrs. Piper machte, mußte es seiner Meinung nach unmöglich sein, daß die von ihr gelieferten Daten zur Gänze animistisch erklärbar sind. »Schließlich sprach ich (durch Vermittlung Mrs. Pipers) mit meinem verstorbenen Vater ebenso leicht, als hätte er noch hier auf Erden gelebt und sich mit mir telefonisch (siehe Kapitel IX) unterhalten. Wir verstanden einander rein durch Andeutungen so wie früher, als er noch am Leben war . . .«

Hyslops Erfahrungen haben ihn schließlich zu einem der bedeutendsten wissenschaftlichen Verteidiger des Glaubens an ein persönliches Fortleben nach dem Tod gemacht. In seinem 1918 erschienenen Live After Death erklärt er, daß seiner festen Überzeugung nach die Existenz entkörperter Geister als wissenschaftlich bewiesen angesehen werden darf. »Ein jeder,

der die Existenz körperloser Geister und den Beweis dafür nicht zur Kenntnis nimmt, ist entweder ein Ignorant oder ein moralischer Feigling.«

Nach seinem Tod im Jahre 1920 soll auch er sich manifestiert haben. Das Beweismaterial, das seine ehemalige Sekretärin Miss Gertrude Ogden Tubby in ihrem 1929 in New York erschienenen Buch JAMES H. HYSLOP – X. angeführt hat, ist jedoch so schwach, daß wir es außer Betracht lassen können.

2. Kontrollen

Wie die meisten Trance-Medien besaß auch Mrs. Piper eine sogenannte Kontrolle. Zuerst trat als solche ein »Geist« auf, der sich »Dr. Phinuit« nannte. Dieser »geistige Freund und Helfer« benutzte fast ausschließlich die Sprechorgane des Mediums (automatisches Sprechen). »Er« erzählte, er sei in der ersten Hälfte des neunzehnten Jahrhunderts Arzt in Metz gewesen, doch gelang es ihm nie, seine Identität zu beweisen. Zwischen 1884 und 1892 war dieser »Phinuit« ständig der »Helfer« des Mediums, was also bedeutet, daß man in den damaligen Berichten sowohl Hodgsons als auch Myers' und Lodges Namen immer wieder antrifft. 1892 wurde »Phinuits« Aufgabe allmählich von einem »Geist« übernommen, dessen Identität – und darin sind sich viele einig – mit großer Bestimmtheit festgestellt worden ist. In den Berichten über Mrs. Piper, die nach 1891 erschienen sind, kommt er unter dem Namen »George Pelham« vor; ein Pseudonym für einen äußerst tüchtigen jungen Mann, der sich vor allem literarisch betätigt hat. Obwohl in Amerika geboren, gehörte er einer adeligen englischen Familie an.

Im März 1892, nicht lange nach dem vorzeitigen und unerwarteten Ableben dieses Mannes, wurde zum erstenmal, ohne daß man darauf vorbereitet gewesen wäre, eine Mitteilung von »ihm« empfangen. Bei dieser Gelegenheit gab er Mr. Hart, einem Sitzungsteilnehmer, nicht nur seinen eigenen Namen an, sondern auch die Namen verschiedener gemeinsamer guter Freunde. »Er« machte dabei Anspielungen auf einige wichtige Angelegenheiten, die sie betrafen. Auch wurde von Vorfällen berichtet, die den Anwesenden unbekannt waren; z. B., daß Mrs. Pelham die Hemdknöpfe vom Totenhemd ihres Sohnes George abgetrennt und sie ihrem Mann gegeben hatte, damit er sie Mr. Hart sende. Auch wurde etwas von einem Gespräch gesagt, das George Pelham vor seinem Tod mit Katharina, der Tochter seines besten Freundes de Howards, geführt hatte. Damit wurden zum erstenmal Dinge erwähnt, von denen die Anwesenden nichts wußten.

Eine Woche später, bei einer Sitzung, an der Mr. Vance teilnahm, stellte »George Pelham« mehrere bemerkenswerte Fragen nach dessen Sohn. An ihn gestellte Fragen beantwortete er erwartungsgemäß. »George Pelham« erzählte, Mrs. Vances Sohn sei mit ihm auf der Universität gewesen, dann gab er eine genaue Beschreibung seiner Sommerfrische als eines Ortes, wo er einmal einen Besuch abgestattet habe.

Ungefähr zwei Wochen später kamen seine guten Freunde, die Howards. Sich anscheinend der Sprechorgane des Mediums bedienend, bewies er dabei eine derart gute Kenntnis ihrer Verhältnisse, gab so vollkommene eigene Erinnerungen zum besten, zeigte so charakteristische Beweise von Verstand und Gemüt, daß sie, die sich vorher nie mit derartigen Dingen beschäftigt hatten, sich der Überzeugung nicht zu entziehen vermochten, sie hätten wirklich ein Gespräch mit dem Verstorbenen geführt. Spätere Erfahrungen sollten diese Überzeugung noch verstärken. »George Pelham« zeigte sich sehr besorgt über die Art, in der über ein bestimmtes Buch verfügt worden war, und über einige Briefe, die so intime Dinge betrafen, daß sie zur Veröffentlichung nicht geeignet waren. Er verlangte dringend, man möge seinen Vater in Washington von seinem Fortleben überzeugen. Unter anderem erzählte er, sein Vater habe ein Foto von ihm aufgenommen, um es zu vervielfältigen. Das war auch tatsächlich geschehen, obwohl Mr. Pelham sen. nicht einmal seine Frau davon in Kenntnis gesetzt hatte. Später erzählte er von verschiedenen Vorfällen, bei denen Mrs. de Howards in ihrem eigenen Haus betroffen war, die aber den übrigen Anwesenden unbekannt waren. Noch später, bei einer Sitzung mit seinen Eltern in New York, bewies er seine Kenntnis verschiedener Familienangelegenheiten.

Bei der Séance mit seinen Eltern und bei einigen Sitzungen mit den de Howards gab es sehr zutreffende Bemerkungen über Dinge, die mitgebracht worden waren und George Pelham gehört hatten oder mit denen er vertraut gewesen war. Er erkundigte sich auch nach anderen persönlichen Besitztümern, die man zu den Sitzungen nicht mitgebracht hatte, und konnte sich genau erinnern, was es damit für eine Bewandtnis gehabt hatte. Es ist sicherlich von großer Bedeutung, daß die Mitteilungen über Dinge, die George Pelham betrafen, immer stimmten. Von nicht geringerer Bedeutung ist es auch, daß er sich im Erkennen persönlicher Freunde nie geirrt hat. Von nicht weniger als 150 Teilnehmern an den Sitzungen, die zum Großteil als Fremde zu dem Medium kamen, wußte der sich meldende »George Pelham« ausgerechnet jene herauszufinden, die der Verstorbene zu Lebzeiten gekannt hat. Diesen insgesamt 30 Personen gegenüber hat er Erinnerungen an sie und andere von solcher Art vorgebracht, daß diese zumeist davon überzeugt waren, es mit der Manifestation des Geistes von George Pelham zu tun zu haben.

Wie »George Pelham« angab, war es seine Absicht, sowohl sein eigenes Fortleben als auch das der sich Manifestierenden zu beweisen. Das hatte er zwei Jahre vor seinem Tod Dr. Hodgson versprochen. In seinen beharrlichen Versuchen, die Schwierigkeiten beim Durchgeben von Botschaften zu überwinden, in seiner andauernden Bereitschaft, bei den Séancen als Freund und Helfer aufzutreten, und in seiner Findigkeit bei der Lösung verschiedener Probleme, vor denen die Forscher standen: Dies war für Leute, die George Pelham zu Lebzeiten näher gekannt hatten, ein Anlaß, die Möglichkeit einer spiritistischen Erscheinung sehr hoch einzuschätzen.

Die Manifestationen »George Pelhams« ergaben sich nicht nur fallweise. Etwa vier Jahre lang hat er sich regelmäßig geoffenbart, wenngleich während dieser Zeit hin und wieder auch »Dr. Phinuit« durch Mrs. Piper gesprochen hat. Unter »George Pelhams« Einfluß entwickelte sie sich zu einem automatisch schreibenden Medium. Vorher hatte sich dieses Phänomen bei ihr zwar auch schon gezeigt, aber nur hin und wieder, und mit dem Schreiben hatte sie damals überhaupt Schwierigkeiten. Das änderte sich jedoch nach dem März 1892; die Sitzungen kosteten sie dann weniger Anstrengung, verloren aber an Dramatik. Dennoch waren es vor allem die Sitzungen mit »George Pelham«, die Hodgson, den Mann, der zweifellos mit Mrs. Piper als Medium die meisten Erfahrungen hatte, zur Überzeugung brachten, zumindest ein Teil ihrer Leistungen verlange eine spiritistische Deutung.

»Wenn man also diese Phänomene als paranormal betrachtet«, schreibt Hodgson 1898, »dann möchte ich den Nachdruck vor allem auf den Umstand legen, daß es nun viel schwieriger ist, anzunehmen, die mitgeteilten, auf paranormale Weise erhaltenen Kenntnisse hätten ihren Ursprung im Psychismus Lebender, als es in den ersten Jahren von Mrs. Pipers mediumistischer Tätigkeit der Fall war, da die als Phinuit bekannte Persönlichkeit eigentlich der einzige Vermittler war. Mit dem Auftreten »George Pelhams«, der Entwicklung zum automatisch schreibenden Medium und der Benutzung der Hand durch eine große Zahl von sich Manifestierenden ist die Frage in ein gänzlich neues Stadium getreten.

Jetzt, da die Hand schreibt und die Stimme zugleich mit verschiedenen Personen über verschiedene Themen spricht, da die Hand in ein und derselben Sitzung im Namen verschiedener sich Manifestierender schreibt, da verschiedene, einander folgende sich Manifestierende die Hand sowohl in derselben als auch in verschiedenen Sitzungen benutzen, jetzt kann man sich schwerlich dem Eindruck widersetzen, hier seien mehrere unabhängig voneinander tätige, logisch zusammenhängende Arten von Bewußtsein am Werk . . .«

Hodgson war der Meinung, »auch die linke Hand könne schreiben, und es müßte also möglich sein, beide Hände schreiben zu lassen, während die Kontrolle spricht, und zwar alle zwei zugleich über verschiedene Themen mit verschiedenen Personen«. Er stellte sich als Idealfall vor, es einmal so weit zu bringen, daß das »Medium« von einer Vielzahl von

»Geistern« gleichzeitig beeinflußt werden könnte, die sich nicht nur der Sprechorgane (automatisches Sprechen) und der Finger (automatisches Schreiben), sondern auch der zehn Zehen des Mediums bedienen würden.

Wie zu erwarten war, ist dieser Idealfall nie eingetreten. Am 26. Februar 1894, als Hodgson mit Mrs. Piper allein und keineswegs darauf vorbereitet war, gab es ganz am Anfang einen Versuch, mit beiden Händen unabhängig voneinander zu schreiben. Viel ist aber dabei nicht herausgekommen. Am 18. März folgte dann ein besser gelungener Versuch. Damals war auch Miss Edmunds anwesend. Hodgson berichtet darüber:

»Mit der einen Hand schrieb ihre ›verstorbene Schwester‹, mit der anderen ›George Pelham‹, und ›Phinuit‹ sprach. Die drei ›Geister‹ manifestierten sich zugleich und behandelten jeder ein anderes Thema. Mit der linken Hand wurde allerdings nur wenig geschrieben. Die Schwierigkeit schien hauptsächlich darin zu liegen, daß sich die linke Hand nicht gut zum Schreiben eignete.«

Im Jahre 1897 ging die Führung allmählich auf eine Gruppe »geistiger Wesen« über, die angeblich früher das Medium W. Stainton Moses kontrolliert haben sollen und sich »Imperator«, »Prudens« und »Rector« nannten. Jedes von ihnen zeigte standhaft eine eigene Art, doch konnte keines je seine Identität beweisen[2]. Am meisten hat »Rector« von sich reden gemacht. Nach dem Ableben Hodgsons und Myers' soll er es gewesen sein, der sich die meiste Mühe gegeben hat, sich zu äußern . . .

Sehr auffällig sei die Tatsache, schreibt Hodgson, daß nach dem Auftreten »der Gruppe, die mit W. Stainton Moses in Verbindung stand . . . der Raum frei ist von Störungen und Einmengungen scheinbar fremder Elemente, was bei den ersten Sitzungen an der Tagesordnung war. Die neuen ›Kontrollgeister‹ behaupten, sie hätten das Verlangen und die Macht, ›niedrigeren‹ Intelligenzen, die sich Namen von ›an die Erde gebundenen Geistern‹ beilegen, den Gebrauch ›des Lichtes‹ zu verwehren, und tatsächlich haben diese Störungen nun aufgehört.«

3. Trance

Eine der Nebenerscheinungen, die die »Imperator«-Gruppe kennzeichnete, ist wohl die Tatsache, daß Mrs. Piper seit ihrem Auftreten leichter in Trance zu verfallen schien. Zur Zeit von »Phinuit« und »George Pelham« kostete es das Medium anscheinend große Anstrengungen (konvulsive Muskelzuckungen), in Trance zu kommen. Später erinnerte der Trancezustand nur an einen ungewöhnlich tiefen Schlaf, in den das Medium ohne große Anstrengung verfiel und der, oberflächlich betrachtet, an eine durch Chloroform verursachte Betäubung denken ließ.

Aus den älteren Berichten ergibt sich, daß Mrs. Piper zu Anfang während des Trancezustandes aufrecht auf ihrem Stuhl sitzen blieb, das Haupt ein wenig geneigt, die Augen geschlossen, während beide Hände bereit waren, irgendeinen Gegenstand zu erfassen oder die Hand eines andern zu ergreifen. Später wurde das anders. Man legte den Kopf mit dem Gesicht von den übrigen Anwesenden abgewandt auf ein Kissen, und nur die rechte Hand gab auf sehr ausdrucksvolle Weise Lebenszeichen von sich.

Lodge hat im Jahre 1909, nach dem Auftreten der »Imperator«-Gruppe, den Verlauf einer Sitzung wie folgt beschrieben:

»Ein ruhiges Zimmer, wo man nicht gestört wird, wird gewählt. Wenn nötig, brennt Feuer im Ofen, denn die Fenster müssen offen sein. Ein bequemer Stuhl wird an einen Tisch gestellt, vier bis sechs Kissen werden daraufgelegt, damit das Medium bequem den Kopf daranschmiegen kann, wenn es, im Stuhl sitzend vornüber gelehnt, in Schlaf verfällt. Sie drückt das Gesicht nicht in die Kissen, sondern wendet es nach links, damit im Trancezustand das Atmen nicht behindert wird. Hat sie trotzdem noch Schwierigkeiten mit dem Atmen, müssen die Kissen vom Sitzungsleiter verschoben werden, so daß die Luft ungehindert Zutritt zu Mund und Nase hat. Rechts von den Kissen, entweder auf denselben Tisch oder auf einen darangeschobenen, wird Schreibzeug gelegt, und zwar ein großformatiger Schreibblock mit numerierten Blättern und vier oder fünf weiche scharf gespitzte Bleistifte.

Der Leiter schreibt alles auf, was die am Tisch Sitzende spricht. Das kann er gewöhnlich auf dem Schreibblock tun, ohne die Hand des Mediums zu behindern. Er hat den Block so zu legen, daß die Hand bequem darauf schreiben kann und die einzelnen Blätter entfernt werden können, sobald sie vollgeschrieben sind. Mit Papier darf er nicht sparsam sein. Die automatische Schrift ist groß und unbeholfen und beginnt oft nicht am oberen Blattrand. Manchmal bekommt man ziemlich viel Schrift auf eine Seite, ein andermal nur einige Zeilen und zuweilen nicht mehr als ein paar Worte. Das Entfernen eines verbrauchten Blattes muß schnell geschehen; die Hand wartet gerade so lange, wie nötig ist, wenngleich sie manchmal, wenn sie mitten in einer heftig geschriebenen Mitteilung unterbrechen muß, Zeichen von Ungeduld über den Aufenthalt gibt.

Zur bestimmten Stunde, zum Beispiel vormittags um zehn oder halb elf Uhr, kommt Mrs. Piper in das entsprechend vorbereitete Zimmer und setzt sich in den bequemen Stuhl vor die Kissen. Der Leiter nimmt auf einem anderen Stuhl am Tisch Platz und läßt einen dritten zwischen sich und dem Medium für denjenigen frei, für den die Séance bestimmt ist. Dieser ist entweder schon von Anfang an anwesend oder kommt erst, wenn der Trancezustand eingetreten ist. Mrs. Piper legt die Hände ruhig auf die Kissen vor sich. Nach etwa fünf Minuten eines beliebigen Alltagsgesprächs beginnt sie schwer zu atmen, der Kopf fällt auf die auf den Kissen ruhenden Hände und wendet sich nach links. Dann reißt sich die rechte Hand plötzlich los und fällt auf den Tisch neben die Schreibgeräte. Es folgen etwa dreißig Sekunden vollkommener Stille. Dann »erwacht« sozusagen diese Hand, hebt sich langsam, macht ein Kreuzzeichen in die Luft zum Beweis, daß sie zum Schreiben bereit ist. Der Leiter steckt einen Bleistift zwischen Zeige- und Mittelfinger, und das Schreiben beginnt. Die Trance macht den Eindruck eines außergewöhnlich tiefen Schlafs, der sie ohne Mühe überkommt

– eines Schlafs, der, flüchtig betrachtet, einer Betäubung durch Chloroform gleicht, und schließlich kehrt das Bewußtsein auf leichte und natürliche Weise zurück, wenn auch langsam und vorübergehend von verwirrten Vorstellungen begleitet.

Eine Sitzung dauert ungefähr eine Stunde. Bei den jetzt seltenen Gelegenheiten, da das Medium spricht, ist eine Stunde die äußerste Grenze, doch das automatische Schreiben scheint weniger ermüdend zu sein, und da kann es zuweilen vorkommen, daß eine Sitzung bis zu zwei Stunden dauert, niemals aber länger.

Die sich manifestierenden Intelligenzen tragen große Sorge für das Wohlbefinden des Mediums. Sie weisen zumeist mit den Worten »das Licht« oder »die Maschine« darauf hin.

Stimmt etwas nicht mit der Atmung oder ist die Luft im Zimmer erneuerungsbedürftig, sind die Kissen abgeglitten, so daß das Medium in eine unbequeme Haltung gerät, dann schreibt die Hand: »Es ist etwas mit der Maschine nicht in Ordnung« oder »Sehen Sie einmal nach dem Licht« oder etwas Derartiges. Dann hat der Versuchsleiter die Sache in Ordnung zu bringen, worauf das Schreiben weitergeht.

Das Erwachen aus dem Trancezustand geht allmählich vor sich und dauert einige Minuten. Dabei murmelt sie halb verständliche Sätze. Wenn sie dann die Augen öffnet, starren sie wie die eines Schlafwandlers, bis sie dann plötzlich ihren natürlichen Ausdruck annehmen und Mrs. Piper wieder zu sich gekommen ist. Aber noch eine halbe Stunde lang fühlt sich das Medium im Kopf benommen und nicht völlig normal. Dann kümmert sich gewöhnlich ihre ältere Tochter Alta um sie. Aber ihre Familie ist so sehr mit der Trance vertraut, daß ihre Töchter sich darüber nicht im geringsten beunruhigen und in einem anderen Zimmer unbesorgt ihre Briefe schreiben oder nähen. Nach der Sitzung wird dann jemand von den Ihren gerufen, um mit der Mutter ein wenig im Garten spazierenzugehen.«

Selbstverständlich hat man Mrs. Piper auch gebeten, das, was sie während des In-Trance-Geratens und beim Erwachen an sich wahrgenommen hat, genau zu beschreiben. Was dies betrifft, sei auf die betreffenden Berichte verwiesen.

4. Verteilte Botschaften (Kreuzkorrespondenz)

Myers vertrat die Meinung, daß »jene, die uns vorangegangen sind«, allmählich besser verstehen werden, was wirklich gutes Beweismaterial ist, und sie werden immer bessere Mittel erdenken, es zu liefern.

Es ist möglich, daß die Buch- und Zeitungsteste als Ausfluß dieses besseren Verstehens der Jenseitigen aufzufassen sind. Ich bin aber davon durchaus nicht überzeugt. Was die verteilten Botschaften anlangt, neige ich jedoch dazu, mit dieser Möglichkeit zu rechnen.

Unter »cross-correspondence«, ein Ausdruck, den man nach Tischner im Deutschen vielleicht am besten mit »verteilte Botschaften« wiedergibt, haben wir mit Lodge »einen Kommunikationsprozeß« zu verstehen, »dessen Hauptmerkmal ist, daß wir nicht (wie bisher; der Verfasser) die Phänomene eines einzelnen Mediums – angeblich zustande gekommen durch den Einfluß sogenannter Kontrollen (Kontrollgeister) – studieren müssen, sondern umgekehrt die Äußerungen eines bestimmten Kontrollgeistes in Verbindung mit den Mitteilungen mehrerer Medien, die unabhängig voneinander hauptsächlich automatisch schreiben, nicht in derselben Gegend wohnen, einander vielleicht gar nicht kennen und sich von Anfang an gar nicht bewußt sind, daß eine Art von Kundgebung sich zu entwickeln im Begriffe ist«.

Es wurde schon so dargestellt, als hätte sich Myers erst nach seinem Tod mit dem Gedanken der verteilten Botschaften beschäftigt. Das ist nicht richtig. Aus einem Brief, den der Forscher am 24. Oktober 1898 an Mrs. Thompson (siehe Kapitel XIV) geschrieben hat, geht hervor, daß er sich schon einige Jahre vorher mit dem Prinzip, auf dem die verteilten Botschaften beruhen, befaßte. Auch muß hier darauf hingewiesen werden, daß sich kurz nach Myers' Ableben (17. Januar 1901) ein

Fall ereignete, von dem er sicherlich nicht betroffen war, der aber dennoch als typisches Beispiel »verteilter Botschaften« angesehen werden kann. Als dessen »autor intellectualis« wäre Talbot Forbes, ein Offizier, der im zweiten Burenkrieg gefallen ist, zu nennen. Am 28. August 1901 schrieb seine Mutter automatisch einige Mitteilungen nieder, die angeblich von ihrem toten Sohn stammten. Sie endeten mit der Mitteilung, er müsse sie verlassen, weil er ein Medium suchen wolle, das gleichfalls automatisch schreiben könne. Dabei ließ er durchblicken, er habe ein solches bereits gefunden. Mit Hilfe dieses Mediums wolle er seiner Mutter noch deutlicher beweisen, daß die Berichte von niemand anders herrührten als von ihm. Am selben Tag schrieb Mrs. Verrall, eine Dame, die Mrs. Forbes damals nur sehr flüchtig kannte, die aber schon vorher wiederholt Anzeichen ihrer paranormalen Begabung gegeben hatte, nachstehenden Satz automatisch nieder: »Signa sigillo. Conifera arbos in horto iam insita omina sibimet ostendit.« (»Unterfertigen Sie mit dem Siegel. Der im Garten schon gepflanzte Nadelbaum verschafft sein eigenes Vorzeichen.«) Danach zeichnete sie, gleichfalls automatisch, ein Schwert, ein aufgehängtes Signalhorn, eine Schere sowie ein Gekritzel, in dem man einen Tannenzweig erkennen konnte. Zuerst vermochte Mrs. Verrall den Sinn des Ganzen nicht zu verstehen. Später aber, am 13. November 1901, nachdem sie erfahren hatte, daß ein gekröntes Posthorn das Abzeichen von Talbot Forbes' Regiment war und im Garten seiner Mutter einige Tannen standen, deren Samen Talbot ihr einst überlassen hatte, wurde ihr die Bedeutung klar.

Wichtig für unsere Kenntnis der Vorgeschichte des Wesens der verteilten Botschaften ist auch folgendes: Am 28. Januar 1902 forderte Dr. Hodgson die Kontrolle von Mrs. Piper in Boston auf, Miss Helen Verrall solle mit einem Speer (engl.: spear) in der Hand erscheinen. Helen war die Tochter der vorhin erwähnten Mrs. Verrall und lebte wie ihre Mutter in England. Die Kontrolle fragte darauf Hodgson: »Warum mit einem Globus (sphere)?« Darauf wiederholte Hodgson das Wort »spear«. Am 31. Januar schrieb Mrs. Verrall in England automatisch einen unverständlichen Satz, der teils aus griechischen, teils aus lateinischen Wörtern bestand. Darin kamen die Wörter »sphaira« und »volatile ferrum« (fliegendes Eisen = Speer) vor. Einige Tage später, am 4. Februar, berichtete die Kontrolle dem Dr. Hodgson, sie sei Miss Verrall mit einem »sphear« erschienen. Interessant ist hierbei, daß man das Wort »sphear« als eine Verbindung von »spear« und »sphere« ansehen kann und in der automatischen Schrift Mrs. Verralls beide Wörter auftauchen.

Am 19. November 1903 schrieb Mrs. Holland[3] einen Brief an Miss A. Johnson, die damals »research officer« (Forschungsbeamter) der englischen SPR. war, worin sie ihr einiges über ihre Erfahrungen als automatisch schreibendes Medium mitteilte. Darin beklagte sie sich auch, daß ihr verschiedene Namen und Wörter ihrer Schriften unverständlich wären. So könnte sie z. B. nicht verstehen, was die Bitte zu bedeuten habe, die von ihr am 7. November automatisch geschriebene Mitteilung, die mit dem Buchstaben F begann, an »Mrs. Verrall 5 Selwyn Gardens Cambridge« zu senden. Sie wüßte gar nicht, ob es diese Adresse wirklich gäbe. Zu ihrer großen Verwunderung erhielt sie einige Zeit später einen Brief von Miss Johnson, wonach es diese Adresse tatsächlich gab, dort aber die Frau des englischen Wissenschaftlers Dr. A. W. Verrall wohnte. Dem Namen dieser Dame mußte sie beim Lesen von Myers' Standardwerk begegnet sein.

Miss Johnson wußte, daß Myers seine Briefe oft mit F unterschrieben und darin Dr. Verrall häufig mit den Buchstaben A. W. angedeutet hatte. Sie bat in diesem Brief, ihr alle von Mrs. Holland automatisch geschriebenen Mitteilungen zu senden. Es war ihr nämlich die Vermutung gekommen – die sie jedoch Mrs. Holland nicht bekanntgab –, ihre Korrespondentin könnte in verteilte Botschaften einbezogen sein. Und dieses Vermuten war denn auch kein Irrtum. Wer die verschiedenen Abhandlungen über verteilte Botschaften in Band XXIff. der »Proc. SPR.« studiert hat, weiß, daß Mrs. Holland von dem Tag an, als sie Name und Adresse von Mrs. Verrall schrieb, einen Teil einer Gruppe von bis zu sieben Damen[4] ausmachte, die als unabhängig voneinander »arbeitende« automatisch schreibende Medien anzusehen waren. Wie einige Forscher meinen, wurde diese Gruppe von mehreren »Intelligenzen«, der sogenannten Myers-Gruppe, benutzt, um mittels einer Reihe übereinstimmender und einander ergänzender Berichte zu beweisen, daß sie existierten, und zwar völlig unabhängig von der Existenz der Medien.

Wie sehr man es auch bedauern mag, es ist nicht angebracht, in einem Werk wie diesem eine größere Reihe von Fällen verteilter Botschaften eingehend zu behandeln. Nicht nur, weil das angesichts der ungeheuren Kompliziertheit vieler von ihnen, voller literarischer Anspielungen, viele Seiten füllen würde, sondern auch darum, weil sie sich zum großen Teil für eine Darstellung gar nicht eignen. Darum will ich mich hier begnügen, einige Beispiele der am wenigsten verwickelten Fälle in gedrängter Form zu geben.

Am 7. März 1906, um 11.15 Uhr, schrieb Mrs. Verrall automatisch. Unter anderem ergab sich dabei ein Originalgedicht, das mit den Worten »Tintagel and the sea that moaned in pain« begann. Als Miss Johnson das Geschriebene zu Gesicht bekam, war sie von der weitgehenden Übereinstimmung mit einem Gedicht von Roden Noel betroffen, das den Titel »Tintadgel« trägt und folgendermaßen beginnt: »Tintadgel, from thy precipice of rock.« Soweit sich feststellen läßt, hatte Mrs. Verrall dieses Gedicht nie gelesen.

Am 11. März 1906 schrieb Mrs. Holland folgendes: ». . . Dies ist für A. W. bestimmt. Fragen Sie ihn, was das Datum 26. Mai 1894 für ihn, für mich und für F. W. H. bedeutet. Ich denke nicht, daß es ihm schwerfallen wird, sich daran zu erinnern; sollte es aber doch der Fall sein, lassen Sie dann Nora fragen . . .«

Das angegebene Datum sagte Mrs. Holland gar nichts. Nora (Mrs. Sidgwick) wußte sich hingegen sehr gut zu erinnern, daß an diesem Tag der Dichter Roden Noel gestorben ist, der ein guter Freund ihres Mannes Dr. Sidgwick war. Auch A. W. (Dr. Verrall) und F. W. H. (F. W. H. Myers) hatten Noel gekannt, wenngleich nicht so gut wie Dr. Sidgwick.

Am 14. März 1906, als Mrs. Holland über diese Sache noch nichts Näheres wußte, schrieb sie u. a. folgendes: ... achtzehn, fünfzehn, vier, fünf, vierzehn, vierzehn, fünfzehn, fünf, zwölf. Das muß man nicht wörtlich auffassen. Siehe Offenbarung Kapitel 13, Vers 18, aber nur den Kern von acht Worten, nicht den ganzen Vers.«

Mrs. Holland suchte die angegebene Stelle nicht. Das Ganze kam ihr unverständlich vor. Miss Johnson jedoch fand heraus, daß mit dem »Kern von acht Worten« nur »denn es ist eines Menschen Zahl« (im Englischen acht und nicht sechs Worte wie im Deutschen) gemeint sein konnte. Sie machte nun von dieser Anweisung Gebrauch, und da stellte sich heraus, daß sich die Zahlen auf die Buchstabenreihe des Alphabets bezogen (der achtzehnte Buchstabe z. B. ist das R) und der Name »Roden Noel« war. Im Zusammenhang damit und zum besseren Verständnis sei darauf hingewiesen, daß etwa einen Monat vorher, am 9. Februar 1906, Mrs. Holland automatisch geschrieben hatte:

»... Sjidibse Jpehto – nur ein Buchstabe weiter – 18 – 9 – 3 – 8 – 1 – 18 – 4 – 8 – 15 – 4 – 7 – 19 – 15 – 14 – Die Ziffern sind nicht aufs Geratewohl geschrieben, lesen Sie sie als Buchstaben. Die Atemnot war das Ärgste an der Krankheit – sogar ärger als die Erschöpfung. K 57 (hier wurde ein Vorname geschrieben, der nicht veröffentlicht werden durfte) – ... Amylnitrat ...«

Am 11. Februar 1906 besprach Miss Johnson das Geschriebene mit Mrs. Holland. Diese hatte davon nichts begriffen. Da die Zahlen untereinander standen, hatte sie gedacht, darin eine Aufstellung zur Addition zu sehen. Miss Johnson aber klärte sie auf, daß es »Richard Hodgson« heißen müsse, wenn man die Ziffern als Buchstaben des Alphabets (1=A) läse. Dieser Forscher war am 29. Dezember 1905 ohne vorhergegangene Krankheit während eines Handballspiels in Boston an einer Herzlähmung ganz unerwartet gestorben[5]. Am 22. Januar hatte Mrs. Holland darüber in einer Zeitung gelesen. Obwohl ihr sein Name selbstverständlich bekannt war, war sie mit ihm nie persönlich zusammengetroffen, und es steht auch fest, daß sie von den Eigenheiten und dem persönlichen Leben dieser markanten Gestalt nichts wußte. So war ihr z. B. nicht bekannt, daß eines der größten Vergnügen dieses Forschers das Erdenken und Auflösen von Worträtseln gewesen war. Wenn wir nun erfahren, daß der Vorname, den Mrs. Holland zwar aufgeschrieben hatte, der aber für eine Veröffentlichung nicht in Frage kam, ein selten vorkommender Mädchenname ist, zugleich der Name eines verstorbenen Mädchens, das seinerzeit zu Hodgson in intimen Beziehungen gestanden hatte – was nur den engsten Freunden des Forschers bekannt war –, und daß, einige Zeit nachdem Mrs. Holland das alles geschrieben hatte, Piddington beim Ordnen von Hodgsons hinterlassenen Schriften zu der Entdeckung kam, K 57 sei eine von dem Gelehrten verwendete Indexnummer gewesen, dann wird man wohl zugeben müssen, daß ein Zusammenhang zwischen den beiden Berichten besteht. Der Gedanke, wir hätten es hier mit einem Versuch Hodgsons zu tun, einen Beweis seines Fortlebens zu erbringen, ist jedenfalls überlegenswert.

Am 17. April 1907 sagte Mrs. Piper beim Erwachen aus der Trance in Gegenwart der Damen Sidgwick und Newton:

». . . Ich weiß nicht. Sanatos. Oder . . . Tanatos . . .«

Am 23. April sprach sie, gleichfalls beim Erwachen, das Wort »Thanatos« (griechisch: Tod) deutlich aus. Am 30. April wiederholte sie das Wort dreimal, und schließlich wurde am 7. Mai beim Erwachen der Ausspruch »Ich will Thanatos sagen« aufgezeichnet.

Erfahrungsgemäß bedeutet ein Wort, das so unzusammenhängend verwendet wird, in der Regel einen Hinweis auf eine verteilte Botschaft.

Am 16. April 1907, gegen 14.30 Uhr, schrieb Mrs. Holland, die sowenig wie Mrs. Piper Griechisch oder Lateinisch verstand:

». . . Maurice. Morris. Mors[6]. Und so geschah es, daß der Schatten des Todes über ihn kam und seine Seele hinwegging aus seinem Leib . . .« Am 29. April, um 22.40 Uhr, schrieb

Mrs. Verrall, die von dem, was Mrs. Piper am 17. und 23. April gesagt, und von dem, was Mrs. Holland am 16. April geschrieben hatte, nichts wußte:

»Ich erwärmte meine Hände an dem Feuer des Lebens. Es erlischt, und ich bin bereit zu verreisen.« Dann zeichnete sie ein Dreieck auf, das vermutlich den griechischen Buchstaben Delta darstellen sollte. Darunter schrieb sie »Manibus date lilia plenis«, eine Stelle aus dem sechsten Buch der »Äneis« des römischen Dichters Vergil, in dem die Rede vom Tod des Marcellus ist.

Weiter zeichnete sie ein Maßliebchen, eine Blume, die sie so wie der Buchstabe Delta immer wieder an den Tod erinnerte, und hierauf wiederum ein Delta. Kurz darauf schrieb sie: »Pallida mors aequo pede pauperum tabernas regumque turres pulsat (der bleiche Tod stößt mit demselben Fuß gegen die Hütten der Armen wie gegen die Türme der Könige)«, und endigte dann mit den Worten: »Lebewohl. Das Wort habt ihr die ganze Schrift hindurch deutlich und klar . . .«

Die Sitzungen, die im Winter 1906/1907 mit Mrs. Piper in England abgehalten wurden, machten auf eine Reihe von Forschern einen großen Eindruck. Auch Mrs. Verrall konnte sich schwerlich der sich aufdrängenden Überzeugung entziehen, daß die Persönlichkeit, die sie einst als F. W. H. Myers gekannt hatten, auf irgendeine Weise damit in Zusammenhang stand. Das veranlaßte sie, einen Versuch mit dem Ziel zu erdenken, herauszufinden, inwieweit die »Intelligenz«, die sich als Myers ausgab, eine Frage beantworten könne, die als eine Art Identitätsbeweis anzusehen wäre. Die Bedingungen, denen ein solcher Test zu entsprechen hätte, wurden von ihr wie folgt festgesetzt:

1) Die Frage muß Mrs. Piper völlig unverständlich sein. 2) Sie muß kurz sein. 3) Sie muß sich auf ein Thema beziehen, das Myers vollkommen beherrscht hat. 4) Sie muß so gestellt sein, daß eine Antwort erwartet werden kann, die derart kompliziert ist, daß ein Zufallstreffer ausgeschlossen ist. 5) Sie muß der Forderung entsprechen, daß eine allfällige Antwort den Psychismus von Mrs. Verrall oder anderen Personen, die von

der Sache betroffen und fachkundig auf dem Gebiet der klassischen Literatur sind, nicht entlehnt werden kann.

Es ist wohl verständlich, daß es sehr schwer war, eine Frage zu ersinnen, die diesen Forderungen entsprach. Dennoch aber gelang es Mrs. Verrall schließlich, eine solche aufzustellen. Am Abend des 23. Januar 1907 drängte sich ihr plötzlich der Gedanke auf, der griechische Ausdruck »autos ouranos akumoon (der Himmel selbst windstill, wellenlos)« wäre für eine solche Testfrage geeignet. Diese Stelle kommt vor im fünften Buch der ENNEADEN des neoplatonischen Philosophen Plotinus, und zwar handelt es sich dort um einen Satz, in dem der Denker die Bedingungen angibt, unter denen die Seele in Ekstase geraten und in der Gottheit aufgehen kann.

Am 29. Januar stellte Mrs. Verrall in Anwesenheit Mr. Piddingtons »Myers«, angeblich manifestiert durch Mrs. Piper, die Frage, woran er denken müsse, wenn er die Worte »autos ouranos akumoon« höre.

Schon am nächsten Tag wurden anläßlich einer Sitzung mit Mrs. Piper einige Worte notiert, die Mrs. Verrall veranlaßten zu vermuten, »Myers« habe verstanden, was man von »ihm« wünsche.

Wenn man bedenkt, daß Piddingtons Bericht über diesen Fall 65 Seiten in den »Proceedings« umfaßt, und der zweite, von Miss Johnson in derselben Zeitschrift veröffentlichte, 50 Seiten, wird es angesichts des mir hier zur Verfügung stehenden Raumes wohl klar sein, daß ich nur kurz berichten kann: Bei acht Sitzungen in der Zeit zwischen dem 25. Februar und 6. Mai wurde eine Reihe von Daten erbracht, die eine so umfangreiche Kenntnis der klassischen Literatur verraten und darüber hinaus so typisch für die Intelligenz sind, die auf Erden den Namen Myers geführt hatte, daß man sich der Überzeugung nicht entziehen konnte, Mrs. Piper (die selbst nicht die geringste Kenntnis von klassischer Literatur besaß) sei vom Geist des verstorbenen Gelehrten inspiriert worden. Dies um so mehr, als man an die Möglichkeit, Mrs. Piper hätte eine solche Kenntnis dem Psychismus Piddingtons oder der bei den Sitzungen nur selten anwesenden Mrs. Verrall entlehnt, für ausgeschlossen hielt. War doch ein Großteil dieses Materials ihnen beiden unbekannt, so daß Mrs. Verrall erst verschiedene klassische Schriften zu Rate ziehen mußte, um seine Richtigkeit feststellen zu können.

Dabei ist zu beachten, daß dieser Fall nicht vereinzelt dasteht, sondern weitere Untersuchungen über die literarischen Kenntnisse »Myers'« und anderer verstorbener Gelehrter, die sich angeblich durch Mrs. Piper äußerten, desgleichen sehr bemerkenswerte positive Ergebnisse lieferten. Ich denke hier z. B. an den »Fall Lethe« sowie an jenen anderen, den wir aus der Literatur unter der Bezeichnung »Das Ohr des Dionysios« kennen.[7]

Obgleich Versuche gemacht wurden, die Fälle von verteilten Botschaften animistisch zu erklären, so muß man zugeben, daß sie alle einen gekünstelten Eindruck machen und oft derart hypothetische Nebenvoraussetzungen erfordern[8], daß es durchaus begreiflich ist, wenn mehrere Forscher sich zur Erklärung zumindest der bedeutendsten Fälle der Geisterhypothese bedienen. Ich persönlich geselle mich ihnen gerne zu. Wie sehr ich auch davon überzeugt bin, daß ein wesentlicher Teil der spiritistischen Phänomene animistisch erklärt werden kann und daher nur als pseudospiritistisch zu bezeichnen ist: Meiner Meinung nach bleibt immerhin ein Rest zurück, den man beim heutigen Stand der Forschung nicht länger animistisch erklären kann. Man müßte sonst den Tatsachen Gewalt antun bzw. sich dabei gewisser Hilfshypothesen bedienen, die der ganzen Erklärung den Anschein einer derartigen theoretischen Konstruktion geben, daß die Unwahrscheinlichkeit ihrer Richtigkeit geradezu augenscheinlich zu werden beginnt. Und von diesem Rest bilden die in vorliegendem Abschnitt besprochenen Phänomene zweifellos einen wesentlichen Bestandteil.

Dazu kommt, daß es noch einige andere Gruppen von parapsychologisch interessanten Phänomenen gibt, die gleichfalls Argumente für die Richtigkeit des »Glaubens« an ein Fortleben der menschlichen Persönlichkeit nach dem Tode enthalten. Diese Phänomene sollen nun Gegenstand der nächsten Kapitel sein.

XI »Kontrollen« und »Kommunikatoren« (Mitteiler)

1. Reizworte und Reaktionszeiten

Gibt man einer Versuchsperson in eine Hand einen Kupfer- oder Zinkstab, in die andere einen Kohlenstab und verbindet man die beiden Stäbe durch einen Leitungsdraht, so wird sich zeigen, daß zwischen den beiden Elektroden ein potentieller Unterschied besteht, größtenteils abhängig von der Einwirkung der Hand auf das Metall. Mit Hilfe eines Galvanometers kann man dann sowohl die Stärke dieses exogenen Stromes als auch seine Schwankungen messen, die unter dem Einfluß von Erregungen und mehr oder minder gespannter Aufmerksamkeit entstehen.

Ruft man einer Versuchsperson, die mit Hilfe dieses Instrumentariums (in der Physiologie und Psychologie als »psychogalvanisches Reflexphänomen« bekannt) untersucht wird, eine Reihe von Wörtern zu, dann wird sich aus der Kurve des Spiegelgalvanometers zeigen, daß darunter etliche sind, die für die Versuchsperson einen hohen Gefühlswert besitzen. Wenn man nun mehrere Personen auf diese Art untersucht und die verschiedenen Kurven miteinander vergleicht, findet man, daß verschiedene Versuchspersonen auf dieselben Reizworte in ungleicher Weise reagieren.

Dasselbe scheint der Fall zu sein, wenn man, C. G. Jung folgend, die Versuchspersonen auffordert, unmittelbar auf Zuruf eines Reizwortes mit dem ersten besten dazu einfallenden Wort zu reagieren.

Bei diesem Versuch kann man sich eines Chronometers bedienen, um mit dessen Hilfe die Zeit zwischen dem Zuruf und der Antwort (Reaktionszeit) zu messen. Sie wird meistens sehr kurz sein. Die Erfahrung hat jedoch gelehrt, daß die Versuchsperson das sich ihr aufdrängende Reaktionswort manchmal nicht auszusprechen wünscht und nach einem anderen Wort sucht. In solchen Fällen gibt es eine ungewöhnlich lange Reaktionszeit. Bei einem derartigen Versuch, den ich vor Jahren unter Benutzung des psychogalvanischen Reflexphänomens anstellte, unterlag eine meiner männlichen Versuchspersonen, wie die Kurve anzeigte, beim Hören des Wortes (des Namens) Marie einer heftigen Gemütsbewegung. Zugleich machte sich eine außerordentlich lange Reaktionszeit bemerkbar. Nachher erwies sich, daß er mit der Antwort »Verlobung« hatte antworten wollen. Er beherrschte sich jedoch, suchte nach einem anderen Wort und antwortete schließlich »Schürze«. Eine andere männliche Versuchsperson, die offenbar nicht in ein Mädchen namens Marie verliebt war, zeigte beim Hören dieses Namens gar keine Gemütserregung und antwortete innerhalb einer normalen Reaktionszeit mit »Nichte«. Hingegen hatte das Wort »Seele« für ihn einen besonderen Gefühlswert, was, wie mir später klar wurde, mit Jugenderfahrungen in Zusammenhang stand. Die erste Versuchsperson hatte auf dieses Wort normal reagiert.

2. Psychoanalytische Untersuchung von Medien und Kontrollen

Im Jahre 1921 kam der englische Forscher Whately Smith, der sich später Whately Carington nannte, auf den Gedanken, mit Hilfe des psychogalvanischen Reflexphänomens und Jungs Reizwort-Testen eine Untersuchung über das Wesen von Kontrollen und Kommunikatoren (sich Manifestierenden) anzustellen. Elf Jahre später wurde diese Idee verwirklicht. 1932 und 1933 wurden Mrs. Garrett (siehe Kapitel IX) und ihre Kontrolle »Uvani« von dem amerikanischen Forscher Hereward Carrington mit Hilfe von Reizwörtern getestet, wobei dieser bekannte Gelehrte folgende Überlegungen anstellte:

Ist die Kontrolle tatsächlich jene, für die sie sich ausgibt, nämlich eine unabhängig vom Medium bestehende Wesenheit, so müssen Medium und Kontrolle auf die Reizwörter eigentlich ganz verschieden reagieren. Ist der Unterschied nicht nennenswert, so ist damit wohl bewiesen, daß die Kontrollen als dramatisierte Persönlichkeitsspaltungen des Mediums angesehen werden müssen.

Was hat Carringtons Untersuchung nun ergeben?

Die Ausschläge des Galvanometers zeigten beim Vorlesen der von Jung zusammengestellten Liste von Reizwörtern bei Mrs. Garrett und »Uvani« nun verhältnismäßig wenige beträchtliche Unterschiede. Carrington ist der Meinung, das besage aber nicht viel, weil in der Jungschen Liste viele Wörter erscheinen, von denen wir schon im voraus annehmen können, sie seien weder für das Medium noch für »Uvani« besonders gemütserregend gewesen. Dennoch befinden sich darunter einige »Schlüsselwörter«, die, angenommen »Uvani« sei wirklich der Geist eines Arabers, mit Vorstellungen verbunden sein könnten, die für alle beide charakteristisch sind. Bei ihnen gab es nun tatsächlich grundsätzlich verschiedene Reaktionen festzustellen, die mehr oder weniger typisch sind – sei es für Mrs. Garrett, sei es für »Uvani«.

Man konnte mehr als 2000 Reaktionswörter von Mrs. Garrett und »Uvani« notieren, und dabei kam nur 32mal dieselbe Antwort.

Ein paar Beispiele: Auf Wörter wie Salz, Dorf, Vogel, verschmähen, Wild, Beute, Frau reagierte »Uvani« sehr »stark«, die Versuchsperson hingegen »schwach«. Das ist verständlich, wenn »Uvani« wirklich ein Araber aus Basra ist. Auf die Wörter Schlaf, verschwenden, kochen, küssen, Liebe, auf die »Uvani« sehr »schwach« oder überhaupt nicht reagierte, gab Mrs. Garrett hingegen sehr »starke« Antworten. Auf das Wort Frosch reagierte Mrs. Garrett, die offensichtlich eine Abneigung gegen diese Tiere hat, sehr heftig. »Uvani« hingegen zeigte ganz und gar keine Angst vor Fröschen, er konnte dazu auch kein Reaktionswort geben. Das Galvanometer schlug hier bei »Uvani« überhaupt nicht aus, bei Mrs. Garrett bis 10, beinahe der stärkste Ausschlag, der festgestellt werden konnte.

Als das Wort Lampe gegeben wurde, antwortete »Uvani« darauf mit »Urne« und »zwischen Tag und Nacht«, Mrs. Garrett hingegen mit »Licht«. Die Galvanometerausschläge waren in beiden Fällen 0. Auf »Geld« reagierte »Uvani« mit »Schafe«, Mrs. Garrett mit »Kleider«. Bei »Uvani« zeigte das Galvanometer dabei auf –1, beim Medium auf +3. Das Wort »Freund« beantwortete »Uvani« mit »gut« und »mein Bruder«, Mrs. Garrett hingegen mit »Tod«. Auf »tanzen« reagierte »Uvani« mit den Wörtern »beten« und »religiös«, das Medium mit »Rhythmus« und »Müdigkeit«. Die Ausschläge des Galvanometers waren hier bei beiden sehr verschieden.

Als man »Uvani« die Wörter Basra, Hafid, Kopte, Frau sagte, antwortete er mit »Wohnort«, »Ort meines Vaters«, »meine Großmutter«, »ich sehe stets meine Kleine«. Seine Reaktionszeiten waren hier sehr kurz, höchstens vier Sekunden. Bei Mrs. Garrett zeigte sich nach 15 Sekunden noch keine Reaktion. Das Galvanometer blieb dabei auf 0 stehen.

Am Ende dieser Versuche kam Carrington zu dem Schluß, der Trancezustand des Mediums sei echt gewesen und man könnte unmöglich von Schwindel oder Simulation sprechen. Er schrieb darüber: »Unsere Versuche scheinen zum erstenmal die mentale (seelisch-geistige) Unabhängigkeit der Kontrolle von der bewußten oder unbewußten Seele des Mediums aufgezeigt zu haben . . .« Seiner Ansicht nach gibt es keine »unterirdische Verbindung« zwischen Mrs. Garrett und »Uvani«. Hätte eine solche bestanden, meinte er, so hätte sie bei diesen Versuchen zutage treten müssen. Eine Antwort auf die Frage, wer oder was »Uvani« letzten Endes wirklich sei, bleibt Carrington in seiner Abhandlung allerdings schuldig.

3. W. Caringtons Untersuchungen und Schlußfolgerungen

Gegen Ende 1933 hatte Whately Carington Gelegenheit, eine große Anzahl von Angaben, die er auf die soeben beschriebene Art erhalten hatte und die sich auf Mrs. Garrett und ihre Kontrolle »Uvani« beziehen, zu analysieren. Seine Untersuchungen ergaben, daß, wie vorher schon Hereward Carrington herausgefunden hatte, zwischen dem Medium und »Uvani« ein unverkennbarer Unterschied bestand, ein sehr großer sogar, wenn man Reaktionszeit und Reproduktionstest[1] in Betracht zieht. »Die Möglichkeit, diese Unterschiede seien dem Zufall zuzuschreiben«, meinte Carington, »ist äußerst gering. Eins zu Millionen, was die Reaktionszeiten betrifft, und eins zu ein paar hundert, wo es sich um den Reproduktionstest handelt.«

Dank dem schon vorher erwähnten Pfarrer Drayton Thomas konnte Carington im selben Jahr auch mehrere Angaben studieren, die von Mrs. Leonard stammten. Sie rührten von Versuchen her, die mit dem Medium im Normalzustand, mit ihrer Kontrolle »Feda« sowie mit zwei »Kommunikatoren« gemacht wurden. Einer von diesen gab sich als der Vater von Pfarrer Thomas, der verstorbene Rev. John Thomas, der andere als die gleichfalls verstorbene Schwester des Pfarrers, Miss Etta Thomas, aus. Die Untersuchung Mrs. Leonards und ihrer drei Trance-Persönlichkeiten ergab hinsichtlich dieser Persönlichkeiten beträchtliche Unterschiede, wenngleich sie nicht so ausgeprägt waren wie jene bei Mrs. Garrett. Dennoch konnte man bemerken, daß »Feda« und Mrs. Leonard durchaus nicht ein und dieselbe Persönlichkeit waren und daß »John« und »Etta« nicht nur voneinander, sondern auch von Mrs. Leonard und »Feda« abwichen. Es hat also tatsächlich den Anschein, daß es sich hier um vier verschiedene Wesenheiten handelte.

Eine Wiederholung dieses Experiments durch Mr. Irving im Jahre 1934, der von einer sich »Dora« nennenden Wesenheit, die sich als seine verstorbene Gattin ausgab, Mitteilungen empfing, führte zu ähnlichen Ergebnissen.

Als Whately Carington mit dieser Untersuchung begann, war er der Meinung, es sei bewiesen, »daß die betreffenden Persönlichkeiten nicht über ein gemeinsames Unterbewußtsein verfügen, sondern als unabhängig voneinander bestehende Wesen anzusehen sind«, wenn sich herausstellen sollte, daß sie, die sich bei gewissen Medien in deren Trancezuständen mitteilen, auf Reizwörter in einer Weise reagieren, die sich deutlich von jener unterscheidet, in der es das Medium im Wachzustand zu tun pflegt. Natürlich muß das Ganze so geschehen, daß dabei Zufälle oder Fehler des Versuchsleiters nicht in Frage kommen können. Als es sich dabei aber ergab, daß Kontrollen oft mehr oder weniger ganz entgegengesetzte Reaktionen zeigten wie ihre Medien, begann er an der Richtigkeit seiner ursprünglichen, vorgefaßten Meinung zu zweifeln.

Im Gegensatz zu dem, was viele ohne Zweifel erwarten werden, hat Carington nämlich in der Tatsache des völlig entgegengesetzten Reagierens schließlich einen deutlichen Beweis für die These gesehen, die Kontrollen dieser Medien seien das Ergebnis von deren dramatisierter Persönlichkeitsspaltung, und zwar aufgrund der psychoanalytischen Lehre von der Verdrängung von Wünschen, Gefühlen und Bestrebungen. Gerade weil Medien und Kontrollen so auffallend verschieden reagierten, glaubte er darin einen Beweis zu sehen, daß »Uvani« und »Feda« als »Abspaltungen« der Damen Garrett und Leonard angesehen werden müssen. In seinen späteren Veröffentlichungen hat der Gelehrte dann in dieser Hinsicht einen Schritt zurückgetan und eine mildere, mehr zögernde Haltung angenommen.

Im Anschluß an Vorstehendes sei hier auf einen Abschnitt in Caringtons Ausführungen hingewiesen:

»In ›Fedas‹ oder ›Uvanis‹ Antworten kann ich nichts finden, was mich mit einiger Berechtigung anzunehmen veranlassen könnte, sie seien tatsächlich von indischer oder arabischer Abkunft, wie sie behaupten. Den Umstand, daß meines Wissens ›Uvani‹ nie ein Wort arabisch gesprochen hat, ›Feda‹ anscheinend keine einzige indische Sprache beherrscht, sei hier ganz außer acht gelassen. Ich will gerne zugeben, daß ihre Antworten genügend Ausdrücke enthalten, die uns an den Orient erinnern. Wir finden z. B. bei ›Uvani‹ Mirage, Moschee, Sekel, Koran, Papyrus, während ›Feda‹ Wörter wie Rupie, Jade, Himalaja, Mango, Purda, Nabob, Sari und Henna gebraucht. Aber wir müssen doch erkennen, daß solche Wörter einem jeden, der Romane oder Aufsätze in Zeitschriften über Arabien oder Indien liest, sehr bekannt sind. Und wir sehen weiter, daß im übrigen beide Persönlichkeiten auf mehr als eine Weise ihre Unkenntnis über Arabien oder Indien verraten. Besonders ›Feda‹ tut das. Sie erzählt uns von Löwen und Mais – ich denke, daß man keines von beidem in Indien antrifft – und glaubt anscheinend, man finde dort allenthalben Mimosen und Derwische vor.

Wenn sie andere als die allgemein bekannten Wörter verwendet, so hat sie damit wenig Glück. Sie sagt zum Beispiel Amah (was chinesisch und falsch ist) anstatt des indischen Ayah; Samisen, das ist japanisch, und Jasmak, das ist arabisch.

Ich kann mich hier nicht in Einzelheiten verlieren, doch ist es mir klar, daß wir hier ohne weiteres annehmen können, wir haben es mit den Äußerungen des Gedächtnisses der Damen Garrett und Leonard selbst zu tun, um so mehr, als man merkt, daß sie nicht immer genau reproduzieren. Wir finden hier nichts, was mit der Meinung im Widerspruch steht, ›Uvani‹ und ›Feda‹ seien bloß sekundäre Persönlichkeiten . . .

Dem allen aber steht die Tatsache gegenüber, daß ich von den Antworten ›Johns‹, ›Ettas‹ und ›Doras‹ tief beeindruckt bin . . .«

Was die »Kommunikatoren« anlangt: Carington meinte, er hätte weniger Anlaß, das Wort »countersimilarity« mit Bezug auf sie als hinsichtlich der Kontrollen zu verwenden. Sollte es sich hier wirklich um Geister handeln, meint Carington, dann finde man sie wohl eher bei den »Kommunikatoren« als bei den »Kontrollen«.

Wenn man nun das Ganze überblickt, wird man erkennen, daß trotz aller guten Absichten die Ergebnisse dieser Untersuchungen nicht den Erwartungen entsprochen haben, die daran geknüpft worden sind. Daß das höchst bedauernswert ist, erübrigt sich wohl zu sagen. Dies um so mehr, als Caringtons Untersuchungen ungemein zeitraubend waren.

4. Mrs. Sidgwicks Annahme

Aus den verschiedenen Abhandlungen, die im Lauf der Jahre über das Medium Piper erschienen sind, geht hervor, daß die Frage nach dem Wesen ihrer Kontrollen wiederholt Gegenstand von Besprechungen der Pioniere der parapsychologischen Forschung war, die mit dieser merkwürdigen Frau Sitzungen abgehalten haben.

Während Lodge die Frage, ob »Phinuit« als ein für sich selber bestehendes Wesen angesehen werden müsse, unbeantwortet ließ, war William James der Meinung (Proc. SPR., Band VI, Seite 654), er sei aller Wahrscheinlichkeit nach ein »imaginäres Wesen« gewesen. »George Pelham« gab schon weniger Anlaß zu Meinungsverschiedenheiten. Viele sind allmählich zu der Überzeugung gekommen, er wäre tatsächlich jener gewesen, für den er sich ausgegeben habe. Es ist nun interessant, dem nachzugehen, was »George Pelham« über »Phinuit« gesagt hat. Es zeigte sich, daß er ihn ebenso wie sich selbst als eine selbständige, unabhängig vom Medium bestehende Wesenheit angesehen hat.

Wichtige Unterlagen verdanken wir hier Mrs. Sidgwick, die in ihrer ausgezeichneten Abhandlung über Mrs. Piper auch das Thema untersuchte, wie die eine »Kontrolle« über die andere geurteilt hat. Sie fand dabei heraus, alle Kontrollen Mrs. Pipers stünden dafür ein, daß sowohl sie selbst als auch die übrigen Kontrollen Wesen seien, die unabhängig vom Medium bestehen und tatsächlich diejenigen seien, für die sie sich ausgäben. Doch seien sie der Wahrheitsliebe und Verläßlichkeit der anderen nicht immer sicher. So sagte z. B. »George Pelham« am 14. Januar 1894 von »Phinuit«:

»Er nimmt gern den Mund zu voll und glaubt wohl auch manchmal, er habe etwas verstanden, wenn das auch nicht immer zutrifft. Er ist ein sehr guter Kerl, doch übertreibt er gern, besonders wenn ihn etwas bedrückt. Sie brauchen ihm aber nicht zu sagen, daß ich Ihnen das erzählt habe.« (Proc. SPR., Band XIII, Seite 369, Anmerkung)

Und »Rector« hat am 23. April 1897 von »George Pelham« gesagt:

»Wir wollen Sie warnen. Sie sollten den Behauptungen Ihres Freundes George nicht allzuviel Glauben schenken, wenn er damit seine Identität beweisen will. Er ist jetzt zu weit von der Erde entfernt, um noch Identitätsbeweise geben zu können, die in jeder Hinsicht Ihren Forderungen entsprechen ... Seine Tätigkeit auf Ihrem Gebiet ist abgelaufen ... Es ist ihm unmöglich geworden, Sie noch länger so zu erreichen, wie er wünscht ... Er ist höher gestiegen ... Bewußt will er nichts Unwahres sagen, keineswegs. Wenn er irrt, tut er es unabsichtlich ...« Aber wenn man dem nicht völlig Vertrauen kann, was »George Pelham« im April 1897 gesagt hat, so heißt das nicht, daß auch alles, was er vorher gesagt hat, nicht ganz vertrauenswürdig ist. Es wird versichert, daß frühere Mitteilungen sehr wohl glaubhaft sind. Und in diesen, also wohl vertrauenswürdigen Berichten lesen wir von einem »George Pelham«, der Mrs. Piper kontrollierte, indem er den Platz ihres »Geistes« in ihrem Körper einnahm, und der seine Identität zu beweisen trachtete. Und dieser vertrauenswürdige »George Pelham« erzählt uns, daß Phinuit, Rector und die übrigen Wesen sind, die unabhängig von Mrs. Piper existieren. Und auch das müßten wir dann bedingungslos glauben. Alles hängt hier zusammen, eines stützt das andere. Und wenn eines fällt, dann fällt das andere auch. »George Pelham« ist unsere vertrauenswürdigste Autorität, wenn wir eine Antwort auf die Frage suchen, ob Geister, die unabhängig vom Medium bestehen, dieses kontrollieren. Erweist es sich, daß er selbst oder einer der Geister, dessen Existenz er uns garantiert, in Wahrheit doch nicht unabhängig vom Medium bestehen, dann verlieren wir jegliche Stütze für die Hypothese, daß Kontrollen in der Tat mehr sind als sekundäre Persönlichkeiten, Ergebnis der dramatisierten Persönlichkeitsspaltung Mrs. Pipers, auch wenn diese Persönlichkeiten vielleicht selber glauben mögen, sie seien unabhängig vom Medium bestehende Wesen (Geister).

Um aber schließlich im voraus jedwede Mißverständnisse zu vermeiden, möchte ich hier mit Nachdruck darauf hinweisen: Sollte sich herausstellen, daß Kontrollen sekundäre Persönlichkeiten des Mediums sind, soll das meiner Meinung nach noch nicht heißen, es habe hinter alldem kein echter George Pelham gestanden, kein George Pelham, der von Zeit zu Zeit diese Ausbildung, dieses Spiegelbild seiner Persönlichkeit zu beeinflussen gesucht hat.

Es will mir scheinen, daß Mrs. Sidgwick hier einen sehr guten Griff getan hat und ihre Überlegungen uns tatsächlich der Lösung der äußerst schwierigen Frage, die uns hier beschäftigt, einen Schritt näherbringt. Die naive Vorstellung von einem Geist (einer Kontrolle), der in den Körper des Mediums fährt, ist selbstverständlich abzulehnen. Darauf hat schon du Prel vor Jahrzehnten hingewiesen.

In seiner Abhandlung über DIE PRAKTISCHE ANWENDUNG DES HYPNOTISMUS AUF DEN SPIRITISMUS, enthalten im zweiten Teil seiner STUDIEN, schreibt er, es sei völlig unnötig, anzunehmen (wie man es im Mittelalter tat und es auch jetzt noch manche Spiritisten tun), ein übersinnliches Wesen fahre in den Körper eines Menschen und benutze ihn als Instrument. Das habe bei der »objectivation des types« weder der sich manifestierende Geist nötig noch der Hypnotiseur[2]. Zur Erklärung reicht die Suggestion (Hypothese) völlig aus, weil Suggestionen immer danach streben, sich in Handlungen umzusetzen. Darum bedeutet auch das Geisterbeschwören nicht Austreiben eines fremden Wesens, sondern nur, einer suggestiven Beeinflussung Grenzen zu setzen. Etwas Derartiges wird oft gelingen.

Wenn sich wirklich Fälle von Besessenheit ereignen, die wir nicht zufriedenstellend erklären können, ohne auf die Geister-Hypothese zurückzugreifen – und ich glaube wohl, daß es solche gibt –, dann kann es sich dabei nur um Personen (Medien) handeln, die irgendwie unter dem Einfluß eines außerirdischen »Hypnotiseurs« stehen (Beeinflussung durch mentale Suggestion oder telepathischen Rapport).

Ich halte es nicht nur für möglich, sondern sogar für wahrscheinlich, daß unter bestimmten Umständen ein solcher außerirdischer »Hypnotiseur« mittels mentaler Suggestion bei einem Medium eine sekundäre Persönlichkeit entstehen lassen kann, ein »Abbild« (Projektion) seiner selbst, so wie Soal, ohne sich dessen bewußt zu sein, bei Blanche Cooper Projektionen von Wesen schuf, die allein in seiner Einbildung bestanden.

Im Jahre 1921 kam der bekannte englische Forscher S. G. Soal mit dem Medium Blanche Cooper in Verbindung, durch die sich angeblich Geister manifestierten. Am 10. November, berichtet er, offenbarte sich in seiner Gegenwart durch dieses Medium ein »Geist«, der sich John Ferguson nannte und behauptete, er wäre am 3. März 1921 im Alter von 33 Jahren gestorben. Dieser »Geist« bat Soal, seiner Frau und seinem Bruder Jim zu melden, daß er weiterlebe. Am 17. November manifestierte sich der »Geist« abermals. Zuerst dachte Soal, die Familie Ferguson wäre ihm völlig unbekannt, doch allmählich dämmerten ihm alte Erinnerungen auf, und da stand plötzlich das Bild eines gewissen James Ferguson vor seinem inneren Auge, mit dem er gemeinsam die Schulbank gedrückt hatte. Da überlegte Soal, dieser James könnte wohl einen älteren Bruder gehabt haben und dieser könnte vielleicht gestorben sein.

Es kamen nun allerlei Berichte, die Soals Vermutungen bestätigten. John Ferguson, der sich durch das Medium Cooper offenbarte, entsprach vollkommen den Erwartungen des Forschers. Das Bild, das er sich von John Ferguson gemacht hatte, erwies sich als »richtig« und mit jenem übereinstimmend, das sich hinsichtlich des »Geistes« aufgrund der Berichte des Mediums erstellen ließ, wenngleich diese Berichte noch allerlei Besonderheiten aufwiesen, die Soal nicht kannte.

Der Forscher begann nun die Richtigkeit der Angaben des »Geistes« zu untersuchen. Sie waren alle falsch. John Ferguson war nur in der Phantasie des Mediums vorhanden, eine Erdichtung, die zum Teil unter dem Einfluß eines »telepathischen« Kontaktes entstanden war, der sich offensichtlich zwischen Soal und Blanche Cooper herausgebildet hatte. Und Soal war sich dessen gar nicht bewußt gewesen[3].

Eine nicht minder merkwürdige Erfahrung, bei der wir es

gleichfalls mit einem imaginären Geist zu tun haben, hat Soal bei demselben Medium gemacht, und zwar:

Zu den Bekannten des Gelehrten zählte ein gewisser Gordon Davis, von dem erzählt wurde, er sei gefallen. Am 4. Januar 1922 erhielt Soal durch Vermittlung des genannten Mediums einen Bericht über den Totgeglaubten, in dem allerlei Einzelheiten von der Einrichtung eines Hauses enthalten waren. Sie gingen sehr ins Detail und waren durchaus nicht allgemein gehalten.

Im Januar 1925 entdeckte Soal, daß Gordon Davis noch am Leben war und man ihm zu Unrecht von dessen Tod berichtet hatte.

Am 8. April 1925 besuchte der Forscher Davis. Dabei bemerkte er, daß dieser ein Haus bewohnte, das völlig der Beschreibung entsprach, die »er« 1922 Blanche Cooper gegeben hatte. Es stand in Eastern Esplanade. Auch das ist bemerkenswert, weil der »Geist« damals erwähnt hatte, im Straßennamen kämen zwei Großbuchstaben E vor.

Verständlich, daß sich Soal dafür interessierte, was Davis zu dem Zeitpunkt, als »er« sich angeblich durch das Medium als »Toter« manifestierte, getan hat. Da Davis seit Jahren ein Tagebuch geführt hatte, war das leicht festzustellen: Er hatte damals eine geschäftliche Unterredung, der er seine volle Aufmerksamkeit widmen mußte[4].

Das von dem »Geist« beschriebene Haus hatte Davis erst am 13. Dezember 1922 bezogen, die am 4. Januar von »ihm« erwähnten Malereien erhielt er erst im Jahre 1924.

Man wird mir wohl zustimmen, wenn ich behaupte, diese zwei Fälle seien als bedeutende Beiträge zu unserem Wissen um sekundäre Persönlichkeiten der Medien anzusehen. Kann man sich bei John Ferguson noch damit begnügen, von einer Art objektiviertem Traumbild zu sprechen, das aus einem telepathischen Kontakt zwischen Soal und dem Medium heraus entstanden ist, so hat der Fall Gordon Davis offensichtlich auch mit »Hellsehen in die Zukunft« (Proskopie) etwas zu tun.

So wie ein Psychoskopist imstande ist, auf paranormale Weise (Telepathie, Gedankenlesen) allerlei Unterlagen dem

Psychismus seiner persönlich an- oder auch abwesenden Konsultanten zu entlehnen, so vermag vermutlich ein Medium – vorausgesetzt, der spiritistische Glaube ist im Prinzip richtig – unter gewissen Umständen auf gleiche Weise Daten dem Psychismus Verstorbener zu entlehnen. Sie vermengen sich dann nicht nur mit den eigenen Gedanken des Mediums, sondern zugleich auch mit Daten, die es auf paranormale Weise dem Psychismus der Sitzungsteilnehmer entnimmt. Das erklärt das Entstehen von allerlei Mystifikationen, wie sie sich so oft bei spiritistischen Sitzungen ergeben, und gibt Anlaß zu der Vermutung, daß kein spiritistisches Phänomen jemals gänzlich frei von animistischen Beimengungen sein kann.

Zusammenfassend können wir also sagen: Wenngleich ich es für sehr wahrscheinlich halte, daß es sich bei der Besessenheit und ähnlichen Phänomenen, wenn schon nicht immer, so doch überwiegend, um sekundäre Persönlichkeiten handelt, so bin ich dennoch nicht abgeneigt, mit der Möglichkeit zu rechnen, es könnte sich unter diesen eine bestimmte Art hervortun, an deren Entstehen auch außerirdische Wesen (Geister) mitgewirkt haben. Bei dieser besonderen Art vermischen sich animistische und spiritistische Phänomene und verschmelzen zu einer Einheit.

XII Xenoglossie

1. Xenoglossie

Außer der Glossolalie, die bereits im Kapitel VI behandelt wurde, kennt man auch die Xenoglossie (xenos = fremd; glossa = Sprache). Von Xenoglossie spricht man, wenn ein Medium Worte, Sätze und dergleichen in einer ihm völlig fremden, bestehenden Sprache spricht. So wie die Glossolalie dürfte auch die Xenoglossie schon in biblischen Zeiten bekannt gewesen sein.

Von Xenoglossie wird schon kurz nach dem Aufkommen der spiritistischen Bewegung berichtet. Der amerikanische Richter Edmonds meldete im Jahre 1858, seine Tochter habe in Trance fließend Spanisch, Griechisch, Polnisch und mehrere andere Sprachen gesprochen. Dabei habe sie außer ihrer Muttersprache nur ein wenig Französisch gekannt, das sie im Internat gelernt hatte. Inwiefern diese Angaben richtig sind, kann heute nicht mehr festgestellt werden.

Flournoy berichtet von der von ihm so genau studierten und beschriebenen Hélène Smith (siehe Kapitel VI und VIII), sie habe eines Tages während einer Sitzung eine Vision gehabt, worin ihr ein Araber erschienen sei, der ihr eine Zeichnung vorgehalten habe. Auf Anweisung ihres »Schutzgeistes«, der sich Leopold nannte und zweifellos als ihre sekundäre Persönlichkeit anzusehen ist[1], gab man ihr Bleistift und Papier, worauf sie das »Gesehene« von links nach rechts nachzeichnete und dabei immer wieder die Augen wie nach einer Vorlage aufschlug. Von einem eigentlichen Schreiben arabischer Schriftzeichen, die bekanntlich von rechts nach links geschrieben werden, war also gar keine Rede. Die Schrift als solche bedeutete ihr nichts.

Eine von Flournoy angestellte Untersuchung ergab ganz gegen seine Erwartung, daß die von Hélène kopierten Zeichen nicht nur wirkliche arabische Buchstaben waren, sondern daß sie auch Worte (elqalil men elhabib ktsir) bildeten, die durchaus nicht für sich allein standen. Im Gegenteil, sie ergaben ein Sprichwort: Ein wenig Freundschaft ist schon viel. Da sich Hélène vorher nie mit dem Arabischen beschäftigt hatte und ihr auch die arabischen Buchstaben unbekannt waren, begann Flournoy zu vermuten, er hätte es hier mit einer Kryptomnesie (negative Erinnerungsstörung) zu tun; sie könnte also früher einmal diesen arabischen Text gesehen haben. Weitere Nachforschungen ergaben, daß ihr ehemaliger Hausarzt Dr. Rapin sich in seiner freien Zeit mit orientalistischen Studien beschäftigt hatte. Als nun Flournoy ihm den von Hélène Smith nachgezeichneten Text vorlegte, rief Dr. Rapin aus: »Es ist, als sähe ich meine eigene Handschrift!« Er erzählte dann dem Forscher, daß er vor Jahren einmal eine Reise durch Nordafrika gemacht und darüber eine Beschreibung abgefaßt habe. Die Geschenkexemplare davon habe er mit arabischen Sprichwörtern versehen, die er einem Büchlein entnommen habe, das er bei seinen arabischen Studien verwendet hatte. Das erste dieser Sprichwörter war jenes, das Frl. Smith aufgrund ihrer Vision geschrieben hatte. Es war daher sehr naheliegend, anzunehmen, sie habe einmal das Geschenkexemplar mit der Inschrift »elqalil men elhabib ktsir« in Händen gehabt, und dabei sei ihr Blick auf die von ihm eigenhändig eingetragenen Worte gefallen. Diese Vermutung gewinnt an Wahrscheinlichkeit, wenn man liest, daß der von Hélène Smith nachgeschriebene Text zwei Schreibfehler enthält, die im Buch selber nicht vorkommen, die aber Dr. Rapin selbst gemacht hatte, weil er zur Zeit, als er seine Reisebeschreibung veröffentlichte, das Arabische noch nicht völlig beherrscht hat.

Die Tatsache, daß die im übrigen vollkommen vertrauenswürdige Hélène Smith sich nicht nur nicht erinnern konnte, den betreffenden Text je gesehen zu haben, ja sogar glaubte bestreiten zu müssen, daß ihr das Buch je unter die Augen gekommen wäre, spricht keineswegs gegen die Annahme, sie habe in einem Zustand herabgesetzten Bewußtseinsniveaus (Trance) ein eidetisches Bild der fraglichen Schriftzeichen Dr. Rapins gehabt, wobei sie das Reproduzierte nicht wiederzuerkennen vermochte. Forschungen über das Gedächtnis haben ja nicht nur ergeben, daß man derartige Tatsachen vollkommen vergessen kann, sondern daß wir viel mehr in uns aufnehmen, als wir es uns bewußt sind[2].

Wenngleich der Xenoglossie nicht selten Kryptomnesie zugrunde liegt, würde man sich einer ungerechtfertigten Verallgemeinerung schuldig machen, wenn man jeden Fall, in dem ein Medium in einer ihm fremden Sprache spricht, auf diese Weise erklären wollte. Bei dem folgenden Beispiel – einem von vielen – trifft dies gewiß nicht zu. Es betrifft Mrs. Piper und wurde von Hodgson berichtet. Bei einer Sitzung, die Mr. L. Vernon Briggs im Oktober 1893 mit Mrs. Piper abhielt, äußerte sich angeblich ein Junge aus Honolulu namens Kalua. Er hatte sich Mr. Briggs sehr verbunden gefühlt, als dieser ein halbes Jahr lang in Honolulu gewesen war, und war ihm 1893 unter einigermaßen abenteuerlichen Umständen nach Boston nachgekommen. Man hatte ihn aber gleich darauf wieder heimgeschickt. Der Junge fand abermals eine Möglichkeit, nach Boston zu fahren, wo er im Jahre 1896 in einer Unterkunft für Schiffsleute erschossen wurde. Ob das absichtlich oder durch einen unglücklichen Zufall geschehen ist, konnte man nicht feststellen. Ein Schwede wurde zwar verdächtigt und verhaftet, doch da keine stichhaltigen Beweise erbracht werden konnten, wurde er schließlich wieder freigelassen. Der Schwede behauptete, Kalua habe sich aus Unvorsichtigkeit selbst erschossen, und er selbst habe dann die Unglückswaffe hinter einem Ofenrohr versteckt. Nachdem man ein Stück des Schornsteins weggerissen hatte, fand man denn auch den Revolver.

»Phinuit« teilte bei dieser Sitzung mit, Kalua sei anwesend und habe ihm erzählt, er habe sich nicht selber getötet, sondern sei von einem Mann erschossen worden, mit dem er gewürfelt hatte. Der Mann hatte Streit mit ihm gesucht und dann seinen Revolver gezogen. Vermutlich habe er aber nicht die

Absicht gehabt, ihn zu ermorden. Nachdem sich der Schuß gelöst hatte, habe er den Revolver in »die heiße Schachtel mit kleinen Steinen« geworfen (damit meinte er den Ofen mit den Kohlen) und seine Börse unter der Treppe versteckt. Man ging daraufhin der Sache nach, eine Börse aber wurde nicht gefunden.

»Kalua« versuchte, in hawaiischer Sprache zu schreiben, doch die einzigen Wörter, die man entziffern konnte, waren »lei« (was Rosenkranz bedeutet und darum bemerkenswert ist, weil der Junge täglich in Anwesenheit Mr. Briggs' Rosenkranz betete), ein Wort, das in der Mitteilung wiederholt vorkommt und jedesmal sehr deutlich geschrieben war, und »aloha« (= grüßen). Auf die Frage, auf welcher Insel Kaluas Vater gewohnt hatte, antwortete »Phinuit« mit »Tawai«. In Wirklichkeit heißt die Insel Kawai, doch die Einheimischen nennen sie Tawai.

Es ist anzunehmen, daß es sich hier um einen Fall von Xenoglossie mit einer paranormalen Beeinflussung von Mrs. Piper handelt, wobei meines Erachtens wenig Anlaß zu der Vermutung besteht, sie sei von spiritistischer Art gewesen. Vielleicht, aber keineswegs sicher, hat man es mit der von van Eeden (Kapitel XIV) berichteten Erfahrung mit einem solchen Fall zu tun. Auch das nachstehende Beispiel legt die spiritistische Hypothese nahe. Eines Tages im Jahre 1941 schrieb die Frau des englischen Predigers F. Browning ein paar Briefe. Mary, ihr viereinhalbjähriges Töchterchen, hatte um Papier und Bleistift gebeten und saß »zeichnend« nicht weit von ihrer Mutter entfernt. Diese beachtete das Gekritzel des Kindes nicht weiter. Als der Vater ins Zimmer kam und einen Blick auf die »Zeichnungen« des Kindes warf (das sich indessen auf andere Weise die Zeit zu vertreiben begonnen hatte), sah er zu seinem großen Erstaunen, daß die Kleine, die noch nicht schreiben konnte und noch nie griechische Buchstaben gesehen hatte, auf ihre kindliche Art διόραε geschrieben hatte.

Auf die Frage ihres Vaters, ob sie nicht vielleicht etwas vergessen habe, fügte sie den fehlenden Buchstaben, wenn auch an einer falschen Stelle, hinzu.

Pfarrer Browning hält es für höchstwahrscheinlich, daß Mary diese Buchstaben automatisch unter dem Einfluß seines eigenen, bereits verstorbenen Vaters geschrieben hatte. Nicht nur aufgrund der Tatsache, daß er darin die Antwort auf eine Frage in Zusammenhang mit dem Krieg sah, die ihn und seine Frau sehr beschäftigte, sondern auch, weil sein Vater Altphilologe gewesen war, der sich gern, besonders in schwierigen Lebenslagen, der griechischen Sprache bediente.

Von einigen Medien wird berichtet, sie hätten in toten Sprachen geschrieben bzw. gesprochen. Eines der bemerkenswertesten Beispiele hierfür ist wohl Mrs. Curran, deren Name im Zusammenhang mit dem Fall »Patience Worth« sehr bekanntgeworden ist.

Dieser »Geist«, dessen Identität nie bewiesen worden ist, gab sich als Engländerin aus, die im 17. Jahrhundert in Dorsetshire geboren wurde, nach Amerika ausgewandert ist und dort von Indianern getötet wurde.

Unter seinem Einfluß hat Mrs. Curran mehrere Romane und Gedichte geschrieben, die großes Aufsehen erregten. Dies nicht bloß aufgrund des Umstandes, daß sie in einem Dialekt verfaßt sind, der vor dreihundert Jahren in Dorsetshire gesprochen wurde, sondern auch, weil sie ohne Zweifel literarischen Wert besitzen.

Alle, die diese Angelegenheit untersucht haben und Mrs. Curran kennen, sind überzeugt, daß es sich hier um ein äußerst bemerkenswertes Beispiel von »unbewußter Mehrleistung« handelt. Das bedeutet jedoch nicht, man wäre allgemein davon überzeugt, daß »Patience Worth« tatsächlich jene sei, wofür »sie« sich ausgibt. Ich persönlich teile hier die Meinung von Dr. W. F. Prince, der nach einer genauen Überprüfung dieser Sache zu der Erkenntnis kam: Wer sich weigert, diesen Fall spiritistisch zu erklären, muß seine Ansichten hinsichtlich des subliminalen Selbst von Grund auf revidieren und diesem Kräfte zuerkennen, denen bisher noch wenig oder gar keine Aufmerksamkeit gewidmet worden ist.

XIII Der Meta-Organismus

1. Der Neo-Vitalismus

Platons These, wonach allem Bestehenden Ideen zugrunde liegen, findet man wieder bei Aristoteles, dem größten Polyhistor seiner Zeit.

Aristoteles nahm zwei Prinzipien als feststehend an, und zwar den Stoff (Hyle), der gebildet wird, und die Form (Morphe), die bildet. Die Morphe ist wohl der Platonschen »Idee« entsprechend anzusehen. Er nannte sie auch »Ideion«. Deutlich tritt dieser Gedankengang in seiner Psychologie in Erscheinung, in der Aristoteles die Annahme vertritt, die Seele sei die Form, das Wesen, die Idee eines organischen Körpers.

Hätte man Aristoteles eine Bohne gezeigt und ihn dabei gebeten, darüber Näheres auszusagen, dann hätte er ausgeführt, sie sei der Wirklichkeit nach (aktuell) zwar eine Bohne, der Möglichkeit nach (potentiell) aber eine Bohnenstaude. Die Bohne ist nach Aristoteles potentiell eine Bohnenstaude, und zwar dank ihrer vegetativen »Seele«, ihrer Morphe, ihrer Entelechie (der Trägerin eines Zweckes). Sie bedürfe verschiedener äußerer Umstände, wie Erde, Wasser, Sonnenwärme u. a., die sie in die Lage versetzen, den Stoff zu etwas umzuformen, worin der Artbegriff (die Idee) Bohnenstaude verwirklicht ist.

Aufgrund dieses Gedankenganges hat man Aristoteles den ersten in der Geschichte des europäischen Denkens bekannten Vitalisten genannt. Er dachte nicht bloß kausal (Ursache – Wirkung), sondern zugleich auch teleologisch (durch den Zweck bestimmt).

Ich habe zuvor darauf hingewiesen, daß nach Aristoteles eine Bohne dank ihrer vegetativen »Seele« potentiell eine Bohnenstaude ist. Diese Seele (Entelechie) ist das bildende Prinzip in der Natur. Alle Pflanzen besitzen eine derartige

Seele. Auch Tiere besitzen ein solches bildendes Prinzip, das ihren Körper aufgebaut hat und erhält. Daneben aber besitzen sie auch eine animalische »Seele«, die es ihnen ermöglicht, wahrzunehmen, zu begehren und sich zu bewegen. Dem Menschen spricht dieser Philosoph außer einer vegetativen und einer animalischen (sensitiven) auch eine rationale Seele (Nous) zu. Sie besteht aus einem passiven und einem aktiven Prinzip. Dem aktiven Nous schreibt er Unsterblichkeit zu. Aus dieser Einleitung geht hervor, daß Aristoteles keine Einheit der Seele kannte, sondern mehrere Arten der Seele unterschied, eine Ansicht, der wir uns nicht anschließen können. Bekanntlich haben die aristotelischen Anschauungen in späterer Zeit zahlreiche Kommentatoren beeinflußt, die einander aber oft in mancherlei Punkten widersprachen.

Nachdem die Kirchenväter (Patres) die kirchlichen Dogmen aufgestellt hatten, begannen die Scholastiker, sich philosophisch mit der kirchlichen Dogmatik zu befassen. Einer von denen, die sich mit derlei philosophischen Überlegungen beschäftigten, war Thomas von Aquin.

Aristoteles' Einfluß auf die Scholastiker war sehr groß. Thomas von Aquin nannte ihn »Philosophus«. Er hielt ihn für denjenigen, der so weit gelangt ist, wie man ohne die *Offenbarung* der wichtigsten Dinge überhaupt kommen kann.

Die thomistische Philosophie, die in späteren Jahrhunderten für das katholische Denken von so großer Bedeutung geworden ist, war in hohem Maße von Aristoteles beeinflußt. So wie bei anderen Scholastikern finden wir auch bei Thomas die Lehre, wonach die Seele nicht nur denkendes, sondern zugleich organisierendes Prinzip ist. Sie baut den Körper auf und hält ihn instand. Die thomistische Metaphysik ist vitalistisch. Das schließt aber nicht aus, daß Thomas von Aquin in die aristotelische Seelenlehre einige Veränderungen brachte. Wie schon im Kapitel III ausgeführt, machte Descartes (Cartesius) eine strenge Trennung zwischen »Materie« (Stoff) und »Geist«, zwischen dem Körperlichen (Somatischen) und dem Seelischen (Psychischen). Der Mensch, lehrt er, hat einen Körper, der der Welt der Dinge angehört, und ein Seele (einen

Geist), der einen Teil der Welt des Denkens ausmacht. Seele und Körper stehen in Wechselwirkung zueinander. Die Seele wirkt auf den Körper ein, und dieser seinerseits wieder auf sie. Stellte man Descartes nun jedoch die Frage, wie zwei voneinander so völlig verschiedene Prinzipien wie »Denkendes« und »Ausgedehntes« aufeinander einwirken können, antwortete er darauf nur sehr unbefriedigend. Kurz ausgedrückt lief seine Antwort darauf hinaus, daß er das Gebiet der Wechselwirkung so klein wie möglich hielt, indem er es auf die Zirbeldrüse beschränkte und sich mit seiner Theorie der »esprits animaux« weiterhin mehr oder weniger auf ein Wunder berief.

Für Descartes, der zwischen Seele und Geist nicht streng unterschied, macht die Seele (Geist) nur den bewußten Teil unseres Wesens aus. Er kannte allein die »denkende Psyche«, das Nous. Die Existenz einer formenden (bildenden) Seele leugnete er. Descartes brach mit der aristotelischen und scholastischen Auffassung von einer Seele, die den Körper bildet und erhält. Der Körper ist seiner Meinung nach eine von Gott gemachte Maschine. Damit wurde er zum Vater der mechanistischen Naturanschauung, des biologischen Mechanismus. Ohne zu wollen, legte er damit die Grundlagen für den philosophischen Materialismus, der im vorigen Jahrhundert zur Blüte kam. Indem er sagte, Gott habe den Mechanismus, den wir unseren Körper nennen, geschaffen, führte er in die Wissenschaft eine »prima causa«, eine Erst-Ursache, ein und vergaß dabei, daß die Wissenschaft nur mit sekundären Ursachen rechnen kann. Descartes' Antwort auf die Frage, wie zwei so völlig verschiedene Prinzipien wie Körper und Seele seiner Meinung nach miteinander in Wechselwirkung stehen könnten, erbrachte nur eine Scheinlösung und gab zu viel Kritik Anlaß. Arnold Geulincx (1625–1669) versuchte mit seiner Lehre vom Okkasionalismus eine Lösung, die ebensowenig befriedigt. Wir finden diese Lehre bei Leibniz in einer veränderten Form wieder, und zwar in seinen Ansichten von der vorherbestimmten Harmonie (Harmonia praeestabilata). Damit bildet er ein Bindeglied zwischen der alten chinesischen

Philosophie und C. G. Jungs Ansichten über sinnvolle, a-kausale Zusammenhänge (Synchronizität).

Descartes war Dualist. Körper und Seele sind zwei ganz verschiedene »Substanzen«, die miteinander in Wechselwirkung stehen.

Im 18. Jahrhundert versuchte man zum erstenmal, den cartesianischen Dualismus auf einen (energetischen) Monismus zurückzuführen. Im Jahre 1747 veröffentlichte LaMettrie, ein ausgewanderter französischer Arzt, der die Vorträge Boerhaaves verfolgt hatte, sein Buch L'Homme machine, in dem er die Auffassung vertrat, unser ganzes Denken sei von unserer körperlichen Konstitution abhängig. Das Denken sei eine Funktion des Gehirns, die Gedanken seien dessen Absonderung. Es gibt nur eine Realität: den Stoff, die Materie. Was Descartes das Denken nennt, sei keine für sich bestehende Substanz.

LaMettries Ideen übten auf die französischen Philosophen der Aufklärungszeit großen Einfluß aus, und auch Friedrich der Große interessierte sich für sie. Nur zu verständlich, daß die Reaktion nicht ausblieb. Um die Mitte des 18. Jahrhunderts versuchte man aufs neue, zu vitalistischen Anschauungen zu gelangen. In seinem 1761 erschienenen Werk über die Natur verkündete Robinet einen universalen Vitalismus. Dieser Denker war von dem französischen Arzt G. E. Stahl (1660–1734) beeinflußt, der die cartesianische Auffassung, wonach die Seele nur Bewußtseinsprinzip sein soll, bestritt. Er meinte, die Seele sei auch organisierendes Prinzip, das die Maschine, als der der menschliche Körper anzusehen sei, aufbaue und erhalte.

Erwartungsgemäß griff in den Kampf zwischen Vitalisten und Mechanisten auch Kant ein. Ohne uns hier in Einzelheiten darüber zu verlieren, was dieser große Denker zu all diesen Problemen gesagt hat, wollen wir nur darauf hinweisen, daß er anerkannte, in der organischen Natur sei anscheinend ein zielstrebiges entelechales Prinzip wirksam. Unsere Vernunft, sagt Kant, strebt danach, die Phänomene des Lebens so lange und so weit wie möglich mechanistisch zu erklären, aber unsere reflektierende Urteilskraft sagt uns, daß dies nie völlig gelingen wird. Es ist, als ob in der organischen Natur ein entelechales Prinzip wirksam sei. Die vitalistische Anschauung hat eine regulierende Bedeutung. Sie gehört ins Gebiet der Metaphysik. Ob diese Naturbetrachtung richtig ist, wissen wir nicht mit Sicherheit, wir können es nur vermuten.

Nach Kant regte sich neues Leben in der Philosophie. Die Zeit von etwa 1800 bis etwa 1860 gehört der spekulativen Philosophie, die an die Kantsche Lehre anschließt, wonach die von uns wahrgenommene Welt nur phänomenal sei, ein Phänomen, das auf eine absolute Wirklichkeit hinweise, auf die intelligible Welt, die Welt der »Dinge an sich«.

Die spekulative Philosophie setzt sich zum Ziel, diese intelligible Welt mittels des Denkens zu erreichen. Das reine Denken, sagt sie, muß uns die Wahrheit bringen. Fichte, Schelling und Hegel sind wohl die drei großen Sterne, die am Firmament dieser neuen philosophischen Richtung erstrahlen. Aber auch der Name von Goethes Freund und Leibarzt C. G. Carus muß hier erwähnt werden, der der größte Psychologe in der Zeit der Romantik war. Er teilte das Tierreich von einem bestimmten teleologischen (zielstrebigen) Standpunkt aus ein und sah dabei die Seele als eine sich in der organischen Natur verwirklichende Idee an.

Der Mangel an Respekt, den manche spekulativen Philosophen, vor allem Hegel, den naturwissenschaftlichen Tatsachen gegenüber gezeigt hatten, führte zum Entstehen des Positivismus, zu dessen Begründern A. Comte gehörte. Der Positivismus hatte (unbeabsichtigt) den philosophischen Materialismus des 19. Jahrhunderts zur Folge. Seine bekanntesten Vertreter sind Vogt, Büchner und Moleschott. Für sie gab es nur die Prinzipien Materie (Letztursachen) und Kraft, war das Bewußtsein nur eine Verrichtung, eine Funktion, ein Arbeitsablauf gewisser Gehirnpartien. Auf dem Gebiet der Biologie waren die philosophischen Materialisten (oder, wie sie nach Ostwald auch genannt werden, die energetischen Monisten) unverfälschte Mechanisten. Als Darwins Werk über DIE ENTSTEHUNG DER ARTEN bekannt wurde, schien es, als stürzte das letzte Bollwerk, in das sich die Vitalisten zurückgezogen hatten, ein, als wäre ihre Lehre ein für allemal erledigt. Doch dann ertönte der Ruf: »Zurück zu Kant!« Er wurde von Männern wie Liebmann und F. A. Lange erhoben. Dieser ließ im Jahr 1866 seine GESCHICHTE DES MATERIALISMUS UND KRITIK SEINER BEDEUTUNG IN DER GEGENWART erscheinen, die die Entstehung der neokantianischen Bewegung einleitete und den relativen Wert der materialistischen Weltanschauung aufzeigte.

Langes Ansichten laufen kurz gesagt darauf hinaus, daß auch der philosophische Materialismus ein metaphysisches System ist und als solches für den erkenntnistheoretisch Geschulten nur einen regulierenden und keinen absoluten Wert besitzt. Gegen Ende des vorigen Jahrhunderts traten bei zahlreichen Gelehrten Zweifel über die Richtigkeit der einseitig materialistischen Weltanschauung auf. Es zeigte sich, daß man nicht alles materialistisch zu erklären vermag, wenngleich man zugab, daß die dem philosophischen Materialismus entsprossene mechanistische Naturanschauung von großem pragmatischem Wert für die Entwicklung der Naturwissenschaften ist. Der große Physiologe Du Bois-Reymond sprach in seinem bekannten Vortrag über DIE SIEBEN WELTRÄTSEL öffentlich seinen Zweifel hinsichtlich der Frage aus, ob es uns je gelingen wird, das Erkennen, Fühlen und Wollen auf physikalische und chemische Prozesse im Gehirn zurückzuführen. Der Niederländer Lorentz meinte, es läge ihm fern, geistige Auswirkungen auf Prozesse im Gehirn zurückzuführen, weil man Ungleiches nicht voneinander ableiten könne.

1884 wurden die ersten schüchternen Versuche gemacht, dem Vitalismus wieder einen Platz in der Biologie zu geben. Es war von Bunge, der in seinem Buch VITALISMUS UND MECHANISMUS die Existenz einer besonderen Lebenskraft deutlich zu machen versuchte.

Es soll hier keine ausführliche Übersicht über die Entstehungsgeschichte des Neovitalismus gegeben, sondern bloß ein einziger Name erwähnt werden, und zwar Hans Driesch, dessen Forschungen und Schriften von weitreichender Bedeutung geworden sind.

Driesch, ursprünglich Professor an der Heidelberger Universität, später Professor der Philosophie in Leipzig, begann seine Untersuchungen auf dem Gebiete der Gestaltentwicklung als Schüler von Ernst Haeckel, sozusagen als Materialist von reinem Schrot und Korn. Seine Versuche mit mutilierten Seeigeleiern im embryologischen Laboratorium führten ihn jedoch zu der Erkenntnis, daß Physik und Chemie zwar als Hilfsmittel sehr bedeutungsvoll für den Biologen sind, man sich aber täuschen würde, wollte man sie etwa als dessen einzige Werkzeuge ansehen.

Im Jahre 1909 konnte Driesch seine PHILOSOPHIE DES ORGANISCHEN erscheinen lassen, worin er aufgrund experimenteller Untersuchungen zu beweisen trachtete, daß in der organischen Natur gestaltende Kräfte wirken, die nicht allein dem Bereich der Physik und Chemie angehören. Seiner Meinung nach wirkt in der Welt der Organismen ein nichtmaterieller, also psychischer Faktor, ein ordnendes Prinzip, dem er Aristoteles zu Ehren die Bezeichnung Entelechie gegeben hat. Das schließt jedoch nicht aus, daß sich Drieschs Weltanschauung mehr jener Platons als Aristoteles' nähert, weil er dazu neigt, die Entelechie als eine »causa transiens«, eine Wirkursache außerhalb des sich verändernden Dings, aufzufassen. Die Gestaltwerdung betrachtet dieser Gelehrte als ein Phänomen von ideoplastischer Art, ein Thema, auf das wir noch zurückkommen werden.

Wenngleich ein Teil des in der PHILOSOPHIE DES ORGANISCHEN Ausgeführten einer Kritik nicht immer standzuhalten vermag, muß dennoch darauf hingewiesen werden, daß mit dem Erscheinen dieses Buches der Neovitalismus endgültig seinen Einzug in die biologische und medizinische Welt gehalten hat. Im Lauf der Jahre wurde er immer besser fundiert, was u. a. bedeutet, daß man immer mehr erkannt hat, es sei richtiger zu sagen, die Psyche bilde das Gehirn (in Erweiterung: den Körper), als daß, wie die energetischen Monisten lehrten, das Gehirn die Seele hervorbringe.

Ich habe vorhin bemerkt, Driesch sehe in der Gestaltwerdung eine ideoplastische Erscheinung. Das erfordert eine nähere Erklärung.

Unter ideoplastischen Phänomenen versteht man solche, bei denen sich die organische Materie unter dem Einfluß einer Idee bildet oder umbildet bzw. wobei eine Idee Formen schafft.

Mit ideoplastischen Phänomenen haben wir es schon da zu tun, wo unter dem Einfluß einer Idee (Vorstellung) Veränderungen in der körperlichen Gestalt eintreten, wie das z. B. bei einer Scheinschwangerschaft vorkommt.

Interessante Beispiele von Ideoplastie findet man bei Stigmatisierten, deren Identifikation mit dem mißhandelten und gekreuzigten Heiland zum zeitweiligen Auftreten der traditionellen fünf Wundmale Christi an ihrem Körper führt.

Ich habe schon früher darauf hingewiesen, daß der so stark von Goethe beeinflußte Arzt und Psychologe C. G. Carus die Seele – von ihm auch »Idee« genannt – als eine sich in der organischen Natur verwirklichende Idee ansieht. Das bedeutet nicht nur, daß man Carus ohne weiteres als einen Vorläufer der heutigen Neovitalisten ansehen kann, sondern zugleich, daß für ihn ebenso wie für Driesch u. a. die Gestaltwerdung als ein Phänomen der Ideoplastie galt.

Wenn wir uns hier nur auf die Stigmatisierungs-Phänomene beschränken wollen und sagen, sie seien als ideoplastisch anzusehen, dann wird der Parapsychologe hinzufügen, diese Ideoplastie sei von intrasomatischer Art. Die Idee verwirklicht sich innerhalb (intra) der Begrenzung des Körpers. Dies zur Unterscheidung von der extrasomatischen Ideoplastie, der wir jetzt unsere Aufmerksamkeit schenken wollen (extra = außerhalb). Das können wir allerdings nicht, ohne zuvor eine – wenn auch äußerst gedrängte – Einleitung über den hylischen Pluralismus und den damit zusammenhängenden Glauben an einen Metaorganismus gegeben zu haben.

2. Mehrfache Körperlichkeit

In der Einleitung zu seinem mehrbändigen Werk OCHÊMA, das Geschichte und Bedeutung des hylischen Pluralismus behandelt, weist J. J. Poortman darauf hin, daß Langes bereits erwähnte Schrift einen ihr nicht völlig gemäßen Titel trägt und besser als GESCHICHTE DES MONISTISCHEN MATERIALISMUS hätte bezeichnet werden sollen. Im Altertum glaubte man nämlich, es gäbe nicht nur eine Art von Materie, sondern deren zwei oder noch mehr. Obwohl Lange von diesem Glauben wußte und ihn durchaus nicht verneinte, schenkte er ihm dennoch keine Aufmerksamkeit. Poortman hat sich nun als Aufgabe gestellt, Langes Versäumnisse gutzumachen und eine Geschichte des dualistischen (pluralistischen) Materialismus zu schreiben. Damit hat er sich sowohl Philosophen und Theologen als auch Psychologen und Parapsychologen verpflichtet.

Eng verbunden mit dem Glauben, daß es mehr Arten von Materien gäbe als jene, die Physiker und Chemiker zu erforschen suchen, ist die Meinung, der Seele stehe nicht nur der uns vertraute grobmaterielle Körper als »Fahrzeug« zur Verfügung, sondern darüber hinaus ein (dualistischer Materialismus) oder mehrere (pluralistischer Materialismus) noch flüchtigere »Fahrzeuge« (Metaorganismen, Ochêmata).

Der Glaube an die zwei- oder mehrfache körperliche Beschaffenheit des Menschen findet sich schon bei den alten Indern. In der nachwedischen Periode wurde ein bereits seit Urbeginn des irdischen Lebens bestehender feinstofflicher Leib, »linga-sharira« genannt, erwähnt, der der Seele in den feinstofflichen Bereichen als Fahrzeug dienen wird, sobald sie ihr »irdisches Pilgerkleid« endgültig abgelegt hat. Der Neuplatoniker Damascius, der ebenso wie Porphyrius und andere griechische Schriftsteller von seinem Glauben an einen »übersinnlichen Leib« Zeugnis abgelegt hat, nannte den Metaorganismus »asteroeides«, was soviel wie *sternartig* bedeutet[1]. Wahrscheinlich ist der in der theosophischen und spiritistischen Literatur gebräuchliche Ausdruck »Astralleib« von diesem Wort abgeleitet.

Der Glaube an den Astralleib, der auch in den Tagen der Scholastik seine Anhänger hatte, findet sich in der Zeit der Renaissance u. a. bei Paracelsus und Johan Baptista van Helmont. Jener spricht von einem »siderischen Leib«; bei diesem, der von Paracelsus beeinflußt war, ist der Ausdruck »archaeus« anzutreffen. Darunter versteht er einmal Lebenskraft, ein andermal den »Astralleib«.

Zu jenen, die im achtzehnten Jahrhundert Zeugnis für ihren Glauben an den Metaorganismus ablegten, gehört Swedenborg. Auch seine Zeitgenossen Chr. F. Oettinger und Jung-Stilling haben in ihren Schriften ihren Glauben an das, was wir heute den Astralleib zu nennen pflegen, bezeugt. Damals sprachen sie allerdings auch von einem »Ätherleib«.

Oettinger, der angeblich wiederholt die »Geister« Verstorbener gesehen hat, schrieb, keine Seele, kein Geist könne ohne Leiblichkeit erscheinen, nichts Geistiges könne ohne Leib vollkommen werden; alles, was Geist sei, sei zugleich auch Leib. Und Jung-Stilling erwähnte wiederholt einen »Auferstehungsleib«, der dem Geist nach dem Tode als Fahrzeug dienen soll.

Wer Justinus Kerners Schriften gelesen hat, weiß, daß seine Erfahrungen mit der Seherin von Prevorst und einigen anderen Somnambulen wesentlich zu seinem Glauben an eine Art Ätherleib, den er »Nervengeist« nannte, beigetragen haben.

In seinem Buch Die Seherin von Prevorst berichtet er, diese merkwürdige Somnambule habe Unterschiede gemacht zwischen Leib, Nervengeist, Seele und Geist. Ihrer Ansicht nach verbinde der Nervengeist die Seele mit dem Leib. Mit Hilfe des Nervengeistes, meinte sie, bilde die Seele eine ätherische Hülle um den Geist. Nach dem Ableben des Körpers könne der Nervengeist noch weiter wachsen und den Geistern des Zwischenreiches (Hades) ermöglichen, (Klopf-)Geräusche hervorzubringen, um sich den Menschen vernehmlich zu machen[2].

Weiter sollen der Seherin zufolge die Bewohner des Zwischenreiches imstande sein, mit Hilfe des Nervengeistes die Wirkung der Schwerkraft vorübergehend aufzuheben, so daß sie Gegenstände aus ihrer Lage bringen, aufheben, wegwerfen usw. können. Auch habe man es dem Nervengeist zu verdanken, daß die Geister des Zwischenreiches sich den Menschen sichtbar und fühlbar machen können.

In der zweiten Hälfte des vorigen Jahrhunderts haben spiritistische Schriftsteller, allen voran Allan Kardec, keine Gelegenheit vorübergehen lassen, den Glauben an den Äther- oder Astralleib in breiten Bevölkerungsschichten Eingang zu verschaffen. Ihren Versuchen schlossen sich später die Theosophen an, die gleichfalls das Ihre dazu beitrugen, diesen alten Glauben, der unter dem Einfluß kirchlicher Dogmen und nationalistischer und materialistischer philosophischer Systeme mehr und mehr in den Hintergrund getreten war, wiederherzustellen. Gründeten die Spiritisten ihren Glauben an den Metaorganismus zum Großteil auf Erscheinungen, die sie bei ihren Séancen wahrgenommen haben wollen, und auf die in ihren Augen von Geistern empfangenen Belehrungen – so gründeten die Theosophen ihn vor allem auf das, was sie angeblich in den sowohl mündlich als auch schriftlich überlieferten Erkenntnissen »Eingeweihter« über den Äther- und Astralleib und andere »höhere Fahrzeuge« gefunden hatten. Und auch auf das, was ihre nach direkter Erkenntnis strebenden Wortführer (siehe Kapitel XIV) erfahren zu haben behaupteten . . .

3. Beobachtungen unter experimentellen Umständen

Daß die Phänomene (und ich denke hier vor allem an die pargischen Phänomene), die die Spiritisten bei ihren Sitzungen wahrgenommen haben wollen (darunter befinden sich zweifellos welche, die als echt anzusehen sind), wiederholt Argumente für einen Glauben an etwas wie einen Äther- oder Astralleib enthielten, weiß jeder, der die wichtigste spiritistische Literatur aus der zweiten Hälfte des vorigen und den ersten Jahrzehnten unseres Jahrhunderts gelesen hat. Auch heutzutage werden in diesen Kreisen noch parergische Phänomene wahrgenommen, die für den Glauben an einen Äther- oder Astralleib sprechen.

Einzelne Medien, die ihre Laufbahn in Kreisen der Offenbarungsspiritisten begannen, sind später Gegenstand von Untersuchungen wissenschaftlich ausgebildeter Forscher geworden. Diese haben, ihren Berichten zufolge, aufgrund der bei ihren Versuchspersonen wahrgenommenen Phänomene zu deren teilweiser Erklärung die Billigkeit des Glaubens an etwas wie einen Äther- oder Astralleib anerkannt. Zu den Versuchspersonen, deren Phänomene nicht allein »Gläubige«, sondern auch wissenschaftliche Forscher, die sie experimentell beobachteten, an die Existenz eines Astralleibes oder etwas Ähnliches denken ließen, gehört unter anderen die berühmt gewordene Eusapia Palladino (1854–1918). Diese schlichte neapolitanische Frau wurde im Lauf der Jahre wiederholt von verschiedenen bekannten Gelehrten untersucht. So wie Professor Ochorowicz kamen auch sie überwiegend zu der Ansicht, die Hypothese eines »fluidischen Doppels« (Astralleib), das sich unter bestimmten Voraussetzungen vom Körper des Mediums absondert, scheint zur Erklärung der meisten bei ihr wahrgenommenen Phänomene erforderlich zu sein. Dieser Auffassung zufolge sollen die Bewegungen von Gegenständen manchmal ohne normal sichtbare Berührung durch die fluidischen (astralen) Gliedmaßen des Mediums hervorgerufen worden sein.

Obwohl die »fluidischen (astralen) Organe«, mit denen Eusapia Palladino ihre telekinetischen Phänomene hervorrief, durchaus nicht immer dem normalen Auge sichtbar waren[3], wurden sie dennoch wiederholt von den untersuchenden Forschern auf normale Weise gesehen. Einer von ihnen war der Niederländer Prof. G. van Rijnberk, ein bekannter Physiologe, der sich zu Beginn unseres Jahrhunderts längere Zeit in Italien aufhielt und dabei einige Male Gelegenheit hatte, den Sitzungen mit Frau Palladino beizuwohnen.

In seiner Abhandlung über »den dritten Arm des Mediums« weist der Autor darauf hin, daß nicht nur nach seiner eigenen, sondern auch nach der Meinung vieler anderer die Anwesenheit eines Geistes außerhalb des Mediums und der Sitzungsteilnehmer auf alle Fälle eine große Ausnahme sei. Was aber sehr oft einen großen Anteil daran hat, ist der Astralleib. Als Beispiel hierfür dienen die mediumistischen Séancen, wo sich entfernte Gegenstände bewegen, ohne daß jemand sie berührt . . . Der gläubige Spiritist meint, hier seien Geister am Werk und verrichten belanglose Dinge. »Der Okkultist sieht diese Dinge anders. Er denkt, das Medium sei halb bewußt, halb unbewußt imstande, einen Teil seines Astralleibes außerhalb seines materiellen Leibes zu versetzen. Dieser Teil des Astralleibes bilde dann je nach Bedarf des Augenblicks eine Art zusätzliches Organ, zum Beispiel einen dritten Arm, der die sonderbaren Phänomene bewirkt.«

Und dann erzählt uns der Autor von seiner »eigenen Erfahrung auf diesem Gebiet . . . Ich will sie so vorsichtig und so nüchtern wie möglich berichten. Buchstäblich jedes Wort gibt das von mir Wahrgenommene genau wieder. Es ist jetzt einundzwanzig Jahre her, aber ich sehe das ganze Bild noch so lebhaft vor mir, als wäre es gestern gewesen. Es war in Rom, eine Séance mit dem berühmten Medium Frau Eusapia Palladino. Anwesend waren das Ehepaar B., das Ehepaar P. und ich selbst. Eusapia wollte versuchen, einen Tisch zu ›levitieren‹, also mit allen vier Beinen vom Boden aufzuheben, ohne dabei ihre Körperkraft anzuwenden. Der Tisch stand ungefähr mitten im Zimmer; ein gewöhnlicher rechteckiger Küchentisch aus gefirnißtem Holz. Man bildete um den Tisch herum einen Kreis. Die Teilnehmer faßten einander an den Händen und legten sie auf den Tisch. Eusapia stand an einer der Schmalseiten; ich kauerte auf dem Boden an ihrer rechten Seite. Den linken Arm hatte ich um ihre Beine gelegt, wobei ich ihre Röcke zurückhielt, so daß ich die zwei nächstliegenden Tischbeine gut sehen konnte und es nicht möglich war, daß etwa jemand einen Fuß darunterstellen konnte, um so den Tisch zu heben. (Das ist ein beliebter Mediumtrick.)

Mit meiner rechten Hand hielt ich Eusapias Rechte, die übrigens auch von Frau P. gehalten wurde. Herr P. hielt Eusapias linke Hand. Das Zimmer war nur spärlich beleuchtet, doch das genügte, um alle Gegenstände deutlich zu sehen. Als wir so ein paar Augenblicke gewartet hatten, begann sich der Tisch mit einem Mal zu bewegen. Er schwankte ein wenig hin und her und hob sich dann mit allen vier Beinen mindestens einen halben Fuß vom Boden. Dann fiel er mit einem Plumps wieder zurück[4]. Als der Tisch sich zu bewegen begann, sah ich plötzlich den rechten Arm Eusapias zuerst sozusagen undeutlich werden. Dann war es, als sähe ich eine ganze Reihe von Armen untereinander. Das dauerte nur kurze Zeit, so daß auch der Tisch nur kurz schwebte. Die Anwesenden waren mit dem Ergebnis sehr zufrieden und drängten das Medium, den Versuch zu wiederholen. Ich tat es auch, denn ich war natürlich von der seltsamen Teilung und Vervielfältigung von Eusapias Arm sehr betroffen. Das Medium erriet meinen Wunsch und sagte: ›Vuoi vedere il doppio, èh?‹ ›Sie wollen das Doppel sehen, nicht wahr?‹)

Der zweite Versuch gelang noch besser als der erste. Der Tisch schaukelte leicht hin und her und erhob sich dann mit allen vier Beinen vom Boden. Aber so scharf ich auch schaute, Eusapias Arm blieb klar und deutlich sichtbar, nicht verdoppelt. ›Ma guarda il doppio, non le vedi?‹ fragte das Medium. ›Schauen Sie doch nach dem Doppel, sehen Sie es nicht?‹ Und dann sah ich es plötzlich. Es war jetzt an einer ganz anderen Stelle als das erstemal. Aus Eusapias rechtem Schenkel, knapp vor meinem Kopf, ragte eine gerade schwarze Speiche heraus wie ein spindeldürrer, langer Arm. Das Ende lief in eine Verbreiterung aus, die das rechte Tischbein anzufassen hatte. Solange ich diesen gespensterhaften schwarzen Arm sah, schwebte der Tisch in der Luft. Das dauerte nur kurz, aber lange genug, um mir ein vollkommen deutliches, scharfes Bild von Eusapias Schenkel, dem schwarzen Fortsatz, der daraus hervorragte, und dem in der Luft hängenden Tisch zu gewähren. Das ist das erste und einzige Mal, daß ich einen ›astralen‹ Arm gesehen habe. Aber es gibt nur wenige Dinge in meinem Leben, die ich mit einer so unbedingten Sicherheit gesehen habe wie das.«

Als das beste Werk, das ich über Eusapia Palladino kenne, glaube ich das Hereward Carringtons nennen zu können, eines namhaften Forschers, der im Jahre 1908 im Auftrag der englischen SPR. nach Neapel fuhr, um dort eine Reihe von Sitzungen mit Frau Palladino zu leiten. Die positiven Ergebnisse dieser vortrefflich geführten, äußerst kritischen Untersuchungen bestätigen das, was van Rijnberk und andere bei Eusapia Palladino wahrgenommen haben wollen.

Erwartungsgemäß hat man versucht, die »astralen« Gebilde, die man angeblich bei Eusapia wahrgenommen hat, zu fotografieren. Im Zusammenhang damit muß zuallererst G. de Fontenay genannt werden, dem es gelang, mehrere Hände, die über dem Kopf der Versuchsperson erschienen, im Lichtbild festzuhalten und damit die Behauptung, die Untersuchenden hätten halluziniert, zu widerlegen. Auf einem dieser Bilder ist deutlich zu sehen, wie ihre beiden (normalen) Hände von einigen der Anwesenden festgehalten werden. Die Hand, die auf diesem Foto über ihrem Kopf sichtbar ist, ist nur zum Teil »materialisiert« und mutet daher mißgeformt, zumindest halb ausgebildet, an. Man hat solche klauenartigen Gebilde auch schon bei anderen Versuchspersonen wahrgenommen[5].

Ferner hat man danach getrachtet, Abdrücke der »astralen« Hände in Ruß, Lehm oder Paraffin zu erhalten, und wahrscheinlich ist das auch einige Male gelungen. Das gilt sowohl für Eusapia Palladino als auch für Franek Kluski[6]. Die primitive Laboratoriumstechnik, die man dabei anwandte, veranlaßt uns jedoch, ihnen nicht allzuviel Aufmerksamkeit zu widmen, solange man derartige Versuche nicht mit modernen Methoden positiv wiederholt hat.

Es sei noch vermerkt, daß mehrere Forscher berichten, Frau Palladino habe zu Beginn ihrer Sitzungen oft eine bemerkenswerte Überempfindlichkeit (Hyperästhesie) gezeigt[7], die nach Ansicht de Rochas' und anderer nicht ohne weiteres als hysterisch bezeichnet werden kann. Wie sowohl dieser Forscher als auch andere angeben, dürfte es sich hier um eine beginnende »extériorisation de la sensibilité«, eine Ausscheidung des Empfindungsvermögens, handeln, ein Phänomen, mit dem sich später der deutsche Arzt R. Tischner befaßt hat[8] und das, wie manche Forscher meinen, eng mit der Existenz von etwas wie einem Astralleib zusammenhängt. Darum haben sie auch in dieser »Hyperästhesie« ein Argument mehr dafür gesehen, die bei Eusapia Palladino und anderen Medien wahrgenommenen telekinetischen und ideoplastischen Phänomene mit Hilfe der Hypothese vom Astralleib zu erklären.

Wie schon gesagt, war Frau Palladino nicht das einzige Medium, dessen telekinetische und Materialisationsphänomene verschiedenen Wissenschaftlern Anlaß gaben, das Bestehen eines Astralleibes oder von etwas Derartigem anzuerkennen. Schon W. Crookes kam aufgrund seiner Versuche mit dem vielseitigen Medium D. Home zu der Annahme, daß dessen telekinetische Phänomene durch eine von ihm ausgehende »psychische Kraft« (ein neutrales Wort für das, was andere Forscher mit dem Ausdruck Astralleib anzudeuten pflegen) hervorgerufen wurden.

Von den Versuchspersonen, die in den letzten Jahrzehnten durch ihre telekinetischen Phänomene bekannt geworden sind, muß Rudi Schneider als der wohl bedeutendste erwähnt werden. Sowohl Dr. A. von Schrenck Notzing als auch Harry Price, Dr. E. Osty und einige Mitglieder der englischen SPR. haben unabhängig voneinander mit Hilfe einer Kontrollmethode, die mehr und mehr allgemein befriedigenden Ergebnissen nahekam[9], mit ihm experimentiert. Dabei gelangten sie zu der Überzeugung, daß seine telekinetischen Phänomene einer »substance X« (wie Osty sich ausdrückt) zuzuschreiben sind, womit sie meiner Meinung nach (die auch von anderen in dieser Sache Kompetenten geteilt wird) einen Schritt in der Richtung zur Anerkennung des Astralleibes getan haben. Dies um so mehr, als die Forschungen unverkennbar ergaben, daß die zuweilen schemenhaft sichtbar gewordene »substance X«[10] sehr unter dem Einfluß des Vorstellungslebens des Mediums zu stehen schien. Man hatte es hier offensichtlich mit ideoplastischen Phänomenen zu tun, die, im Gegensatz zu den schon früher besprochenen intrasomatischen, eher als extrasomatisch angesehen werden müssen. Es ist wohl überflüssig, besonders zu betonen, daß der Gebrauch des Ausdrucks »extrasomatische Ideoplastie« nur dann als sinnvoll zu betrachten ist, wenn man die Lehre vom hylischen Pluralismus bzw. Dualismus und den damit so eng zusammenhängenden Glauben an die mehr-, zumindest zweifache Körperlichkeit in Betracht zieht. Im Lichte dieser alten metaphysischen Lehre, die mit den Ergebnissen der gegenwärtigen physikalischen Forschung keineswegs im Widerspruch steht, ist der Glaube an die Existenz von etwas wie dem Astralleib durchaus nicht so abwegig, wie man einst (und zuweilen auch heute noch) unter dem Einfluß des monistischen Materialismus dachte. Die Möglichkeit für den heutigen, von der Wissenschaft »aufgeklärten« Menschen, diesen Glauben anzuerkennen, wird zweifellos noch größer, wenn man das Prinzip der neovitalistischen Naturanschauung bejaht, deren Grundlagen Driesch gelegt hat. Wie Professor Herbertz schon im Jahre 1927 bemerkte, schafft ja dieses Prinzip nicht nur eine positive Einstellung zu den parergischen Phänomenen (extrasomatische Ideoplastie und damit zusammenhängende Psychokinese) – die Erforschung dieser Phänomene läuft sogar, umgekehrt, gerade auf den Neovitalismus hinaus. Driesch selbst hat 1927 in einem Vortrag in Worcester, Mass., folgendes ausgeführt: »Um die extrasomatischen ideoplastischen Erscheinungen der Parapsychologie zu erklären, brauchen wir aber nur den Bereich des Wirkens dieser bekannten Kräfte zu erweitern, d. h. anzunehmen, daß sie noch viel mehr leisten können, als normalerweise bekannt ist. Sie können nicht nur physiologische Vorgänge beeinflussen, nicht nur den Aufbau der normalen Form lenken und regulieren, sie können auch abnorme (paranormale) Strukturen hervorrufen unter der Leitung der Einbildungskraft. Das ist ein erweiterter Couéismus und nichts anderes.« Die schemenhaften, organartigen Gebilde, die manche Forscher bei Parergasten wie Eusapia Palladino und Rudi Schneider wahrgenommen haben wollen und die offensichtlich sehr unter dem Einfluß ihres Vorstellungslebens standen, sind ebenso wie etwa die Stigmatisationsphänomene nur schwache Manifestationen des schaffenden Prinzips, das u. a. unseren Zell-Leib aufbaut und erhält.

Daß wir uns im allgemeinen weniger über die Morphogenese wundern als über Stigmatisation und ähnliche extrasomatische ideoplastische Phänomene, beweist, daß wir im allgemeinen noch nicht gelernt haben, über das Alltägliche erstaunt zu sein, was doch der Anfang jeder philosophischen Überlegung ist.

Die vorhin erwähnten schemenhaften, organartigen Gebilde erinnern uns unverkennbar an die Behauptung, wonach die Formen unseres Äther- oder Astralleibes in hohem Maße von unserer Vorstellung abhängig sein sollen. Wir finden sie schon von alters her bis in unsere Tage in den Schriften der »Okkultisten«. Dieses den Okkultisten zufolge auf Erfahrung begründete »Wissen« bringt uns nicht nur mit den Problemen der schöpferischen Kraft des Geistes in Berührung, sondern läßt uns zuletzt auch noch die Frage stellen, wie wir aufgrund der Ergebnisse der parapsychologischen Forschung das Verhältnis zwischen Seele (Geist) und Leib zu sehen haben, ein Thema, mit dem sich schon eine Reihe von Philosophen beschäftigt hat.

Dieses Kapitel soll nicht ohne den Hinweis abgeschlossen werden, daß schon Rhine und seine Mitarbeiter Untersuchungen über das Auftreten psychokinetischer Phänomene angestellt haben, wobei sie die sogenannte quantitative Methode anwandten[11]. Obgleich die bisher erreichten Ergebnisse in einigen Punkten als befriedigend gelten können, ist doch nicht zu bestreiten, daß sie noch eine Reihe von Fragen offenlassen. Das schließt jedoch nicht aus, daß auch sie ein Argument zugunsten der Lehre vom hylischen Pluralismus enthalten und damit günstige Voraussetzungen für den Glauben an einen Metaorganismus schaffen.

Das folgende Kapitel soll aufzeigen, daß die hier behandelten parergischen Phänomene nur ein Glied in der Reihe von Beweismitteln sind, die man für den Glauben an einen Äther- oder Astralleib anführen kann.

XIV Rund um das Problem der Exkursion

»Es scheint mir nun aber, daß viele Fälle sogenannter spontaner Telepathie gar nicht nur das sind, als was sie sich geben, sondern daß gerade hier, wo wir uns auf tatsächlich gesichertem Boden bewegen, noch ein Phänomen hinzukommt, das durch Exkursion, ja, wohl nur durch sie, verständlich werden könnte.«

H. Driesch

1. »Exkursionen« (»Seelenreisen«)

Myers hat einmal sehr richtig darauf hingewiesen, daß man ohne Zweifel wichtige Beiträge zur Erkenntnis der Vorgänge beim Eintritt des Todes gewinnen könnte, wenn man Sterbende oder Menschen, die sich einmal im Zustand des Scheintodes befunden haben, um ihre diesbezüglichen Eindrücke befragen könnte.

Im Laufe der Jahre haben sich einige an parapsychologischer Forschung Interessierte bemüht, derartige Unterlagen zu sammeln. So hat man mir mehrere Male von medizinischer Seite die Frage gestellt, ob ich die Tatsache erklären könne, daß sich Sterbende, wie sie angaben, ganz oder teilweise verdoppeln fühlen. Auf diesen Umstand hat schon Schopenhauer die Aufmerksamkeit gelenkt, und auch Ärzte haben darauf hingewiesen. So berichtet z. B. der Arzt Krukenberg in der »Zeitschrift für Parapsychologie«, Jahrgang 1929, Seite 358, er habe einige Monate vorher eine bis dahin körperlich und geistig gesunde 73jährige Frau wegen einer akuten linksseitigen Lähmung als Folge eines Schlaganfalls behandelt. In den ersten Tagen habe große Lebensgefahr bestanden. Und gerade in dieser für sie kritischen Zeit habe sie ihm erzählt, sie habe das Empfinden, als läge sie doppelt im Bett. Diese Erfahrung habe sie schon früher einmal gehabt, als sie etwa dreißig Jahre zuvor nach einer Kropf- und Eierstockoperation todkrank daniedergelegen sei. Je mehr sich ihr Zustand gebessert habe, verschwand das aber allmählich. Und so sei es auch diesmal gewesen. Als die ersten ernsthaften Folgen des Schlaganfalls verschwunden waren, zeigte sich die erwähnte Wahrnehmung nicht mehr.

Wenn mir Ärzte eine diesbezügliche Frage stellten, habe ich jedesmal darauf geantwortet, an sich bedeute dieses Phänomen nichts oder nur wenig. Es kann als eine pathologischen Prozessen entspringende Illusion angesehen werden, was es manchmal auch ist. Dabei muß natürlich jeder Fall gesondert betrachtet werden. Sehen wir solche Erfahrungen jedoch im Zusammenhang mit anderen, mit denen wir uns nun näher befassen wollen, also als Elemente einer Ganzheit, dann drängt sich uns die Frage auf, ob wir den einen oder anderen dieser Fälle vielleicht auch als eine beginnende Exkursion anzusehen haben.

Vor Jahren besuchte mich einmal ein etwa fünfzehnjähriger Schüler, der mich auf Anraten seiner Lehrer über einige Erfahrungen befragte, die er kurz zuvor wiederholt gehabt hatte und die ihn sehr beunruhigten. Aus meinen gründlichen Erhebungen ergab sich, daß der junge Mann vorher nie von Exkursion gehört oder gelesen hatte. Was er mir erzählte, kommt kurz auf folgendes hinaus:

Einige Nächte hintereinander war er – um seine eigenen Worte zu gebrauchen – zu seiner Bestürzung »außerhalb seines Körpers« aufgewacht. Es war ihm zumute, als schaute er aus einem Punkt im Raum auf diesen Körper hinab. Dabei ergriff ihn ein Gefühl des Entsetzens, weil er es sich nicht anders erklären konnte, als daß er gestorben sei. Diesen Erfahrungen folgte immer ein »Erwachen« in dem Körper mit der Erinnerung an das Erlebte.

Selbstverständlich hielt ich meinem Besucher vorerst einmal die nächstliegende Erklärung vor, er dürfte das alles nur geträumt haben. Die Art und Weise, in der mein jugendlicher Besucher auf meine nüchterne Deutung reagierte, und nicht zuletzt verschiedene Nebenerscheinungen, von denen er mir während des Gesprächs erzählte, ließen in mir selbst Zweifel an der Richtigkeit meiner Alpdrucktheorie entstehen. Ich begann mehr und mehr damit zu rechnen, mein Besucher könnte einer jener vielen sein, der eine sogenannte Exkursion, einen »Austritt des Ich«, erlebt hatte.

Die Erfahrungen, von denen mir der Junge berichtete und die einen so unverwischbaren Eindruck auf ihn gemacht hatten, daß er noch zwanzig Jahre später oft daran dachte und davon sprach, stehen nicht vereinzelt da. Seit Jahrhunderten wird uns immer wieder von derlei Erlebnissen gemeldet. Seitdem man vor etwa hundert Jahren begonnen hat, paranormale Erscheinungen systematisch wissenschaftlich zu untersuchen, wurden, wie die einschlägige Literatur zeigt, Hunderte solcher Fälle aufgezeichnet und vergleichenden Untersuchungen unterworfen. Manche davon (einen Teil konnte ich selber sammeln) stammen von Personen, die wie der erwähnte Schüler während des Schlafens eine Exkursion erlebt zu haben angeben, andere von Kranken, die unter der Einwirkung irgendeines Betäubungsmittels auf dem Operationstisch lagen.

Es gibt auch Leute, die behaupten, Exkursionen im Zustand körperlicher Schwäche oder Erschöpfung erlebt zu haben.

Schließlich sei hier noch erwähnt, daß, wie zu erwarten war, auch einige Personen, die schon kurz vor dem Tod standen und sich im Zustand des Scheintodes befanden, behaupten, sie hätten Exkursionen erlebt. Eine von ihnen ist der Arzt Wiltse, der im Jahre 1889 im St. Louis Medical and surgical Journal über seine Erinnerungen an diesen Zustand, nachdem er wieder zu sich gekommen war, berichtete. Es hatte etwa eine halbe Stunde gedauert, wie einer seiner Kollegen, der bei seinem vermeintlichen Sterben anwesend war, mitteilte. Diese Erinnerungen stimmen in einigen Punkten sehr bemerkenswert mit jenen anderer überein, die angeblich über ähnliche Erfahrungen verfügten.

Dr. Wiltse schreibt: »In meinem Zustand der Bewußtlosigkeit verlor ich völlig meine Denkfähigkeit; ich war mir meiner eigenen Existenz nicht mehr bewußt. Selbstverständlich habe ich keinerlei Vorstellung, wie lange dieser Zustand angehalten hat . . . Allmählich wurde ich mir wieder meines Daseins bewußt, und ich entdeckte, daß ich noch in meinem Leib war. Doch der Leib und ich hatten nicht mehr dieselben Interessen.« Der Berichtende teilt nun mit, wie er sich langsam aus seinem Körper treten fühlte und schließlich danebenstand. Sein Bewußtsein war – so schien es ihm zumindest – in eine Art ätherischen Leib versetzt. Von dort her schaute er auf seinen scheinbar toten Leib hinab. Dann beschreibt der Autor seine vergeblichen Versuche, die Aufmerksamkeit der um sein vermeintliches Sterbebett Stehenden zu erregen. Sie spürten seine Berührungen nicht, sahen seine Bewegungen nicht und gingen durch den Körper, den er nun besaß, hindurch . . . Zuletzt trat wieder eine Zeit der Bewußtlosigkeit ein, dann erwachte er in seinem »gewöhnlichen« Leib und kehrte ins irdische Leben zurück.

Wie sehr es mich auch drängt, zu einem jeden dieser Fälle eine besonders kritische Haltung einzunehmen, so glaube ich dennoch, man würde den Tatsachen Gewalt antun, wollte man alle diese, oft so merkwürdig miteinander übereinstimmenden Berichte ohne weiteres als parapsychologisch wertlose Traum- und Fieberphantasien abstempeln. Mit dieser Meinung stehe ich durchaus nicht allein da. Sie wird von verschiedenen anderen urteilsbefugten Forschern geteilt. Binet hat einmal sehr richtig bemerkt, in der Übereinstimmung dieser Berichte liege bis zu einem gewissen Grad eine Gewähr für ihre Echtheit.

2. Willentliche Exkursionsversuche

Frederik van Eeden, S. J. Muldoon[1] und andere haben versucht, das Phänomen der Exkursion während des Schlafens an sich selbst herbeizuführen, und nach dem, was sie uns darüber berichten, dürfte ihnen das auch gelungen sein.

Wie aus den »Proc. SPR.«, Band XXVI, hervorgeht, hat der niederländische Arzt und Schriftsteller Dr. Frederik van Eeden im Jahre 1896 begonnen, seine eigenen Träume zu studieren. Er legte ein Tagebuch an, worin er die wichtigen von ihnen aufzeichnete. Diese Notizen hat er nicht nur in dem erwähnten Artikel verarbeitet, sie haben ihm auch als Unterlagen für seinen Roman DE NACHTBRUID (Die Nachtbraut) gedient. Aufgrund seiner Forschungen unterscheidet van Eeden neunerlei Träume, von denen jedoch nur einige den Parapsychologen interessieren können. Ihm zufolge ist der Traum »eine mehr oder weniger vollkommene Reintegration der Psyche, eine Reintegration in eine andere Sphäre ... Sie kann so vollkommen werden, daß eine völlige Erinnerung an das Wach(Tag-) Leben entsteht und man imstande ist, im Traum Überlegungen anzustellen, Erlebnisse zu überdenken und so wie im Wachzustand einem Entschluß gemäß zu handeln.«

Wie van Eeden berichtet, gewöhnte er sich an, am Morgen sich genau zu überlegen, was er während der Nacht erlebt hatte, und am Abend vor dem Einschlafen feste Entschlüsse zu fassen, also sich selbst Suggestionen zu geben, die auch während des Traumlebens wirksam sein sollten. So schrieb er in DE NACHTBRUID: »Man kann sich mein Entzücken beim Erwachen nicht vorstellen, als ich wußte, daß mein Vorhaben gelungen war, daß ich weiterhin wahrnehmen, daß ich weiterhin denken konnte, klar und tief denken mit voller Erinnerung und ruhigem Innesein meiner selbst in der geheimnisvollen, außersinnlichen Sphäre voller Wunder ...« Eine lange Reihe von Erfahrungen brachte diesen Forscher zu der Erkenntnis, daß es verschiedene »Sphären« (Reintegrations-Phasen) gibt, die er nach einiger Zeit sofort zu erkennen vermochte. »So gibt es eine Sphäre des Entzückens, der Glückseligkeit. Darin ist das Innesein seiner selbst am ausgeprägtesten, und es ist nicht möglich, die wunderbare Klarheit verständlich zu machen, womit man alles besitzt und bewundert, und das unbezweifelbare Gefühl einer Realität, die doch ganz verschieden von jener des Wachbewußtseins ist ... In dieser Sphäre hat man auch einen eigenartigen Leib mit sehr intensivem Körpergefühl und mit bestimmten Eigenschaften ... man nimmt die eigenen Hände und Füße wahr und die Kleidung, die man anhat. Sie gleicht der Kleidung des Taglebens ... Man erkennt den Traumleib so, wie man den Leib des Wachbewußtseins erkennt, wenn man wieder in ihn zurückgekehrt ist ...«

Wiederholt spricht van Eeden von der Rückkehr des Traumleibes in den Wachleib, wie er es beim Erwachen wahrgenommen hat. »Es versetzt mich immer wieder in Erstaunen«, schreibt er, »in eine niemals abnehmende Verwunderung, wenn die beiden Leiber ... ineinander übergehen[2]. Es ist, als gleite man von einem Körper in den andern, und an beide von ihnen gibt es deutlich eine *doppelte* Erinnerung. Wer das einmal so wahrgenommen hat, wie ich es viele hundert Male getan habe, der kann nicht mehr ganz einfach die Annahme ablehnen, Verfall und Vergehen dieses sinnlich wahrnehmbaren Leibes würden die Möglichkeit einer Reintegration, eines erneuten Fühlens, Wollens und Wahrnehmens ausschließen. Ebensowenig wird er ... wagen, die Meinung gelten zu lassen, wir hätten weder Zeichen noch Beweise für die Existenz eines Teils unseres Wesens, der sich vom wahrnehmbaren Körper lösen kann – gleichgültig, ob wir das Seele oder Phantom oder sonstwie nennen wollen.

Was Generationen um Generationen einander als leere Worte, als eitles Phantasiegebilde oder als Suggestion einander nachgeplappert haben, das Bestehen einer *außersinnlichen Welt,* war für mich *Erfahrungswirklichkeit* geworden. Ich wußte nun, daß ich noch einen anderen Leib habe als den gewöhnlichen, einen ›animae corpus‹ mit eigener Wahrnehmungswelt, und dieses Wissen beruhte auf ebenso guten Grundlagen wie das Wissen eines jeden andern um das Bestehen seines gewöhnlichen Körpers.«

3. Wahrnehmungen Exkursierter (Ausgetretener)

Wenn man Berichte von Leuten liest, die angeben, das Phänomen der Exkursion aus eigener Erfahrung zu kennen, findet man, daß manchmal der Exkursierte (Ausgetretene) nicht bloß seinen eigenen (irdischen) Körper wahrgenommen hat, wie etwa der Arzt Wiltse, sondern zugleich einen Teil der Umgebung dieses Körpers zur Zeit der Exkursion (Seelenreise).

Zur näheren Erläuterung diene hier ein Beispiel, das wir Ch. Quartier verdanken, längere Zeit hindurch einer der Mitarbeiter von Osty. Er schreibt:

»Im September 1918, als ich durch Grippe sehr geschwächt war, wurde ich wiederholt ohnmächtig. Eines Tages lag ich in meinem Zimmer auf dem Sofa. Meine Mutter war soeben zur Wohnungstür gegangen, um einige Gäste zu begrüßen, als ich plötzlich auf meinen Körper niederschaute, der vornüber vom Sofa geglitten war, während die Beine noch oben lagen.

Da beherrschten dreierlei Gefühle mein Bewußtsein, ohne daß ich sagen könnte, ob sie gleichzeitig waren oder einander folgten.

1. Ein äußerst angenehmes Gefühl: Ich war so glückselig, daß ich nicht imstande bin, es in Worte zu fassen . . .[3]

2. Ein Gefühl panischer Angst, weil ich etwas sah, was unmöglich wahr sein konnte: das eigene Spiegelbild zu sehen, ohne daß ich in einen Spiegel schaute, ohne daß überhaupt ein Spiegel vorhanden war.

3. Das Gefühl des Bewußtseins, daß etwas Ernstes geschehen könnte, wenn ich noch lange so mit dem Kopf nach unten liegenbliebe. Dieses Gefühl veranlaßte mich zu versuchen, mich zu erheben. Während ich damit beschäftigt war, schien es mir, als sei ich – natürlich ergebnislos – im Begriff, den Körper eines Fremden auf das Sofa zu legen.

Da war mir plötzlich zumute, als stünde ich im Gang bei der Wohnungstür, um die Aufmerksamkeit meiner Mutter zu erregen. Ich hörte sie sagen: ›Entschuldigen Sie mich einen Augenblick. Ich muß schnell nach meinem Sohn sehen. Ich glaube, er ruft mich.‹[4]

Von diesem Augenblick an erinnere ich mich an nichts mehr. Ich erwachte auf dem Sofa und sah meine Mutter bei mir . . .«

Die Mutter Quartiers bemerkte dazu:

»Ob ich mich dieses Vorfalls erinnere? Und ob, mir ist, als wäre es gestern geschehen! Mein Sohn hatte einen ernsten

Grippeanfall gehabt. Eines Nachmittags ruhte er auf dem Sofa, und ich mußte aus dem Zimmer, um ein paar Gäste zu begrüßen: eine Freundin und ihre beiden Kinder. Kaum hatten wir einige Worte gewechselt, rief ich aus: ›Entschuldigt mich, ich glaube, mein Sohn ruft mich.‹ – ›Wir haben nichts gehört.‹ – ›O ja, ich bin sicher.‹ Ich ging ins Zimmer und fand dort meinen Sohn bewußtlos. Er war vom Sofa heruntergeglitten, nur seine Beine waren noch oben.

Kaum war er zu sich gekommen – und das dauerte geraume Zeit –, erzählte er mir von seiner ›Exkursion‹.

Was er mir gesagt hat, machte großen Eindruck auf mich, und wir sprachen noch oft davon . . .«

Manchmal ist diese Umgebung bekannt, aber daß das nicht immer zutrifft, möge folgendes Beispiel beweisen. Es betrifft Mrs. E. Archdale, die durch ihre Reisen in Zentralafrika bekannt wurde.

Sie berichtet:

»Es war in Johannesburg, wo ich mich einer Kieferoperation unterziehen mußte. Jedesmal, wenn der Zahnarzt mit seinen Instrumenten kam, sagte ich: ›Ich schlafe noch nicht.‹ Dann gab man mir mehr Chloroform. Plötzlich stand ich neben dem Stuhl, in dem mein Körper saß, und war von einem unbändigen Verlangen beherrscht, niemals mehr in ihn zurückzukehren. Später erzählte man mir, ich habe selbst im Zustand vollkommener Bewußtlosigkeit immer wieder nach mehr Chloroform verlangt. Während der Operation befand ich mich in einem ganz besonderen Zustand. Ich wähnte mich außerhalb meines Körpers, in der Luft schwebend, und war mir dabei der großen Veränderung, die mit mir stattgefunden hatte, völlig bewußt. Ein Gefühl nie gekannter Glückseligkeit überwältigte mich. Ich wußte aber, daß ich nicht gestorben war und wieder in meinen Körper würde zurückkehren müssen. Da sagte ich mir, ich würde der Welt eine große Wahrheit erzählen können und müßte daher alle Eindrücke gut in mich aufnehmen und sie auch behalten. Allmählich spürte ich mich wieder mit meinem Körper in Verbindung kommen. Ich kam sozusagen ruckweise wieder in ihn zurück. Ich sah, wie der Anästhesist und der Zahnarzt auf den Augenblick warteten, bis ich wieder erwachen würde. Beide hatten sie am Fenster Platz genommen. Ich war erst zum Teil in meinen Körper zurückgekehrt, als ich anscheinend allerlei erzählte, was sich draußen auf der Straße abspielte. Die Herren wandten sich erstaunt und verständnislos um. Ich lag auf einer Ruhebank im dritten Stockwerk, es war mir also praktisch unmöglich, von da aus etwas auf der Straße zu sehen. Sie neigten sich aus dem Fenster, um die Richtigkeit meiner Angaben zu überprüfen. Dann kamen sie auf mich zu und merkten, daß ich noch bewußtlos war. Dennoch hatte ich Dinge beschrieben, die sich in diesem Augenblick auf der Straße abspielten und die ich unmöglich mit den Augen hatte wahrnehmen können. Nach dieser Erfahrung weiß ich so sicher, wie ein Mensch nur etwas wissen kann, daß es ein Leben nach dem Tode gibt. Ich weiß mit unbedingter Gewißheit, daß durch die Einwirkung des Chloroforms meine geistige Persönlichkeit den irdischen Körper verlassen und sich in einem postmortalen (nachtödlichen) Zustand befunden hat, in den wir einmal alle nach dem Tod kommen werden . . .« (Light, 1916)

Aufmerksamkeit verdient weiter der Umstand, daß manche Menschen, die behaupten, solche Erfahrungen gehabt zu haben, sich während der Exkursion bewußt waren, sie hätten sich in einem postmortalen Zustand befunden. Auf dieses Thema werde ich später noch zurückkommen.

Vergleichende Untersuchungen haben ergeben, daß viele Menschen, die angeblich spontan eine Exkursion erlebten, einen Metaorganismus erwähnt haben, der anscheinend das Fahrzeug ihrer Persönlichkeit während dieses Ereignisses war. Damit haben sie einen Beweis zugunsten des alten Glaubens an den Astralleib, das Ochêma, erbracht.

Wir wollen diesen Absatz nicht beenden, ohne darauf hinzuweisen, daß manche, die die Exkursion aus eigener Erfahrung zu kennen behaupten, von einer »elastischen Schnur« sprechen, womit sie den Astralleib mit dem physischen Leib verbunden sehen. Der bereits erwähnte Arzt Wiltse gehört zu ihnen. Muldoon gibt in seinem Werk über die Exkursion eine

Reihe von Einzelheiten über diese Schnur an, die verschiedene »Seher« angeblich bei Sterbenden wahrgenommen haben. Auch Mme. David-Neel, die jahrelang unter tibetanischen Magiern und Mystikern gelebt hat, wußte von einer solchen Schnur zu berichten[5].

»In Tibet«, schreibt sie, »kommt man mit Leuten in Berührung, die sich in lethargischen Zuständen befunden haben und nun imstande zu sein scheinen, die verschiedenen Örtlichkeiten zu beschreiben, an denen sie sich dabei befunden haben wollen. Manche behaupten, sie hätten nur menschliche Wohnstätten besucht, doch andere wissen von ihrem Aufenthalt in den Paradiesen, den Läuterungsgebieten (Fegefeuer) und dem Bardo zu erzählen, einem Zwischengebiet, wohin die Geister nach dem Tode kommen, wenn sie auf den Augenblick warten, bis sie sich wieder verkörpern können.

Solche merkwürdigen Reisenden nennt man Delogs, das heißt Menschen, die aus dem Jenseits zurückgekehrt sind. In einem Dorf im Distrikt Zarong begegnete ich einer Frau, die einige Jahre zuvor eine ganze Woche lang scheintot gewesen war. Dieser Delog erzählte mir, sie sei von der Gewandtheit ihres neuen Körpers angenehm überrascht gewesen. Er war besonders leicht und dabei sehr schnell in seinen Bewegungen. Sie brauchte nur zu wünschen, an irgendeinem anderen Ort zu sein, und schon war sie auch dort. Sie konnte Flüsse überqueren, auf dem Wasser gehen und durch Mauern schreiten. Nur eines schien ihr unmöglich: eine Schnur zu zerreißen, die ihren ätherischen mit ihrem physischen Leib verband. Ansonsten hat ihr diese Schnur wenig Beschwerden gemacht. Ihren ›normalen‹ Körper sah sie während des Scheintodes auf ihrer Ruhestätte schlafend liegen. Die erwähnte Schnur konnte sie schier ins Unendliche ausziehen. Dennoch behinderte sie zuweilen ihre Bewegungen. Sie wurde damit gefangen, erzählte sie. Ein männlicher Delog, dem mein Adoptivsohn als junger Mann begegnet war, hat ihm eine ähnliche Geschichte erzählt.«

4. Exkursionen und Erscheinungen

Das Phänomen, das wir hier Exkursion genannt haben, behandelte Myers unter der Bezeichnung »psychische Exkursion«. Darunter verstand er ein Phänomen, das es uns ermöglicht, materielle Gegenstände auf eine Weise wahrzunehmen, die nicht optischen Gesetzen entsprechen muß, von einem Gesichtspunkt aus, der nicht unbedingt im Organismus seinen Sitz haben muß. Die Erfahrungen Mrs. Archdales, Quartiers und anderer sind, wie viele glauben, Beispiele für ein derartiges Wahrnehmen. Bei diesen und ähnlichen Fällen haben wir es nach Myers und anderen Forschern mit »Wahrnehmungen aus einem Punkt im Raum, wohin die geistige Exkursion stattgefunden hat, durch den schwebenden Geist« zu tun. Wenn es nun, sagt Myers, wirklich eine geistige Exkursion zu einem bestimmten Punkt im Raum gibt, ist es denkbar, daß sie nicht nur die Wahrnehmung des schwebenden Geistes *von diesem Punkt aus,* sondern auch eine Wahrnehmung *des Punktes selbst* von Menschen, die sich körperlich ganz in der Nähe befinden, umfassen könnte.

Einige Seiten später schreibt er in seinem schon erwähnten Standardwerk: »Ich glaube, daß eine ›psychische Invasion‹ stattfindet, daß in der Umgebung des Wahrnehmenden wirklich ein ›phantasmogenetisches Zentrum‹ geschaffen wird; daß wirklich eine Bewegung hinsichtlich des Raumes, wie wir ihn kennen, vor sich geht, die von dem durch die ›Invasion‹ Besuchten bemerkt werden kann, aber nicht muß; und schließlich, daß irgendeine Wahrnehmung der entfernten Szene erfolgt, deren sich der ›Besucher‹ später zuweilen, aber nicht immer, zu erinnern vermag.« Wenn wir Fälle wie Quartier oder Varley näher betrachten, ist es uns, als erfolge eine »Wahrnehmung der entfernten Szene, deren sich der ›Besucher‹ später zu erinnern vermag« (das war ja u. a. auch bei Mrs. Archdale so), aber auch, als handle es sich dabei um eine Beeinflussung von jenem Punkt aus, wohin der »schwebende Geist« sich begeben hatte. Zwar sahen weder Quartier noch Mrs. Varley die »schwebenden Geister« der Exkursierten, doch scheint es immerhin, daß beide unter dem Einfluß der mentalen Suggestion (Inspiration) der »Exkursierten« gehandelt haben.

Nun kennt man aber auch Fälle, bei denen es den Anschein hat, als sei der »schwebende Geist« von Menschen gesehen worden, die sich körperlich in der Nähe des Punktes befanden, wohin er sich begeben haben soll. Das war z. B. bei Herrn S. H. B. der Fall. Ein Artikel über die »Kraft des Willens«, den er in einer Zeitung gelesen hatte, veranlaßte ihn zu seinen Versuchen. Er unternahm es, das Gelesene praktisch anzuwenden, indem er sich mit der Absicht schlafen legte, den ihm befreundeten Schwestern Verity zu erscheinen. Als er am nächsten Morgen erwachte, konnte er nicht sagen, ob der Versuch gelungen sei, weil er sich an eine Exkursion nicht erinnern konnte. Die beiden Damen erzählten ihm später, jede von ihnen habe seinen »Geist« gesehen. Die ältere war von dieser unerwarteten Erscheinung so erschrocken, daß sie die jüngere durch ihren Aufschrei geweckt hatte. Ein andermal wieder erschien sein »Geist« einer verheirateten Schwester dieser Damen. Sie übernachtete damals gerade in dem Schlafzimmer, in dem sich Herr S. H. B. zu erscheinen vorgenommen hatte. Bevor er ein drittes Mal einen solchen Versuch machte, setzte er Edmund Gurney davon in Kenntnis. Dieser erhielt darauf eine schriftliche Erklärung der genannten Damen, worin mitgeteilt wurde, die ältere habe die Erscheinung zu einem Zeitpunkt wahrgenommen, in dem Herr S. H. B. mit ihr noch nicht über seine Absicht habe sprechen können.

Für viele dürfte die nächstliegende Erklärung sein, daß Herr S. H. B. von seinem Bett aus den Damen mental (telepathisch) suggeriert hätte, sein Erscheinungsbild zu halluzinieren[6]. Wenn wir aber annehmen, daß Herr S. H. B. psychisch exkursiert hat, dann ist in diesem Fall und in ähnlichen Fällen durchaus nicht gesagt, was die beiden Damen wahrgenommen haben, müsse unbedingt der Astralleib des Exkursierten sein. Es besteht ja noch die Möglichkeit, daß er von dem Punkt, wohin er bzw. sein schwebender Geist sich begeben hatte, den Damen suggerierte, sie mögen sein Erscheinungsbild halluzinieren. In diesem Fall müssen wir mit einer durch den schwebenden Geist hervorgerufenen glaubwürdigen (Pseudo-)Halluzination rechnen.

Wäre gleichzeitig mit Herrn S. H. B.s Erscheinen ein psychokinetisches Phänomen verbunden gewesen, hätten sich etwa objektiv wahrnehmbare Klopfgeräusche gezeigt, hätte sich ein Gegenstand bewegt oder wäre etwa eine Uhr stehengeblieben, dann hätte die Annahme, es habe sich um einen Astralleib (eine sogenannte astrale Projektion)[7] gehandelt, viel mehr für sich. Aufgrund von Phänomenen, die bei Versuchspersonen wie Eusapia Palladino, Rudi Schneider und anderen Parergasten beobachtet worden sind, dürfen wir das Vorkommen solcher extrasomatischen parergischen Phänomene bei Exkursierten erwarten. Daß wir in dieser Hinsicht nicht enttäuscht werden, beweist die Literatur, die von mehreren derartigen Fällen berichtet. Allerdings muß ausdrücklich betont werden, daß sich bisher nur wenige ihresgleichen bemerkbar gemacht haben.

Von einem dieser wenigen Fälle berichtet der Arzt G. Zenker. Ein gesundes junges Mädchen, frei von Neurasthenie und Hysterie, das er in seinem Sanatorium zur Masseuse ausbildete, entwickelte sich unversehens zur Hellseherin. Einmal führte er sie in einen parapsychologischen Kreis ein. Er hypnotisierte sie und befahl ihrem »Geist«, sich von Leipzig, wo sie sich befanden, nach Naumburg zu begeben. Dort möge sie nun erzählen, was sich in einem bestimmten Institut abspiele. Zugleich beauftragte er sie, an die Tür der Privatwohnung des Eigentümers dieser Institution zu klopfen. Nachdem sie nun mit der Faust fest auf den Tisch geschlagen hatte[8], sagte sie: »Herr W. sitzt am Tisch und liest eine Zeitung. Er steht auf und öffnet die Tür, um zu sehen, wer da ist. Der Hund, der beim Ofen schläft, erhebt sich und knurrt.«

Ein paar Tage später schrieb Herr W. seinem Freund Dr. Zenker einen Brief, aus dem hervorging, daß die Beschreibung des Mädchens völlig den Tatsachen entsprochen habe. Auch Muldoon behauptet, während seiner Exkursionen Klopflaute verursacht zu haben.

5. Telekinetische Phänomene

Die Ergebnisse der parapsychologischen Forschung veranlassen uns, ernstlich mit der Möglichkeit zu rechnen, daß sich Fälle von psychischer Exkursion ereignen, wobei der Astralleib des Exkursierten auf normale oder paranormale Weise von Leuten, denen dieser erschienen ist, wahrgenommen wurde. Wenn man also annimmt, daß die Exkursion eng mit dem Sterben verknüpft ist, bedeutet das, man müsse mit der Möglichkeit rechnen, daß man sich manchmal (dabei muß natürlich jeder Fall genau für sich beurteilt werden) bei Erscheinungen Sterbender nicht mehr mit der Halluzinations-Hypothese begnügen kann, sondern von Wahrnehmungen sprechen muß. Dabei gilt es wieder, jedesmal genau zu überlegen, ob es sich um eine normale oder eine paranormale Wahrnehmung handelt.

Da man also vermuten kann, Exkursierte seien imstande, psychokinetische Phänomene hervorzurufen, ist es wohl so, daß in den Erzählungen über gewisse parergische Erscheinungen, die sich zuweilen bei Sterbefällen ohne ersichtlichen Grund ergeben, wie Klopflaute, das Stehenbleiben von Uhren, das Herabfallen von Bildern von den Wänden, ein Kern von Wahrheit stecken kann[9].

Angenommen, es sei im Prinzip richtig, daß ein Gestorbener ein endgültig aus dem Körper Getretener ist, so kann man, diesen Gedanken weiterspinnend, vermuten, es könnten sich Geistererscheinungen ereignen, die mit Hilfe der Hypothese vom Astralleib zu erklären seien. Zugleich aber könne das Auftreten parergischer Phänomene erwartet werden, wobei die Frage, ob sie vielleicht von spiritistischer Art sind, ernstlich in Erwägung gezogen werden muß.

Daß diese Erwartung nicht täuscht, weiß jeder, der sich mit der entsprechenden Literatur näher befaßt hat. Und das kann umgekehrt als Argument für die Hypothese von einem Äther oder Astralleib und allem, was damit zusammenhängt, angesehen werden.

Als Beispiel dafür möge Nachstehendes gelten. Am 24.

April 1911 schrieb der italienische Arzt V. Caltagizone einen Brief an Dr. Calderone, damals Redakteur der Zeitschrift FILOSOFIA DELLA SCIENZA, in dem er ihm ausführlich und von Zeugen bestätigt über einen Fall einer »Todesankündigung« berichtet, der kurz auf folgendes hinausläuft:

Zu den Patienten Dr. Caltagizones gehörte ein bejahrter, aber gesunder Herr B. Sirchia, mit dem er sich oft über parapsychologische Themen unterhalten hatte. Herr Sirchia war ein »Ungläubiger« und hielt ein Leben nach dem Tod für sehr unwahrscheinlich. Eines Tages, als sie wieder einmal über spiritistische Fragen gesprochen hatten, sagte Sirchia: »Hören Sie, Herr Doktor, wenn ich vor Ihnen sterbe, was ja wahrscheinlich ist, weil ich alt bin und Sie sind jung, und ich lebe dann noch weiter, dann werde ich Ihnen einen Beweis meines Fortbestehens zu geben trachten.« (Siehe Kapitel V, Abschnitt 10.) Dr. Caltagizone berichtet nun weiter: »Als er das sagte, befanden wir uns in meinem Speisezimmer. Ich antwortete ihm lachend: ›Dann müssen Sie sich manifestieren, indem Sie etwas in diesem Zimmer zerbrechen; vielleicht etwas an diesem Gaslüster, der über dem Tisch hängt . . .‹«

Im Mai 1910 zog Herr Sirchia nach Licata. Anfang Dezember jenes Jahres saß Dr. Caltagizone, der von ihm seither nichts mehr gehört hatte, eines Tages gegen 18 Uhr mit seiner Schwester im Speisezimmer. Plötzlich hörten sie einige Schläge wie von unsichtbarer Hand, einmal auf den Lüster inmitten des Zimmers, dann wieder auf den Porzellanschirm über dem Lampenglas. Zuerst dachten beide, das Geräusch sei durch eine Ausdehnung des Materials infolge der Wärmeeinwirkung entstanden. Als das Klopfen aber immer stärker wurde und allmählich ein rhythmisches Tempo annahm, stieg der Arzt auf einen Stuhl, um die Ursache der Geräusche herauszufinden. Das gelang ihm aber nicht. Nach einiger Zeit trat wieder Ruhe ein. Am nächsten Abend wiederholten sich die Phänomene, und das ging so vier oder fünf Tage lang zum großen Erstaunen der Geschwister fort.

Am letzten Abend, an dem sich das Klopfen bemerkbar machte, zerbarst der Porzellanschirm über der Lampe in zwei

Stücke. Nur ein Metallreif hielt ihn noch zusammen und verhinderte das Herabfallen.

»Ich muß ehrlich erklären«, schrieb Dr. Caltagizone, »daß ich in all den fünf oder sechs Tagen, als wir diese unerklärlichen Geräusche wahrnahmen, nicht im geringsten an Herrn Sirchia und das Gespräch dachte, das wir vor seiner Abreise nach Licata geführt hatten. Am Morgen, nachdem der Schirm zersprungen war, gegen 8 Uhr, saß ich in meinem Studierzimmer. Meine Schwester befand sich auf dem Balkon. Plötzlich hörten wir im Speisezimmer einen mächtigen Schlag. Es war, als hätte jemand mit einem Knüppel auf den Tisch geschlagen. Wir liefen beide ins Speisezimmer, um zu sehen, was da geschehen war.

Sonderbar – aber wie sonderbar es auch scheinen mag, ich verbürge mich voll und ganz für die Wahrheit der Darstellung – auf dem Tisch lag so, als hätte eine Menschenhand sie hingelegt, die eine Hälfte des Schirms, während die andere noch oben an ihrem Platz hing. Der heftige Schlag, den wir gehört hatten, stimmte ganz und gar nicht mit dem überein, was wir sahen. Es war das letzte einer Reihe eigenartiger Phänomene, die sich fünf oder sechs Tage hintereinander wiederholt hatten. Da die Lampe diesmal nicht brannte, konnten wir sicher sein, daß das Ganze mit einer Wärmeeinwirkung nichts zu tun hatte.

Der Schirm konnte nicht senkrecht herabgefallen sein, sonst hätte er mitten durch den Lüster fallen müssen. Auch hätte er bei einem senkrechten Fall das Lampenglas und den Glühstrumpf beschädigen müssen . . .« (Hier gibt Dr. Caltagizone eine ausführliche Beschreibung, wie das Bruchstück des Schirms lag, und zeigt die Unmöglichkeit auf, daß es auf normale Weise heruntergekommen sein kann.) »Also«, setzt er fort, »muß der Lärm bezweckt haben, unsere Aufmerksamkeit auf den Vorfall zu lenken, der so ganz mit den physikalischen Gesetzen vom freien Fall und der Ballistik im Widerspruch steht[10].

Ich muß hier erklären, daß ich auch später noch nicht an Herrn Sirchia denken mußte . . . Nach zwei Tagen begegnete

ich Herrn Rusci . . . ›Wissen Sie‹, fragte er mich, ›daß Herr Sirchia gestorben ist?‹ Als ich mich erkundigte, wann das gewesen wäre, antwortete er: ›Vom 27. auf den 28. November.‹«
Da ging Dr. Caltagizone ein Licht auf. Er begann, die unerklärlichen Phänomene der letzten Tage mit dem Ableben Sirchias in Zusammenhang zu bringen, und kam zu der Erkenntnis, es wäre doch höchst wahrscheinlich, daß der Mann sein Versprechen eingehalten hätte.

Wenngleich ich nicht abgeneigt bin, diese Meinung zu teilen, halte ich mich dennoch für verpflichtet, auf die Möglichkeit einer animistischen Erklärung hinzuweisen. Dazu braucht man nur anzunehmen, Dr. Caltagizone habe auf paranormale Weise (Telepathie) vom Tode Sirchias Kenntnis erhalten, doch sei diese Kenntnis nicht bis zu seinem Bewußtsein durchgedrungen. Angenommen, psychokinetische Kräfte seien von allgemein menschlicher Art, wie Rhines Forschungen erwiesen haben, so können wir auch annehmen, Caltagizone habe als Folge dieser auf telepathischem Weg erlangten Kenntnis und in dem Wunsch, einen Beweis für das Fortbestehen des Menschen nach dem Tode zu erhalten, diese Phänomene selber hervorgebracht.

Eine solche Vermutung schließt sich zwar den Ergebnissen psychoanalytischer Untersuchungen über Wunschträume und den »Reizschutz« an, doch scheint es mir sehr unwahrscheinlich, daß sie hier zutrifft. Ich gebe jedoch zu, daß es Fälle geben mag, in denen sie berechtigt sein kann.

6. Psychische Exkursion und spiritistische Erfahrungen

Im November und Dezember 1899 sowie im Juni 1900 hielt van Eeden einige Sitzungen mit dem damals ziemlich bekannten englischen Trance-Medium Mrs. R. Thompson ab, durch deren Vermittlung sich Geister mitgeteilt haben sollen. Wenngleich der Inhalt der »Mitteilungen«, die der Forscher von einzelnen dieser »Geister« empfing, solcherart war, daß er die paranormale Begabung des Mediums anerkennen mußte, kostete es ihn nicht viel Mühe, mehrere dieser Geister auf die Ergebnisse dramatischer Persönlichkeitsspaltung des Mediums zurückzuführen. Seine psychologischen Kenntnisse bewahrten ihn davor, voreilig nach der spiritistischen Hypothese zu greifen. In einer Zeit, da die parapsychologische Forschung noch in den Kinderschuhen steckte, zeigte er schon eine richtige Einsicht in das Wesen mancher dieser Phänomene.

Aber wenngleich van Eeden einen Teil der von ihm bei Mrs. Thompson wahrgenommenen Phänomene animistisch erklären konnte, vermochte er sich dennoch nicht der Überzeugung zu entziehen, ein anderer Teil müsse zumindest partiell einer Beeinflussung durch die »Geisterwelt« zugeschrieben werden. Diese Erkenntnis gründete er hauptsächlich auf die Manifestation einer »Persönlichkeit«, in der er einen Freund zu erkennen glaubte, der um das Jahr 1885 verstorben war. »Einige Minuten lang . . .«, schreibt er, »war mir ganz so zumute, als spräche ich mit meinem Freund. Ich sprach niederländisch (das Medium konnte nur englisch) und bekam gleich darauf richtige Antworten. Der Ausdruck von Genugtuung und Dankbarkeit in Mienenspiel und Gebärden des unter seinem Einfluß stehenden Mediums, als wir einander zu verstehen schienen, war zu echt und lebhaft, um für ein unbewußtes Theaterspiel gehalten zu werden. Völlig unerwartete niederländische Wörter wurden gesprochen (siehe Kapitel XII), Einzelheiten wurden gebracht, deren ich mich erst entsinnen mußte, und einige davon, die ich nie gekannt habe, erwiesen sich erst bei späterer Überprüfung als zutreffend.«

Van Eeden fügt aber noch hinzu, daß bald darauf der Einfluß seines Freundes schwächer zu werden begann und an seiner Stelle das Medium selbst – besser gesagt: eine ihrer sekundären Persönlichkeiten – die Rolle des »Geistes« übernahm und ihre Phänomene also wieder animistisch wurden.

Bei diesen Sitzungen lernte van Eeden »Nelly« kennen, die Kontrolle des Mediums, so daß er sich zu fragen begann, ob sie als ein Produkt der dramatisierten Persönlichkeitsspaltung des Mediums angesehen werden müsse oder ein Dasein führte, das von jenem von Mrs. Thompson gänzlich unabhängig sei.

Um diese Frage zu lösen, versuchte der Forscher nun, »Nelly« während seiner »Träume« (Exkursionszustände) aufzurufen und ihr in der »astralen Welt« zu begegnen.

Dreimal, im Januar und Februar 1900, teilte »Nelly« in Englad durch Vermittlung ihrer »Mutter« Thompson Mr. Piddington von der englischen SPR. mit, sie habe van Eeden, der sich damals in Holland befand, rufen hören und ihn »besucht«. Die Daten, die sie angab, stimmten weitgehend, wenn auch nicht ganz genau, mit jenen überein, die van Eeden in seinem Tagebuch vermerkt hatte. Jedesmal aber gab sie genaue Einzelheiten über seinen Gesundheitszustand, die Einrichtung des Schlafzimmers (Bett mit Gardinen), daß er allein, ohne seine Frau, im Bett lag, die Piddington vorerst unbekannt waren und die sich erst als richtig erwiesen, nachdem er sich bei van Eeden erkundigt hatte.

Sonderbar ist die Anmerkung van Eedens vom 15. Januar 1900 in seinem Tagebuch. Er berichtet darin von einem Traum, worin er »Elsie! Elsie!« gerufen hatte. Gleich darauf aber kam es ihm zum Bewußtsein, daß er sich geirrt hatte, und er rief dann »Nelly! Nelly!«. Auf sein Rufen erschien aber niemand, und als er erwachte, hielt er darum seinen Versuch für mißglückt.

Als Piddington am 18. Januar 1900 mit Mrs. Thompson eine Sitzung abhielt, fragte er »Nelly«, ob sie van Eeden besucht habe.

»Nelly« verneinte, doch fügte sie hinzu, der Geist eines kleinen Mädchens namens Elsie Line habe ihr gesagt, »der alte, bärtige Kerl im Bett« habe »Nelly« gerufen, doch sie habe »Elsie« hingesandt.

Am 19. April 1900 teilte »Nelly« Piddington mit, sie habe van Eeden besucht. Sie sagte damals irgend etwas über seine Gesundheit voraus. Das schrieb Piddington van Eeden. Dieser antwortete am 25. April, »Nelly« habe Geschehnisse als zukünftig angesehen, die sich schon vor ein paar Wochen abgespielt hätten. Van Eeden habe damals schon zwei Monate lang nicht von ihr »geträumt«.

»Nelly« ist nicht der einzige »Geist«, mit dem van Eeden in seinen »Träumen« zu tun hatte.

In den »Proc. SPR.« schrieb er:

»Am 13. August 1901 fragte ich Gordon (siehe später) nach einem Losungswort. Er entsprach meiner Bitte und sprach ein Wort aus, das ich als Sin-ga-pur verstand. Ich dachte, er meine die asiatische Stadt gleichen Namens. Seine Mutter jedoch erhielt durch eine Automatschrift eine Aufklärung darüber, nachdem ich ihr meinen Traum erzählt hatte. Er hatte nämlich zu mir ›pick-a-boo‹ gesagt, einen Ausdruck, den er und seine Freunde beim Versteckenspielen gebrauchten. Dieses Wort und seine Anwendung waren mir völlig unbekannt, und ich denke, die Übereinstimmung kann wohl als bemerkenswert angesehen werden . . .«

Wenngleich nicht bestritten werden kann, daß all das, was van Eeden uns von seinen Begegnungen mit »Nelly«, »Gordon« und anderen »Geistern« berichtet, ein paar bemerkenswerte Dinge enthält, so ist damit (besonders in einer Zeit, da die Parapsychologen mehr und mehr zur Einsicht kommen, daß hier alles viel komplizierter ist, als man noch vor einigen Jahrzehnten dachte) durchaus noch nicht gesagt, die von ihm angebotenen Beweise seien ausreichend, um zu behaupten, er sei tatsächlich mit Verstorbenen in Verbindung gekommen. Man kann die zutreffenden Angaben, die er bei diesen Versuchen erhalten hat, auch erklären, indem man annimmt, es habe ein unmittelbarer telepathischer Kontakt zwischen van Eeden und Mrs. Thompson bzw. Gordons Mutter bestanden, so daß die »Geister« nichts anderes wären als Äußerungen der dramatischen Persönlichkeitsspaltung und ähnlicher Phänomene.

Van Eeden hat das auch selber eingesehen. So schreibt er: »Ich hoffe, man wird verstehen, daß ich durchaus nicht wage, Aussagen über das wahre Wesen dieser Phänomene mit unbedingter Sicherheit zu machen.« Und eine Seite danach heißt es: ». . . Mögen diese Erscheinungen nun echt sein oder nicht, ich bin der Meinung, es ist wissenschaftlich gerechtfertigt, wenn ich bei meinen Versuchen tue, als ob sie es seien, also vorläufig die Geister- als Arbeitshypothese annehme. Nur Hunderte von Beobachtungen werden es uns ermöglichen, in dieser Hinsicht mehr Sicherheit zu gewinnen.«

Außer mit »Geistern« soll van Eeden angeblich auch mit »Dämonen« in Verbindung gekommen sein. Dazu bemerkt er aber gleich, er möchte die Frage offenlassen, ob diese Wesen nicht etwa nur in seiner Einbildung bestanden hätten. Wie er weiter sagt, waren diese (hypothetischen) Wesen nur leichtfertig und sinnenbetörend und bestrebt, ihn in ihre Handlungen und Verrichtungen einzubeziehen. Sie gehörten nicht einem bestimmten Geschlecht an, erschienen ihm abwechselnd als Mann oder Frau. Ihr Aussehen war sehr verschieden, veränderlich und wechselte von einem Augenblick zum andern. Es nahm »alle jene phantastischen Gestalten an, die die mittelalterlichen Maler aufs Bild zu bannen trachteten, wies aber dabei einen gewissen geheimnisvollen Gestaltenwandel von vielerlei Art auf, den kein Maler je zum Ausdruck bringen könnte«. Weiter gibt van Eeden einige Beispiele seiner »Dämonenträume«, etwa jenes, das ich hier dem Band XXVI der »Proc. SPR.«, Seite 457, entnehme. Der Autor berichtet, wie er sich einmal, am Ende eines solchen »lucid dream«, plötzlich von Dämonen umringt sah, »einer Bande verkommener, halbwilder Geschöpfe. Da verlor ich meine Selbstbeherrschung . . . Ich setzte mich in Positur und sah einen Dämon, der weniger verderbt aussah als die anderen und mich anschaute, als wollte er sagen: ›Du machst es falsch.‹ Ich fragte ihn, was ich tun solle, und er antwortete: ›Schlag sie mit der Peitsche auf den bloßen Rücken.‹ Da mußte ich an Dantes Gespenster denken, die die Peitsche fürchteten. Plötzlich hielt ich eine Peitsche mit Lederriemen und Bleikugeln daran in der Hand und schlug damit auf sie ein. Da wurden sie mit einemmal ruhig, und ich sah das Gelichter mit heuchlerischen Mienen davonschleichen, als wäre nichts geschehen.«

Van Eeden ist nicht der einzige, der uns von Begegnungen mit Geistern und Dämonen während einer Exkursion zu berichten weiß. Vom Altertum bis in unsere Tage werden derlei Dinge gemeldet. Rechnen manche Parapsychologen in gewissen Fällen mit der Möglichkeit, die Exkursierten könnten tatsächlich mit Geistern in Verbindung gekommen sein, so wird das ganz anders, wenn sie Berichte lesen, in denen von Dämonenerscheinungen die Rede ist. Bei diesen Wesen wird man überwiegend davon sprechen, das Ganze sei nur einer »Einbildung« zuzuschreiben[11]. Zweifellos wird das vielfach auch zutreffen. Dennoch bin ich nicht sicher, daß der Glaube an die Existenz solcher Wesen unbedingt ins Reich der Fabel zu verweisen ist. Wer wie der Verfasser jahrzehntelang in Gesellschaft sensitiver Menschen gelebt hat, weiß, daß es unter ihnen welche gibt, die viel mehr erfahren haben, als die Parapsychologie bisher ans Licht gebracht haben kann. All das, zum Beispiel auch den auf Erfahrung gegründeten Glauben an die Existenz von »Elementarwesen«, also von »Wesen«, die auch in der theosophischen Literatur erwähnt werden, ohne weiteres einer überschäumenden Phantasie zuzuschreiben, weil es dem Durchschnittseuropäer (der noch immer unter dem Einfluß des veralteten materialistischen Weltbildes steht) schwer faßbar ist und es sich bisher exakten parapsychologischen Forschungen entzieht, und alle diese Menschen ohne Unterschied als verwirrte Phantasten anzuschwärzen, ist etwas, dem ich aufgrund meiner Versuche und Gespräche mit manchen von ihnen nicht beipflichten kann.

7. Subjektivität der Mitteilungen über die »astralen« Bereiche

Im Jahre 1901 kam van Eeden durch Vermittlung von W. T. Stead mit einer Dame in Verbindung, die behauptete, mittels automatischer Schrift Berichte von einem nicht lange vorher verstorbenen zehnjährigen Söhnchen zu empfangen. »Diesen Jungen namens Gordon«, schreibt der Forscher, »habe ich wiederholt in meinen Träumen gerufen (siehe vorher) . . .« Der Autor berichtet nun weiter, daß in den automatisch geschriebenen Mitteilungen, die Gordons Mutter angeblich von ihm empfing, Angaben vorkamen, die von den Vorstellungen, die sie sich vom Leben im Jenseits gemacht hatte, weitgehend abwichen. So hat er ihr z. B. einmal mitgeteilt, er nehme an ihren Mahlzeiten teil. »Mir«, setzt van Eeden weiter fort, »erschien er einmal auf einem Fahrrad, und als seine Mutter ihn darüber befragte, antwortete er mittels automatischer Schrift: ›Freilich, ich habe jetzt ein Fahrrad.‹ Für mich, der weiß, wie sehr unser Geist allerlei subjektiven Empfindungen und Illusionen unterworfen sein kann, war das alles nicht so unwahrscheinlich wie für sie.«

Es will mir scheinen, daß van Eeden hier solchen Berichten gegenüber eine sehr richtige Haltung eingenommen hat. Mit *der Möglichkeit* rechnend, es könnten hier tatsächlich Mitteilungen aus dem Jenseits vorliegen, sieht er dabei gleichzeitig ein, daß sie in diesem Fall sehr subjektiv wären; sie müßten als Äußerungen eines »träumenden« Geistes angesehen werden. Es kann wohl keinem Zweifel unterliegen, daß seine eigenen Erfahrungen, mögen sie nun vermeintlichen Exkursionen entsprungen sein oder nicht, zum Entstehen dieser Einsicht in beträchtlichem Maße beigetragen haben.

In seinem Lied van Schijn en Weezen *(Lied von Schein und Wesen)* bemerkt dieser Forscher, die Verstorbenen befänden sich anfangs in einer »Sphäre von Visionen, wo alles nach unbekannten Gesetzen vor sich geht«, und müßten zuerst lernen, zwischen demjenigen zu unterscheiden, was ein »eitler, trügerischer Traum ist und was nicht«.

Daß seine eigenen »Traum«-Erfahrungen zu dieser Einsicht wesentlich beigetragen haben, steht zweifellos fest, weil in den Mitteilungen der Menschen, die angeblich die Exkursion aus eigener Erfahrung kennen, wiederholt von einem »Blick ins Jenseits« gesprochen wird. Eine vergleichende Untersuchung dieser Mitteilungen läßt uns an das denken, was von theosophischer Seite über den Devachanzustand berichtet wird, in dem sich jeder Geist seine eigene Welt schafft.

Nehmen wir als Beispiel den vorhin erwähnten Fall Wiltse. Ich habe davon bisher nur einen Teil wiedergegeben, und zwar das Sehen des eigenen scheintoten Körpers samt den darum versammelten Personen sowie die Verlegung des Bewußtseins in etwas wie einen Astralleib. Der übrige Bericht bezieht sich auf eine Art »Jenseitsschau«, ein Sichbewußtwerden, in einer wundersamen Welt angekommen zu sein, einer »Sphäre von Visionen«, in der die Gedanken Gestalt annehmen können. Als er sich seines Ablebens bewußt geworden war (wenn auch zu Unrecht, denn er war bloß scheintot) und nun bald Engel und Teufel zu sehen erwartete, sah er beide vor sich, und, so gibt er an, »sie sahen aus, wie ich sie mir vorgestellt hatte. Als ich sie aber genauer in Augenschein nahm, entdeckte ich, daß sie nicht wirklich da waren, sondern nur meine eigenen Gedanken diese schemenhaften Formen angenommen hatten . . .«

Van Eeden will, wie wir schon gesehen haben, ebenfalls derartige Erfahrungen gemacht haben. Beispiele hierfür finden sich zahlreich in der Literatur über die Exkursionserscheinungen.

Auch Muldoon hat mit der Frage gerungen, wie es möglich sein könnte, daß er während seiner Exkursionen Kleider trage, bis er wie viele andere auch bemerkte, sie seien von ihm selbst geschaffen worden (Ideoplastie). Die Gedanken, sagt er, haben in der astralen Welt eine schöpferische Kraft. Sie nehmen darin Formen an. Die Dinge erscheinen uns in dieser Welt unseren Vorstellungen gemäß. Wenn wir den Verfassern unserer Berichte hier glauben dürfen, sind es zumeist nicht die bewußten Gedanken, die Kleider und andere uns umringende Dinge schaffen, sondern viel eher die unbewußten, da man doch im allgemeinen Kleider trägt.

Wir wollen hier auf das alles nicht näher eingehen, sondern uns begnügen, darauf hinzuweisen, daß Muldoons Entdekkung, die Kleider, die er während seines Aufenthalts in der »astralen Welt« trug, waren Ausfluß seiner unbewußten Phantasie, keineswegs neu ist. Das geht auch aus der theosophischen Literatur hervor, denn schon seit den Tagen des Altertums haben Okkultisten behauptet, der Mensch gerate nach seinem Ableben zuerst in einen traumähnlichen Zustand und sehe sich von einer selbstgeschaffenen Welt umgeben, die mehr oder weniger den Vorstellungen entspricht, die er sich im Leben vom Jenseits gemacht hat.

Darum tragen nach theosophischer Auffassung manche Mitteilungen, die man in spiritistischen Sitzungen von »Geistern« empfängt und die sich auf Zustände im Jenseits beziehen, nicht nur einen sehr subjektiven und daher unzuverlässigen Charakter, sie unterscheiden sich überdies auch untereinander oft in wesentlichem Maße. Ein verstorbener Katholik wird nach theosophischen Erwartungen im Devachanzustand bei einer spiritistischen Séance in der Regel eine ganz andere Beschreibung vom Jenseits geben als ein sich manifestierender Kalvinist im selben Zustand.

Sind nun eigentlich alle Mitteilungen über das Jenseits, die angeblich von Geistern kommen, unzuverlässig? Okkultisten verneinen diese Frage in der Regel, weil man in ihren Kreisen der Meinung ist, nach einem kürzeren oder längeren Verweilen in diesem Zustand gäbe es ein »Erwachen«[12].

Es ist hier gewiß nicht der Platz, auf dieses Thema näher einzugehen, weil wir da vor Problemen stehen, deren Lösung vorderhand noch außerhalb des Bereichs der Parapsychologen liegt. Zuerst müssen wir *vollkommene* Sicherheit darüber haben, ob es wissenschaftlich (parapsychologisch) verantwortet werden kann anzunehmen, die Geisterwelt wirke auf die unsrige ein, bevor wir darangehen können, die Zustände im Jenseits näher zu untersuchen.

8. Das Streben nach unmittelbarer Erkenntnis

Wie wenig beweiskräftig die Ergebnisse von van Eedens Bemühungen, durch Exkursionen das Geheimnis des Todes zu ergründen, für den Außenstehenden auch sein mögen, so verdient die Methode, die er dabei angewandt hat, dennoch in hohem Maße unsere Aufmerksamkeit.

In Porphyrius' Lebensbeschreibung des Plotin (205–270 n. Chr.), eines der bekanntesten Vertreter des Neuplatonismus, heißt es, er ragte schon von Geburt an über die anderen Menschen hervor. Zweifellos hatte der Autor hier die paranormale Begabung Plotins im Auge, der davon wiederholt Beweise geliefert haben soll. Plotin bezeugt in seinen LOGOI (Vorträgen), die von seinem Schüler Porphyrius aufgeschrieben und in sechs Teilen zu je neun Abhandlungen (Enneaden) bekanntgemacht wurden, von sich selbst: »Oft, wenn ich aus dem Schlummer des irdischen Lebens erwachte und, aus der stofflichen Welt heraustretend, zur Einkehr kam, sah ich eine wundersame Schönheit. Dann begriff ich, daß ich zu einer höheren und besseren Welt gehörte und mich mit der Gottheit vereinigte. Und nur dadurch gelangte ich zu diesem den Verstand übersteigenden Leben, weil mich die Gottheit dazu erhoben hat.« Plotin war Okkultist und Mystiker. Wie Yogis[13] und ähnliche Menschen strebte er nach dem, was theosophische Autoren das Erlangen eines Bewußtseins auf höheren Ebenen und von unmittelbarer, sogenannter direkter Erkenntnis zu nennen pflegen. Er wollte die unsichtbare Welt aus eigener Erfahrung kennenlernen durch die Entwicklung seines »Inneren« (jenseitigen) Menschen. Dennoch aber war er sich bewußt, daß es nicht jedermann gegeben sei, diesen Weg zu betreten, daß viele »einen mit sinnlicher Wahrnehmung gepaarten Glauben brauchen«. Was man ihnen sagen muß, schreibt Plotin, muß der Geschichte entnommen werden, die reich ist an Beispielen, die uns lehren, die von ihren Körpern befreiten Seelen hätten nicht aufgehört zu bestehen. Plotin zielt hier auf die vielen Geschichten über Geistererscheinungen, Gespenster, Besessenheit und ähnliches hin, die zu seiner Zeit so vielfach im Umlauf waren. Überflüssig zu betonen, daß man in einer Zeit, als die Psychologen bis auf wenige Ausnahmen die Seele bloß als Ausscheidungsprodukt des Gehirns zu sehen vermochten, derartige Aussprüche im allgemeinen nur durch eine pathopsychologische Brille zu betrachten imstande war. Erst mit dem Aufkommen der parapsychologischen Forschung, die die Unhaltbarkeit des sensualistischen Dogmas erwiesen hat, bekam man einen Blick für die metapsychische Bedeutung der Ekstase und die Möglichkeit, durch

»mystische Intuition« ein Wissen vom Transzendenten zu gewinnen. Dank des Aufstiegs der Parapsychologie erhielten die Vertreter ihrer Schwesterwissenschaft, der Religionspsychologie, Gelegenheit, nicht nur manche aus der Religionsgeschichte bekannte Gestalten in einem völlig anderen Licht als jenem zu sehen, in das sie von den Befürwortern der »Psychologie ohne Seele« gestellt worden waren, sondern sich ein mehr der Wirklichkeit entsprechendes Bild von gewissen Einrichtungen des Altertums, etwa der Mysterien und des Orakels, zu machen, als die materialistisch eingestellten Psychologen dies hatten tun können.

Zu jenen Gelehrten, die mit ihrer Kenntnis der Parapsychologie zu unserem Wissen um das Mysterienwesen des Altertums wesentlich beigetragen haben (und auf ihn wollen wir uns hier beschränken), gehört ohne Zweifel Carl du Prel. In seiner 1888 erschienenen Abhandlung DIE MYSTIK DER ALTEN GRIECHEN hat er die Annahme vertreten, daß die bekannten Worte, die Apuleius[14] in seinen METAMORPHOSEN Lucius in den Mund legt (»Ich ging bis an die Grenze von Leben und Tod. Ich betrat die Schwelle Proserpinas . . . Ich sah die höheren und niedrigeren Götter ganz nahe und betete sie in der Nähe an.«), sich auf eine Exkursion beziehen, die man den Jüngern der Isis-Mysterien bei der Einweihung künstlich vermittelte, um sie so mit dem Wesen des Todes vertraut zu machen. Der Niederländer Dr. K. H. E. de Jong hat später im Sinne du Prels weitergearbeitet und in seinem großartigen Werk DAS ANTIKE MYSTERIENWESEN diese These auf eine wissenschaftlich befriedigendere Weise als sein Vorläufer zu verteidigen gesucht.

Wenn man annehmen darf, daß du Prel und de Jong grundsätzlich recht haben, daß man in der Antike Novizen gewisser geheimer (esoterischer) Gesellschaften in die Geheimnisse des Sterbens einzuweihen suchte, indem man sie eine Exkursion (einen Pseudo-Sterbensprozeß) erleben ließ, dann kommt uns die Erkenntnis wohl zustatten, van Eedens Methode, mittels Exkursionen Kenntnis von einem Bewußtsein auf den höheren Ebenen zu erlangen, müsse klassisch genannt werden.

Darf man gewissen theosophischen Schriftstellern Glauben

schenken, so wurde diese Methode nicht nur bei mystischen und esoterischen Bruderschaften des Altertums angewandt, sondern auch bei mehreren esoterischen Gesellschaften späterer Jahrhunderte (über deren Geschichte sie uns oft mehr erzählen, als meines Erachtens wissenschaftlich gerechtfertigt ist), die angeblich die Verbindungsglieder zwischen einigen Mysterien der Antike und den esoterischen Kreisen der modernen Theosophen bilden sollen. Unter den Mitgliedern dieser esoterischen Kreise sollen sich denn auch Leute befinden, die wie van Eeden, Muldoon u. a. durch »bewußte Exkursionen« angeblich eine Erkenntnis der »höheren Ebenen« erworben haben wollen. Den theosophischen Auffassungen gemäß soll diese Methode in jeder Hinsicht jener der Spiritisten überlegen sein, die ihre Kenntnis von den höheren Ebenen den oft aus mehr als einem Grund unzuverlässigen Mitteilungen über die Geisterwelt zu entnehmen versuchen. Dazu kommt noch, daß man auf theosophischer Seite der Meinung ist, im allgemeinen sei es nicht empfehlenswert, sich als Medium zur Verfügung zu stellen, weil man die Möglichkeit einer Beeinflussung durch »niedrige Geister« mit allen damit verbundenen Gefahren als jedenfalls gegeben erachtet. Und diese Meinung hat gewiß etwas für sich. Auf all das wollen wir hier nicht näher eingehen, sondern uns mit dem Hinweis begnügen: Obwohl ich *grundsätzlich* die Ansicht theosophischer Autoren teile, das Erlangen direkter Erkenntnisse über das »Jenseits« verdiene gegenüber dem Erlangen indirekter Kenntnisse über »höhere Ebenen« den Vorzug, dürfte der Parapsychologe vorläufig noch den sichereren Weg beschreiten, wenn er die Problematik des Mediumismus so wie bisher in den Mittelpunkt seines Interesses stellt.

XV Sterbebettvisionen

1. Gesichte Sterbender

Im Jahresbericht für 1916 der »Abteilung's-Gravenhage des Vereins zur Unterstützung Verwahrloster« beschreibt Frl. J. E. de Bruyn Kops die traurige Geschichte Brams, eines unglücklichen armen Tropfes. Durch Vermittlung des Vereins kam er in eine bessere Umgebung, wo er die Folgen seiner Verwahrlosung allmählich überwinden konnte. Eines Tages aber erkrankte er an Bronchitis, der er vier Tage später erlag. Frl. de Bruyn Kops schreibt nun weiter:

»Seine letzten Worte gaben Anlaß zum Nachdenken. Kurz vor seinem Tod schwand all seine Beklemmung dahin, und er sagte lachend: ›Ja, ja, Bram geht mit dem Kindchen mit.‹ Dann verklärte sich sein Gesicht, er rief aus ›O Mutter!‹, und war nicht mehr.«

Hier handelt es sich um eine Sterbebettvision. Der englische Theologe Dr. J. Paterson Smyth schreibt in einer Abhandlung über die »frohe Botschaft vom Jenseits«, er habe sich mehr als einmal gefragt, wieviel Bedeutung dem ziemlich oft vorkommenden Phänomen beigelegt werden müsse, wonach Sterbende irgendeine beglückende Vision zu haben scheinen. Es ist, als bemerkten sie die Anwesenheit von geliebten Menschen, die ihnen vorausgingen. Wenngleich er zugibt, daß manche dieser Visionen nichts anderes als »fromme Einbildungen« sind, ist er dennoch überzeugt, »daß es Fälle gibt, die, wäre ihre Zahl nur groß genug, deutlich aufzeigen würden, daß hier nicht die Rede von übertriebener oder überempfindsamer Einbildung sein kann. So erzählte mir unlängst ein ziemlich gleichgültiger junger Student von einer bemerkenswerten Erfahrung, die er in einem unserer Krankenhäuser gemacht hatte. Ein kleines Kind von kaum zwei Jahren war zwar aus einem Brand gerettet worden, erlag aber dann doch seinen Brandwunden. Er sagte: ›Ich nahm das kleine Kerlchen in einem Kissen in meine Arme, um ihm den Tod zu erleichtern. Plötzlich richtete es sich auf und streckte die Händchen aus, wobei sein Gesichtchen vor Freude strahlte, so wie es bei Kindern vorkommt, wenn sie etwas sehen, was ihnen sehr lieb ist. Gleich danach starb es.‹ Mein Gewährsmann, der alles andere als ein sentimentaler Jüngling ist, war von diesem Vorfall sehr betroffen.«

Die Sterbebettvisionen haben schon bald nach der Gründung der englischen SPR. einige ihrer Mitglieder sehr interessiert, und es wurden auch wiederholt schon Sammlungen solcher Visionen von Forschern wie W. Barrett, E. Bozzano u. a. angelegt. Aus letzter Zeit stammt die amerikanische Untersuchung von Karlis Osis und Marian L. Nester, die mittels Fragebogen Unterlagen von Ärzten und Pflegerinnen zu erhalten suchten, um Visionen, Halluzinationen und dergleichen von Sterbenden zu studieren. Insgesamt haben sie 10000 Bogen versandt, von denen sie 640 ausgefüllt zurückerhielten. Ergänzende Mitteilungen ergaben sich aus Telefongesprächen und Korrespondenzen. Den befragten Ärzten und Pflegerinnen zufolge sollen etwa 5 % der Sterbenden in eine feierliche Stimmung geraten. Manche der Berichtenden sprechen dabei von einem Gefühl der Erhabenheit. In vielen Fällen ist sogar von einem freudigen Sterben, von einem Gefühl der Verzückung die Rede.

884mal wird von Visionen vorwiegend unpersönlichen Inhalts berichtet. Die Sterbenden »hören« wunderschöne Musik oder erklären, sie »sähen« den Himmel offen, »schauten« das »himmlische Jerusalem«. Hin und wieder wähnen sie sich auch vor den Pforten der Hölle. Zweifellos sind solche Visionen und Halluzinationen zumeist nichts anderes als in die Außenwelt projizierte und objektivierte überlieferte religiöse Vorstellungen. Zuweilen wird aber auch von Landschaften von einer überirdischen Schönheit gesprochen und erinnern die Visionen an die Halluzinationen von Menschen, mit denen Versuche mit Meskalin und LSD angestellt worden waren.

Selbstverständlich richtet sich unser Interesse vor allem auf jene Fälle, in denen die Sterbenden behaupten, sie sähen Personen. Osis und Nester wurden insgesamt 1370 solcher Fälle bekannt. Die allermeisten dieser »Gesehenen« waren verstorbene Verwandte, Freunde und dergleichen. Dabei erklärten die Sterbenden, sie würden von ihnen erwartet und abgeholt. Oft erscheinen diese Angehörigen und Freunde den Sterbenden so deutlich, daß sie sie tatsächlich für anwesend hielten, genauso wie die Leute, die sich wirklich dort befanden. Es ist wichtig, darauf hinzuweisen, daß hier mit den von Barrett, Hyslop u. a. erfaßten Fällen eine merkwürdige Übereinstimmung festgestellt werden kann.

Die Fälle, in denen Verstorbene[1] Sterbenden erschienen sind, kann man in mehrere Gruppen einteilen. Die erste Gruppe umfaßt jene, in denen der Tod des Erschienenen dem Sterbenden bekannt war. Sie können selbstverständlich im allgemeinen den kritisch und psychologisch geschulten Beurteiler nicht befriedigen. Man kann hier mit van Eeden von einer tröstlichen Vision in der »Stunde des größten Entsetzens« sprechen und sie als Ergebnis des Freudschen »Reizschutzes« ansehen.

Man kennt aber auch Fälle, in denen eine solche Hypothese schwerlich als stichhaltig erachtet werden kann. Mit Recht sagte Barrett, für den Parapsychologen seien jene Fälle am interessantesten, bei denen Sterbende angeblich Menschen sehen, von deren Ableben sie gar nichts wissen. Nachstehend möchte ich zwei solcher Fälle anführen, in denen die Möglichkeit, es handle sich bloß um eine Einbildung der Sterbenden, wohl als äußerst gering angesehen werden muß.

Der erste, über den Pfarrer C. J. Taylor berichtete, betrifft zwei Kinder des ihm bekannten Vikars X. Sie starben 24 Stunden nacheinander an verschiedenen Orten, 24 Meilen voneinander entfernt, an Scharlach. Der vierjährige David, der als zweiter gestorben war, hatte sich etwa eine Stunde vor seinem Ableben in seinem Bett aufgesetzt, zum Fußende hingezeigt und seinen Eltern gesagt, er sehe dort sein Brüderchen Harry stehen (dessen Tod man vor ihm geheimgehalten hatte), der gekommen sei, ihn zu holen.

Der zweite, gleichfalls den »Proc. SPR.« entnommen, betrifft eine gewisse Mrs. Y., die einmal eine Miss Julia bei sich übernachten ließ, damit sie mit ihren Töchtern musiziere. Nachher hörte sie nichts mehr von der jungen Dame. Als Mrs. Y. sieben Jahre später im Sterben lag, hörte sie fortwährend eine Stimme singen, die sie nicht zu erkennen vermochte. Sie hörte viele Stimmen und meinte, es wären Engel, doch die eine Stimme stach aus dem Chor der übrigen hervor. Plötzlich zeigte sie auf einen Winkel im Zimmer und sagte: »Es ist Julia. Dort steht sie. Sie hält die Hände erhoben und betet. Seht doch, jetzt geht sie weg.«

Zuerst dachte ihr Mann, die Sterbende phantasiere. Zwei Tage später jedoch erfuhr er, Julia wäre am 2. Februar, das ist elf Tage vor seiner Frau, gestorben und hätte in ihren letzten Stunden unablässig gesungen. Sie sang bis einige Minuten vor ihrem Tod, der die Folge einer Entbindung war.

Wenn auch solche Fälle zweifellos parapsychologisch interessant sind, so muß man sie doch keinesfalls unbedingt spiritistisch erklären. Zwar kann es sich bei dem Kind des Vikars um einen »verzögerten« oder »zeitverschobenen« Empfang gehandelt haben, so daß die scheinbare Erscheinung eines Verstorbenen in Wahrheit jene eines noch lebenden Sterbenden war (siehe Kapitel V).

Auch besteht die Möglichkeit, daß die Eltern des sterbenden David, denen Harrys Tod bekannt war, den Kleinen telepathisch beeinflußt haben. Die Eltern geben an, David könne unmöglich auf normale Weise vom Ableben seines Bruders erfahren haben.

Auch wenn man versucht, die Sache mit Julia zu erklären, kann man sich mit der Annahme begnügen, es handle sich hier »nur« um »verzögerten Empfang«. Voraussetzung dafür wäre jedoch, daß der telepathisch empfangene Eindruck elf Tage lang im Unbewußten von Mrs. Y. latent geblieben wäre. Sehr bemerkenswert ist ohne Zweifel folgender Fall, der einem Bericht Hodgsons entnommen ist und von einem seiner Bekannten mitgeteilt wurde. Der Mann hat vielen Sitzungen mit Mrs. Piper beigewohnt.

»5. April 1889. Ich hatte die Gewohnheit, etwa alle vierzehn Tage eine Sitzung mit Mrs. Piper abzuhalten, und besuchte sie auch einmal gegen Ende März 1888. Da sagte sie mir den Tod eines meiner nächsten Angehörigen voraus. Er sollte ungefähr sechs Wochen danach sterben. In der Folge sollte mir eine kleine Erbschaft zufallen.

Selbstverständlich dachte ich zuerst an meinen sehr bejahrten Vater, dessen Persönlichkeit einige Wochen vorher das Medium sehr genau beschrieben hatte. Ich fragte sie nun, ob die Person, die angeblich bald sterben sollte, dieselbe sei, die sie ein paar Wochen vorher beschrieben hatte, doch gab sie darauf keine erschöpfende Auskunft. Einige Tage später besuchte meine Verlobte Mrs. Piper. Bei dieser Gelegenheit sagte sie ihr ohne zu zögern voraus, mein Vater würde in den nächsten Wochen sterben.

Mitte Mai starb mein Vater, der in London wohnte, plötzlich an einer Herzlähmung. Vorher hatte er an einer leichten Bronchitis gelitten, doch der behandelnde Arzt hatte seinen Zustand für nicht ernst gehalten. Einige Zeit zuvor hatte ›Phinuit‹ (siehe Kapitel X) mir erzählt, er wolle sich zu meinem Vater begeben, um ihn zu veranlassen, gewisse Bestimmungen in seinem Testament zu ändern. Zwei Tage nachdem ich in Boston die telegraphische Nachricht von seinem Ableben empfangen hatte, begab ich mich mit meiner Frau (ich hatte inzwischen geheiratet) wiederum zu Mrs. Piper. ›Phinuit‹ teilte uns dort mit, mein Vater sei anwesend, er wäre ganz unvermutet in der Geisterwelt angelangt. Weiter berichtete ›Phinuit‹, er habe meinen Vater veranlaßt, in seinem Testament einige Änderungen anzubringen, und gab uns ein paar Aufklärungen in dieser Sache. Er beschrieb den Haupt-Testamentsvollstrecker und fügte hinzu, dieser werde, sobald ich in London angekommen sei, bei den zwei anderen Testamentsvollstreckern einen Vorschlag zu meinen Gunsten einbringen.

Drei Wochen später war ich in London. Der erste Testamentsvollstrecker entsprach vollkommen der Beschreibung

›Phinuits‹, das Testament war so erstellt, wie ›Phinuit‹ angekündigt hatte, und auch der Änderungsvorschlag war eingebracht worden. Meine Schwester, die den Vater während seiner letzten Erdentage betreut hatte, erzählte mir, daß mein Vater sich wiederholt über die Anwesenheit eines alten Mannes beklagt hatte, der ihm bei seinen Verfügungen über seinen Besitz fortwährend lästig fiel.«

Man kann nun diesen Fall von verteilten Botschaften animistisch erklären, indem man annimmt, daß sowohl »Phinuit«, der sich auch Mrs. Piper äußerte, als auch jener, der dem alten Herrn erschienen war, Produkte einer vom Konsultanten ausgegangenen telepathischen Beeinflussung waren. Trotzdem aber möchte ich die Möglichkeit ernstlich in Betracht ziehen, es könnte sich hier um eine Vision am Sterbebett von spiritistischer Art handeln.

In noch stärkerem Maße gilt das hinsichtlich Elise Mannors', worüber Hodgson folgendes schrieb:

»Die Nachricht vom Ableben des Herrn M. F., eines Onkels von Elise Mannors, wurde von einem Bostoner Tageblatt veröffentlicht. Ich las es, als ich mich gerade zu einer Sitzung mit Mrs. Piper begeben wollte. Die ersten (geschriebenen) Mitteilungen, die es bei dieser Sitzung gab, kamen von Elise, was ich nicht erwartet hatte. Sie schrieb deutlich und mit fester Hand, daß M. F. bei ihr wäre, aber nicht imstande sei, sich direkt des Mediums zu bedienen. Weiter teilte sie mit, sie habe Herrn F. bei seinem Hinübergang geholfen. Sie gab an, bei seinem Sterben anwesend gewesen zu sein und ihm Zuspruch geleistet zu haben. Dann wiederholte sie, was sie gesagt hatte – es war ein durchaus nicht alltäglicher Ausdruck –, und behauptete, der Sterbende habe sie dabei auch gesehen und erkannt.

Um die Richtigkeit dessen, was Elise mir durch Mrs. Piper hatte mitteilen lassen, zu überprüfen, zeigte ich den Sitzungsbericht einem meiner besten Freunde, der auch mit Elise eng befreundet gewesen war. Dieser erkundigte sich daraufhin bei einem der engsten Verwandten M. F.s, der bei dessen Ableben zugegen gewesen war. Der Herr teilte meinem Freund mit, daß M. F., schon in Agonie, plötzlich von seiner Nichte Elise zu sprechen begonnen hätte, die er angeblich nicht nur sah, sondern die seiner Angabe nach auch zu ihm sprach. Der Sterbende wiederholte die Worte, die er Elise zu ihm sprechen hörte. Es waren dieselben, die Elise durch Vermittlung Mrs. Pipers bei der Sitzung niedergeschrieben hatte, und zwar in einem Zeitpunkt, da mir noch unbekannt war, was sich beim Tode M. F.s abgespielt hatte.«

2. Wahrnehmungen von Hellsehern am Sterbebett

Im Lauf der Jahre habe ich wiederholt Menschen getroffen, die mir von Wahrnehmungen zu erzählen wußten, die sie bei Sterbenden gemacht haben wollen. Mir war es beim Anhören dieser Erzählungen immer wichtig, zu unterscheiden, wer sie mir machte. Ich kann nicht umhin anzuerkennen, daß sich unter diesen Leuten einige befanden, deren Auftreten mich veranlaßte, sie als verläßliche und unbefangene Zeugen anzusehen. Mehrere von ihnen hatten mir wiederholt Beweise ihrer paragnostischen Begabung gegeben.

Die Wahrnehmungen meiner Berichterstatter stimmen mit jenen von A. J. Davis, W. Stainton Moses und anderen aus der Literatur bekannten »Sehern« überein, die den »Hinübergang« (die »Loslösung«, »Exkursion«) aufgrund ihrer Wahrnehmungen bei Sterbenden beschrieben haben. Und diese Wahrnehmungen stimmen ihrerseits wieder mit dem überein, was Wiltse, van Eeden, Muldoon und so viele andere hinsichtlich ihrer Exkursionen angeben.

Einige Leute, die behaupten, Zeugen eines »Hinübergangs« gewesen zu sein, berichten von »unsichtbaren Helfern«, die dem Sterbenden den »Hinübergang« zu erleichtern suchen. Zu ihnen gehört Mrs. Joy Snell, eine ehemalige Pflegerin, die in ihrem Büchlein THE MINISTRY OF ANGELS von ihren Erfahrungen an Sterbebetten berichtet.

Für sehr wichtig halte ich die Tatsache, daß sich unter den Berichtgebern, die an der von Osis und Nester abgehaltenen

Enquete teilnahmen, einige befinden, die von »unerklärlichen« Erfahrungen in Sterbezimmern sprechen. So erwähnen etliche eine Art von »kaltem Hauch«, den sie an einem Sterbebett wahrgenommen zu haben glauben und den sie sich nicht erklären konnten. Wer an Séancen teilgenommen hat, weiß, daß solche Strömungen zuweilen auch dort von den Anwesenden bemerkt werden. Persönlich hatte ich einige Male Gelegenheit, Erfahrungen zu machen, die mich davon abhalten, hier ohne weiteres von bloßer Einbildung zu sprechen.

Unter den von Osis und Nester erwähnten Berichterstattern befinden sich auch solche, die von einem unerklärlichen Gefühl der Anwesenheit von irgend etwas sprechen, eine Angabe, die uns an zahlreiche Berichte über Phänomene erinnert, in denen von etwas Derartigem die Rede ist. Im Zusammenhang damit möchte ich erwähnen, daß auch mir im Laufe der Jahre von Ärzten, Pflegerinnen und anderen Personen ähnliches berichtet wurde.

Selbstverständlich ist der wissenschaftliche Wert solcher Mitteilungen gering, und dem Skeptiker ist es nicht schwer, Erklärungen zu finden. Besonders gering ist er vor allem, wenn einem die Angaben ohne gegenseitige Zusammenhänge, ohne ihre Hintergründe zur Beurteilung vorgelegt werden. Wer aber dazu »den zusammenschauenden Blick des Parapsychologen«, wie sich Mattiesen einmal ausgedrückt hat, besitzt, wird sich wohl die Frage vorlegen müssen, ob wir uns dabei mit ausschließlich animistischen Deutungen begnügen können, ohne den hier und in den vorherigen Abschnitten besprochenen Phänomenen, zumindest in einigen Fällen, Gewalt anzutun.

3. Das Lebenspanorama

Im Jahre 1881 schrieb der französische Psychologe Th. Ribot: »Es sind verschiedene Berichte im Umlauf, wonach Menschen, die im letzten Augenblick vor dem Ertrinkungstod gerettet wurden, übereinstimmend angegeben haben, sie hätten, als eine

Art Scheintod eingetreten war, ihre ganze Vergangenheit bis in die kleinsten Einzelheiten an sich vorbeiziehen gesehen.«

Seither sind mehr als neunzig Jahre vergangen, und inzwischen hatte eine Reihe von Psychologen Gelegenheit, aus dem Munde von Leuten, die sich in Todesgefahr befunden hatten, Mitteilungen zu erhalten, die eine Bestätigung von Ribots Worten bedeuten. Ich habe selber Leute gekannt, die sich irgendwie in Todesgefahr befunden hatten und in den ihrer Meinung nach letzten Augenblicken eine panoramaartige Schau ihres bisherigen Lebens empfanden.

Wenn man solche Berichte hört, drängt sich einem unwillkürlich folgende Frage auf: Sieht man nun beim Schockdenken seine ganze Vergangenheit an sich vorüberziehen (halluzinatorisch) oder, wie manche Forscher (Pfister!) meinen, nur ein paar kurze Abschnitte daraus? Es besteht ja immerhin die Möglichkeit einer Überschätzung des »Gesehenen«, was bedeuten würde, die Meinung, das ganze bisherige Leben an sich vorüberziehen zu sehen, beruhe nur auf einer Illusion. (Einige Forscher sind der Ansicht, bei Weckträumen[2] habe man es gleichfalls mit einer Überschätzung des »Gesehenen« zu tun; sie haben versucht, hier eine Parallele zu ziehen.) Ich glaube, wer so wie Oskar Pfister von vornherein der Möglichkeit abweisend gegenübersteht, bei Menschen an der Schwelle des Todes könne eine panoramaartige Schau ihrer gesamten Vergangenheit auftreten (und das ist vor allem die Meinung der Okkultisten), wer also behauptet, es handle sich *immer* um das Aufdämmern bloß einiger vereinzelter Bruchstücke[3], macht sich einer ungerechtfertigten Verallgemeinerung schuldig. Ihr Blick auf dieses Phänomen ist meiner Ansicht nach wohl allzu vereinfachend.

Diese Meinung gründe ich zuallererst auf den Umstand, daß die Lebensschau durchaus nicht nur in Augenblicken eintritt, da man zu verunglücken droht, also beim Schockerleben, sondern daß auch Leute davon zu erzählen wußten, die auf dem Krankenbett an der Grenze zwischen Leben und Tod gestanden haben. So berichtet z. B. eine Dame, daß sie, von einer schweren Krankheit genesend, ganz unerwartet einen

Rückfall hatte und dabei plötzlich ihren »Lebensfilm« vor sich abrollen sah. »Ich wußte«, schreibt sie, »um die Bedeutung eines jeden Geschehens, und ich sah es an der ihm zukommenden Stelle. Manches Leid erschien mir da in einem anderen Licht. Dabei sah ich das alles wie unpersönlich, folgte ihm dennoch aber mit großem Interesse . . .«

Es verdient unsere Aufmerksamkeit, wenn die Berichtende angibt, es habe ihr geschienen, die panoramaartige Lebensschau habe einen bestimmten Zweck verfolgt, weil auch andere, die unabhängig vom Schockerleben diese Lebensschau bei sich selbst wahrnahmen, auf ihre teleologische (bezwekkende) Bedeutung hingewiesen haben. Ich denke hier z. B. an die ehrwürdige Mutter Marie de l'Incarnation, von der es heißt, sie habe am Tag ihrer Bekehrung eine panoramaartige Lebensschau gehabt, in der vor allem ihre Fehler und Verabsäumnisse besonders betont wurden.

Über solche Erfahrungen wird uns von allerlei Personen unabhängig voneinander berichtet. Man wird wohl zugeben müssen, daß sie nicht nur geeignet sind, die Richtigkeit von Pfisters entschiedener Behauptung in Zweifel zu ziehen, sondern auch ernstlich mit der Möglichkeit zu rechnen, die Behauptung mancher theosophischer Autoren, der Mensch sehe »nach seinem Übergang« sein ganzes Leben an sich vorbeiziehen, damit er sich Rechenschaft von seinem Verhalten während seines irdischen Daseins ablege, könne vielleicht mehr Wahrheit enthalten, als jene, die die »Seele« nur als Ausscheidungsprodukt des Gehirns ansehen, glauben.

Schließlich können wir auch unseren Erfahrungen mit Psychoskopisten einen Beweis für den Glauben an die panoramaartige Lebensschau entnehmen. Wer je mit solchen Versuchspersonen gearbeitet hat, weiß, daß sie nicht nur das zu »innern« vermögen, dessen wir uns erinnern können[4], sondern daß sich dieses Innern des öfteren auf vergessene bzw. verdrängte Erinnerungen von Menschen bezieht, mit denen sie in telepathischen Kontakt geraten. Es ist, als drängten sich ihnen Bruchstücke unseres Lebenspanoramas auf.

Im Zusammenhang damit sei auch auf Bergsons Ansichten

über das Lebenspanorama verwiesen. Diesem Philosophen zufolge, der der parapsychologischen Forschung stets großes Interesse entgegengebracht hat, kann das Bewußtsein nicht eine Funktion des Gehirns sein, wie die Energetischen Monisten meinen. Er meint, auch die Psychischen Monisten seien mit ihrer Ansicht, das Gehirn sei eine Erscheinungsweise der Seele, im Irrtum. Nach seinen dualistischen Auffassungen manifestiere sich auf Erden nur das Bewußtsein (die Seele) mittels des Gehirns. Das Gehirn sei bloß ein Organ, das es der Seele ermöglicht, ihre Aufmerksamkeit diesem irdischen Leben zuzuwenden. Es verhindere die Bewußtwerdung alles dessen, was für unser irdisches Dasein bedeutungslos ist.

In Augenblicken der Todesgefahr und auch auf dem Sterbebett beginnen wir unser Interesse für dieses irdische Leben (notre attention à la vie) zu verlieren. Die hemmende Funktion des Gehirns erschlafft, was u. a. zur Folge hat, daß allerlei vergessenen, verdrängten Erinnerungen Gelegenheit gegeben wird, aufzusteigen.

Auch die merkwürdige Luzidität, die sich bei Sterbenden zeigt und die Cicero schon im Altertum bemerkt hat, beruht nach Bergson auf einer beginnenden Enthemmung als Folge einer verminderten »attention à la vie«. In diesem Zustand der Enthemmung fallen uns nicht nur leichter Gedanken ein, die aus einem fremden Bewußtsein herrühren (Telepathie, Innern), es äußern sich auch andere paragnostische Kräfte wie Hellsehen in Raum und Zeit, die, solange der hemmende Mechanismus normal funktioniert, wenig oder keine Gelegenheit finden, sich zu manifestieren.

Natürlich lassen sich mit diesen Ausführungen Betrachtungen über bemerkenswerte paragnostische Leistungen verbinden, zu denen Mystiker und andere religionspsychologisch interessante Gestalten imstande waren[5] und die jahrhundertelang zu Unrecht als Wunder, als übernatürliche Ereignisse angesehen wurden. Durch ihr vermindertes Interesse für ihr irdisches Dasein versetzten sie sich selbst in einen Zustand der Enthemmung, wodurch sich nicht nur wie bei Marie de l'Incarnation Phänomene von Hypermnesie (Lebensschau) zeigten, sondern sie sich auch besser als unter normalen Umständen auf paragnostischem Weg empfangener Kenntnisse bewußt zu werden vermochten.

Ich habe vorhin erwähnt, daß sich bei Sterbenden zuweilen eine bemerkenswerte Luzidität zeigt. Man kennt eine Reihe von deutlich festgestellten und beglaubigten Fällen von außersinnlicher Wahrnehmung von Sterbenden wie auch von anderen Menschen, die sich in sterbensähnlichen Zuständen befunden haben. Ein solcher Fall betrifft Parma. Dieser Nachfolger Alvas erkrankte im Jahre 1579 während der Belagerung Maastrichts so schwer, daß die Ärzte ernstlich für sein Leben fürchteten. Eines Tages, als sowohl der Kranke selbst als auch seine Umgebung sein Ende nahe glaubten, geriet er plötzlich in einen visionären Zustand, in dem er Ereignisse »sah«, die sich in dem von ihm weit entfernten Lager abspielten. Er tadelte zwei seiner Unterbefehlshaber, daß sie sich an seinem Krankenbett aufhielten, während ihre Anwesenheit bei den Soldaten dringend notwendig war. Die beiden Offiziere eilten, zuerst wohl ungläubig, an die von ihrem Vorgesetzten angegebenen Plätze und entdeckten dort zu ihrem großen Erstaunen, daß Parma auf eine in ihren Augen wunderbare oder übernatürliche, tatsächlich aber paranormale Weise Kenntnis von Dingen erhalten hatte, die sich im Lager abspielten. Solche Fälle spontaner Paragnosie (hier: Telästhesie), die man im Zusammenhang mit den Ergebnissen der Forschungen über Paragnosie im Laboratorium sehen muß, öffnen uns nicht nur die Augen für die Unrichtigkeit der philosophischen materialistischen Anschauung, der zufolge die »Seele« ein Epiphänomen, eine Begleiterscheinung der sich im Gehirn abspielenden Prozesse sein soll, sie lassen uns zugleich an einen Ausspruch des Neuplatonikers Proclus denken, wonach der Mensch eine Seele ist, die sich des Körpers als eines Werkzeugs bedient. (Homo est anima utens corpore tamquam instrumento.) Und das um so mehr, als die Luzidität der Sterbenden sich offensichtlich nicht allein auf die Phänomene der Telepathie und des Hellsehens in Raum und Zeit[6] beschränkt, sondern uns zugleich auch mit Fällen von Geistersehen in Verbindung bringt, was manche Forscher zu der Frage veranlaßt, ob wir nicht vielleicht der Wahrheit Gewalt antun, wenn wir sie unbedingt in den Rahmen animistischer Deutungen zwängen wollen.

XVI Spukerscheinungen

1. Ortsgebundene Spukerscheinungen

In seinen um das Jahr 100 geschriebenen Briefen erwähnt Plinius der Jüngere einen »nüchternen« Philosophen namens Athenodorus, der ein Haus in Athen bezog, von dem es hieß, es sei ein Spukhaus. Ganz gegen seine Erwartung erschien ihm dort das Phantom eines Mannes in Ketten. Nachforschungen ergaben, daß im Hof dieses Hauses ein Mann in Ketten begraben lag.

Jahrhunderte hindurch werden immer wieder derartige Ereignisse gemeldet, und auch in unseren Tagen gibt es Leute, die »Phantome« gesehen haben wollen. Zu ihnen gehört der Schweizer Tiefenpsychologe C. G. Jung. 1920 hatte er während eines Aufenthalts in England eine Reihe von Erlebnissen, die in der Erscheinung des Kopfes einer unbekannten Frau gipfelten. Wie er später herausfand, hatten im Lauf der Zeit in diesem Haus mehrere Leute dieselbe Erfahrung.

»Aufgeklärte« Menschen haben geglaubt, solche Erzählungen ins Reich der Fabel verweisen zu müssen. Daß sie dabei manchmal aber durchaus in die Irre gehen, war schon dem englischen Theologen J. Glanvil (1636–1680), einem der scharfsinnigsten Gelehrten seiner Zeit, bekannt.

Aufgrund von Erfahrungen mit Psychoskopisten hat man in parapsychologischen Kreisen die Frage aufgeworfen, ob es sich vielleicht bei dem einen oder anderen Bericht über Spukerscheinungen um Erlebnisse von psychoskopischer Art handelt. Einer der ersten, der sich mit diesen Dingen beschäftigt hat, war Schopenhauer, wie aus seiner Abhandlung über das Geistersehen hervorgeht. In späterer Zeit haben Andrew Lang und der anglikanische Geistliche Benson dazu Stellung genommen. Heutzutage rechnen manche Parapsychologen ernstlich mit der Möglichkeit, daß zumindest ein Teil der Berichte über Spukerscheinungen psychoskopisch begründet sein müsse. Zur näheren Erläuterung mögen folgende Beispiele dienen.

Eines Tages übergab Herr W. v. L. C. aus A. einem mir bekannten Psychoskopisten ein Zigarrenkistchen aus Mahagoniholz, das seinem jüngst verstorbenen Vater gehört hatte. Ein paar Tage vorher hatte er es von seiner Mutter bekommen. Herr v. L. C. erwartete, der Psychoskopist würde ihm als Folge einer telepathischen Beeinflussung seinerseits verschiedene auf seinen Vater bezügliche Einzelheiten bekanntgeben. Der Psychoskopist hingegen »sah« das Bild eines alten, bärtigen Herrn, von dem er so zutreffende Angaben machen konnte, daß es für Herrn v. L. C. zweifelsfrei feststand, es müsse sich um seinen Urgroßvater handeln, den er nicht gekannt hatte. Eine später bei Verwandten angestellte Umfrage ergab, daß der Urgroßvater das Kistchen angefertigt hatte.

Ich selber war einmal Zeuge, wie ein Psychoskopist im Zimmer eines Juristen plötzlich die Erscheinung eines altmodisch gekleideten Herrn bemerkte. Den Juristen selbst kannte er seit kaum einer Stunde. Die genaue Beschreibung, die der Psychoskopist von dem Erschienenen gab, traf unseren Gastgeber sehr: Es handelte sich um den Großvater von dessen Gattin. Bei näherer Untersuchung stellte es sich heraus, daß der Bücherschrank, der sich in dem Zimmer befand, aus der Holzverkleidung der Wohnstube dieses schon längst nicht mehr lebenden Großvaters angefertigt worden war.

Wenn man solche Erfahrungen überdenkt, kommt man zur Vermutung, daß auch Mauern von Häusern, in denen sich einst irgendein Drama, ein Selbstmord oder Mord etwa, abgespielt hat, als Induktoren dienen können, so daß sie für psychoskopisch veranlagte Menschen, die wir im Grunde genommen ja alle sind, zu Spukhäusern werden können. Mit dieser Erkenntnis werden wir in gewissem Sinn der alten Lehre gerecht, es gäbe unverwischbare, bildhafte Spuren, die alles, was geschieht, in einer übermateriellen Substanz (Akascha) zurücklassen. Hier sei aber mit Nachdruck darauf hingewiesen, daß bei vielen psychoskopischen Versuchen die Rolle des Induktors mit jener des Knotens im Taschentuch als Erinnerungshilfe verglichen werden kann. Er kann uns nur die Augen dafür öffnen, daß wir uns bei psychoskopischen Versuchen nicht immer mit der Telepathie-Hypothese begnügen dürfen, daß alles hier komplizierter ist, als wir zuerst dachten, und daher ergänzende Beobachtungen erforderlich sind[1].

Das gilt auch für unsere Betrachtung der Spukerscheinungen. Wir bezweifeln sehr, ob alle der Diskussion zugänglichen Berichte darüber auf psychoskopische Erfahrungen zurückgeführt werden können, und sind der Meinung, hier seien ergänzende Untersuchungen notwendig. Dabei ist jeder Fall gesondert zu überprüfen.

Seit Jahrhunderten herrscht der Glaube, Spukphantome seien wiedergekehrte Verstorbene; Geister, die keine Ruhe finden können. Agrippa von Nettesheim (1486–1535) sagte, Seelen, die gesündigt haben, wandelten als Spuke, als Gespenster umher, sei es mit ihren Astralleibern, sei es mit anderen Scheinleibern. Und Melanchthon versichert, er habe Gespenster gesehen. Er habe nicht daran gezweifelt, daß sie körperlich seien.

Das ist nun auch die Auffassung der Spiritisten, und sie suchen dabei Unterstützung in den Überlegungen der Psychoanalytiker.

Bekanntlich hat man von psychoanalytischer Seite darauf hingewiesen, daß es sich beim Schlafwandeln um einen »motorischen Durchbruch« unbewußter oder unterbewußter Wünsche handelt. Neurotische Phänomene, die wir unter dem Namen von Zwangshandlungen kennen, liegen dem Schlafwandeln oft zugrunde. Das Auftreten solcher Phänomene wird durch den Zustand eines herabgesetzten Bewußtseinsniveaus, in dem sich der Schlafwandler befindet, begünstigt. Das schließt jedoch nicht aus, daß sie sich auch im Wachzustand zeigen.

Wie aus psychoanalytischen Schriften hervorgeht, können Zwangshandlungen zuweilen als Folge eines Schuldbewußtseins entstehen und einem daraus folgenden Verlangen nach

Bestrafung. Die allgemein bekannte Tatsache, daß Verbrecher zuweilen dazu getrieben werden, an die Stelle ihrer Untat zurückzukehren, wird manchen Psychoanalytikern zufolge als Äußerung des zwangsmäßigen Strebens nach einem symbolischen Geständnis angesehen.

Wenn es aber richtig ist, daß der Mensch nach dem Verlassen seines irdischen Leibes sich zuerst in einem Traumzustand befindet, dann müssen wir – so folgern manche Forscher – mit der Möglichkeit rechnen, gewisse Menschen befleißigten sich nach ihrem »Hinübergang« eines Benehmens, das jenem neurotischer Schlafwandler ähnlich ist. Das kann vor allem von jenen erwartet werden, die in der Zeit ihres irdischen Bestehens von starken, unbefriedigten Wünschen gequält wurden. Es ist daher durchaus nicht befremdlich, daß sich viele Spukgeschichten auf Rachsüchtige und dergleichen beziehen, die schon während ihres irdischen Daseins Zeugnis ihres unbefriedigten Wunschlebens abgelegt haben.

Manche Berichte über Spukerscheinungen beziehen sich auf Selbstmörder. Da Selbstmorden nicht selten unerfüllte Wünsche zugrunde liegen, möge man das im Sinne der vorstehenden Ausführungen begreiflich finden. Dasselbe gilt hinsichtlich der vielen Geschichten von »Geistern« von Verbrechern, die keine Ruhe finden und an der Stätte ihrer Untaten herumschwärmen.

Freud hat in seinem Werk JENSEITS DES LUSTPRINZIPS auf den Wiederholungszwang hingewiesen, den man bei Neurotikern während der psychoanalytischen Behandlung bemerken kann. Wer denkt da nicht an einen solchen Wiederholungsdrang, wenn er von Phantomen erfährt, die jahrzehntelang immer wieder am selben Ort wahrgenommen und immer wieder dieselbe Handlung vorgenommen haben sollen? Und in der Tat – A. von Winterstein hat recht, wenn er bemerkt, daß der psychoanalytisch orientierte Beobachter, der die in der parapsychologischen Literatur erwähnten Spukerscheinungen studiert, sich manchmal schwerlich der Überzeugung entziehen kann, »daß auch im Sterben sowie beim Einschlafen oder bei der Herstellung der analytischen Situation das verdrängte Unbewußte zur Herrschaft gelangt«.

Aber wenngleich gewisse örtliche Spukerscheinungen, bei denen es sich möglicherweise um mehr als Halluzinationen handelt[2], bei Anwendung der spiritistischen Hypothese mehr oder weniger verständlich werden und man sie weiterhin im Licht der Psychoanalyse betrachtet, so ist damit noch keineswegs gesagt, daß wir das Vorhandensein einer solchen Kategorie für *bewiesen* halten dürfen. Der Parapsychologe, der sich mit dem Studium ortsgebundener Spukerscheinungen befaßt, befindet sich mehr oder weniger in derselben Lage wie Aristoteles, als er seine zoologischen Studien machte. Er mußte dazu mit Seeleuten sprechen, die ihm von den Tieren erzählten, die sie auf ihren Reisen gesehen hatten. Sicherlich haben sie ihm vieles gesagt, was übertrieben oder unrichtig war. Aber sie machten ihm wohl auch manche richtigen Angaben, und hin und wieder verschafften sie ihm Gelegenheit, die Richtigkeit ihrer Berichte anhand eines Tieres, das sie ihm mitgebracht hatten, zu überprüfen.

Ich bin zwar überzeugt, daß durchaus nicht alle Spukgeschichten völlig aus der Luft gegriffen sind und es verschiedenerlei solcher Erscheinungen gibt, doch ist die Zeit noch lange nicht gekommen, annehmbare und vertretbare Erklärungen abzugeben. Die einzige Gruppe der Spukphänomene, von der wir etwas mehr wissen, ist jene, bei der es sich offensichtlich um psychoskopische Erscheinungen handelt. Das hindert jedoch nicht, daß »die alte Lehre von den ätherischen Spuren« für uns vorläufig noch schwer annehmbar ist, weil sie nicht in den Rahmen unserer heutigen naturwissenschaftlichen Erkenntnisse paßt. Damit ist aber nicht gesagt, daß sie unrichtig sein muß.

Was die ortsgebundenen Spukerscheinungen betrifft, ist noch eine Anschauungsweise möglich, die ich nicht ablehnen möchte.

Nach Leadbeater und anderen theosophischen Autoren sollen Gedanken auf astralem Gebiet Gestalt annehmen. Wenn jemand sich intensiv an irgendeinem Ort anwesend denkt, oder sogar, wenn er einen sehr kräftigen Wunsch hat, dort zu sein, wird dem überlieferten Okkultismus zufolge, aus dem die Theosophie hervorgegangen ist, die von jenem Gedanken, jenem Begehren angenommene Gestalt sehr oft die des Denkers selbst sein[3]. So eine Gedankengestalt, so ein Gedankenbild erscheint nun nach Leadbeater und seinen Gesinnungsgenossen an dem Ort, wo der Erlebende selbst sein möchte, und von Leuten, die sich dort tatsächlich befinden, unter bestimmten Voraussetzungen bemerkt werden können (Wahrnehmung paranormaler Gegebenheiten). Nach Meinung der Theosophen hat diese Erscheinung mit Exkursion nichts zu tun, wohl aber mit Telepathie. Die wirklichkeitsgemäßen (Pseudo-)Halluzinationen, von denen die parapsychologische Literatur berichtet und die man sich durch mentale Suggestion hervorgerufen vorstellt, sind den Theosophen zufolge manchmal nicht wirkliche Halluzinationen, sondern Gedankenbilder.

Ich bin gewiß der letzte, der aufgrund von Leadbeaters und seiner Anhänger Autorität die Existenz von Gedankenbildern anzunehmen gewillt ist. Dennoch bin ich der Ansicht, dem Parapsychologen sei es angemessen, vom Inhalt der Schriften führender Theosophen Kenntnis zu nehmen, soweit sie diese und andere parapsychologische Themen behandeln. Die Erfahrung hat mich nämlich gelehrt, daß ihre zum Teil auf überlieferten okkultistischen Anschauungen beruhenden Ausführungen oft einen heuristischen Wert besitzen. Ein Teil der Behauptungen der alten Okkultisten wurde bereits durch die Ergebnisse parapsychologischer Forschung bestätigt, und ich halte es für sehr wahrscheinlich, daß die Wertschätzung ihrer Ansichten bei Parapsychologen in Zukunft eher zu- als abnehmen wird.

Obwohl es heutzutage wohl noch keinen Parapsychologen gibt, der die Existenz von Gedankenbildern für bewiesen erachtet, kann nicht geleugnet werden, daß wir uns bei der Untersuchung gewisser Phänomene vor Fälle gestellt sehen, bei denen sich die Vermutung aufdrängt, wir würden der Wahrheit Gewalt antun, wenn wir dabei an der Halluzinationshypothese festhalten wollten. Solche Fälle veranlassen uns – zumindest mich –, mit der Möglichkeit zu rechnen, es könnte sich vielleicht doch um Gedankenbilder handeln. Dies um so mehr, als die Erforschung der parergischen Phänomene uns mit dem Begriff der Ideoplastie vertraut gemacht hat. Ich denke hier z. B. an einen Fall, der den mir persönlich bekannten Herrn v. d. H. betrifft. Wie er mir berichtete, nahm er an einer Veranstaltung teil, die an einem Freitag abend und Samstag vormittag des Jahres 1935 stattfand und an die sich ein Ausflug anschloß. Dabei wurde ihm »von insgesamt fünf verschiedenen Seiten mitgeteilt, man habe bei ihm ein männliches Wesen wahrgenommen, bald klarer, bald weniger klar, aber trotzdem ganz deutlich: dunkler Teint, dichter, kurzgeschnittener Bart, Wuschelkopf, kräftige Gestalt, gekleidet in einen langen, weißen Mantel, eine Toga oder Kutte mit weiten Ärmeln. Der Blick dieser Erscheinung war nach Angabe der ›Hellseher‹ ernst und betrübt; sie erinnerte an jemand, der viel gelitten hat. ›Zwischen Ihnen und dieser Wesenheit‹, sagten jene, die diese Erscheinung bemerkt hatten, ›besteht eine starke Bindung. Er muß mit Ihnen verwandt sein . . .‹«

»Für mich«, bemerkte Herr v. d. H. weiter, »steht fest, daß alle meine Gedanken völlig auf die Rolle Ijsbrands (einer Gestalt aus einem niederländischen historischen Schauspiel, die er am Samstag abend bei einer Dilettantenaufführung aus Anlaß der Veranstaltung verkörpern sollte) konzentriert waren. Ich bereitete mich innerlich darauf vor und sprach insgeheim ein paar schwierige Stellen still vor mich hin, so daß diese Gedankenschwingungen sich in Form der Ijsbrandgestalt herauskristallisierten und von den dafür Empfänglichen aufgefangen wurden[4]. Von einer Verwandtschaft kann hier gewiß keine Rede sein, wobei die Tatsache, daß Frau Akkeringa[5] während der Aufführung zwei Gestalten – eine ätherische, Doppelgänger des Darstellers, und den Darsteller selbst – in charakteristischer Kleidung und Aufmachung wahrgenommen hat, mich in meiner Meinung bestärkt.«

Wenn man dies liest – und der Fall steht keineswegs für sich allein da –, erinnert man sich unwillkürlich an den Bericht, den Mme. A. David-Neel in ihrem Werk HEILIGE UND HEXER IN

TIBET von den Tulpas gibt. Wie diese Forschungsreisende, die sich jahrelang in Tibet aufgehalten hat, darin mitteilt, besteht unter den Einwohnern dieses Landes der Glaube, man könne durch intensive und lang andauernde Gedankenkonzentration Gedankenbilder, sogenannte Tulpas, erwecken. Ihrer Angabe nach hat sie in persönlichen Untersuchungen herausgefunden, daß dies durchaus nicht leeres Gerede ist. Sie soll nämlich nicht nur einige Male solche Tulpas gesehen[6], sondern einmal sogar selbst einen geschaffen haben. Sollte das, was Leadbeater, Mme. David-Neel, Mrs. Payne u. a. von Gedankenbildern berichten, grundsätzlich richtig sein, dann erhebt sich die Frage, ob wir nicht etwa in einigen dieser ortsgebundenen Spukphänomene Tulpas zu sehen haben, eine Frage, die der Physiologe van Rijnberk mit Ja beantwortet hat.

Zum Abschluß dieses Abschnitts noch ein paar Worte über die sogenannten Geisterfotos.

Zweifellos ist das Thema »Extras« eines der heikelsten der parapsychologischen Forschung. Auf diesem Gebiet herrschen unhaltbare, schwindelhafte Zustände. Verschiedene Leute betrügen sich selbst, indem sie in allerlei zufällig entstandenen Flecken, Kleiderfalten abgebildeter Personen und dergleichen die Gesichtszüge lieber Verstorbener zu sehen vermeinen. Darüber wurde schon im IV. Kapitel geschrieben.

Trotz allem aber möchte ich mit der Möglichkeit rechnen, daß zuweilen auf lichtempfindlichen Platten und Filmen »Extras« erscheinen, die die Aufmerksamkeit des Parapsychologen verdienen. Wenn sie nun Ähnlichkeiten mit Verstorbenen aufweisen, ist das wirklich ein Beweis für deren Fortbestehen? Meiner Ansicht nach muß diese Frage verneinend beantwortet werden, weil man aufgrund des Vorstehenden mit der Möglichkeit zu rechnen hat, es seien Gedankenbilder fotografiert worden. Dies um so mehr, als manche Forscher behaupten, daß es ihnen gelungen sei, durch mentale Beeinflussung unbelichteter fotografischer Platten und Filme darauf allerlei Gebilde erscheinen zu lassen (Gedankenfotografie, Skotogramme – siehe auch Nachwort: die Versuche Dr. Jule Eisenbuds mit Ted Serios).

2. Persongebundene Spukphänomene

Außer den örtlichen kennt man auch persongebundene Spukphänomene. Sonderbarerweise werden sie sowohl in der französischen als auch in der englischen Literatur überwiegend mit dem deutschen Ausdruck »Poltergeist« bezeichnet. Dieser Fachausdruck verrät, was schon der Volksglaube besagt, daß diese an Personen gebundenen Phänomene durch lärmerregende, radaumachende Geister verursacht werden. So wie die im vorigen Absatz behandelten, kennt man auch Poltergeistphänomene seit dem Altertum. Im Jahre 1898 hat Andrew Lang geschrieben, man fände Erzählungen darüber »von China bis Peru, von Grönland bis zum Kap der Guten Hoffnung, von der Papyrusrolle bis in der Zeitung von gestern«.

Im Gegensatz zu den ortsgebundenen gehören die persongebundenen Spukphänomene hauptsächlich ins Gebiet der Parergie. Von parapsychologischer Seite hat man diesen Phänomenen erst ernstliche Beachtung beigelegt, nachdem experimentelle Beobachtungen das Vorkommen telekinetischer Phänomene nach Ansicht vieler Forscher von jedem vernünftigen Zweifel befreit hat. Das führte zu der Erkenntnis, daß sich die Mehrzahl solcher Phänomene beim weiblichen Geschlecht zeigen und die sogenannten Poltergeistmedien zumeist zwischen 9 und 17 Jahre alt sind. In diesen Lebensabschnitt fällt die Pubertät, eine Entwicklungsphase des Individuums, in dem sich allerlei psychische Störungen zeigen und man dem eigenen Ich wie auch der Außenwelt gegenüber sehr ambivalent eingestellt sein kann. Wenn man das alles berücksichtigt, befremdet es nicht, daß man sich von parapsychologischer Seite zuerst gefragt hat, ob es sich hier nicht etwa um neurotische Symptome von paranormaler Art handeln könnte[7]. Daß dies manchmal unverkennbar so ist, beweist u. a. der Fall Eleonora Zugun[8]. Es war das ein einfaches rumänisches Bauernmädchen, das unter dem Einfluß eines starken Schuldbewußtseins und damit zusammenhängenden Wunsches nach Bestrafung sich, ihrem primitiven Glauben gemäß, von einem teuflischen Wesen besessen wähnte, das sie nicht nur biß und kratzte (Stigmatisierungserscheinungen), sondern das ihr auch auf paranormale und normale Weise kleine Gegenstände an den Kopf schleuderte, die Verletzungen hervorriefen.

Frau Wassilko, auf deren Veranlassung das Mädchen sowohl in London als auch in Berlin einer wissenschaftlichen Untersuchung unterzogen wurde und die Eleonora längere Zeit in ihrer Wohnung aufnahm und beobachtete, sagt von dieser »Besessenheit« durch einen »Teufel«, man habe ihn als auf neurotischem Weg entstandene Personifikation und Vateridentifikation anzusehen, die ihr Entstehen einem nicht völlig abreagierten Ödipuskomplex verdanke. Eleonoras Stigmatisierungen und die damit zusammenhängenden telekinetischen Phänomene werden von Frau Wassilko als Äquivalent hysterischer Symptome in Form von masochistischen Selbstbestrafungen und Selbstverletzungen beschrieben.

Auf die Frage, ob man denn auch Poltergeistphänomene kennt, die nicht mehr animistisch erklärt werden können, müssen wir die Antwort wohl schuldig bleiben, weil dieses Gebiet noch viel zuwenig erforscht ist. Das schließt aber nicht aus, daß ich mit Mattiesen einer Meinung bin, wenn er schreibt, man müsse jeden einzelnen Fall für sich selbst genau beurteilen und sich dabei hüten vor »voreiligem Dogmatisieren, das uns in die Gefahr vorzeitigen Erstarrens unseres Denkens gegenüber der Theorie dieser vielgestaltigen Vorgänge versetzt«. Diese Warnung bedeutet aber nicht, daß Mattiesen irgendwelche Einwände gegen die psychoanalytische Betrachtung personengebundener Spukphänomene hätte. Im Gegenteil, er ist vollkommen überzeugt, daß sie sehr oft angebracht ist. Dank den Bemühungen Prof. Benders verfügen wir in den letzten Jahren über mehrere Fälle von Poltergeistphänomenen bei jungen, neurotisch gestörten Menschen. Diese Phänomene wurden in so einwandfreier Weise festgestellt, daß darüber keinerlei Zweifel möglich sind. (Siehe »H. Bender: Unser sechster Sinn«, Stuttgart, 1971, sowie »Telepathie, Hellsehen und Psychokinese – Aufsätze zur Parapsychologie«, München, 1972.)

XVII Abschluß

»Spiritismus ist nicht dasselbe wie Parapsychologie überhaupt, sondern eine besondere Hypothese in ihrem Rahmen, ganz ebenso wie die Lehre von der natürlichen Zuchtwahl eine besondere Hypothese im Rahmen der allgemeinen Abstammungslehre ist. Der Spiritismus ist jedenfalls eine logisch berechtigte Hypothese, denn er enthält keinen Widerspruch in sich selbst.«

Hans Driesch

Ich möchte die Erkenntnisse, zu denen wir in diesem Werk gekommen sind, wie folgt zusammenfassen:

1. Die Parapsychologie hat – als Nebenzweig der empirischen Psychologie – wie jede andere Wissenschaft nicht nur ihre Methoden, Tatsachen und Begriffe, sondern auch ihre Hypothesen.

2. Eine davon ist die sogenannte Geisterhypothese, der zufolge gewisse Phänomene auf irgendwelche Weise von Verstorbenen hervorgerufen werden in der Absicht, Zeichen ihres Fortbestehens zu geben. Eine Reihe von Forschern ist bereit, die Berechtigung dieser Hypothese anzuerkennen und sich daher ihrer in gewissen Fällen zu bedienen.

3. Diesen Forschern stehen jedoch andere gegenüber, die die Geisterhypothese als parapsychologische (Arbeits-)Hypothese ablehnen. Darunter befinden sich mehrere, deren abweisende Haltung mit theologischen bzw. philosophischen Vorurteilen zusammenhängt.

4. Die sogenannten Offenbarungsspiritisten sind im allgemeinen sowohl aufgrund ihrer mangelnden psychologischen Schulung als auch aus Gemütsbedürfnissen (Verlangen nach Trost und dergleichen) geneigt, die Bedeutung der Geisterhy-

pothese für die parapsychologische Forschung zu überschätzen.

5. Der Spiritismus ist ein System, das auf dem Glauben an die Richtigkeit einer parapsychologischen Arbeitshypothese beruht, die von vielen, aber nicht von allen Parapsychologen als berechtigt anerkannt wird. Spiritisten sind alle jene, die, sei es aus rein wissenschaftlichen, sei es aus anderen Gründen (Glaube, Intuition usw.), nicht nur an ein persönliches Fortbestehen nach dem Tode glauben, sondern auch an die Möglichkeit eines Kontaktes zwischen »Hinübergegangenen« und uns. Das heißt also, daß der Ausdruck »Spiritist« im allgemeinen nicht nur auf Menschen verschiedener Welt- und Lebensanschauung anwendbar ist, sondern auch auf solche, die auf verschiedenen Wegen zu dieser Glaubensüberzeugung gekommen sind. Im engeren Sinn versteht man unter Spiritisten alle jene, die auf empirischem Weg zum Spiritismus gelangt sind, wobei es dahingestellt bleiben mag, ob die »Erfahrung«, die ihrer Überzeugung zugrunde liegt, als wissenschaftlich verantwortbar erachtet werden muß oder nicht.

6. Wer die Geisterhypothese als annehmbare und brauchbare parapsychologische Arbeitshypothese ansieht, muß damit rechnen, daß sie mit dem Fortschreiten der (parapsychologischen) Wissenschaft einerseits noch besser untermauert werden kann, als sie es bis heute ist, daß andererseits aber gewiß auch die Möglichkeit besteht, daß das Gegenteil eintreten kann. So wie jede andere ist auch die Geisterhypothese in ihrer Annehmbarkeit von den Ergebnissen der wissenschaftlichen, in unserem Fall der parapsychologischen Forschung abhängig.

7. Der stärkste parapsychologische Beweis für den Glauben an ein persönliches Fortbestehen nach dem Tode liegt in den Exkursionsphänomenen und dem, was damit zusammenhängt. Darum ist es von großer Wichtigkeit, die Forschungen über den Metaorganismus voranzutreiben.

8. Der Wert der sogenannten Identitätsbeweise wurde von den älteren Forschern überschätzt. Selbst der überzeugendste Identitätsbeweis ist animistisch erklärbar, und es ist das gute

Recht des Forschers, die umständlichsten animistischen Erklärungen für »einfacher« und damit eher annehmbar zu halten als eine Erklärung mit Hilfe der Geisterhypothese. Das schließt aber nicht aus, daß sich Fälle von Identitätsbeweisen ergeben, deren spiritistische Art vielen evident sein wird.

Evident sind solche Meinungen, die sich uns mit einer unwiderstehlichen Überzeugungskraft aufdrängen. Alle unsere wahren Gedanken werden vom Bewußtsein der Evidenz begleitet, doch kann ein solches Bewußtsein als Folge seiner Subjektivität kein Kriterium für die objektive Gültigkeit dieser Meinung sein.

Wiederholt kommt es vor, daß zwei Parapsychologen, die beide von der Berechtigung der Geisterhypothese als parapsychologische Arbeitshypothese überzeugt sind, in einem bestimmten Fall dennoch verschiedener Ansicht sind, ob er nun animistisch oder spiritistisch zu erklären sei. Was dem einen evident ist, muß es dem andern durchaus nicht immer sein. Ein Beispiel dafür ist ein dem »Journal SPR.« vom Oktober 1928 entnommenes Ereignis, das in einem Brief von L. J. Jones an Mrs. Salter beschrieben wurde.

Ein älterer Herr, der kurze Zeit in einer bestimmten Gemeinde gelebt hatte, starb. Die Familie ließ auf seinem Grab einen schönen Grabstein aufstellen. Bald darauf zog sie in eine andere Stadt.

Einige Zeit danach hatte die verheiratete Tochter des Verstorbenen einen Repetiertraum. Darin erschien ihr Vater und beklagte sich, daß der Stein auf einem falschen Grab stünde. Der Totengräber, den man von der Sache in Kenntnis gesetzt hatte, erklärte das als unmöglich, weil er aufgrund einiger Einzelheiten mit Sicherheit zu wissen glaube, der Stein sei auf das richtige Grab gestellt worden. Da sich der Traum trotz dieser beruhigenden Angaben wiederholte und die Tochter immer nervöser wurde, beschloß man, die Dame von ihrer vermeintlichen Neurose zu befreien. Man öffnete also das Grab, um ihr augenscheinlich vorzuführen, daß sich der Stein auf dem rechten Grab befände und sie sich unnötige Sorgen gemacht hatte.

Als das Grab offen war, stellte sich ein Irrtum des Totengräbers heraus: Der Stein stand tatsächlich auf einem falschen Grab.

Bergson, mit dem Sir Lawrence J. Jones (1928–1929 Vorsitzender der englischen SPR.) diese Sache besprochen hatte, vertrat ebenso wie er die Ansicht, hier könnte von einem Schöpfen aus einem kosmischen Bewußtseinsreservoir (James) keine Rede sein. Beiden Forschern war evident, es handle sich um eine spiritistische Erscheinung, einen intentionellen Akt. Wenn es mir auch fernliegt, diese Möglichkeit zu bestreiten, glaube ich jedoch mit R. Lambert (Zeitschrift für Parapsychologie, 1929, Seite 548), der Totengräber könnte seinen Fehler unbewußt bemerkt und diese – nicht zu seinem Wachbewußtsein durchgedrungene – Kenntnis unbewußt telepathisch auf die Tochter des Verstorbenen übertragen haben.

Was Bergson und Jones evident ist, ist es also weder Lambert noch mir.

9. Die verteilten Botschaften gehören zu den am meisten überzeugenden Formen von Identitätsbeweisen. Vielen ist es »evident«, daß wir es hier mit »intentionalen Akten« seitens Verstorbener zu tun haben, die einen Beweis ihres Fortbestehens geben wollen. Im Zusammenhang mit verschiedenen anderen Identitätsbeweisen gesehen und vor dem Hintergrund der Ergebnisse der Forschungen über Exkursionsphänomene, nimmt die Überzeugungskraft mancher Fälle von verteilten Botschaften noch beträchtlich zu[1].

10. Mrs. Sidgwicks These, in gewissen »Kontrollen« habe man sekundäre Persönlichkeiten zu sehen, die durch außerirdische »Hypnotiseure« erweckt werden, muß als bedeutender und erhellender Beitrag zu unserer Kenntnis der Besessenheitserscheinungen gewertet werden.

Am Ende dieser Betrachtungen möchte ich noch auf folgendes hinweisen.

Einzelne Forscher, wie Ch. Richet und E. Osty, haben darauf aufmerksam gemacht, es würde um so schwieriger werden, hinsichtlich der Frage, ob gewisse spiritistisch anmutende Mitteilungen tatsächlich von Verstorbenen herrühren oder nicht, eine subjektive Gewißheit zu erlangen, über je mehr Erfahrung man mit Psychoskopisten und dergleichen verfügt. Diese Ansicht teile ich vollkommen. Wenn ich meinen eigenen Entwicklungsgang überblicke, finde ich, daß die Anzahl von Phänomenen (Identitätsbeweise u. a.), von denen mir evident war, sie müßten spiritistisch erklärt werden, immer mehr abnahm, je mehr Erfahrungen ich aufgrund meiner Versuche mit Psychoskopisten und dergleichen sammeln konnte. Dem steht jedoch gegenüber, daß die Ergebnisse dieser Versuche mich mehr und mehr zur Einsicht brachten, die energetisch-monistische Menschenbetrachtung sei absurd. Ihr zufolge soll das menschliche Bewußtsein (die menschliche »Seele«, der menschliche »Geist«) nur eine Begleiterscheinung (ein Epiphänomen) gewisser sich in unserem Gehirn abspielender physiologischer Prozesse sein. Indirekt haben diese Untersuchungen sehr erheblich dazu beigetragen, daß ich hinsichtlich der Frage, ob wir an ein persönliches Fortbestehen nach dem Tode zu glauben haben oder nicht, wenig oder gar keinen Zweifel mehr hege.

Es freut mich, daß auch andere diese Meinung teilen. So weist z. B. der englische Philosoph C. D. Broad in seiner Abhandlung THE RELEVANCE OF PSYCHICAL RESEARCH TO PHILOSOPHY darauf hin, daß die parapsychologischen Forschungsergebnisse unverkennbar günstige Voraussetzungen für den Glauben an ein persönliches Fortbestehen geschaffen haben, wie sehr er im übrigen auch davon überzeugt ist, daß diese Forschungsergebnisse dem sogenannten Offenbarungsspiritismus einen schweren Schlag versetzt haben.

Mit der Erkenntnis, daß die Ergebnisse der parapsychologischen Forschung sowohl direkt als auch indirekt günstige Voraussetzungen für einen Glauben an ein persönliches Fortbestehen nach dem Tod und die Möglichkeiten eines Kontaktes mit Verstorbenen schaffen, können wir uns nicht begnügen. Diese Erkenntnis läßt zahlreiche Fragen entstehen. Eine davon ist die, ob es eine Vorexistenz (besser: eine Reinkarnation) gibt, ohne welche nach Ansicht vieler ein Fortbestehen nicht möglich sein kann. Ohne hier näher darauf einzugehen, sei bemerkt, daß die parapsychologische Forschung bisher noch wenig Licht auf diesen alten Glauben geworfen hat, obwohl sich in den letzten Jahren in parapsychologischen Kreisen Bestrebungen zeigen, sich auch mit diesem Gegenstand näher zu befassen. Ich denke hier vor allem an die Forschungen des amerikanischen Psychiaters Ian Stevenson, der in verschiedenen Ländern Untersuchungen über Erinnerungen an ein früheres Leben anstellte. Zwanzig von den vielen von ihm erfaßten Fällen veröffentlichte er in seinem 1966 in New York erschienenen Werk TWENTY CASES SUGGESTIVE OF REINCARNATION, das zweifellos als einer der bedeutendsten Beiträge zu unserem Wissen über die Frage der Reinkarnation anzusehen ist. Inzwischen sind Stevenson neue Fälle bekannt geworden, womit er sein Material abermals erweitern konnte. Er hat sie im »Journal of the American SPR.« der Öffentlichkeit vorgelegt.

In meinem Buch HELLSEHEN UND TELEPATHIE habe ich der Frage einer Wieder-Verkörperung ein eigenes Kapitel gewidmet und darauf hingewiesen, daß verschiedene Tatsachen, die man als Beweise für eine Reinkarnation angesehen hat, bei Licht besehen nur Scheinbeweise sind. Ich denke hier z. B. an die »sensation du déjà vu«, die oftmals sich nur als Ergebnisse einer positiven Erinnerungstäuschung (fausse reconnaissance) erwiesen hat. Auch das hypnotische Zurückführen in frühere Inkarnationen, wie das de Rochas und Happich zu tun versuchten und worin ihnen Morey Bernstein gefolgt ist, hat nicht die gewünschten Ergebnisse erbracht und uns bloß so wie manche spiritistische Séancen Beiträge zu Erkenntnissen über sekundäre und tertiäre Persönlichkeiten geliefert. Das alles hindert jedoch nicht, daß Forscher von Zeit zu Zeit mit Fällen in Berührung kommen, die zu denken geben. Sie können mit den vorhin besprochenen Identitätsbeweisen in eine Reihe gebracht werden und stellen uns vor gleichartige Schwierigkeiten.

Eine andere Frage ist die nach der Unsterblichkeit. Bedeutet Fortbestehen nur Nachbestehen, oder sind wir in Wahrheit unsterbliche Geschöpfe? Wenn ja, wie haben wir uns dann die Unsterblichkeit vorzustellen? Bestehen wir als Einzelwesen fort in einer als endlos gedachten Zeit, oder folgt unserem Nachbestehen schließlich eine Verewigung?

Vielleicht wird in ferner Zukunft die Menschheit einmal imstande sein, in wissenschaftlich vertretbarer Weise auf diese und noch so viele andere Fragen zu antworten. Vorläufig müssen wir uns mit der Erkenntnis begnügen, daß, wie viele meinen, die Ergebnisse der parapsychologischen Forschung den Glauben an ein persönliches Fortbestehen (Nachbestehen) nach dem Tode rechtfertigen. Wohlgemerkt: Ich spreche vom Glauben, weil ein Beweis in streng wissenschaftlichem Sinn bisher noch nicht erbracht werden kann.

XVIII Nachwort

Die vierte niederländische Auflage dieses Buches, die dieser Übersetzung zugrunde liegt, ist im Jahre 1971 erschienen. In letzter Zeit wurden auf dem Gebiet der parapsychologischen Forschung zahlreiche weitere Fortschritte gemacht. Bis zu einem gewissen Grad trifft das auch auf das engere Thema, dem dieses Werk gewidmet ist, den Spiritismus, zu, der in einer Zeit, da der Glaube an die kirchlichen Dogmen und Lehrsätze abnimmt, zusehends steigendes Interesse findet. Es ist nicht möglich, eine ausgedehnte, vollständige Übersicht über die neueste Literatur der hier behandelten Problematik zu geben. Das halten wir übrigens für ganz überflüssig, zumal sich keine wirklich neuen Gesichtspunkte gezeigt haben; nur das bereits vorhandene Material wurde erweitert. Neue Forscher und neue Versuchspersonen traten auf, und einigen von ihnen möchte ich hier Aufmerksamkeit zuwenden.

1. Erfahrungen eines Bischofs

1969 erschien in den Vereinigten Staaten ein aufsehenerregendes Buch, das den Titel The Other Side führt. Der Autor ist der im selben Jahr in Israel verunglückte amerikanische Jurist und Theologe Bischof J. A. Pike, dessen Sohn drei Jahre vorher Selbstmord verübt hatte. Ursache: Drogensucht.

Pike, der im kirchlichen Leben eine führende Rolle gespielt hat und als sehr progressiv galt, hatte sich schon früher für die parapsychologische Forschung interessiert. Mehr als einmal hat er darauf hingewiesen, daß es für die Theologen von größter Wichtigkeit sei, sich über deren Ergebnisse auf dem laufenden zu halten. Parapsychologisch orientierte Theologen, meinte er – und dieser Meinung schließe ich mich voll an –, werden in hohem Maße zu der so äußerst notwendigen kirchlichen Erneuerung beitragen können, ohne die das kirchliche Leben mehr und mehr dahinsiechen wird.

Wie zu erwarten war, suchte Pike nach dem Tod seines Sohnes mit einigen Medien Verbindung aufzunehmen, u. a. mit Arthur Ford und Ena Twigg. Diese, eine Engländerin, erregt aufgrund ihrer paragnostischen Begabung große Aufmerksamkeit. Viele Leute behaupten, durch ihre Vermittlung überzeugende Beweise für das Fortleben geliebter Angehöriger und Freunde, die sie durch den Tod verloren hatten, erhalten zu haben.

In seinem genannten Buch gibt nun Pike seine Erfahrungen mit Ena Twigg wieder; sie haben ihn in seiner Überzeugung bestärkt, daß es ein Weiterleben nach dem Tode gibt.

Auch Arthur Ford, ein amerikanischer Prediger, verfügt ebenso wie seinerzeit W. Stainton Moses über bemerkenswerte paranormale Fähigkeiten. Wenn man Pikes Erfahrungen mit Ena Twigg, Arthur Ford und anderen Medien mit jenen vergleicht, die frühere Forscher mit Sensitiven wie Eleonora Piper, Gladys Osborne Leonard und ähnlichen gemacht haben, so fällt einem wiederum die merkwürdige Übereinstimmung aller von diesen Medien herrührenden Identitätsbeweise auf.

Obwohl man die von Pike gemeldeten Erfahrungen mit seinen Medien noch immer animistisch erklären kann, so ist doch nicht zu bestreiten, daß sich uns – zumindest mir – wiederholt die Frage stellt, ob die eine oder andere dieser animistischen Erklärungen nicht allzu gekünstelt ist und es nicht einfacher wäre, sie durch eine spiritistische zu ersetzen.

Wir wissen nur zu gut, daß hinsichtlich einer Beantwortung dieser Frage die Meinungen noch immer auseinandergehen. Diese Tatsache müssen wir nun auch bei den beiden im nachstehenden ausgeführten Fällen feststellen.

2. Das komponierende Medium Rosemary Brown

Rosemary Brown ist eine etwa fünfzigjährige Witwe, die mit ihren beiden Kindern im ärmlichen Londoner Stadtviertel Balham wohnt. Als ich sie gegen Ende 1969 besuchte, war ich von der dürftigen Einrichtung ihrer Wohnung betroffen. Wie sie mir und auch anderen mitteilte – und Nachforschungen haben die Richtigkeit ihrer Angaben bestätigt –, hat sie in ihrer Jugend ein wenig Klavier spielen gelernt, dabei aber keineswegs von einer besonderen musikalischen Begabung Zeugnis abgelegt. Sie heiratete einen Journalisten. Im Jahre 1961 starb er nach langer Krankheit und ließ sie mit zwei Kindern in ziemlich ärmlichen Verhältnissen zurück.

Als Rosemary etwa sieben Jahre alt war, hatte sie die Erscheinung eines Mannes, der ihr sagte, er wolle sie später Musik lehren lassen (Gehörshalluzination). Sie legte diesem Traum nicht viel Bedeutung bei, auch nicht, als sie einige Jahre später, wie sie angab, zu der Überzeugung kam, der Mann wäre Liszt gewesen. So verging die Zeit. Nach dem Tode ihres Mannes fand sie eine kleine Einkommensquelle in ihrer Tätigkeit bei der Balhamer Schülerspeisung.

Eines Tages im Jahre 1964, als sie sich wieder einmal auf den Hocker bei dem alten Klavier setzte, das beinahe unbenutzt in ihrem Zimmer stand, und ein wenig spielen wollte, bemerkte sie zu ihrer großen Verwunderung, daß sie die Kontrolle über ihre Hände verloren hatte. Es war, als äußerte sich ein unsichtbares Wesen in ihr durch sie. Dieses »andere Wesen« spielte auf dem Klavier und bediente sich dabei ihrer Hände. Sie erinnerte sich der Halluzination, die sie einst als Kind gehabt hatte, und wurde sich allmählich bewußt, »daß Liszt sein Versprechen eingehalten hat und zurückgekehrt war«.

Mrs. Brown lauschte mit Aufmerksamkeit dem, was sie automatisch spielte, und konnte sich das nicht anders erklären als durch die Annahme, Liszt wäre es, der sich ihrer als Medium bediente. Sie stellte »ihm« nun die Frage, wie sie es anstellen sollte, sich das, was »er« spielte, zu merken. Sozusagen als Antwort wurde ein Musikstück so oft wiederholt, bis sie es in den Griff ihrer Finger bekommen hatte. In einem späteren Stadium wurde ihr Musik inspiriert, und sie begann, zuweilen unter großen Schwierigkeiten, automatisch Musik zu schreiben.

Sie erzählte mir dann weiter, daß außer Liszt sich allmählich auch andere Komponisten, wie Chopin, Bach, Beethoven, Brahms, Schumann, Grieg, Debussy, Rachmaninow, durch sie äußerten. Diese erschienen ihr nicht bloß, sie sprachen sogar zu ihr (Gehörshalluzination), und zwar jedesmal englisch. Jeder von ihnen hatte eine eigene Art, sich zu verhalten.

Wer nun denkt, Mrs. Brown hätte ein brennendes Verlangen gehabt, ihre wohl sehr sonderbaren Erlebnisse an die große Glocke zu hängen, irrt sich sehr. Im Gegenteil; sie war sich vollkommen bewußt, daß manche sie für irrsinnig halten würden. Nur einigen wenigen Vertrauten erzählte sie, was ihr widerfahren war. Einer von ihnen brachte sie mit Sir George Trevelyan in Verbindung, dem Direktor des Shropshire Adult College of Education in Addingham Park bei Shrewsbury. Dieser interessierte sich für sie und führte sie bei dem Ehepaar George und Mary Firth ein, die beide in englischen musikwissenschaftlichen Kreisen sehr bekannt sind. Mrs. Firth testete Rosemary Brown genauso, wie sie es mit ihren Schülern zu tun pflegt. Dabei stellte sich zu ihrem Erstaunen heraus, daß Mrs. Browns musikalische Kenntnisse äußerst mangelhaft waren. Sie war nicht imstande, eine einfache Melodie, die man ihr vorspielte, in Notenschrift wiederzugeben. Sir George Trevelyan und Mrs. Firth wußten es nun so einzurichten, daß ein Fonds gegründet wurde, aus dem Mrs. Brown eine monatliche Zuwendung erhalten konnte, die sie in die Lage versetzte, ihre Beschäftigung aufzugeben und sich gänzlich ihrer musikalischen Tätigkeit zu widmen. Seit Liszts »Rückkehr« hatte sie damals schon mehr als vierhundert Musikstücke empfangen, die bis auf wenige Ausnahmen für Klavier komponiert waren und ihr zumeist Note für Note eingegeben wurden, wie sie meint von verstorbenen Komponisten, die sich ihrer als Vermittlerin (Medium) bedienten. Daß diese Kompositionen mehr als bloße Nachahmungen sind, geht nicht allein aus Mrs. Firths Beurteilungen hervor, sondern auch aus den Meinungen verschiedener Experten auf musikalischem Gebiet, wie Hebzibah Menuhin, der Schwester Yehudi Menuhins, Ian Parrot, Professor für Musikwissenschaft am University College in Aberystwyth, Wales, oder des Komponisten Richard Rodney Bennet. Dieser schreibt: »Wir alle können zwar ein wenig Debussy auf dem Klavier imitieren, wenn man es von uns verlangt. Aber das ist etwas ganz anderes, als ein zusammenhängendes Musikstück zu komponieren, das völlig den Stempel des betreffenden Meisters trägt ... Viele Menschen können improvisieren, aber es gehört eine jahrelange Übung dazu, einen Komponisten so nachzuahmen, wie sie spontan und auf der Stelle eine Komposition zustande bringt ... «

Derselben Meinung sind die beiden anderen. Sie rühmen Mrs. Browns Ehrlichkeit, geben zu, daß die Kompositionen hier und dort schwache Stellen aufweisen, anerkennen aber dabei auch, daß diese durch andere, wirklich schöne Stellen aufgewogen werden. Da die Melodien keinem von den dreien bekannt sind, halten sie die Möglichkeit einer Kryptomnesie für ausgeschlossen.

Man kann sich natürlich fragen, ob Rosemary Brown vielleicht eine Komponistin ist, ohne sich dessen eigentlich bewußt zu sein. Darauf antworten Musikwissenschaftler beinahe einstimmig, man könne diese Möglichkeit ausschließen. Es gibt nichts in ihren Kompositionen, das etwa ihr »Selbsteigenes« enthält. Trevelyan weist in seinem Bericht darauf hin, daß er von der Tatsache betroffen ist, wie jeder Komponist, der sich angeblich durch sie äußert, völlig auf die ihm eigene Weise wirkt.

Anläßlich eines Besuches Mrs. Browns in meinem Institut hatte ich Gelegenheit, in Zusammenarbeit mit einem Psychiater sie einer kombinierten psychologisch-psychiatrischen Untersuchung zu unterziehen. Das Ergebnis war: Sie ist als eine geistig normale Frau anzusehen, seelisch im Gleichgewicht und ohne hysterische Züge.

1970 brachte »Philips Fonografische Industrie, Baarn« eine

Schallplatte mit einigen »ihrer« Kompositionen nach Liszt, Chopin, Beethoven, Debussy, Schubert, Schumann, Grieg und Brahms auf den Markt. Einige dieser Stücke hatte sie selbst gespielt, andere der englische Pianist Peter Katin. Ihrem Spiel ist deutlich die Ungeübtheit anzumerken. Ich habe diese Platte verschiedenen Leuten vorgespielt, wobei sich zeigte, daß jene, die der Musik vorurteilslos lauschten, eher das Selbsteigene eines jeden Komponisten dieser Stücke entdeckten als solche, die ich vorher über das Entstehen unterrichtet hatte. Gerade diese zweifelten an der Richtigkeit von Mrs. Browns Annahme.

Auf Ersuchen der Firma Philips schrieb ich ein Vorwort zu dieser Platte, wobei ich zu keinem endgültigen Urteil kommen konnte, mich aber für weitere Untersuchungen aussprach. Die Möglichkeit, daß Rosemary Brown tatsächlich von verstorbenen Komponisten inspiriert sein könnte, lehne ich nicht unbedingt ab. Das heißt aber nicht, daß ich sie annehme.

Der Fall Rosemary Brown steht nicht für sich allein da. Zu Beginn unseres Jahrhunderts machte der Engländer Shepard als musikalisches Medium von sich reden. Er gab Klavierkonzerte, zu denen er, wie es hieß, von »Geistern« beeinflußt wurde. Obwohl es als ziemlich sicher feststeht, daß Shepard zu bemerkenswerten »Mehrleistungen« imstande war und er daher als psychologisches Problem galt, konnte man den Einfluß von Geistern nie beweisen.

Fälle wie Brown und Shepard muß man auch im Zusammenhang mit jenen von sogenannten Malermedien sehen. Ein solcher ist der von Dr. E. Osty untersuchte französische Bergarbeiter Lesage, der im Alter von 35 Jahren plötzlich eine Stimme hörte, die ihm sagte, er sei eigentlich zum Malen bestimmt. Bald darauf vernahm er diese Stimme abermals. Viele Monate später kam er in Verbindung mit Spiritisten, und er begann, an Sitzungen teilzunehmen. Schon bei der ersten schrieb er automatisch. Unter Einfluß eines »fremden Willens« kaufte er in einem Laden allerlei Malerutensilien und begann zu malen, zuerst auf Papier. Bald aber erhielt er den Auftrag,

Leinwandstücke zu kaufen und darauf zu malen. Allmählich entstand eine Sammlung von Gemälden, von denen Osty im Jahre 1926 einige Reproduktionen in der REVUE MÉTAPSYCHIQUE veröffentlicht hat. Darunter befinden sich stilisierte menschliche Antlitze, »heilige Vögel«, geheimnisvoll anmutende Tiere und andere als Symbole anzusehende Figuren, die jedenfalls eine gewisse Kunstsinnigkeit verraten sowie ein Gefühl für Linien und Farben.

Osty gab Lesage Gelegenheit, ein paar Wochen im Institut Metapsychique zu malen, wobei man ihn genau beobachtete. Die Untersuchung ergab, daß er alles automatisch tat. Er arbeitete, wie schon erwähnt, unter dem Einfluß eines fremden Willens, der ihn beinahe völlig beherrschte. Allmählich baute sich aus einzelnen Teilen ein sinnvolles Ganzes auf, etwas, was man auch bei anderen automatisch malenden Medien wahrgenommen hat.

Wie Lesage angab, wurde er von Leonardo da Vinci inspiriert und von dem in der Geschichte der Malerei unbekannten Marius von Tyana. Wahrscheinlich war ihm der Name Leonardo da Vinci aus einem Besuch des Louvre geläufig. Marius von Tyana dürfte eine Verballhornung von Apollonius von Tyana sein, ein Name, den er vermutlich aus spiritistischen Büchern kennengelernt hatte.

Als Gegenstücke zu Lesage wären hier die Fälle Marian Gruzewski und Heinrich Nüßlein zu erwähnen, worüber in der ZEITSCHRIFT FÜR PARAPSYCHOLOGIE, Jahrgang 1926, Seite 695 ff., und 1928, Seite 617 ff., berichtet wird. Auch sie bringen uns mit der Problematik der schöpferischen Kräfte des uns Unbewußten in Berührung. Man muß sie im Zusammenhang mit dem sehen, was H. Prinzhorn und andere über die Bildnerei Gefangener und Geisteskranker berichten[1] sowie über Zeichnungen, die unter gewissen Umständen von Menschen in einer Konfliktsituation gemacht werden[2].

In seinem CONTACT WITH THE OTHER WORLD berichtet J. H. Hyslop über den Goldschmied F. L. Thompson, der, wie er glaubte, unter den Einfluß des verstorbenen Malers R. Swain Gifford geraten war. Die ersten Anzeichen dieser Beeinflussung bemerkte Thompson seiner Angabe nach im Jahre 1905, etwa sechs Monate nach dem Ableben des Malers, den er nur sehr flüchtig gekannt hatte. Die Beeinflussung nahm immer mehr an Stärke zu, und es gab Augenblicke, da Thompson sich fast ganz Gifford werden fühlte (siehe Kapitel VIII). In diesen Zuständen schuf er Zeichnungen und Gemälde, die, wie Kunstkenner behaupten, im Stil denen von Gifford vollkommen glichen. Drei Medien, die Thompson im Beisein Hyslops besuchte, lieferten Angaben zu Gifford, die sowohl ihn selbst als auch Hyslop in der Überzeugung bestärkten, Gifford bediene sich tatsächlich Thompsons als Medium.

Im Gegensatz zu Thompson, der sich nur von einem verstorbenen Künstler beeinflußt glaubte und in dessen Stil zu malen vermochte, war der Niederländer Mansveld, den ich persönlich kannte, imstande, im Stil mehrerer verstorbener Maler zu arbeiten. Zuerst soll es nur Jacob Maris gewesen sein, der sich Mansvelds als Medium bedient hat. Später taten das angeblich auch andere nicht mehr lebende bekannte und unbekannte Maler.

Über Mansvelds mediumistische Leistungen liegen verschiedenerlei Urteile vor. Manche sahen in ihm nichts als einen besonders begabten Imitator, andere hingegen ein Medium, wobei sie auf die großen stilistischen Unterschiede in seinen Arbeiten hinwiesen. Zu diesen gehörte der deutsche Arzt W. Kröner, der 1925 in Berlin eine Ausstellung Mansveldscher Gemälde organisierte. Ich stimme mit E. Mattiesen[3] überein, wenn er sagt, Kröners Urteil über Mansveld sei weit übertrieben, er berücksichtige zuwenig die Möglichkeit animistischer Erklärungen. Versuche meinerseits, Mansveld gemeinsam mit Kunstsachverständigen usw. zu untersuchen, stießen seinerzeit auf den Widerstand seiner spiritistischen Freunde. Gewiß aus Angst, eine wissenschaftliche Überprüfung könnte sie vielleicht einer Illusion berauben.

Eine solche Angst hat Rosemary Brown nicht. Sie ist bereit, sich einer wissenschaftlichen Untersuchung zur Verfügung zu stellen. Die Schwierigkeit für mich besteht jedoch darin, daß es mir bisher nicht gelungen ist, eine englische Forschergruppe zu bilden, die ihren Fall gründlicher und fachmännischer untersuchen könnte, als das bisher geschehen ist. Es ist bedauerlich, daß die englische SPR. sich in dieser Hinsicht bisher zu sehr abseits gehalten hat. Der wichtigste Grund dafür ist wohl ein zu einseitiges Interesse für Untersuchungen unter Anwendung der quantitativen Methode, die von der erwähnten Gesellschaft momentan befürwortet wird. Und so sind wir denn bis heute nicht in der Lage, ein endgültiges Urteil über den Fall Rosemary Brown abzugeben.

3. Der Jürgenson- Effekt

Als im Jahre 1959 der schwedische Kunstmaler F. Jürgenson ein Tonband abhörte, glaubte er, die Stimme eines ihm befreundeten, nicht mehr lebenden Opernsängers zu hören. Zuerst dachte er an eine akustische Sinnestäuschung. Als sich jedoch solche Phänomene wiederholten, begann er an der Richtigkeit dieser Vermutung zu zweifeln. Die Verwendung neuer Tonbänder machte es höchst unwahrscheinlich, diese Stimmen als Überreste früherer Aufnahmen zu erklären. Weitere Untersuchungen brachten Jürgenson zu der Überzeugung, die Stimmen seien Versuche Verstorbener, sich zu manifestieren.

Eine Veröffentlichung Jürgensons über seine Untersuchungen geriet in die Hände des aus Lettland stammenden Literaten und Romanschriftstellers Dr. K. Raudive, der jetzt in Bad Krozingen lebt. Sie veranlaßte ihn, mit dem schwedischen Forscher Verbindung aufzunehmen. Zuerst stand Dr. Raudive Jürgensons Behauptungen sehr mißtrauisch gegenüber. Als die beiden jedoch näher bekannt geworden waren und gemeinsame Forschungen betrieben, wich sein Mißtrauen mehr und mehr, und er kam zuletzt zur Überzeugung, die Stimmen rührten aller Wahrscheinlichkeit nach tatsächlich von Verstorbenen her, die damit versuchten, ihre Identität und damit ihr Weiterleben zu beweisen. In einem etwa 450 Seiten umfassenden Buch mit dem Titel UNHÖRBARES WIRD HÖRBAR hat Raudive die Ergebnisse seiner Untersuchungen der Öffentlichkeit vorgelegt und dabei zahlreiche Personen namentlich erwähnt. Von diesem Buch ist inzwischen auch eine englische Ausgabe erschienen. Wie zu erwarten war, machte das Werk Aufsehen und regte viele Leute an zu proben, ob auch sie Stimmen unbekannter Herkunft mit ihren Tonbändern auffangen könnten.

Technisch erfahrene Leser der Schrift von Raudive waren bestrebt, Geräte herzustellen, die einen besseren Empfang sichern könnten. Zu ihnen gehört der Ingenieur Franz Seidl, der ein »Psychophon« zu konstruieren versuchte, wie er in seinem vor kurzem erschienenen Buch DAS PHÄNOMEN DER TRANSZENDENTALSTIMMEN angibt.

Raudive, der seit 1965, wie er behauptet, schon mehr als 80 000 »Transzendentalstimmen« aufgenommen, sie auch analysiert und katalogisiert hat, teilt diese Stimmen in drei Gruppen ein. Die in der Gruppe A untergebrachten sind für jedermann verständlich. Der B-Gruppe teilt er jene Stimmen zu, die beim Abhören eine gewisse Anstrengung erfordern, und bei den in die Gruppe C fallenden handelt es sich bloß um stimmenartige Geräusche.

Erwartungsgemäß hat man sich auch in den Niederlanden für Herkunft und Wesen der Stimmen interessiert. Zu wiederholten Malen haben mir Besucher über die Ergebnisse ihrer Versuche berichtet und mich eingeladen, mich bei ihnen an Ort und Stelle mit eigenen Ohren zu überzeugen. Bisher allerdings haben solche Besuche meinerseits nicht viel mehr erbracht als die Überzeugung, daß diese Stimmen oft nichts anderes als akustische Illusionen sind, in der Art der optischen Illusionen, wovon ich in Kapitel IV, 2. Abschnitt, ein Beispiel brachte[4]. In keinem einzigen Fall konnte ich auch nur das Geringste von dem bemerken, was die Einladenden zu hören glaubten.

Es liegt mir natürlich fern, zu verallgemeinern und zu behaupten, alle von Jürgenson, Raudive und anderen dargestellten Fälle seien als bloße akustische Illusionen abzutun. Mir ist bekannt, daß sehr kritisch eingestellte Forscher in diesem Punkt mehr Glück hatten als ich. Es würde jedenfalls zu weit führen, die von Jürgenson, Raudive und anderen erbrachten Ergebnisse samt und sonders als Illusionen zu bezeichnen. Unter den von Raudive in die Gruppe A eingereihten Fällen befinden sich mehrere, bei denen deutlich vernehmbare Worte notiert wurden, von denen man nicht sagen kann, sie seien sinnlos. Mein deutscher Kollege Bender, der ein paarmal Raudive besucht hat, vertritt hier dieselbe Meinung.

Zugegeben, daß einige Forscher auf ihren Tonbändern zuweilen Wörter und Satzteile aufgenommen haben, die offensichtlich paranormaler Herkunft sind und dabei für mehrere von ihnen Beweise darstellen, daß Verstorbene Kontakt mit uns suchen. Das bedeutet aber noch keineswegs, daß derlei vermeintliche Beweise auch allgemein als solche angesehen werden müssen. Die Untersuchungen des amerikanischen Psychiaters und Parapsychologen J. Eisenbud mit dem Parergasten Ted Serios[5] bieten uns nicht nur die Möglichkeit einer Erklärung der Stimmenphänomene, sie zeigen zugleich auf, daß diese durchaus nicht unbedingt spiritistisch zu erklären sind.

Zur näheren Erläuterung folgendes:

In den Schriften von Theosophen wie Leadbeater, Sinnett u. a. finden sich wiederholt Mitteilungen über Gedankengebilde. Ihnen zufolge soll die »Astralmaterie« durch unser Denken zum Vibrieren gebracht werden, ähnlich wie Pulver auf einer Glasplatte durch die Einwirkung von Schallwellen vibriert. So wie dieses Pulver soll nun auch diese »Materie« Gestalt annehmen.

Mme. A. David-Neel, die jahrelang in Tibet gelebt hat, behauptet, sie habe dort einige Male materialisierte Gedankenbilder (Tulpas) gesehen. Solange die parapsychologische Forschung auf diesem Gebiet nicht über unumstößliches Tatsachenmaterial verfügt, können wir derartige Mitteilungen bloß zur Kenntnis nehmen.

Dasselbe gilt für allerlei Berichte über das Fotografieren von Gedankenformen, was angeblich schon 1896 dem französischen Forscher H. Baraduc gelungen sein soll. Im Jahre 1921 erschien in England ein Buch des Japaners T. Fukurai, CLAIRVOYANCE AND THOUGHTFORMS, in dem dieser von gelungenen

Versuchen mit Frau Ikuko Nagao berichtet. Sie soll über bemerkenswerte paranormale Fähigkeiten verfügt haben, die es ihr angeblich ermöglichten, fotografierbare Gedankenbilder zu produzieren. Auch bei Ada Deane sollen um das Jahr 1920 Forscher wie Hereward Carrington und F. Bligh Bond Fotos von Gedankenbildern gewonnen haben. Ich habe diesen Behauptungen immer äußerst mißtrauisch gegenübergestanden, was aber nicht heißen soll, daß ich derlei Möglichkeiten ausschließen wollte.

Seit dem Erscheinen von Eisenbuds Buch THE WORLD OF TED SERIOS habe ich meine Meinung geändert. Es handelt sich hier um den Fall eines asozialen Sonderlings griechischer Abstammung, der in den Vereinigten Staaten lebt.

1963 erhielt Dr. Eisenbud den Brief eines Herrn, der seine Aufmerksamkeit auf einen Artikel in der Zeitschrift FATE lenkte. Darin werden Versuche mit Ted Serios auf dem Gebiet der Gedankenfotografie beschrieben. Nachdem Dr. Eisenbud den Artikel gelesen hatte, fühlte er wenig Lust, der Bitte des Briefschreibers um Teilnahme an diesen Versuchen zu entsprechen. Der Inhalt des Aufsatzes kam ihm unwahrscheinlich vor. Nach wiederholtem Drängen seines Korrespondenten entschloß sich der Gelehrte, versuchsweise eine Sitzung mit Serios abzuhalten, in der geheimen Hoffnung, den Mann entlarven zu können. Die Probesitzung fand am 3. April 1963 im Palmer Hotel zu Chicago statt, unter Umständen, die dem Forscher völlig freie Hand ließen. Die Ergebnisse aber übertrafen seine kühnsten Erwartungen. In einem normal beleuchteten Hotelzimmer und in Anwesenheit zweier Zeugen hatte er Gelegenheit, die Versuchsperson zu beobachten. Serios stellte eine Polaroid-Land-Kamera auf sich selbst ein, starrte ins Objektiv, löste den Verschluß aus und . . . es kam ein unscharfes Bild eines Gebäudes zustande, über dem der Name Stevens stand.

Unnötig zu erwähnen, daß die Kamera Eigentum des Forschers war, der den Film selbst eingelegt hatte.

Diese Erfahrung hat Dr. Eisenbud veranlaßt, eine hervorragend geleitete Untersuchung anzustellen, wobei im Einvernehmen mit einem wissenschaftlichen Team der Universität Denver (Colorado) alle nur erdenklichen Vorsichtsmaßnahmen getroffen wurden. Die Teilnehmer waren sehr sorgfältig ausgewählt worden.

Die Umstände, unter denen die Versuche gemacht wurden, wurden ständig verändert. Dabei trug man aber stets Sorge für eine ausreichende Beleuchtung, die es ermöglichte, jede einzelne Handlung nicht nur genau wahrzunehmen, sondern auch zu filmen.

Seitdem Eisenbuds Buch veröffentlicht wurde, kann man sagen, die Möglichkeit, Gedanken zu fotografieren, ist bewiesen; es gibt also Gedankenformen. Die Schrift bezeugt eine gediegene wissenschaftliche Untersuchung einer der aufsehenerregendsten Fähigkeiten des Menschen. Ihr verdanken wir es, daß wir Fukurais Berichten mehr Vertrauen schenken können, als es bisher der Fall war.

Sie wirft auch ein neues Licht auf die sogenannten Geisterfotografien, wie man sie bei Mrs. Deane und anderen zustande gebracht haben will. Es ist wahrscheinlich, daß viele Lichtbilder, die man bei Mrs. Deane u. a. unter jede Möglichkeit eines Schwindels ausschließenden Umständen gewonnen und als Geisterfotos bezeichnet hat, weil sie sich auf Verstorbene bezogen, Gedankenfotos sind, also keine Beweise für die Anwesenheit des betreffenden Verstorbenen. Wie sich bei Ted Serios Erinnerungen an ein Schiff, ein Auto, einen Kirchturm, einen Schädel usw. fotografieren lassen, muß man auch Erinnerungen an Verstorbene lichtbildnerisch aufnehmen können.

Ich will damit die Möglichkeit echter Geisterfotos keinesfalls bestreiten, sondern nur auf die Kompliziertheit solcher Phänomene hinweisen und auf die Notwendigkeit, hier hinsichtlich der Erklärungen größte Vorsicht walten zu lassen.

Die Tatsache, daß Serios imstande ist, seine materialisierten[6] Gedanken auf den Film einwirken zu lassen, schließt die Möglichkeit in sich, daß der Mensch auch imstande sein könnte, ein Tonband durch seine Gedanken zu beeinflussen. Diese Erkenntnis mahnt uns zur Vorsicht, was die Anwendung der spiritistischen Hypothese auf die Stimmenphänomene betrifft. Wenn weitere Forschungen die paranormale Herkunft von Stimmen unumstößlich beweisen sollten, so ist damit noch durchaus nicht bewiesen, daß es sich um ein spiritistisches Phänomen handelt. Es ist aber auch nicht auszuschließen, daß es so eine Möglichkeit gibt.

XIX Notizen und Anmerkungen

I

1 Als »Kreuz« (richtiger als Pendel) diente hier ein Ring. Er hing an einem sehr dünnen Leinenfaden. Als »Brett« verwendete man eine runde Schale, auf deren Rand die Buchstaben des Alphabets eingeritzt waren. Einer der Anwesenden diente als »Medium«. Siehe Kapitel VI.

2 Zweifellos besteht ein Zusammenhang zwischen paranormaler Veranlagung und dichterischer Begabung. Wie schon im Altertum hat man auch in unseren Tagen bemerkt, daß Paragnosten zuweilen die Neigung aufweisen, in Versen zu sprechen.

3 Mesmer hatte (was nach dem damaligen Stand der Physik verständlich ist) eine unrichtige Vorstellung vom Wesen des mineralischen Magnetismus. Außerdem argumentierte er mit falschen Analogien. Das führte dazu, daß er von einem tierischen Magnetismus gesprochen und seine Behandlungsweise »magnetisieren« genannt hat. Obwohl seine Nachfolger über das Wesen des Fluidums anderer Meinung waren, übernahmen sie den Ausdruck und bezeichneten sich als Magnetiseure. Heutzutage glauben die Magnetiseure (richtiger: Heilkundige, Heilpraktiker oder Heiler), das »Fluidum« sei eine psychophysische Emanation, deren Existenz aber bis heute wissenschaftlich nicht bewiesen ist. Siehe mein Buch AUSSERGEWÖHNLICHE HEILKRÄFTE.

4 Justinus Kerner wurde 1786 in Ludwigsburg geboren. 1808 promovierte er in Tübingen zum Doktor der Medizin. Nachdem er an mehreren Orten als Arzt praktiziert hatte, ließ er sich in Weinsberg nieder. Außer als Mediziner machte er auch als Dichter von sich reden. Sein Haus in

Weinsberg beherbergte wiederholt Freiligrath, Geibel, Lenau und andere Dichter. Schon früh wurde sein Interesse für den Mesmerismus geweckt. Seine Versuche brachten ihn mit Somnambulen und ähnlichen Personen in Berührung. So wurde er ein Vorläufer der späteren Parapsychologen. Kerner starb 1862 in Weinsberg, tief betrauert von vielen, die ihn als Menschen und tüchtigen Arzt schätzengelernt hatten.

II

1 In der Philosophie versteht man unter Spiritualismus das Gegenteil von Materialismus.
2 Die Religionspsychologie lehrt, daß parapsychologische Phänomene wiederholt bei Mystikern bemerkt wurden. Daher glaubte du Prel, sie mystische Phänomene nennen zu dürfen. Das wurde mit Recht kritisiert.
3 Aksakow hat die Schwierigkeiten, mit denen man bei einer solchen Beurteilung zu kämpfen hat, unterschätzt. Weitere Untersuchungen ergaben, daß hier alles viel komplizierter ist, als man zu seiner Zeit vermutete.
4 Die Vorstellung der Zwiefältigkeit des menschlichen Geistes trifft man schon bei einigen Autoren vor Hudson an, u. a. bei Dessoir und F. W. H. Myers. Dessoir ließ im Jahre 1890 eine Studie »DAS DOPPEL-ICH« erscheinen. Von ihm stammt der Ausdruck »Parapsychologie«.

III

1 Goethe spielt hier auf die Spukerscheinungen an, die sich in der Tegeler Mühle bei Berlin gezeigt haben sollen.
2 Unter Spiritualismus versteht die Philosophie die Auffassung, wonach die Wirklichkeit ausschließlich von geistiger Art sei. Siehe Notiz 1 zu Kapitel II.
3 Wurde von W. H. C. Tenhaeff, J. J. Wittenberg und B. Bloemsma in der Abhandlung »Bijdragen tot de kennis van de persoonlijkheidsstructuur van paragnosten (Beiträge zur Er-

kenntnis der Persönlichkeitsstruktur von Paragnosten)« in der »Tijdschrift voor Parapsychologie«, 25, 26, 27, 28, 30 behandelt.

4 Eine solche Meinungsverschiedenheit hinsichtlich der Wahl einer bestimmten Hypothese unter Fachleuten ist an sich nichts Besonderes und kommt auch in anderen wissenschaftlichen Fächern vor. So können etwa Biologen verschiedener Ansicht sein, ob man irgendein biologisches Phänomen neovitalistisch erklären kann oder nicht.

IV

1 Siehe O. Kroh: »Eidetiker unter deutschen Dichtem«, Zeitschrift für Psychologie, Band 85.

2 Gerüchte über Erscheinungen locken begreiflicherweise jedesmal Hunderte von Neugierigen an den Ort, wo sie angeblich aufgetreten sind. Darunter befinden sich immer wieder Menschen, die in visionäre Zustände geraten. Man kann hier von Sehern des dritten Grades sprechen.

3 Es handelt sich hier um einen katholischen Geistlichen, der auch Chemie studiert hatte und darüber Vorlesungen hielt. Hinsichtlich des automatischen Schreibens begann er, Versuche mit sich selbst anzustellen. Dabei ergaben sich bei ihm bemerkenswerte Zustände dramatischer Persönlichkeitsspaltung, die er genau beschrieben hat. Sein Fall liefert uns ein sehr interessantes Beispiel einer mediumistischen Psychose. Siehe H. Bender: »Mediumistische Psychosen« in »Aufsätze zur Parapsychologie«, Serie Piper, München, 1972.

4 Siehe Kapitel XIII.

V

1 Bei unseren Versuchen mit Psychoskopisten zeigt sich, daß sie aufdrängende Vorstellungen und veridike (wirklichkeitsgemäße) Pseudohalluzinationen mit Bezug auf unsere Er-(Wieder-)Innerungen haben. Sie »innern« das, wessen wir

uns er-(wieder-)innern. Siehe mein Buch »Hellsehen und Telepathie«.

2 Da weder Dr. Z. noch Frau W. auch nur einen Augenblick daran glaubten, die ihnen erschienenen Personen seien wirklich anwesend gewesen, müssen wir uns bei diesen veridiken Halluzinationen des Zusatzes »Pseudo« bedienen.

3 Aus den Mitteilungen zu schließen, die Frau L. nach dem Oktober 1945 von einem Kameraden ihres Mannes, der an seinem Sterbebett gestanden hatte, empfing, muß es wohl als höchstwahrscheinlich angesehen werden, daß wir es hier mit einem Fall von Telästhesie (räumliches Hellsehen) zu tun haben. Wahrscheinlich ist diesem Hellsehen der Frau L. eine telepathische Beeinflussung durch ihren Mann vorangegangen.

4 Wie aus Vorstehendem bereits hervorgeht, findet man in den Berichten über Erscheinungen wiederholt das Vorhandensein einer »Anwesenheit« erwähnt. Siehe auch Kapitel XVI.

5 Das Verhalten von Mrs. Spearman veranlaßt uns, hier von einer veridiken Halluzination zu sprechen.

6 Die Erscheinung fand in der Sterbestunde statt.

7 Völkerkunde und Religionsgeschichte lehren, daß bei manchen primitiven Völkern die Seele des Verstorbenen als Vogel abgebildet wird.

8 C. G. Jung: »Psychologie und Alchimie«.

9 C. G. Jung: »Paracelsica« (Zwei Vorlesungen über den Arzt und Philosophen Theophrastus von Hohenheim).

10 Wurde in meinem Buch »De Voorschouw«, Seite 17ff., behandelt.

11 Wurde in meinem Buch »Parapsychologische Verschijnselen in het dagelijks Leven (Parapsychologische Phänomene im Alltag)« behandelt.

12 Angenommen, Frau B. hätte kurz nach ihrem Besuch die Nachricht empfangen, der Maler Bl. wäre ein paar Tage zuvor ganz unvermutet, z. B. an den Folgen eines Unfalls, gestorben, so hätten zweifellos viele von einem spiritisti-

schen Phänomen gesprochen und ganz zu Unrecht an einen Zusammenhang zwischen seinem Ableben und seiner »Erscheinung« gedacht.

VI

1 Vom französischen »oui« und dem deutschen »ja«.
2 Der Schüler hatte an jenem Abend mehrere Leute bei Herrn M. eintreten gesehen. Er wußte, daß man dort eine spiritistische Sitzung abhalten wollte, und während er seine Aufgabe lernte, mußte er, dessen Neugierde geweckt war, immer wieder daran denken.
3 Siehe P. A. Dietz: »Telepathie en psychologie der menigte«.
4 Unter ideomotorischen Phänomenen versteht man alle jene, bei denen unter dem Einfluß von Ideen (Vorstellungen) motorische Phänomene auftreten. Sowohl das automatische Schreiben als auch das Tischrücken und das Ausschlagen der Wünschelrute beruhen auf dem ideomotorischen Prinzip. Das Tischrücken muß man aber vom Tischheben (Levitation) unterscheiden, wie es bei Eusapia Palladino und anderen Parergasten wahrgenommen wurde. Bei diesem handelt es sich offensichtlich um Psychokinese.
5 Siehe die Bibel: 1. Korintherbrief 14: 2, 9, 14, 19 und Apostelgeschichte 10: 46; 19: 7.
6 Man beachte hier die Tatsache, daß die sekundäre Persönlichkeit sich bei Baxter als »der Herr« ausgab, während sich sekundäre Persönlichkeiten bei Spiritisten als Geister Verstorbener ausgeben.
7 In der Regel »zensieren« die Psychoskopisten das, »was in ihnen aufsteigt«, also was sie »sehen«, »hören« und dergleichen. Ganz selten kann allerdings eine »subliminale Aufwallung« einer solchen Zensur entgehen. Das Vorhandensein der Zensur bedeutet, daß die Versuchsperson »passiv« und »aktiv« zugleich ist. Es zeigt sich bei ihr gleichzeitig sowohl ein teils herabgesetztes als auch ein teils erhöhtes Bewußtseinsniveau. Wurde in meinem Buch »De Voorschouw«, Seite 132 und 201, behandelt.

8 William T. Stead (1849–1912) war ein bekannter Publizist und Pazifist, der bei der Titanic-Katastrophe ums Leben kam. Er war nicht nur überzeugter Spiritist, sondern auch ein automatisch schreibendes Medium.

VII

1 Dieses In-der-Rolle-Aufgehen kann manchmal sehr weit gehen, wie sich aus der diesbezüglichen Literatur ergibt. Herr L. J. Jordaan, der viele Verbindungen zu Filmschauspielern unterhielt, hat mir interessante Beispiele dafür genannt.

2 X. berichtet, er habe sich sich selber in seinen Pubertätsjahren wiederholt als Pariser Halbweltdame vorgestellt, die ihren Freunden Frauen zuführte, sich selbst ihnen aber nicht hingab.

3 Es handelt sich hier offensichtlich um Glossolalie. Siehe Kapitel VI, Abschnitt 5.

4 X. gibt an, daß sich außer Tia auch noch andere Geister durch ihn geäußert haben, von denen einige sich G. gegenüber äußerst aggressiv verhielten. Das beweist seine ambivalente Einstellung zu G.

VIII

1 Siehe »Proc. SPR.«, Band 11, Seite 128.

2 »Papier« bedeutet hier der sich in einer verschlossenen Umhüllung befindliche, der Versuchsperson als Induktor übergebene »Brief«.

3 Das »Bild«, das dem Paragnosten auf dem Weg nach N. aufdämmerte, beruht höchstwahrscheinlich auf Rückschau. Wurde in meinem Buch »Beschouwingen over het Gebruik van Paragnosten (Untersuchungen über die Verwendung von Paragnosten)« näher ausgeführt.

4 Zur Verdeutlichung sei hier auf die Ausführungen des Arztes Dr. G. Pagenstecher verwiesen, die er im Hinblick auf seine Versuche mit Maria Reyes de Z. gemacht hat. Dabei schien es sich vor allem um eine Rückschau zu handeln,

wobei der Versuchsperson zumute war, als wäre sie Augenzeugin von Ereignissen, die sich in (oft ferner) Vergangenheit abgespielt hatten. ». . . Ich erlebe alle Ereignisse genau in derselben Weise, als ob ich mich persönlich mitten unter ihnen befände.«

5 Didier war ursprünglich Schauspieler. Er fiel jedoch durch seine ausgeprägte paragnostische Begabung auf. Eine Reihe hervorragender französischer Intellektueller und Künstler waren um die Mitte des vorigen Jahrhunderts Zeugen seiner Leistungen und wurden davon sehr beeindruckt. Zu seinen Bewunderern gehörten Alexandre Dumas und Robert Houdin.

6 Siehe Kapitel VIII, Abschnitt 3.

7 Siehe ihre 1960 erschienene Autobiographie »Zum anderen Ufer«. Die Verfasserin dieses für die Kenntnis des deutschen kulturellen und politischen Lebens in der ersten Hälfte des zwanzigsten Jahrhunderts so wichtigen Buches zeigt methodologisch den Einfluß ihrer Lehrer, der Phänomenologen Alexander Pfänder und E. Husserl, in hohem Maße. Die phänomenologischen Analysen ihrer eigenen telepathischen Erlebnisse sind wertvoll und erhellend.

8 Es handelt sich um einen damals sehr bekannten Parergasten (Versuchsperson für telekinetische Phänomene), zu dem Dr. Walther freundschaftliche Beziehungen unterhielt.

9 Dr. Walther stellte diese Frage im Zusammenhang mit dem Umstand, daß sie sich, wie sie meinte, unter seinem Einfluß wiederholt gedrängt fühlte, rote Tulpen zu kaufen. Vorher hatte sie nie ein solches Verlangen gespürt. »Jeder, der mich kennt«, sagte sie, »weiß, daß ich eine besondere Vorliebe für blaue Blumen habe. Rote sagen mir weniger.«

10 Höchstwahrscheinlich ist dieser »Schutzgeist« eine sekundäre Persönlichkeit des Mediums, eine Art »astraler Bräutigam«, womit diese unverheiratete Frau ihr Verlangen nach einem Ehemann zum Ausdruck brachte.

11 Nach Dahl beweist der Inhalt des Briefes eine Kenntnis der englischen Sprache, die jene seiner Tochter übersteigt.

IX

1 Johanna. So nannte sich die sogenannte Kontrolle des Mediums, wobei sie sich für eine zu ihrer Zeit sehr bekannte Amsterdamer Schauspielerin, Johanna Cornelia Ciezenis-Wattier (1762–1827), ausgab.

2 Auch der 1945 verstorbene Schwiegervater Frau v. R.s hatte im April Geburtstag. Siehe den Bericht über die zweite Sitzung.

3 Man bedenke dabei, daß Herr N. R., wie ich schon bemerkte, mir gegenüber eine mehr oder weniger abwehrende Haltung einnahm.

4 Es handelt sich hier um eine Frau, die ihrer Biographie zufolge schon als Kind eine paragnostische Begabung gezeigt hat. Sehr bekannt wurde sie durch Oliver Lodges Buch »Raymond«, in dem dieser Gelehrte Berichte verschiedener Medien über seinen 1915 in Flandern gefallenen Sohn zusammengefaßt hat.

5 Ich hatte einige Male Gelegenheit, Fälle zu untersuchen, in denen unbekannte Verstorbene (darunter auch einige Ausländer) sich in einem Kreis von Spiritisten geäußert haben sollen. Die Ergebnisse dieser Untersuchungen waren manchmal sehr überraschend; die erhaltenen Angaben beruhten allem Anschein nach nicht auf Kryptomnesie. Trotzdem aber hat man in solchen Fällen immer mit der Möglichkeit einer Kryptomnesie zu rechnen.

6 Siehe H. Price: »Leaves from a Psychist's Case-book.« Price hat mit Recht darauf hingewiesen, daß die weitgehenden technischen Kenntnisse über das Luftschiff, die das technisch völlig ungeschulte Medium im Trancezustand offensichtlich besaß, hier als äußerst bemerkenswert anzusehen sind.

Auch wenn wir hier derselben Meinung sind, glauben wir doch darauf aufmerksam machen zu müssen, daß wir wiederholt beobachten konnten, wie der technisch umgeschulte Paragnost G. Croiset richtige Eindrücke von technischen Störungen gewonnen hat. Es sei jedoch gerne zugegeben, daß diese bei Croiset festgestellten Fälle bedeutend weniger kompliziert sind als der in Rede stehende. Wenn unser Vergleich aber auch zweifellos hinkt, muß er dennoch angestellt werden.

7 Es handelt sich hier um Untersuchungen, bei denen die Versuchsperson beauftragt wurde auszusagen, wer an einem bestimmten Tag in einem bestimmten Saal auf einem bestimmten Stuhl sitzen werde. Die Methodik dieser Untersuchungen wurde im Lauf der Jahre immer mehr vervollkommnet. Siehe H. Bender: »Unser sechster Sinn«.

X

1 Siehe O. Lodge: »Das Fortleben des Menschen«.

2 Der Geistliche William Stainton Moses (1839–1892), eines der bemerkenswertesten Medien seiner Zeit, wurde von allen, die ihn kannten, als ein höchst ehrenwerter Mann angesehen. Er stand zuerst den theologischen Vorstellungen seiner »Kontrollen« (Führungsgeister) abweisend gegenüber und war sich über ihr Wesen nicht im klaren. Später allerdings besann er sich eines andern. Es ist schwer, zu entscheiden, ob diese »Kontrollen« dieselben waren wie jene, die sich später bei Mrs. Piper dafür ausgaben.

3 »Mrs. Holland« ist ein Pseudonym für die Gattin eines hohen britischen Staatsbeamten. Sie lebte damals in Kalkutta. Schon 1893 hatte sie Beweise ihrer mediumistischen Begabung geliefert. Kurz nach dem Erscheinen von Myers' nachgelassenem Buch »Human Personality« im Jahre 1903 konnte sie sich dieses Standardwerk verschaffen. Es machte einen großen Eindruck auf sie; sowohl die Persönlichkeit als auch die Auffassungen des im Jahre 1901 verstorbenen Autors übten große Anziehungskraft auf sie aus.

4 Die Namen dieser Damen sind: Mrs. Holland, Mrs. Verrall, Miss Verrall, Mrs. Piper, Mrs. Willett (= W. M. Combe-Tennant), Miss E. Mac und Mrs. A. Mac.

5 Man kann annehmen, daß das Wort Amylnitrat damit zusammenhängt.

6 Offensichtlich sind Maurice und Morris »Anläufe«, um zu dem vom Berichterstatter gewünschten Wort zu gelangen. Solche Anläufe, die man wiederholt bei Psychoskopisten feststellen konnte, wurden auch mehrere Male bei Mrs. Piper bemerkt.

7 Eine kurze Übersicht über diese beiden und auch andere unter den Begriff »Verteilte Botschaften« fallende Vorkommnisse findet man bei H. F. Saltmarsh (»Evidence of Personal Survival«), Gardner Murphy (»Parapsychology«) und G. N. M. Tyrrell (»Discoveries of Parapsychology«).

8 Eine Übersicht über diese Hypothesen findet man im zweiten Band von Mattiesens Werk »Das persönliche Überleben des Todes« sowie in G. N. M. Tyrrells »Discoveries of Parapsychology«, »The Personality of Man«.

XI

1 Beim Reproduktionstest läßt der Versuchsleiter die Versuchsperson die Reizwörter zum zweitenmal hören und beauftragt sie, soweit wie möglich mit denselben Ausdrücken zu antworten wie das erste Mal. Reagiert die Versuchsperson auf ein bestimmtes Wort nicht oder ist die Reaktionszeit übermäßig lang, so deutet dies darauf hin, daß ihr dieses Wort durchaus nicht gleichgültig ist, wenngleich sie beim erstenmal schnell darauf reagiert hat.

2 Bekanntlich kann man einem hypnotisierten Menschen allerlei Vorstellungen aufdrängen (z. B. einem Mädchen glauben machen, sie sei ein Soldat, ein Seemann usw.). Die hypnotisierte Person wird dann diese Rolle manchmal mit einer solchen Fertigkeit spielen, wie sie sie im Normalzustand niemals aufweisen würde. Dieses Phänomen hat die Aufmerksamkeit der Hypnotiseure im 19. Jahrhundert in besonderem Maße auf sich gelenkt. Richet sprach in diesem Zusammenhang von einer »objectivation des types«. Siehe Kapitel VIII.

3 Ein Gegenstück zu diesem Fall findet man im Kapitel X.

4 Die parapsychologische Forschung kennt Fälle, bei denen

die Frage auftaucht, ob sich vielleicht auch Lebende durch ein Medium äußern könnten. Siehe E. Mattiesen: »Das persönliche Überleben des Todes«, Band II, Seite 227.

XII

1 Siehe mein Buch »Hellsehen und Telepathie«, Seite 12 ff.
2 Siehe mein Buch »Hellsehen und Telepathie«, Seite 9 ff.
3 Auf deutsch: Schau hindurch!

XIII

1 Seit Jahrhunderten wird immer wieder von »leuchtenden Gestalten« berichtet. Wie aus A. Jaffés Buch »Geistererscheinungen und Vorzeichen« hervorgeht, vertritt sie die Meinung, wir hätten es hier mit Vorstellungen zu tun, die mit den Archetypen zusammenhängen. Obwohl ich dieser Vermutung in zahlreichen Fällen beipflichten kann, glaube ich dennoch, daß wir nicht verallgemeinern dürfen. Beobachtungen bei Eusapia Palladino und anderen veranlassen uns, mit der Möglichkeit zu rechnen, der Ausdruck »sternartig (sternhaft)« könnte damit zusammenhängen, daß man bei Parergasten zuweilen einen nebelartigen Lichterglanz wahrgenommen haben will. K. H. E. de Jong hat in »De Neo-Platonici en het Occultisme (Die Neuplatoniker und der Okkultismus)« darauf hingewiesen, daß im Altertum der Metaorganismus zuweilen auch »das glänzende Fahrzeug der Seele« genannt wurde.
2 Wie sich noch zeigen wird, entsprechen diese Ansichten ungefähr jenen, die spätere Forscher hinsichtlich der bei Eusapia Palladino und anderen Parergasten wahrgenommenen parergischen Phänomene (Psychokinese) vertreten haben.
3 Ostys Versuche mit Rudi Schneider lassen es uns als wahrscheinlich erachten, daß der sichtbaren Phase des von Osty »substance X« genannten »Stoffes« eine unsichtbare

vorangeht. Diese »substance X« kann dann ihre Anwesenheit bekunden, indem sie ein infrarotes Strahlenbündel mehr oder weniger absorbiert.

4 Solche in das Gebiet der Parergie gehörenden Tischbewegungen sind von jenen zu unterscheiden, die auf dem ideomotorischen Prinzip beruhen. Siehe Kapitel VI.

5 Siehe G. Geley: »Teleplastik und Hellsehen«, Stuttgart, 1926.

6 Es handelt sich hier um einen polnischen Dichter und Literaten, der unter dem Pseudonym F. Kluski als Medium von sich reden machte. Seine Phänomene wurden von dem französischen Arzt G. Geley untersucht und beschrieben. (»Materialisations-Experimente mit F. Kluski«, Leipzig, 1922).

7 Zu den Folgen ihrer Überempfindlichkeit gehörte es, daß die Schuhe ihr zu eng wurden und der Druck der Hände ihrer Beobachter auf die ihren sie schmerzte.

8 R. Tischner hat die von de Rochas begonnenen Forschungen über das sogenannte Fernfühlen fortgesetzt und dabei die Kritik, der man de Rochas Untersuchungen ausgesetzt hat, berücksichtigt. Siehe R. Tischner: »Fernfühlen und Mesmerismus«, München, 1925.
Einige Forscher glauben, die Ausscheidung des Empfindungsvermögens auch bei Eusapia Palladino bemerkt zu haben.

9 Siehe H. Price: »Rudi Schneider«; weiter E. und M. Osty: »Les Pouvoirs inconnus de l'esprit sur la matière«. (Deutsch: Zeitschrift für Parapsychologie, Leipzig, 1933, H. 1–4.)

10 E. und M. Osty wiesen aufgrund einer nahezu vollkommenen Kontrollmethode nach, daß ein von Rudi Schneider ausgegangenes »Etwas« imstande war, infrarote Strahlen zu absorbieren.

11 Rhines psychokinetische Versuche bestehen darin, daß man herauszufinden trachtet, inwieweit der Mensch imstande ist, frei fallende Würfel »mental« so zu beeinflussen, daß eine gewisse, im voraus bestimmte Punktfläche

öfter erscheint, als aufgrund des Zufalls allein zu erwarten wäre. Siehe J. B. Rhine & J. G. Pratt: »Parapsychology«.

XIV

1 S. J. Muldoon hat gemeinsam mit H. Carrington ein Buch veröffentlicht (»Die Aussendung des Astralkörpers«), worin er die Exkursionen beschreibt, die er angeblich von Kindheit an gehabt hat und die er in späteren Jahren absichtlich an sich erweckt zu haben behauptet. Wenn man seine Erfahrungen mit denen anderer vergleicht, findet man eine bemerkenswerte Übereinstimmung. Auch H. Carrington, der ein Vorwort zu Muldoons Buch schrieb, fand diese Übereinstimmung erstaunlich.

2 Das läßt uns an das Gefühl der Verdoppelung ihrer selbst bei Sterbenden denken, worauf wir bereits hingewiesen haben.

3 Auch andere, die die Exkursion aus eigener Erfahrung zu kennen behaupten (darunter auch van Eeden) sprechen von einem erhebenden Gefühl.

4 Von einer ähnlichen Erfahrung berichtet u. a. C. F. Varley, der durch seine Tätigkeit als Ingenieur bei der Verlegung von Telegrafenkabeln durch den Atlantischen Ozean bekannt wurde. Nachdem er eine zu große Menge Chloroform eingeatmet hatte, erlebte er angeblich eine Exkursion. Plötzlich soll er sich in einem oberhalb gelegenen Zimmer befunden haben, während er seinen Körper im Bett liegend sah. »Durch meinen Willen gab ich meiner Frau den Gedanken ein, daß ich mich in Gefahr befände. Sie stand auf, stieß einen lauten Schreckensschrei aus und nahm schnell den Schwamm von meinem Mund . . .«

5 Nach Muldoon übersteigt die Elastizität dieser Schnur, die dünner wird, je mehr sich der Metaorganismus vom Zell-Leib entfernt, jede Beschreibung. Wird die Verbindung zwischen den beiden Leibern unterbrochen, dann geht, wie Muldoon und auch andere sagen, der Zell-Leib zu-

grunde. Er soll nämlich in seiner Existenz vom Metaorganismus abhängig sein.

6 Auch die Möglichkeit, daß S. H. B. den Damen Verity eine Bildvorstellung (siehe Kapitel XVI) von sich selbst hat erscheinen lassen, ist hier nicht auszuschließen.

7 Angenommen, es handle sich hier tatsächlich um Wahrnehmungen von Herrn S. H. B.s Astralleib durch die Damen Verity, so erhebt sich die Frage, ob diese Wahrnehmungen von normaler oder doch paranormaler Art waren.
Waren sie normaler Art, das heißt, sahen die Betreffenden den Metaorganismus mit Hilfe ihres Gesichtssinnes, dann muß man von einer Wahrnehmung des Paranormalen, des Astralleibes, sprechen. Nahmen sie hingegen den Astralleib auf paranormale Weise wahr, aufgrund des Hellsehens, so handelt es sich um paranormale Wahrnehmungen einer paranormalen Erscheinung.

8 Solche synchronistischen Phänomene hat man auch bei Eusapia Palladino und anderen Parergasten wahrgenommen. Beobachter berichten, sie hätten wiederholt bemerkt, daß, sobald Klopftöne an einem Tisch hörbar wurden, Eusapias Hände (die von den Beobachtern festgehalten wurden) Klopfbewegungen machten. Sie erinnerten an die unwillkürlichen Bewegungen von Leuten, die, wenn beim Kegeln die Kugel einen Kegel beinahe berührt, durch eine Körperbewegung nachhelfen wollen. Unerfahrene Forscher haben diese Bewegungen zu Unrecht als Schwindelversuche bezeichnet; das waren sie gewiß nicht. Siehe H. Carrington: »Eusapia Palladino«.

9 Ich selber hatte einige Male Gelegenheit, solche Fälle zu untersuchen. Dabei wurde ich in meiner Überzeugung bestärkt, man könne solche Erzählungen nicht in Bausch und Bogen ins Reich der Fabel verweisen, ohne der Wahrheit Gewalt anzutun. Derselben Meinung ist auch Louise Rhine, wie aus ihrer Abhandlung »Spontaneous Psychical Effects and the Psi Process« hervorgeht. Darin führt sie eine große Zahl spontaner parergischer Phänomene im Zusam-

menhang mit Sterbefällen an. Siehe weiter E. Bozzano: »Delle apparizioni di defunti al letto di morte« und »Fenomeni di telecinesia in rapporto con eventi di morte«.

10 Es sei hier darauf hingewiesen, daß auch andere Forscher, die von ähnlichen Ereignissen berichten, bemerkt zu haben behaupten, daß die Gegenstände oft anders fielen, als nach den Prinzipien der Ballistik zu erwarten war.

11 Nach Dietz haben wir in diesen Dämonen nur Traumbilder zu sehen, die von einem inneren Zwiespalt zeugen. Theosophen werden darin einerseits »Gedankenbilder«, andererseits »Elementarwesen« (Naturgeister) sehen wollen.

12 Manche Gelehrte vertreten die Meinung, die Mitteilungen, die Miss Geraldine Cummins von dem verstorbenen F. W. H. Myers empfangen haben will, seien als Berichte »erwachter« und »fortgeschrittener« Geister anzusehen. Zweifellos muß das diesen Fall behandelnde Buch »The Road to Immortality« von Geraldine Cummins als eines der besten (wenngleich noch immer problematischen) Beispiele der sogenannten »Message(Botschafts)«-Literatur angesehen werden.

13 Unter Yoga hat man nach Patanjali die Übungen zu verstehen, deren sich der Mensch zu unterziehen hat, um zu einer geistigen Wiedergeburt zu gelangen. Diese Übungen bestehen nicht bloß aus dem Streben nach Heiligkeit, sondern zugleich auch aus der Verrichtung von Handlungen, die sowohl dem leiblichen als auch dem geistigen Wohlbefinden zugute kommen. Atemübungen bilden ebenso wie Meditation und Konzentration einen wesentlichen Teil der Yoga-Praktik. Die körperlichen und geistigen Übungen der Yogis (Ausübende der Yoga-Praktik) sollen zur Erwekkung der latenten paragnostischen und parergischen Kräfte führen. Die Yogis sehen das als Nebenerscheinungen an und rühmen sich keinesfalls des Besitzes solcher Kräfte, die sie ausschließlich im Dienst der Menschheit angewendet wissen wollen (weiße Magie).
Wahrscheinlich kommen bei den Yogis andere Formen pa-

ranormaler Fähigkeiten vor als jene, die sich bei unseren westlichen Paragnosten und Parergasten zeigen.

14 Apuleius war ein Römer, der im zweiten Jahrhundert n. Chr. in Madaura in Afrika geboren wurde und ein Anhänger der neoplatonischen Philosophie war.

XV

1 Es sei hier darauf hingewiesen, daß Sterbende durchaus nicht ausschließlich »Halluzinationen« Verstorbener haben; auch über ihre Halluzinationen Lebender wird berichtet. Wie die Sterbenden angaben, ist ihnen aber noch nie ein Lebender in der Absicht erschienen, sie abzuholen. Von einer Verwechslung Lebender mit Toten kann also hier nicht gesprochen werden.

Manchmal erwähnen Sterbende die Erscheinung eines überirdischen Wesens, das sie sehr wohl von Verstorbenen zu unterscheiden wissen. Manche Forscher werden solche Erscheinungen religiöser Gestalten (Maria, Engel und dergleichen) als objektivierte und in die Außenwelt projizierte Wunschbilder ansehen wollen, die durch die religiösen Vorstellungen des »Sehenden« gefärbt sind. Wenngleich diese Erklärung für manche dieser Fälle ohne Zweifel zutreffen mag, bin ich dennoch nicht sicher, daß es nicht auch Fälle gibt, bei denen die Erklärung weniger einfach ist. Siehe Ania Teillard: »Jenseitserfahrungen in Traum und Vision.«

Die Autorin ist eine Schülerin von C. G. Jung. Zuerst sah sie bestimmte Erscheinungen nur als eigene, subjektive Projektionen an. Später jedoch, nach Überwindung heftiger innerer Widerstände, kam sie zur Überzeugung, es handle sich um außer- und überirdische Wesen, die ein von ihr unabhängiges Dasein führen. Inwiefern diese Meinung richtig ist, können nur weitere Untersuchungen ans Licht bringen.

2 Unter Weckträumen versteht man Träume, deren Inhalt sich einem äußeren Reiz anschließt, zumeist einem Gehörs- oder Schmerzensreiz, der den Träumenden aus dem Schlaf

erwachen läßt. Dieser äußere Reiz ist auf erkennbare Weise im Traum enthalten. Beim Wecktraum scheint es, als werde unser Erleben beschleunigt, denn es ist, als ob man in einem kurzen Augenblick eine ganze Reihe von Ereignissen vor seinem Bewußtsein ablaufen sähe. Es wurde die Frage gestellt, ob das wirklich so ist oder ob es sich nur um die Illusion handelt, man habe in diesem kurzen Augenblick soviel erlebt. Anders ausgedrückt: Ist der Traum, den man geträumt hat, jenem gleich, an den man sich zu erinnern glaubt?

3 Warum gerade diese und nicht andere Fragmente sich aufdrängen, darauf gibt nach Meinung Pfisters eine genaue psychoanalytische Befragung des Berichtenden Antwort.

4 Siehe mein Buch »Hellsehen und Telepathie«.

5 Siehe E. Mattiesen: »Der jenseitige Mensch«.

6 Aus der Kasuistik ergibt sich, daß manche der Berichtenden von proskopischen Erfahrungen Sterbender erzählen.

XVI

1 Daß wir uns bei psychoskopischen Versuchen oft mit der Annahme begnügen müssen, die Versuchsperson sei mit ihrem Konsultanten in telepathische Verbindung gelangt, steht wohl fest. Jeder, der längere Zeit mit Psychoskopisten experimentiert hat, weiß, es gibt Fälle, bei denen man sich mit dieser Hypothese nicht begnügen kann und anerkennen muß, daß in den Behauptungen der Okkultisten, von allem, was geschieht, blieben in einer ätherischen, alles durchdringenden Substanz Spuren von Eindrücken zurück, ein wahrer Kern steckt.

2 Ich denke hier vor allem an jene Fälle, in denen nach Angabe der Berichterstatter das Phantom nicht nur kollektiv, also von mehreren Menschen gleichzeitig, »gesehen« wurde, sondern zugleich – um mit Mattiesen zu sprechen – »*sukzessional*-kollektiv, d. h. von mehreren *nach*einander so, wie ein sich wirklich im Raum bewegender Körper an verschiedenen Punkten seiner Bahn von verschiedenen Be-

obachtern gesehen werden müßte; oder *stereoskopisch*-kollektiv, d. h. von mehreren gleichzeitig, so, wie er ihnen von verschiedenen Blickpunkten aus erscheinen müßte«.
Des weiteren denke ich an Fälle, in denen offenbar auch Tiere auf das Vorhandensein einer Erscheinung reagieren. Will man auch solche noch als (veridike) Halluzinationen ansehen, dann müssen wir unsere Zuflucht zu äußerst komplizierten Hypothesen nehmen, wie sie z. B. der englische Forscher G. N. M. Tyrrell entwickelt.

3 In der »Tijdschrift voor Parapsychologie«, 16, Seite 86, habe ich über Herrn K. L. v. S. berichtet, der am 6. November 1947, während er sich auf der Straße befand, im Zusammenhang mit einer geschäftlichen Angelegenheit plötzlich an sein Büro denken mußte. Als er etwa fünf Minuten später ins Büro kam, zeigte sich sein Kollege sehr entsetzt, denn er hatte ihn doch schon fünf Minuten vorher eintreten sehen. Der klassischen Auffassung zufolge handelt es sich hier um Telepathie, was also bedeutet, unser Berichterstatter hätte den Kollegen durch mentale Suggestion hinsichtlich seiner Person zum »Halluzinieren« gebracht. Es muß jedoch hervorgehoben werden, daß Herr v. S. in dem Augenblick, da sein Kollege ihn zum ersten Mal hatte eintreten sehen, nicht intensiv an den Kollegen, hingegen sehr intensiv an das Büro gedacht hatte. Das veranlaßt uns, mit der Möglichkeit zu rechnen, es könnte sich hier um ein Gedankenbild handeln. Dies um so mehr, als die Untersuchungen von J. Eisenbud und anderen die Existenz solcher Gedankenbilder denkbar machen.
Wenngleich hier noch die Möglichkeit einer Exkursion besteht (astrale Projektion), halte ich sie für äußerst unwahrscheinlich, wenn man in Betracht zieht, daß der Berichterstatter an sich selbst nicht die geringste Ursache bemerkte, die zu einer solchen Vermutung Anlaß gegeben hätte. Von irgendwelcher Herabminderung seines Bewußtseinsniveaus konnte keine Rede sein.

4 Es will mir scheinen, Herr v. d. H. hätte sich hier besser des Ausdrucks »wahrnehmen« bedienen können. Wenn sich

tatsächlich Gedankenbilder zeigen, dann ist hinsichtlich dieser ideoplastischen »Gegebenheiten« dieses Wort eher am Platz.
Die Frage, ob es sich um normale oder paranormale Wahrnehmungen handelt, ist nicht ohne weiteres zu beantworten. Zu diesem Zweck muß jeder einzelne Fall für sich selbst genau beurteilt werden. Es könnte sein, daß es sich bei den Gedankenbildern (vorausgesetzt, es gibt tatsächlich solche) einmal um Wahrnehmungen des Paranormalen, ein andermal um paranormale Wahrnehmungen handelt.

5 Es handelt sich hier um einen damals sehr bekannten und sehr »begabten« Psychoskopisten.

6 So behauptet sie u. a., sie habe einmal hinter einem tibetanischen Maler, »der ein feuriger Verehrer der Rachegötter war und ihre abscheulichen Gestalten mit einer besonderen Vorliebe darstellte«, die durch Konzentration erweckte »Gestalt« (Tulpa) eines solchen Gottes gesehen. Das läßt uns an die Behauptungen der Theosophen denken, die Götter der alten Kulturvölker seien Tulpas (Gedankenbilder, Elementale) gewesen, entstanden durch die gemeinschaftliche Konzentration großer Gruppen von Gläubigen. Und weil man diese Gedankenbilder an gewissen »heiligen« Orten »sah«, soll dadurch der Glaube an die Existenz und die Anwesenheit dieser Götter ungemein bestärkt worden sein.

7 Einer der ersten, die darauf hingewiesen haben, daß es sich bei manchen personengebundenen Spukerscheinungen offensichtlich um neurotische Symptome paranormaler Art handelt, war Nandor Fodor. Auch Schrenck-Notzing und Simsa wären in diesem Zusammenhang zu erwähnen. In seinem Aufsatz »Freud and the Poltergeist« berichtet Fodor, daß er im Jahre 1938, als Freud sich bereits in London niedergelassen hatte, diesem sein Manuskript über seine psychoanalytischen Ansichten hinsichtlich dieser Phänomene übergab. Freud zeigte dafür ein besonderes Interesse.

8 Siehe Z. Wassilko- Serecki: »Meine Erlebnisse mit Eleonora Zugun«, Zeitschrift für Parapsychologie (Z. f. P.), 1926, Seite 76ff.; W. Kröner: »Sammelbericht über die Ergebnisse der in

Berlin vorgenommenen Untersuchungen der Phänomenik der Eleonora Zugun«, Z. f. P., 1927, Seite 272 ff.; H. Price: »Leaves from a Psychist's Case-book«, London, 1933, und J. Peter: »Der Spuk in Talpa«, »Neue Wissenschaft«, Nov./Dez. 1958.

XVII

1 Der englische Psychologe Dr. R. Thouless hat im Jahre 1948 vorgeschlagen, Menschen, die beabsichtigen, sich, wenn möglich, nach ihrem Ableben in sinnvoller Weise zu äußern, mögen eine Botschaft abfassen und hinterlassen. Sie zu entziffern muß unmöglich sein, solange der Schlüssel dazu nicht vorhanden ist. Über diesen Schlüssel darf nichts Schriftliches vorliegen, doch muß der Verfasser der Botschaft sich ihn merken. Nach seinem Tode hat dieser, wenn er dazu Gelegenheit bekommt, den Schlüssel auf irgendwelche Weise einem Medium bekanntzugeben. Gelingt es nun, mit Hilfe dieses auf mediumistischem Weg empfangenen Code-Schlüssels die Botschaft zu entziffern, so wird man, meint Thouless, einen für viele überzeugenden Beweis für das Fortleben des Verfassers der Botschaft besitzen.
Thouless' Vorschlag muß jedenfalls als originell bezeichnet werden. Dennoch aber ist zu berücksichtigen, daß dabei nicht genügend darauf Bedacht genommen wurde, der Verfasser der Botschaft könnte zu Lebzeiten irgend jemanden – sei es auch unbewußt und ungewollt – über die Art des Schlüssels telepathisch beeinflußt haben. Der bzw. die Empfänger brauchen sich dieser auf telepathischem Weg empfangenen Kenntnis durchaus nicht bewußt zu sein. Nach dem Ableben des Verfassers können sie unbewußt und ungewollt ihrerseits zum Sender werden und alle sich daraus ergebenden Folgen verursachen. Wenn auch viele diese Möglichkeit als sehr gekünstelt bezeichnen werden, enthebt uns das nicht der Verpflichtung, mit ihr zu rechnen. Siehe auch Proc. SPR., Band XXIV, Seite 243.

XVIII

1 Siehe H. Prinzhorn: »Bildnerei der Geisteskranken«, Berlin, 1923; »Bildnerei der Gefangenen«, Berlin, 1915.

2 Siehe R. Wilhelm: »Das Geheimnis der goldenen Blüte«, Rascher, Zürich.

3 Siehe E. Mattiesen: »Das persönliche Überleben des Todes«, I, Seite 248.

4 Auch von neuen, noch nicht bespielten oder besprochenen Tonbändern kann man zuweilen leise Geräusche abhören. Ich habe wiederholt bei ihnen kurze Tonfetzen von Melodien vernommen, die offenbar von irgendwelchen Rundfunksendungen herstammten. Der Recorder war dabei anscheinend als Empfangsapparat wirksam gewesen.

5 Siehe J. Eisenbud: »The World of Ted Serios«, New York, 1967.

6 Angenommen, derartige Materialisationserscheinungen gibt es wirklich (was eigentlich kaum mehr bestritten werden kann), so beweist das die Existenz von noch feineren, ätherischeren Formen von Materie, als jene ist, die die Physik bisher kennt. Siehe J. J. Poortman: »Ochêma«. In diesem Werk wird Geschichte und Sinn des hylischen Pluralismus behandelt (siehe auch Kapitel XIII).

Erklärung der wichtigsten Fachausdrücke

Animismus (animistisch): die Erklärung der parapsychologischen Phänomene soweit wie möglich mit Hilfe der seelischen Kräfte, vor allem des Unterbewußtseins.

Autoskopie: paranormales Sichselbstsehen als Halluzination oder als Doppelgänger.

Dunne-Effekt: nach John William Dunne benannte Reihenfolge proskopischer Träume mit fragmentarischer Kongruenz, d. h. mit einer Übereinstimmung von Trauminhalt und zukünftigem Ereignis. Dunne nimmt hierfür mehrere Dimensionen an.

Exkursion (auch Seelenreise, Astralprojektion): die vorübergehende Trennung des erlebenden Ich (in einen Äther- oder Astralleib) vom physischen Körper mit oder ohne Bewußtseinsverlust und nachfolgender Erinnerung. Das Ich entfernt sich vom Leib und wird manchmal irgendwo als Erscheinung von anderen gesehen.

Extra: eine auf ungewöhnlichem Weg zustande gekommene fotografische Aufnahme – meist von verstorbenen Personen –, die namentlich in Gegenwart eines Mediums entsteht, aber auch spontan (etwa als sogenanntes »Geisterfoto«) auf dem Film, der Platte oder dem Bild erscheint.

Fluidum: Bisher nicht erfaßbare Kraft oder Wirkung feinstofflicher Art, die von einer Person oder Sache ausgehen; auch die eine Sache oder Person umgebende »Ausstrahlung«.

Hyperästhesie: Überempfindlichkeit der Sinne.

Innern: »Erinnern« ohne die Vorsilbe »er« (= wieder, abermals). Wenn ein Psychoskopist (Paragnost), der mit seinem Konsultanten in telepathische Beziehung gerät, Eindrücke empfängt, die sich auf die Erinnerung dieses Konsultanten beziehen, dann »innert« er die Wahrnehmungen, deren sich der Konsultant »erinnert«.

Konsultant: diejenige Person, die einen Paragnosten konsultiert, dabei aber möglicherweise etwas aus ihrem eigenen Unterbewußtsein auf ihn überträgt.

Kryptomnesie: verborgenes Gedächtnis.

Monismus, energetischer: Metaphysisches System, nach dem der Stoff (die Energie) die letzte Wirklichkeit ist.

Monismus, psychischer: metaphysisches System, nach dem der Geist (die Psyche) die letzte Wirklichkeit ist.

Morphogenese: die einzel- und stammesgeschichtliche Entwicklung der Gestalt von Organismen.

Paragnosie: Sammelbegriff für erkenntnisgemäße Erfahrung außerhalb uns derzeit bekannter Kommunikationswege (vor allem: Telepathie und Hellsehen).

paranormal: In letzter Instanz sind die paranormalen Phänomene normale Phänomene, weil sie mit der menschlichen Natur zusammenhängen. Wir nennen diese Phänomene paranormal, weil sie nicht pathologische Abweichungen sind im Gegensatz zu den abnormalen Phänomenen.

Parapsychologie: die Lehre von den psychischen Erscheinungen, die, ohne krankhaft zu sein, aus dem normalen Seelenleben herausfallen, wie Hypnose, Gedankenübertragung u. a. (Von Dessoir geprägt.)

Parergie: objektive Phänomene. (Ausdruck von P. A. Dietz geprägt.)

a) Intrasomatische (innerkörperliche) Parergie oder Paraphysiologie. Paranormale Geschehnisse im Innern der betreffenden Person, vor allem Stigmatisation, »Wunder«-Heilungen.

b) Peri- bzw. extrasomatische (außerkörperliche) Parergie. Paranormale Geschehnisse, die sich außerhalb des Organismus der betreffenden Person abspielen, vor allem Psychokinese bzw. Telekinese.

Pneumatologie (pneuma = Geist; logik, logie = Lehre): Lehre von den geistigen Phänomenen, Wesenheiten. Sphären.

Proxy sitting: Stellvertreter-Sitzung, woran aber nicht jene Personen teilnehmen, die eine Verbindung mit Verstorbenen suchen, sondern – um Fehlerquellen auszuschalten – in ihrer »Vertretung« unbeteiligte Dritte.

Psychokinese: siehe Telekinese.

Rapport: die Verbindung zwischen telepathischem Sender und Empfänger, Hypnotiseur und Hypnotisiertem, zwischen Medium und »Jenseitigem«.

Telekinese (nach Rhine auch »Psychokinese«): Bewegung von Gegenständen ohne mittelbare oder unmittelbare Berührung; Fernbewegung.

Telepathie: Übertragung von Gedanken, Gefühlen usw., unabhängig von den anerkannten sinnlichen Möglichkeiten einer Übermittlung; (präkognitive T.: der Sachverhalt liegt in der Zukunft; retrokognitive T.: der Sachverhalt liegt in der Vergangenheit).

Literaturverzeichnis

Abkürzungen

Med. SPR.: Mededelingen van de Studievereniging voor »Psychical Research«
T. v. P.: Tijdschrift voor Parapsychologie
R. M.: Revue Métapsychique
Proc. SPR.: Proceedings of the Society for Psychical Research
J. (Journ.) SPR.: Journal of the Society for Psychical Research
J. (Journ.) Am. SPR.: Journal of the American Society for Psychical Research
J. o. P.: The Journal of Parapsychology
Z. f. P.: Zeitschrift für Parapsychologie
P. S.: Dietz, P. A., und Tenhaeff, W. H. C.: Parapsychologische Studiën, Amsterdam, 1936

Aksakow, A.: Vorläufer des Spiritismus, Leipzig, 1898
Animismus und Spiritismus, Leipzig, Neuaufl. 1921
On the Historical Origin of the Doctrine of Reincarnation in »Spiritism«, The Spiritualist, 13. 8. 1875
Altmann, B.: Der Durchbruch des Geistes in der heutigen Naturphilosophie, Z. f. P., 1928
Aram, K.: Magie und Mystik, Berlin, 1925
Bahle, J.: Keine Angst vor dem Sterben, Hemmenhofen, 1963
Balfour, C. W.: Professor Pigou on Cross-Correspondences, Proc. SPR. XXV
A Study of the Psychological Aspects of Mrs Willett's Mediumship, Proc. SPR. XLIII
Barrett, W.: Death-bed Visions, London, 1926
Bayliss, W. M.: Introduction to General Psychology, London, 1919
Beloff, John: The Existence of Mind, London, 1962

Bender, H.: Parapsychologie, Darmstadt, Neuaufl. 1971
Mediumistische Psychosen. Ein Beitrag zur Pathologie spiritistischer Praktiken, Z. f. P. Bd. II, 1958/59
Unser sechster Sinn, Stuttgart, 1971
Telepathie, Hellsehen, Psychokinese. Aufsätze zur Parapsychologie, München, 1972
Bendit-Payne, Phoebe: Man's Latent Powers, 1938
The Psychic Sense, Neuaufl. 1957
Benz, E.: Swedenborg, München, 1948
Bergson, H.: Presidential Address, Proc. SPR. XXVII
Bernstein, M.: The Search for Bridy Murphy, New York, 1956
Der Fall Bridy Murphy. Dokument einer Wiedergeburt?, Göttingen, o. J.
Besant, A., und *Leadbeater, C. W.:* Gedankenformen, Freiburg i. Br., o. J.
Besterman, Th.: Further Inquiries into the Element of Chance in Booktests, Proc. SPR. XL
The Mediumship of Rudi Schneider, Proc. SPR. XL
Bichlmair, G.: Okkultismus und Seelsorge, Innsbruck, 1929
Bierens de Haan, J. A.: Die tierischen Instinkte und ihr Umbau durch Erfahrung, Leiden, 1940
Björkhem, J.: Die verborgene Kraft, Olten, 1954
Bouman, H.: Spiritisme, Wetenschap en geestelijk Leven, Den Haag, 1946
Bozzano, E.: Die Spukphänomene, Bamberg, 1930
Übersinnliche Erscheinungen bei Naturvölkern, Bern, 1948
Phénomènes psychiques au moment de la mort, Paris, 1923
Brierre de Boismont, A.: Des Hallucinations, Paris, 1862
Britten, E. H.: Modern American Spiritualism, New York, 1870
Nineteenth Centuries Miracles, Manchester, 1884
Broad, C. D.: Religion, Philosophy and Psychical Research, London, 1953
Brouwer, J.: Kronieken van Spaansche Soldaten uit het Begin van den Tachtigjarigen Oorlog, Zutfen, 1933
Brown, R.: Unfinished Symphonies, London, 1971
Musik aus dem Jenseits, Wien, 1971
Brugmans, H. J. E. W.: »L'État passif« d'un Télépathe controlé

par le phénomène psychogalvanique. Veröffentlicht in ›L'État actuel des recherches psychiques‹ (Internationaler Kongreß in Warschau 1923), Paris, 1924
Bucke, R. M.: Cosmic Consciousness, Philadelphia, 1905
Carington, W.: Telepathy. An Outline of its Facts, Theory and Implications, London, 1945
The Quantitative Study of Trance Personalities, Proc. SPR. XLII, XLIII
Carrington, H.: An Instrumental Test of the Independence of a »Spirit« Control, American Psychical Institute, Bulletin 1, New York
The Case for Psychical Survival, 1957
Discussion of the Trance-phenomena of Mrs Piper, Proc. SPR. XVII Eusapia Palladino, London, 1909
Carrington, H. H. L., und Fodor, N.: Haunted People, 1951
Carus, C. G.: Vorlesungen über Psychologie (1829/30). Neuaufl. (Herausg. L. Klages) Jena, 1926
Cazzamalli, F.: La Madonna di Bonate, Mailand, 1951
Coates, J.: Photographing the Invisible, London, Neuaufl. Fowler & Co.
Collins, R. A.: Is Proof of Survival Possible?, Proc. SPR. XLVI
Crookall, R.: The Study and Practice of Astral Projection, London,1961
Crookes, W.: Researches in the Phenomena of Spiritualism, London, 1874. Neuaufl. 1926
Cunnings, G.: The Road to Immortality, London, 1932
Dahl, L.: We Are Here, London, 1931
David-Neel, A.: Heilige und Hexer, Neuaufl. Leipzig, 1932
Davis, A. J.: The Magic Staff, 1857
Delanne, G.: Les Apparitions matérialisées des vivants et des morts, 2 Bände, Paris, 1909
Déonna: De la Planète Mars en Terre Sainte, Hélène Smith, un médium peintre, Paris, 1932
Dessoir, M.: Das Doppel-Ich, Leipzig, 1890
Vom Jenseits der Seele, Stuttgart, 6. Aufl. 1931
Dietz, P. A.: De Strijd om de Parapsychologie, T. v. P. V
Telepathie en Psychologie der Menigte, Amsterdam, 1931

Verschijningen en Verschijnselen, Leiden, 1948
Wereldzicht der Parapsychologie, Neuaufl. Den Haag, 1954
Dietz, P. A., und *Tenhaeff, W. H.* C.: Parapsychologische Studiën, Amsterdam, 1936
Dodds, E. R.: Why I Do Not Believe in Survival. Proc. SPR. XLII
Doyle, A. C. Conan: The History of Spiritualism, London, 1926
Driesch, H.: Parapsychologie und Philosophie, Z. f. P., 1927
Alltagsrätsel des Seelenlebens, Neuaufl. München, 1969
Parapsychologie, Neuaufl. München, 1968
Ducasse, C. J.: A Philosophical Scrutiny of Religion, New York, 1953
Paranormal Phenomena, Science and Life After Death, Parapsychological Monographs Nr. 8, P. F., New York, 1969
The Belief in a Life After Death, Springfield, Ill., 1961
van Eeden, F: Experimental Dreaming, Proc. SPR. XVII
A Study of Dreams, Proc. SPR. XXVI
Account of Sittings with Mrs Thompson, Proc. SPR. XVII
De kleine Johannes, 1906
Ehrenwald, J.: Telepathy and Medical Psychology, London, 1947
Eisenbud, J.: The World of Ted Serios, New York, 1968
Encausse, G.: La Magie et l'hypnose, 1897
Fechner, G. Th.: Die Tagesansicht gegenüber der Nachtansicht, Leipzig, 1879
Fichte, J. H.: Der neuere Spiritualismus, Leipzig, 1878
Fischer, O.: Experimente mit R. Schermann, Wien, 1924
Flammarion, C.: Rätsel des Seelenlebens, Stuttgart, 1908
Unbekannte Naturkräfte, Stuttgart, 1908
La Mort et son Mystère, 3 Bände, Paris, 1920ff.
L'Inconnu et les Problèmes psychiques, Paris, 1900
Flournoy, Th.: Des Indes à la Planète Mars, Genf, 1900
Esprits et Médiums, Genf, 1911
Spiritismus und Experimentalpsychologie, Leipzig, 1921
Fodor, N.: The Poltergeist – Psychoanalyzed, Psychiatric Quarterly XXII, 1948
On the Trail of the Poltergeist, New York, 1958

The Haunted Mind, New York, 1960
Encyclopaedia of Psychic Science, Neuaufl. New York
de Fontenay, G.: Apropos d'Eusapia Palladino, 1898
Ford, A.: Bericht vom Leben nach dem Tod, Wien, 1971
Frei, G.: Probleme der Parapsychologie, Imago Mundi III, Paderborn, 1969
Freimark, H.: Okkultismus und Sexualität, Leipzig, 1914
Mediumistische Kunst, Leipzig, 1914
Freud, S.: Jenseits des Lustprinzips, Theoretische Schriften 1911–1925, Wien, 1931
Die Traumdeutung, Internationaler psychoanalytischer Verlag, Wien, Neuaufl. 1945
Eine Teufelsneurose im 17. Jahrhundert, Wien, 1928
Fukurai, T.: Clairvoyance and Thoughtforms, 1921
Garrett, E. J.: Does Man Survive Death? How Science, Religion and Philosophy View the Eternal Ouestion of Man's Immortality. Symposion unter Mitwirkung von Gabriel Marcel, G. J. Ducasse, H. H. Price u. a., New York, 1957
Telepathy, 1938
Awareness, 1943
Adventures in the Supernormal, New York, 1943
Does Man Survive Death? New York, 1943
Many Voices, Autobiographie, New York, 1968
Gatterer, A.: Der wissenschaftliche Okkultismus und sein Verhalten zur Philosophie, Innsbruck, 1927
Geley, G.: Teleplastik und Hellsehen, Stuttgart, 1926
Vom Unbewußten zum Bewußten, Stuttgart, 1925
Materialisations-Experimente mit F. Kluski, Leipzig, 1922
Gillot, M.: Aux Portes de l'invisible, Paris, 1960
v. Görres, J.: Magie, Mystik und Dämonie, Neuaufl. »Die christliche Mystik«, München, 1927
Green, C.: Out of the Body Experiences, London, 1968
Gurney, E., Myers, F. W. H., und *Podmore, F.:* Phantasms of the Living, 2 Bände, London, 1886 (eine von E. M. Sidgwick bearbeitete Ausgabe des Werkes erschien als Neuauflage 1962 bei University Books Inc., New Hyde Park, New York)

Gurney, E., und *Myers, F. W. H.:* On Apparitions Occurring Soon After Death, Proc. SPR. V
v. Hartmann, E.: Philosophie des Unbewußten, 3 Bände, 11. Aufl. Leipzig, 1904
Der Spiritismus, Leipzig, 1885
Die Geisterhypothese des Spiritismus, Leipzig, 1891
Hartmann, O. J.: Geheimnisse von jenseits der Schwelle, Graz, 1956
Heindel, M.: Die Weltanschauung der Rosenkreuzer, Zürich, o. J.
Herbertz, R.: Der physikalische Mediumismus und die vitalistische Weltanschauung, Z. f. P., 1927
Heymans, G.: Einführung in die Metaphysik, Leipzig, 1921
Hildmann, G.: Jenseits des Todes, Stuttgart, 1970
Hodgson, R.: A Record of Observations of Certain Phenomena of Trance, Proc. SPR. VIII
A Further Record of Certain Phenomena of Trance, Proc. SPR. XIII
Hoffmann, Fr.: Philosophische Schriften VII, Erlangen, 1881
Hoffmann, R.: Geheimnis der Auferstehung Jesu, Leipzig, 1921
Home, D. D.: Incidents in My Life, London, 1863
Home, Mme: D. D. Home. His Life and Mission, London, 1921
Hope, Ch.: Report of Sittings with Rudi Schneider, Proc. SPR. XLI
Horkel, W.: Botschaft von drüben, Stuttgart, 4. Aufl. 1967
Geist und Geister, Stuttgart, 2. Aufl. 1969
Hudson, Th. J.: The Law of Psychic Phenomena, Neuaufl. New York, 1968
Hyslop, J. H.: Life After Death, New York, 1918
Contact with the Other World, New York, 1919
Probleme der Seelenforschung, Stuttgart, 1909
A Further Record of Observations of Certain Phenomena of Trance, Proc. SPR. XIII
A Further Record of Observations of Certain Trance-phenomena, Proc. SPR. XVI

Remarks on Mr Carrington's Paper, Proc. SPR. XVII
Irving, W. S., und *Besterman, Th.:* Evidential Extracts from Sittings with Mrs Leonard, Proc. SPR. XL
Jacobi, J.: Die Psychologie von C. G. Jung, Neuaufl. 1959
Jaensch, E. R.: Die Eidetik, Leipzig, 1933
Jaffé, A.: Geistererscheinungen und Vorzeichen, Zürich, 1958
James, W.: A Record of Observations of Certain Phenomena of Trance, Proc. SPR. VI
Report on Mrs Piper's Hodgson-control, Proc. SPR. XXIII
Janet, P.: L'Automatisme psychologique, 10. Aufl., Paris, 1930
Jaspers, K.: Allgemeine Psychopathologie, 3. Aufl., Berlin, 1923
Philosophie der Weltanschauungen, Neuaufl. Berlin, 1960
Jelgersma, G.: De Wekdroom, Leiden, 1930
Jennings, H.: Die Rosenkreuzer, ihre Gebräuche und Mysterien, Freiburg i. Br., o. J.
Johnson, A.: A Reconstruction of Some »Concordant Automatisms«, Proc. SPR. XXVII
On the Automatic Writing of Mrs Holland, Proc. SPR. XXI
de Jong, K. H. E.: Das antike Mysterienwesen, 2. Aufl., Leiden, 1919
Rüdiger und ein Anfang! Kant und ein Ende!, Leiden, 1931
Jung, C. G.: Synchronizität als ein Prinzip akausaler Zusammenhänge, Zürich, 1952
Träume, Erinnerungen, Gedanken, Zürich, 1967
Jung-Stilling, H.: Theorie der Geisterkunde, Nürnberg, 1808
Szenen aus dem Geisterreiche, 4. Aufl., Frankfurt, 1831
Kankeleit, O.: Das Unbewußte als Heimstätte des Schöpferischen, München, 1959
Kant, I.: Träume eines Geistersehers, Neuaufl. Reclam, Leipzig
Vorlesungen über Psychologie, Herausg. C. du Prel, Neuaufl. Pforzheim, 1964
Kardec, Allan: Das Buch der Geister, Freiburg i. Br., o. J.
Das Buch der Medien, Freiburg i. Br., o. J.
Himmel und Hölle, Berlin, 1890
Spiritismus in seinem einfachsten Ausdruck, Wien, 1864
Qu'est-ce que le Spiritisme?, Didier & Cie., Paris

L'Evangile selon le Spiritisme, Didier & Cie., Paris
Kerner, J.: Die Seherin von Prevorst, Neuaufl. Stuttgart, 1958
Kiesewetter, C.: Die Entwicklungsgeschichte des Spiritismus von der Urzeit bis in die Gegenwart, Leipzig, 1893
Der Okkultismus des Altertums, 2 Bände, Leipzig, 1895/96
Die Geheimwissenschaften, Leipzig, 1895
Geschichte des neueren Okkultismus, Leipzig, 1891
Klopfgeister vor dem Jahre 1848, Sphinx, 1890 (2)
Die Entwicklung der übersinnlichen Weltanschauung seit 400 Jahren, Sphinx, 1891(2)
Aus den Memoiren der Markgräfin Wilhelmine von Bayreuth, Sphinx, 1887 (2)
Von Helmont's Mystik, Sphinx, 1887, Bd. IV
Klimsch-Grabinski, R.: Leben die Toten?, Neuaufl. Eupen, 1962
v. Koeber, R.: Kant ein Swedenborgianer?, Sphinx, 1889 (2)
Kroh, O.: Subjektive Anschauungsbilder bei Jugendlichen, Göttingen, 1922
Eidetiker unter deutschen Dichtern, Z. f. Psychologie, Bd. 85
Krukenberg: Eigentliches Sichselbstsehen, Z. f. P., 1929
Lambert, H. C.: Hat die psychische Forschung praktischen Wert?, Z. f. P., 1928
Lambert, R.: Die Experimente von Mitgliedern der SPR mit dem Medium Leonard, Z. f. P., 1927
S. G. Soal's Experimente mit dem Medium Mrs Blanche Cooper, Z. f. P., 1926
Lamm, M.: Swedenborg, Meiner, Leipzig
Lang, A.: The Making of Religion, London, 1898
Lange, F.: A.: Geschichte des Materialismus, 1866
Leadbeater, C. W.: Die Astralebene, Leipzig, 1909
Der sichtbare und der unsichtbare Mensch, Freiburg i. Br.
Die Devachanebene, Leipzig, o. J.
Das Leben im Jenseits, Leipzig, 1914
Leadbeater, C. W., und *Besant, A.:* Der Mensch – woher und wohin? (Man – Whence and Whither?), London, 1913
Leeser, J.: Herr Professor Wundt und der Spiritismus, Leipzig, 1879

Leonard, G. Osborne: My Life in Two Worlds, London, 1931
Lodge, O.: Discussion of Prof. Richet's Case of Automatic Writing in a Language Unknown to the Writer, Proc. SPR. XIX
Report on Some Trance-communications, Received Chiefly Through Mrs Piper, Proc. SPR. XXIII
Raymond, Leben und Tod, Pfullingen, 1925
Raymond, Revised, London, 1922
Das Fortleben des Menschen, Schmiedeberg, o. J.
Loewenfeld, L.: Somnambulismus und Spiritismus, Wiesbaden, 1907
Lombroso, C.: Hypnotische und spiritistische Forschungen, Stuttgart, 1909
Marillier, L.: Apparitions of the Virgin in Dordogne, Proc. SPR. VII
Mattiesen, E.: Das persönliche Überleben des Todes, 3 Bände, Neuaufl. Berlin, 1962
Der jenseitige Mensch, Berlin, 1925
Menninger, K. A.: Man Against Himself, London, 1938
Moser, F.: Spuk. Irrglaube oder Aberglaube?, Baden (Zürich), 1950
Moses, W. Stainton: Spirit Teachings, Neuaufl. London, 1912
Muldoon, S. J., und *Carrington, H.:* Die Aussendung des Astralkörpers, Freiburg i. Br., o. J.
Müller, K. E.: Reincarnation Based on Facts, London, 1970
Murphy, G.: An Outline of Survival Evidence, J. Am. SPR. XXXIX
The Challenge of Psychical Research, New York, 1961
William James and Psychical Research, 1960
Mutschlechner, B.: Aus Pertys Leben, Sphinx, 1891 (2)
Myers, F. W. H.: A Defence of Phantasms of the Dead, Proc. SPR. VI
On Recognized Apparitions Occurring More Than a Year After Death, Proc. SPR. VI
On Indications of Continued Terrene Knowledge on the Part of Phantasms of the Dead, Proc. SPR. VIII
Human Personality and its Survival of Death, 2 Bände, Neuaufl. University Books Inc., New Hyde Park, New York

Myers, F. W. H., Lodge, O., Leaf, W., und *James, W.:* A Record of Observations of Certain Phenomena of Trance, Proc. SPR. VI
Newbold, W. R.: A Further Record of Observations of Certain Phenomena of Trance, Proc. SPR. XIV
Nunberg, H.: Allgemeine Neurosenlehre, Bern, 1932
Oesterreich, T. K.: Einführung in die Religionspsychologie, Berlin, 1917
Das Mädchen aus der Fremde, Stuttgart, 1929
Die Besessenheit, Langensalza, 1921
Die philosophische Bedeutung mediumistischer Phänomene, Stuttgart, 1924
Grundbegriffe der Parapsychologie, 1921
Die Probleme der Einheit und Spaltung des Ich, Stuttgart, 1938
Ortt, F. L.: Inleiding tot het pneumat-energetisch Monisme, 2. Aufl., Leiden, 1934
De Superkosmos, Den Haag, 1949
Osis, Karlis: Death-bed Observations by Physicians and Nurses, Parapsychological Monographs Nr. 3, Paraps. Foundation, New York, 1961
Osty, E.: Le médium Douglas Home, R. M., 1934
La Connaissance supra-normale, 2. Aufl., Paris, 1925
Deux étranges Artistes (Mme Juliette Hervy), R. M., 1930
Télépathie spontanée et Transmission de Pensée expérimentale, R. M., 1932/33
N'assignons pas de limites aux pouvoirs surnormaux de l'Esprit, R. M., 1934
Pascal Forthuny, Paris, 1926
La Vision de soi, R. M., 1930
Osty, E. und *M.:* Die unbekannten Einwirkungen des Geistes auf die Materie, Z. f. P., 1933, H. 1–4
Pascal, L.: Une Visite à Ezquioga, R. M., 1933
Les Apparitions de Beauraing, R. M., 1933
Perry, M.: The Easter Enigma, London, 1959
Peter, J.: Der Spuk in Talpa, Neue Wissenschaft, VII/9, 1958
Petersen, F. C., und *Jung, C. G.:* Psycho-physical Investigations

with the Galvanometer and Pneumograph in Normal and Insane Individuals, Brain, 1907

Pfister, O.: Schockdenken und Schockphantasien bei höchster Todesgefahr, Wien, 1931

Piddington, J. G.: On the Types of Phenomena Displayed in Mrs Thompson's Trance, Proc. SPR. XVIII

A Series of Concordant Automatisms, Proc. SPR. XXII

Pigou, A. C.: Psychical Research and Survival After Bodily Death, Proc. SPR. XXIII

Pike, J. A.: The Other Side, New York, 1969

Piper, A. L.: The Life and Work of Mrs Piper, London, 1929

Podmore, E: Modern Spiritualism, 1902

The Newer Spiritualism, 1910

Phantasms of the Dead from Another Point of View, Proc. SPR. VI

Discussion of the Trance-phenomena of Mrs Piper, Proc. SPR. XIV

Polack, J. H.: Croiset, der Hellseher, Freiburg i. Br., 1965

Poortman, J. J.: Immanuel Kant and Parapsychology, Leiden, 1965

Ochêma, v. Gorcum, Assen

du Prel, C. (Herausg. Herbert Fritsche): Das Rätsel des Menschen, Wiesbaden, 1970

(Herausg. A. Brieger in Sammelband:) Die Psyche und das Ewige, Pforzheim, 1971

Studien aus dem Gebiete der Geheimwissenschaften, 2 Bände, 2. Aufl., Leipzig, 1905

Die Philosophie der Mystik, Leipzig, 1885

(Herausg. A. Brieger in Sammelband:) Die Mystik der alten Griechen, Pforzheim, 1971

(Herausg. A. Brieger in Sammelband:) Die monistische Seelenlehre, Pforzheim, 1971

Kants Vorlesungen über Psychologie, Neuaufl. Fischer, Pforzheim, 1964

Der Spiritismus, Neuaufl., Reclam, Leipzig

Kant als Mystiker, Sphinx, 1888 (2)

Zur Geschichte des Okkultismus, Sphinx, 1891 (2)

Price, H.: Survival and the Idea of Another World, Proc. SPR., Band L, Confessions of a Ghost-hunter, London, 1936
Poltergeist over England, London, 1945
Rudi Schneider, London, 1945
The R-101 Disaster, J. Am. SPR., Juli 1931
Leaves from a Psychist's Case-book, London, 1933
Prince, W. F.: The Case of Patience Worth, Boston, 1927
The Doris Case, Boston, 1926
Prince, M., und *W. F.* (Herausg. T. K. Oesterreich): Die Spaltung der Persönlichkeit, Stuttgart, 1932
Prinzhorn, H.: Bildnerei der Gefangenen, Berlin, 1915
Bildnerei der Geisteskranken, Berlin, 1923
Radclyffe-Hall und *Troubridge:* On a Series of Sittings with Mrs Osborne Leonard, Proc. SPR. XXX
Raudive, K.: Unhörbares wird hörbar, Remagen, 1968
Reik, Th.: Der unbekannte Mörder, Wien, 1932
Rhine, J. B.: Neuland der Seele, 1938
Die Reichweite des menschlichen Geistes, Stuttgart, 1950
Rhine, L. E.: Hidden Channels of the Mind, New York, 1961
Spontaneous Physical Effects and the Psi Process, J. o. P. XXVII, Nr. 2
Ribot, Th.: Maladies de la Mémoire, 1881
Richet, Ch.: Grundriß der Parapsychologie, Stuttgart, o. J.
Relation de diverses Expériences sur la Transmission mentale, la Lucidité, et autres Phénomènes non explicables par le données scientifiques actuelles, Proc. SPR. V
Xénoglossie, Proc. SPR. XIX
Richmond, K: Evidence of Identity, London, 1939
Richmond, Z.: Evidence of Purpose, London, 1938
Ringger, P.: Das Weltbild der Parapsychologie, Olten, 1959
de Rochas, A.: Les Sentiments, la Musique et le Geste, Grenoble, 1900
Die Ausscheidung des Empfindungsvermögens, Leipzig, 1925
L'extériorisation de le Motricité, 4. Aufl., 1906
Les Vies successives, 1911
Rosenberg, A.: Die Seelenreise, Olten, 1952
Der Christ und die Erde, Olten, 1953

Sadger, J.: Über Nachtwandeln und Mondsucht, Wien, 1914
Sage, M.: Die Mediumschaft der Frau Piper, 4. Aufl., Leipzig, 1921
Salter, W. H.: Ghosts and Apparitions, London, 1938
Zoar, the Evidence of Psychical Research Concerning Survival, London, 1961
A Further Report on Sittings with Mrs Leonard, Proc. SPR. XXXII
Saltmarsh, H. P.: Evidence of Personal Survival from Crosscorrespondences, London, 1938
Ambiguity in the Question of Survival, Proc. SPR. XLVI
Sausse, A.: Biographie d'Allan Kardec, 4. Aufl., Paris, 1927
Schmëing, K.: Das Zweite Gesicht in Nieder-Deutschland, Leipzig, 1937
Eidetisch-visionäre Erlebnisse des Landvolkes, Leipzig, 1939
Schopenhauer, A.: Parapsychologische Schriften. Mit einer Einführung von Hans Bender, Basel, 1961
v. Schrenck-Notzing: Die Entwicklung des Okkultismus zur Parapsychologie in Deutschland, Leipzig, 1932
Grundfragen der Parapsychologie, Neuaufl., Stuttgart, 1962
Schroeder, A. O. F.: Moderne Physik und Geisterglaube, Z. f. P., 1929
Schubert, H.: Sind Manifestationen noch Lebender möglich?, Z. f. P., 1930
Seidl, Franz: Das Phänomen der Transzendentalstimmen
Sherman, H.: You Live After Death, New York, 1949
Sichler, A.: Ein Phantom als psychoanalytischer Fall, Z. f. P., 1927
Sidgwick, H. (Mrs): Notes on the Evidence, Collected by the Society for Phantasms of the Dead, Proc. SPR. III
The »Oscar Wilde« Script, Proc. SPR. XXXIV
On the Development of Different Types of Evidence for Survival in the Work of the SPR., Proc. SPR. XXIX
An Examination of Book-tests Obtained in Sittings with Mrs Leonard, Proc. SPR. XXXI
A Contribution to the Study of the Psychology of Mrs Piper's Trancephenomena, Proc. SPR. XXVIII

Richard Hodgson: in memoriam, Proc. SPR. XIX
Phantasms of the Living (Fälle, gesammelt von E. Gurney, F. W. H. Myers, F. Podmore und E. M. Sidgwick), Neuaufl. University Books Inc., New Hyde Park, New York, 1962
Sikemeier, J. H.: Elize van Calcar-Schiotling, Haarlem, 1921
Sinistrari d'Ameno, L. M.: De la Démonialité et des Animaux incubes et succubes, Paris, 1882
Soal, S. G.: A Report of Some Communications Received through Mrs Blanche Cooper, Proc. SPR. XXXV
Soal, S. G., und *Bateman, F.:* Modern Experiments in Telepathy, London, 1953
Staudenmaier, L.: Die Magie als experimentelle Naturwissenschaft, Leipzig, 1912
Stead, W. T.: After Death. A Personal Narrative. Letters from Julia, London, 1905
Steiner, R.: Wie erlangt man Erkenntnisse der höheren Welten?, 1909
Steingießer: Das Geschlechtsleben der Heiligen, Berlin, 1902
Stekel, W.: Dichtung und Neurose, Wiesbaden, 1909
Entwicklung und Grundlagen der Psychoanalyse, Zürich, 1932
Stevenson, I.: Twenty Cases Suggestive of Reincarnation, New York, 1966
Teillard, A.: Jenseitserfahrungen in Traum und Vision
Tenhaeff, W. H. C.: Oorlogsvoorspellingen, 's-Gravenhage, 1948
Außergewöhnliche Heilkräfte, Olten, 1957
Het Wichelroedevraagstuk, 's-Gravenhage, 1950
Hellsehen und Telepathie, Gütersloh, 1962
De Voorschouw, 's-Gravenhage, 1961
Inleiding tot de Parapsychologie, 3. Aufl., Utrecht, 1973
De Parapsychologie, Antwerpen, 1968
Frederik van Eeden. Een Pionier van het parapsychologisch Onderzoek, T. v. P., 1972
Thomas, C. D.: Some New Evidence for Human Survival, London, 1922
Precognition and Human Survival, London, o. J.

A Proxy Case Extending over Eleven Sittings with Mrs Osborne Leonard, Proc. SPR. XLIII
Life Beyond Death with Evidence, London, 1928
Tischner, R.: Franz Anton Mesmer, Leben, Werk und Wirkungen, München, 1928
Mesmers Bedeutung für die Metapsychik, Z. f. P., 1928
Materialisationsversuche von W. Crookes, Leipzig, 1923
Das Medium D. D. Home, Leipzig, 1925
Vierte Dimension und Okkultismus (Zöllner), Leipzig, 1922
Zur Geschichte des ideomotorischen Prinzips, Z. f. P., 1929
Fernfühlen und Mesmerismus, München, 1925
Ergebnisse okkulter Forschung, Stuttgart, 1950
Geschichte der Parapsychologie, Tittmoning, 1960
Toksvig, S.: Swan on a Black Sea, London, 1965
Trethewy, A. W.: Mrs Piper and the Imperator Band of Controls, Proc. SPR. XXXV
Troubridge, U.: The Modus Operandi in So-called Mediumistic Trance, Proc. SPR. XXXII
Tubby, G. O.: James H. Hyslop – X., New York, 1929
Tyrrell, G. N. M.: Apparitions, London, 1953
The Personality of Man, Harmondsworth, 1946
Mensch und Welt in der Parapsychologie, Hamburg, 1960
Ulrici, H.: Antwortschreiben auf den offenen Brief des Prof. Dr. W. Wundt, Halle, 1879
Vassiliev, L. L.: La Suggestion à Distance, Paris, 1963
Verrall, A. W.: On a Series of Automatic Writings, Proc. SPR. XX
Verweyen, J.: Probleme des Mediumismus, Stuttgart, 1928
de Vesme, C.: Histoire du Spiritisme expérimental, Paris, 1928
Vision grandes de Croix, d'Armées et de Combats dans les Airs, R. M., 1938/39
La Xénoglossie, R. M., 1933/34
Wagner, H.: Parapsychische Vorkommnisse bei Caesarius von Heisterbach, Z. f. P., 1931
Walker, N.: Through a Stranger's Hand, London, 1935
The Bridge, London, 1927
Walter, D.: Goethes Glauben an das Fortleben nach dem

Tode, 29. Jahresbericht des Privat-Realgymnasiums des Marien-Institutes in Graz, 1931/32
Walther, G.: Die innerseelische Seite parapsychologischer Phänomene, Neue Wissenschaft, Zürich, 1956/57, H. 11/12
On the Psychology of Telepathy, Journ. Am. SPR., Okt. 1931
Phänomenologie der Mystik, Neuaufl., Olten, 1955
Zum anderen Ufer (Autobiographie), Remagen, 1960
Visionen, Erscheinungen, Materialisationen, Imago Mundi I, Paderborn, 1968
Warrik, F. W.: Experiments in Psychics, London, 1939
Wassilko-Serecki, Z.: Meine Erlebnisse mit Eleonora Zugun, Z. f. P., 1926 ff., Sept. 1926
Der Spuk von Talpa, München, 1926
Waterman, A. E.: The »Hodgson Report« on Madame Blavatsky, Adyar, 1963
Wenzl, A.: Unsterblichkeit, München, 1952
Wickland, C. A.: Dreißig Jahre unter den Toten, Remagen, 1957
Wiesinger, A.: Okkulte Phänomene im Lichte der Theologie, Graz, 1948
Wilhelm, R. (Kommentar von C. G. Jung): Das Geheimnis der goldenen Blüte, Zürich
Winkler, J.: Die Toba Batak auf Sumatra, Stuttgart, 1925
v. Winterstein, A.: Psychoanalytische Bemerkungen zum Thema Spuk, Z. f. P., 1926
Wolf, H.: Onsterfelijkheid als wijsgerig Probleem, Leiden, 1933
Nieuwe Experimenten met het Trance-medium Mrs Osborne Leonard, T. v. P. VIII
Verslag van een Zitting met Mrs E. Garrett, T. v. P. VII
Zittingen met het »Medium« N. R., T. v. P. XV und XVI
Wundt, W.: Der Spiritismus, eine sogenannte wissenschaftliche Frage, Leipzig, 1879
Zahlner, F. (Herausg. A. Resch): Kleines Lexikon der Paranormologie, Abensberg, 1972
Zenker, G.: Eigene und fremde verbürgte Spukerlebnisse, Z. f. P., 1931

Ziegler, M.: Engel und Dämon im Lichte der Bibel, Zürich, 1957
Zorab, G.: The Resurrection, a Psychical Analysis, Tomorrow-Magazine, New York, 1954
Life and Times of Lord Brougham (nach einer Autobiographie), London, 1871
A Precognitive Experience, Journ. Am. SPR. XLII, Nr. 4
Case of the Will of James L. Chaffin, Proc. SPR. XXXVI
Case: Greek Script by a Child of Four, J. SPR. XXXII

Bitte beachten Sie
die folgenden Seiten

Edelstein-Therapie

In diesem Kompendium werden alle bekannten Schmuck- und Edelsteine vorgestellt und in ihrer Anwendung und Wirkungsweise detailliert erklärt. Neben den sachlichen Kriterien zur Bestimmung der einzelnen Steine enthält dieses Lexikon alle wesentlichen Charakteristika, die für die Edelsteintherapie unentbehrlich sind.

Laura Lorenzo
Edelsteine, die heilen
Anwendung und Wirkung
der Heilsteine von A – Z
148 Seiten
Ullstein TB 35894